# 毛沢東 最後の革命

上

ロデリック・マクファーカー
マイケル・シェーンハルス
■
朝倉和子 訳

MAO'S LAST REVOLUTION

*Roderick MacFarquhar / Michael Schoenhals*

青灯社

# 毛沢東　最後の革命〔上〕

装幀　木村凛

# 目次

［下巻目次］

黒龍江省
ハルビン
吉林省
長春
内モンゴル自治区
瀋陽
遼寧省
朝鮮民主主義
人民共和国
フホホト
北京
北戴河
天津
ピョンヤン
黄河
ソウル
大韓民国
太原
石家荘
延安
山西省
河北省
済南
山東省
鄭州
西安
江蘇省
河南省
日本
陝西省
安徽省
南京
長江
湖北省
合肥
蘇州
上海
武漢
杭州
廬山
浙江省
長沙
南昌
韶山
江西省
福州
貴州省
湖南省
台北
福建省
広西チワン族
自治区
広東省
台湾
広州
南寧
香港
海口
海南省

ソビエト社会主義共和国連邦（ロシア）
ウランバートル
ウルムチ
モンゴル
新疆ウイグル自治区
銀川
寧夏回族自治区
青海省
西寧
蘭州
甘粛省
チベット自治区
ラサ
成都
重慶
四川省
ネパール
ブータン
遵義
インド
バングラデシュ
貴陽
昆明
雲南省
ビルマ（ミャンマー）
ベトナム
ラオス
タイ

文化大革命についての著作と言葉をつうじて私たちを啓発してくれた
すべての中国人に、
そして将来、より大きな自由のもとに研究・執筆をすることができるように
なるであろう中国の新世代歴史家たちに本書を捧げる。

# はじめに

この本ができるまでには長い熟成時間があった。私は中国の文化大革命（一九六六－一九七六）がリアルタイムで進行しているときに、それを記録しはじめ、主としてイギリスの新聞、雑誌、学術論文のほか、ＢＢＣラジオやテレビなどさまざまな資料を集めた。この政治変動の起源を調べはじめたのは一九六八年のことで、それから三十年後には文革をテーマとする三部作の完結編を出版していた。この間に私はハーバード大学の教授陣に加わったが、一九八〇年代半ばに着任して間もないころ、ある傑出した歴史家から、ハーバード・カレッジの歴史研究Ｂと呼ばれるコア・プログラム部門で文革を教えてみないかとお誘いをいただいた。この部門に正式に付託された主旨には、「重要な歴史的事件や変化の詳細な記録資料にきっちり的をしぼると」、そういうものが「やがて時とともに充分に限界が定まって、一次資料として集中的に研究できるようになる」とある。同僚の説明によると、これはすべての記録がそろい、それにまつわるもろもろの感情がすべて洗い流され、したがってごく高度の客観性が期待できる状態という意味ではないかという。そこで私はこう言った。文革研究では信頼できる一次資料なんてほとんど手に入らないし、中国では（ときには欧米の中国学者のあいだですら）文革の十年の動乱をめぐって、いまだに感情が波立たずにはいられない。だが私はかつてジョン・Ｋ・フェアバンクの『ケンブリッジ中国史』最後の二巻で共著者として中華人民共和国を担当し、文革期のほとんどをカバーする章を執筆する機会があったため、文革を教えるのも悪くないという気持ちになっていた。私の講座は思いのほか盛況で、学生のための文献資料集が必要になった。その準備をしながら気づいたのは、英語文献の大半が一九七〇年代から八〇年代初頭に書かれ、主として文革期に毛沢東や勝利した左派の盟友によって発行された文献をもとにしていることだった。やがて、もっとバランスのとれた構図のもとに書かれた中国語の重要文献が、毛沢東主義急進派と、文革を生き残った鄧小平《とうしょうへい》時代のダイハードとのはざまを縫うように舵取りしながら、ようやく世に出はじめた。これらの資料は一九八七年にハーバード大学のジョン・K・フェアバンク東アジア研究センターで開かれた学会で紹介され、ウィリアム・ジョゼフ&クリスティン・ウォン&デイヴィッド・ツヴァイク編『文化革命についての新観点』(William A. Joseph, Christine P. Wong, and David Zweig eds., *New Perspectives on the Cultural Revolution*, Cambridge, Mass.: Council on East Asian Studies, Harvard University, 1991)として出版された。しかし、こういう新しい資料は私のコースをとっている中国語の読めない学部学生の大半には何の役にも立たなかった。

一九九一年から一九九七年にかけて、社会学者のアンドルー・ウォルダー(現在はスタンフォード大学在籍)、人類学者のジェームズ・L・ワトソン、私の三人はルース財団からの潤沢な助成金で文革研究を行なったが、このプロジェクトのおかげで、欧米の学者や文革を体験した中国人学者など多数をフェアバンク・センターに招聘することができた。一九九六年七月に香港理工大学で開かれた、アンドルー・ウォルダー主宰の「回想の文化大革命」という学会は、このプロジェクトの一環である。

フェアバンク・センターのプロジェクトに加わった欧米の学者の中にマイケル・シェーンハルスがいた。彼がポスドク(博士研究員)だったころ発表した文革前夜の政治についての研究は私たちの記憶に残るすばらしいものだった。マイケルは文革最後の年に中国に留学し、その優れた語学力と緻密な研究姿勢に加えて、猟犬のように鋭い嗅覚で、中国のあちこちの都市で開かれる蚤の市から驚くべき資料を発掘していた。

マイケルと私は、当時、急速に増えつつあった中国の文献をどうしたらいいか話し合い、やはり広がりつつある学者・学生層ばかりでなく、一般読者にもこれを役立たせるためには文革史を書くのがいちばん良いということになった。こうして本書が生まれた。まずマイケルがほとんどの章を担当して初稿を書きあげ、何度も手を入れた。なにしろケンブリッジ、ストックホルム（ここでマイケルは国際文革学会を開いた）、ルンドの大学で職務をこなしながらの執筆だから、筆はなかなか進まなかった。しかし他の研究機関でも文革への学術的関心が育っていることがわかって——現に二人はそれぞれ、カリフォルニア大学サンディエゴ校で文革をテーマに一年間のセミナー・コースをうけ持った——私たちは大いに意を強くした。

二〇〇三年春、私たちはラドクリフ研究所の革新的な「エクスプロラトリー・セミナー・プログラム」（そのころ研究所社会科学部部長だったキャサリン・ニューマンが主宰し、フィリス・ストリムリングが運営に当たるプログラム）から助成を受けることになった。私たちは最終稿とは言えないまでも完全な原稿を、マール・ゴールドマン、ナンシー・ハースト、ドワイト・パーキンズ、エリザベス・ペリー、ルシアン・パイ、アンソニー・ザイク、スチュアート・シュラム、ロス・テリル、アンドルー・ウォルダーに提出した。本書はこの人々の知見に負うところが大きい。ナンシー・ハーストはフェアバンク・センターの司書として長年つちかった類まれな人脈を持ち、毎年北京に出かけて本を物色するのを習いとしており、そのおかげで私は最新の書籍や雑誌を手に入れることができた。ハーストはのちにこういう資料を精査して注をととのえ、文献表を作り、イギリス英語をアメリカ英語に置き換えるという偉業をなしとげた。ヴィクター・シーは新刊の中国共産党歴史雑誌多数を読んで関連記事をまとめてくれたが、この優れた梗概は大いに役立った。中国への何度かの旅行で、私は幸運にも文革について書いた中国の歴史家たちと会って話し合うことができた。この人々の著作については本書の注で触れたが、事件そのものに重要な関与をした人々も一人二人いる。

ハーバード大学出版局の歴史／社会科学担当編集者のカスリーン・マクダモットにようやく最終稿を手渡したとき、嬉しそうなその表情の下には、おそらく密かに感じたであろう驚きや安堵が巧みに隠されていたにちがいない。マクダモットは原稿を二人の匿名の評者に見せ、肯定的な反応と助言を得たのち、かの有名な「ＨＵＰ」（ハーバード大学出版局）マシンを始動させた。エリザベス・ギルバートは工程全体をあたたかく見守り、アン・ホーソーンが忍耐強く迅速かつ効率的に原稿を整理してくれて、期限内に作業ははかどった。索引を作ってくれたのは、こういう仕事に精通したアン・ホームズだ。これらの人々に、また原稿が本になって読者の手に届くようになるまでに会えるであろう、その他のＨＵＰスタッフに対し、二人を代表して限りない感謝を捧げたい。では、ここでマイケルに筆を譲ることにしよう。

私（マイケル・シェーンハルス）はロッド（・マクファーカー）が文革の起源をたどりはじめたころはまだ高校生で、ジャック・ケルアックの小説『ダルマ行者』に出てくる漢詩を訳すビートニク翻訳家になるのを夢見ていた。それから八年後、私は上海の復旦大学でキャンパスの拡声器のがなりたてる「プロレタリア文化大革命から十年目の春」を迎えており、毛沢東主義者の大衆政治スタイルとは何かについて観察しつつ理解を深めていた。やがて自分が文革の歴史について共著を書くことになるなどとは、そのころは想像だにしていなかった。一九八〇年代はずっとヨーロッパや北米の大学に在籍し、まず「大躍進」について、つぎに中国共産党のレトリックと宣伝について研究を続けたが、そんな私にとって上海の留学経験は、毛主席が亡くなってから中国にたどり着いたアメリカの学生がパーティで語るとてつもない体験談の出典、話題の宝庫にすぎなかった。

ロッドが私を誘ってくれて、その成果が本書に結実したわけだが、誘いを受けたときはとても嬉しかった。なにしろ自分が心から尊敬する学者から共同執筆者に選ばれたのだ。かくも長い年月がたち、私もようやく「歴史として」の文革に立ち戻る準備が整っていた。ただ、そのときは気づかなかったが、私たちは二人とも完全主義者だったため、自分たちに課した締切も、ハーバード大学出版局の決めた期限も守ることができなかった。だがこの本の出版が期限より大幅に遅れたとしても、それによって扱う文献が増え、結果として早く出るよりずっと充実した内容になったはずである。

私の研究に潤沢な助成金を拠出してくれたスウェーデン研究評議会（ＶＲ）とその前身のスウェーデン人文社会科学研究評議会に感謝する。ＶＲの共産主義体制研究プログラムについて、霊感と知的刺激を与えてくれた同僚研究者のみなさんに特別の謝辞を捧げると同時に、多くの中国人の方々——当事者、犠牲者、加害者、鋭い分析者、語り部たち、見え透いた嘘をつく人たち、辛抱強い親類、親切な行きずりの人たち——にはお礼のしようもない。この人々はご自分の経験と洞察を私と分かち合い、多くのことを私に教えてくださった。

だが、私たちがどれだけ多くの資料を読み、当事者たちと面接したとしても、新しい資料がつぎつぎと現れ、なかには私たちの判断を覆すようなものがあるだろうことは承知している。すべての資料が公表されたとしても、わからぬ部分は残るだろう。しかしそのころまでにはおそらく中国人歴史家が文革の一部始終を語るだけでなく、共産党の鉄のくびきに縛られることなく歴史を評価し、討論する自由を手にしているにちがいない。

ロデリック・マクファーカー
マイケル・シェーンハルス

序章

# 毛沢東はなぜ文革を始めたのか

彼らはいわば画布に相当するものとして、国家と、人間の品性とを受け取ったうえで、まず第一に、その画布の汚れを拭いさって浄らかにする。これがそもそも容易ならぬ仕事なのだが、いずれにせよ、彼らは、すでにまずこの点において、他の者たちとは違うというべきだろう。すなわち、相手が一個人にせよ、国家全体にせよ、これを清浄な状態で受け取るか、あるいは自分自身で清浄にするか、どちらかでなければ、けっして手をつけようとはせず、法を起草しようともしないという点においてね……

……けれども、そのような者が一人だけでも出て、自分に服従する国家をもつならば、みなから不可能と思われている理想の政体が実現するかもしれない。

――プラトン『国家』第六巻

中国六億の民にはきわだった特質がある。一に貧窮、二に空白。これは悪いことのように思えるかもしれないが、実は良いことだ。窮すれば変化を思い、やる気が出て、革命を起こそうと考える。白紙ならば何も背負うものがなく……最も新しく、最も美しい絵を描くことができる。

――毛沢東、一九五八

文革は分水嶺だった。中国の半世紀にわたる共産党支配をはっきりと区切る十年だった。今日の中国の「なぜ」を理解するには、文革の「なに」を理解せねばならない。文革で何が起きたかを理解するには、それがどう始まったかを理解せねばならない。この序章では「プロレタリア文化大革命」の起源を探る。残りの章は一九六六年から一九七六年にいたる、この恐るべき十年に何が起きたかの編年記録にあてる。

一九六六年五月に文革が始まるまで、中国はそこそこ標準的な共産国家だった。大半の共産国家よりもうまくやっていたと言ってもいい。中国共産党の支配は磐石だった。法令は全国にあまねく行き渡っていたし、指導者の毛沢東はスターリンが羨むほど敬愛されていた。毛主席の指示は千九百万の党員をつうじて社会のあらゆるレベルへ確実に浸透していた。そして「大躍進」とその直後（一九五八－一九六二）に現実になったように、主席の指示が大飢饉をもたらし、数千万人の餓死者を出しても、幹部たちは国をとりまとめ、党の瓦解を回避することができた。中国経済は一九六六年には回復し、ソビエト式の第三次五カ年計画を始める用意がととのった。しかし慎重に練られた計画経済や政策は文革によってずたずたにされた。それから十年間、中国の政治システムはまず混乱し、次いで麻痺に陥った。

一九七六年十月に文革が終息してから二年たち、この大変動を生きぬいた一人の重要人物、かつての党総書記だった鄧小平が改革期中国の指導者になった。鄧小平ら指導部の前にどれほど巨大な困難が立ちはだかっているかは、東アジアのどこから見ても明らかだった。中国共産党が一九四九年に政権をとったとき、その士気は高く、中国を経済的、社会的に変革しようという決意は固かった。そのころ日本は外国の占領下にあり、敗戦と原爆投下の二重の打撃に打ちのめされていた。台湾は蔣介石《しょうかいせき》の国民党の残党が逃げこんだ農村僻地にすぎなかった。それから一年たたないうちに韓国は北の侵入を受けて国土を蹂躙され、やがて参戦した中国軍も破壊に一役買った。それから十七年後の文革前夜まで、東アジアの情勢はさほど変わらないように思えた。ごく少数の外国観測筋だけが、日本経済のダイナミックな成長の兆しに気づいていた。(1)

しかし鄧小平が復権したころには日本の奇跡を韓国と台湾が踏襲し、まどろんでいた自由港シンガポールと香港は産業中心地として大忙しだった。東アジアの四龍の活躍ぶりは、中国人であることは言うにおよばず、昔ながらの中国文化圏に属することすなわち貧困と同義語ではないことを証明した。しかしこの文化圏の歴史的源流である中国そのものは大の字に横たわったままだった。しかも今度は外国の侵略や従来型の内乱の結果ではなく、みずからの責任でそういう姿をさらしていたのである。

中国の指導者にとってメッセージは明らかだった。失われた時間を取り戻し、共産党の支配をふたたび認めさせるために、急速な経済成長政策を始動させる必要があった。彼らが一九二〇年代に産声をあげたばかりの共産党に加わったときに夢見た、強く豊かな国家を建設するためには、毛沢東主義的ユートピア思想を捨てる必要があった。さもなくば共産党そのものがもたないかもしれない。こうしてイデオロギー――マルクス・レーニン主義や毛沢東思想――ではなく、「実践」が「真実を検証する唯一の基準」になった。通用するならそれでよい、というわけだ。

この決断から四半世紀がたち、(外国からの巨額の直接投資も理由の一つだったが)、中国の急速な経済成長は世界中を驚かせた。中国の経済、金融構造にはいくつか重要な弱点があるという指摘もあるが、ほとんどの欧米人は中華人民共和国を未来の超大国と考えている。金持ちになることが公式に推奨されると、裕福な中国人が現れはじめた。私的所有がついに認められ、憲法にもそう書きこまれた。この新しい秩序を、その創り手は「中国的特色を持つ社会主義」と呼び、欧米観測筋は「市場レーニン主義」など、さまざまな造語で呼ぶようになった。ただし共産党の支配を脅かすと見なされるものは容赦なく叩かれた。一九八九年の学生運動や一九九九年の法輪講の弾圧、また政治的反対者の日常的な逮捕などがそれを物語る。だが経済発展にともなう社会変化によって、中国人は一九五〇年代、六〇年代、七〇年代の筆舌に尽くせぬ恐怖から自由になった。

こういう変化に誰よりも驚いたのは、何十年も中国の発展ぶりを観察してきた中国研究者だった。これがどれほど巨大な変化か、よくわかっていたからだ。一つの共通理解は、文革がなければ経済改革はなかったということだ。文革はあまりにひどい災難だった。だから、より根源的な文化革命の呼び水になった。これこそ毛沢東が先取りしようとしたことだった、というわけだ。確かに文革の責任は毛沢東にある。これは党中央委員会が一九八一年の『歴史決議』で公式に認めた。

一九六六年五月から一九七六年十月まで続いた「文化大革命」によって党、国家、人民は建国以来最も深刻な挫折と損失をこうむった。これは毛沢東同志が発動し、指導したものだった。(2)

では中国の最高指導者、毛沢東はいったいなぜ、自分があれほど苦労して作り上げたものをぶち壊す決心をしたのだろう?

## 毛沢東の思考変遷

文革の起源を理解するには、その開始の数十年前にさかのぼり、複雑にからみあった国内外の事情に毛沢東がどう反応したかを知る必要がある。[3]毛は重要演説をしばしば世界情勢の概観から説き起こし、全世界の革命の進展を讃えるとともに、中国の政策や問題点をその文脈のなかに位置づけようとする。文革前十年の世界文脈における中心問題は、共産圏ブロックのとるべき外交政策や、共産諸国の内政をめぐってできはじめた中ソ間の亀裂だった。中国の観点では、この亀裂は一九五六年二月に開かれたソ連共産党第二十回党大会で党第一書記のニキータ・フルシチョフが行なった二つの報告から始まった。[4]第一は中央委員会の職務についての公式報告だが、これがやがて起きるブロック政策の不一致の根拠になった。第二が評判の悪い「秘密報告」で、これに中国は激怒した。

中国共産党の代表団にはこの報告についてあらかじめ通知もなく、「秘密報告」の行なわれた二月二十五日の会議に出席も許されず、知らされたのは会議が終わった直後だった。[5]中国の怒りには二点あった。まず何よりも、スターリンと「個人崇拝」への攻撃が明らかに毛沢東崇拝をほのめかしていた点だ。中共宣伝部はさっそく二人の独裁者の役割の違いを強調した。

もう一つは、これが世界の共産主義運動に影響をおよぼしかねない点だった。これまで一点のしみもない指導者、全世界の共産主義者の模範だった人物のイメージをいきなり壊すのは、中国にしてみれば無責任のきわみで、その年の後半に起きたハンガリー動乱や、西側諸国で共産党から大量の脱党者を出したのが、それを端的に物語っている。中国共産党はこういう影響を食い止めるために、スターリンについて慎重な分析――スターリンは「卓越したマルクス・レーニン主義の闘士」で、その偉業は個人的欠点（重大だが）をはるかに凌駕する――を発表したが、結局それを阻止することはできなかった(6)。

しかしその後の中ソ共産党間の論争の主要論点になったのは、フルシチョフが公開報告で述べたイデオロギー上の刷新だった。フルシチョフはレーニン主義の教義を二通りに修正した。まず共産主義と帝国主義の戦争がどうしても不可避というわけではないとし、さらに社会主義への革命的移行ではなく、平和的移行によって共産党が政権をとる可能性もあるとした。このとき中国の宣伝機関は、戦争に関するフルシチョフの意見を支持し、平和的移行の問題にもなんら反対の声を上げなかった。これは中国がそのころ唱えていた平和共存政策、アメリカとの大使級会談の開始、アジアの「ブルジョワ民族主義」政府との友好関係構築と連動するスタンスだった。そういう国の指導者は自国が成熟して革命の条件が整ったなどと言われたくないだろうし、長年の階級闘争の果てにようやく訪れた国内の融和もふいにしたくなかったにちがいない(7)。

しかし一九五七年半ばになって毛沢東の内外政策が左傾化すると、中国共産党はこれらの問題についてソ連共産党にあれこれ難癖をつけはじめた。この年の後半にモスクワで開かれたボリシェビキ革命四十周年記念祝典で、スプートニクの打ち上げやソ連ミサイルの優位に気を良くした毛沢東は、東風が西風を圧倒したと述べた。そして帝国主義との戦争、および社会主義への平和的移行に関するフルシチョフの新たな見解についてソ連指導部と議論し、出席した各国共産党の共同声明になんとか追加条項を挿入させたものの、全体の基調はやはりソ連色が濃かった(8)。このときのある演説で、毛は第三次世界大戦について冷静そのものといった風情で、おそらく人類の半分が死滅するだろうが、その後の世界は社会主義になるはずだと発言して、各国の共産党指導者たちをぞっとさせた[9]。
ソ連の目には、毛沢東が米ソの核の応酬を焚きつけ、騒ぎを大きくしているように見えた。一九五八年七月十三日、西側寄りのイラク政府が左翼の将軍によって転覆されたとき、周辺の西側寄り政権を支えるために、アメリカ軍とイギリス軍がそれぞれレバノンとヨルダンに派遣された。このとき世界の大半は米英軍がイラクに侵攻して新政府を転覆するだろうと見ていた。中国の反応はソ連よりはるかに好戦的だった。フルシチョフは（おそらくソ連の南国境で米ソが衝突するのを恐れたのだろう）、西側の国連安保理常任理事国（英米仏）とインドおよび国連事務総長に対して「紛争が起きた場合、それに終止符を打つような緊急手段がとれるよう」緊急会談を二回も申し入れた[10]。実際には紛争は起きていなかったのだから、フルシチョフが懸念したのは明らかに、イラクの新政府に対して西側がなんらかの行動を起こすことだった。フルシチョフの息子がのちに述べたところによれば、フルシチョフは当初非常に神経質になっていたが、「戦いが白熱すると、父は水を得た魚のように元気になった[11]」という。

だが毛沢東ら中国首脳部はそうは見なかった。毛らにしてみればソ連の反応は弱気で、同志としての仁義に反している。仁義にもとるというのは、ソ連が会議にインドを誘ったのに、中華人民共和国の名がいっさい出なかったのと、中国が加盟していない国連のもとに会議を開こうとしたからだ。弱気というのは、中国共産党機関紙『人民日報』が言うように、今は宥和のときではないからだった。それどころか義勇軍（つまりソ連の義勇軍）を中東に派遣して、イラクの革命を防衛すべきだと中国は考えた。だが西側がイラクに介入しないとわかるにつれ、フルシチョフの語調は中国に似てきた。危機が去ると、フルシチョフは中ソの亀裂を埋めるためにひそかに北京へ飛び、同時に両国間のもうひとつの懸案事項（合同軍事施設の建設）を解決しようと試みた。フルシチョフの提案に中国は憤激し、「中国国内に合同艦隊を設けて沿海地域を支配し、わが国を封鎖する」試みだと一蹴した。[12]

毛沢東の専用プールぎわで行なわれた毛・フルシチョフ会談で両国の関係は表面上修復された。こうしてフルシチョフの訪中はようやく公表にこぎつけた。ソ連の提案は事実上とりさげられたが、毛は、今や東風が西風を制したからには、アメリカに対してどうふるまうべきかフルシチョフに教えてやらねばならないと思っていた。これには一九五八年八、九月の台湾海峡危機が格好の舞台になった。[13]

フルシチョフがモスクワへ戻って三週間後の八月二十三日、中国は国民党の守備する台湾沖の金門島を砲撃し、台湾からの補給を妨害した。砲撃の目的はどうやら金門島の守備隊を撤退ないし降伏させ、アメリカが同盟国を救えないことを見せつけることだったらしい。ところがダレス国務長官は台湾へ救援艦隊を派遣する用意があると述べた。米中の衝突が目前に迫ったかに見えた。これで中国の賭けは失敗した。海峡危機はむしろ、一九五〇年の中ソ協定にもかかわらず、ソ連が少しでもアメリカとの核の応酬に引きずりこまれる恐れがあれば、同盟国の救援をためらうことを証明してしまった。フルシチョフがアイゼンハワー大統領に書簡を送り、中国への攻撃はソ連への攻撃と見なすと告げたのは、中国がアメリカとの直接衝突を避けたのがはっきりしてからのことだった。[14]

ソ連の用心深さに対する毛沢東の不満は、一九五九年にフルシチョフが、中国へ原爆サンプルと核技術の詳細を供与するという秘密協定の破棄を決めたことで、いよいよ深まった。さらにその直後にソ連は、中印国境の衝突に中立の立場をとるという、同盟国にあるまじき決定をした。中国の目には、フルシチョフが大事な同盟国の国益を犠牲にしてアメリカとの平和共存をはかり、インドのネルー首相のような第三世界のブルジョワ民族主義指導者と友好を築こうとしているかに見えた。毛沢東にとって、この二つの方向性はフルシチョフがソ連共産党の第二十回党大会で公表した報告の反映であり、レーニン主義への受け入れがたい修正だった。[15] フルシチョフはアメリカへの遊説ツアーのあと、ほとんど間を置かずに中国の建国十周年記念日にあたる一九五九年十月一日の国慶節に出席し、公開の席でアイゼンハワーは平和を愛する人だと述べて、怒れる中国側ホストをさらに激怒させた。まさに傷口に塩をすりこむに等しい行為だった。

## 修正主義批判が始まる

修正主義批判の四大論争を始めるのに、毛沢東はレーニンの生誕九十周年記念日（一九六〇年四月二十二日）を選んだ。ただしソ連を直接名指しで弾劾はしていない。「レーニン主義万歳！」の一言で、議論はイデオロギーのレベルに持ち上げられた。つまりこれは原理原則の問題で、自分としては引き下がるわけにはいかないという暗黙の宣言だ。[16] この年は共産党の国際会議のたびに中ソが激しく衝突し、ついに七月、激怒したフルシチョフはそのころ中国で開発計画を援助していた千四百人近いソ連人専門家に引き揚げを命じた。これに対し中国は一九六〇年十一月、政治局ナンバー2で、すでに毛沢東の後継者として国家主席になっていた劉少奇《りゅうしょうき》を団長とする上級代表団をモスクワに派遣したが、結果は表面的な停戦にとどまった。この審議に出席した世界八十一カ国の共産党がまとめあげた声明は、例によって、ソ連の基調に中国からの補足条項が加わったものだった。[17]

　それから一年半、中国の指導部は「大躍進」政策で生じた飢饉の惨状を手当てするのに必死だった。だが中ソ論争は、他国の共産党が両国のあいだをとりもとうと努力したにもかかわらず、くすぶりつづけた。ただし、この段階では中ソとも相手への直接攻撃は避けて——たとえば中国はソ連共産党をではなくユーゴスラビア共産党を攻撃し、ソ連は中国共産党の身代わりとして中国の同盟国アルバニアを非難するなど——両国のあいだには見かけ上の礼儀が保たれた。

こういう見え透いたやり方も一九六三年に終わった。七月二十五日に英米ソが部分的核禁止条約に署名したとき、中国はフルシチョフが中国を核クラブから締め出そうとしていると考えた。一九六三年九月から六四年七月までつづいた九つの論争で、中国はなぜソ連と決裂するのかを詳しく述べた。論点はスターリン問題、戦争と平和、平和共存、社会主義への平和的移行、フルシチョフの修正主義などだが、そのうち最も重要なのは一九六四年七月十四日に発表された第九の論争、『フルシチョフのエセ共産主義と世界史への教訓』だ。[18] ここには、やがて文革として現実化する内容が正当化されていた。

## 国内のジレンマ

文革の動乱が、ソ連で起きていたことに対する毛沢東の評価のみに起因すると考えるのは無理がある。[19] 毛の思考は国内で起きていたことにも同じように影響された。しかし毛の世界観ではすべての革命が連鎖している。暗転していく毛のビジョンのなかで、「ソ連の今日はわれらの明日」という一九五〇年代中国のスローガンは、しだいに明るい予測から悪い予感に近いものになっていった。悲観の原因は、「大躍進」の飢饉がもたらした苦難への同僚たちの対応だった。

死と窮乏の「苦難の三年」の最後の年にあたる一九六一年、毛沢東は農業、工業、商業、教育、知的生活など広範な分野で、斬新な経済刺激策を決断した。なかでも重要なのは、評判と効率の悪い農村人民公社の集団食堂を廃止すると認めたことだが、それよりさらに重要なのは、公社の基盤組織である生産隊を基本採算単位とするのに同意して、自然な農村に最も近づけたことだ。公社は富に差のある村々が多く集まってできている。この決定は、格差を無視して公社全体の収益を強制的に均等化してしまうようなやり方を後退させ、労働意欲を増進させようという戦略だった。

この年の終わりになっても、これらの計画にはほとんど進展がなかった。二年前の一九五九年に毛沢東が国防部部長の彭徳懐《ほうとくかい》を、「大躍進」の基本精神に難癖をつけたと罷免したあと、「大躍進」の行き過ぎに対する適切な削減政策が唐突に逆行しはじめたことに幹部たちははっきりと気づいていた。誠実に「大躍進」政策の修正にとり組んでいた幹部たちは、彭徳懐と同じく「右傾日和見主義者」として弾劾、粛清された。一九六一年になると同じ過ちをくりかえそうとする幹部は一人もいなかった。

このような状況下で、新政策に息を吹きこむことができるのは毛沢東だけだった。一九六二年一月から二月にかつてない規模で開かれた中国共産党七千人大会で、毛は彼らしくもなく、おざなりの自己批判をして政策の蘇生を試みた。それから数カ月、毛は政策決定から身を引いた。この年の収穫量が苦難の四年目の到来を占うものかどうか、このとき判断できる者はいなかった。食糧はいまだに大問題だった。政策責任をまかされた毛の同僚たちは、家族農業を事実上復活させる急進的政策をかかげた。しかしいったん経済が危機を脱したことがわかると、毛はもとの政策を復活させ、集団農業路線に固執した。

同僚たちが人民公社への農民の不満に応えようとしていることを、毛沢東はよく知っていた。集団農業を維持するだけでは不足だった。農民にそれが自分たちのためになると納得させなければならない。信頼をとりもどすために、毛沢東は「社会主義教育運動」を呼びかけた。しかし党指導部はまもなく農民が農村幹部の呼びかけに応えようとしないことに気づいた。多くの地方で、幹部たちはかつて自分たちが追い出した国民党幹部と同じように腐敗していたからだ。「社会主義教育運動」は劉少奇の後押しを受けた大規模な中央幹部の工作組による集中的調査、粛清運動に変わった。最初はこれを支持し、賛美すらしていた毛沢東は、一九六四年後半になって政策に反旗をひるがえした。それには二つの大きな理由があったと思われる。

## フルシチョフ失脚

ニキータ・フルシチョフは一九六四年十月十四日に同僚たちの起こしたクーデターで失脚した。彼らはフルシチョフの暴言や「軽率な計画、中途半端な結論、拙速な判断、現実から乖離した行動……専横な支配、科学と実践経験がすでに明らかにしたことを取り入れようとしないこと」にうんざりしていた。(20) 中ソ論争の原因を個人に転化する傾向のあった中国は、もっぱらフルシチョフにその責めを負わせていたから、失脚の知らせを聞くと、すぐさま周恩来《しゅうおんらい》総理を団長とする代表団をモスクワに送った。周恩来は反ソ対決から最もかけ離れた人物だったが、レオニード・ブレジネフなどフルシチョフの後継者らと会談した結果、ソ連は『人民日報』曰くの「フルシチョフなきフルシチョフ主義」を引きつづきつらぬくだろうと結論した。

毛沢東にしてみればさらに悪いことに、ソ連も中ソ論争を個人に転化していた。伝えられるところでは、酒に酔ったソ連の国防相が周恩来代表団の賀龍《がりゅう》元帥にこう言ったという。「我々はすでにフルシチョフを追い出した。きみらもそれに倣って毛沢東を追い出したまえ。そうすればもっと仲良くなれる」。一九五六年に毛は自分もスターリンのように、死後、名誉を剥奪されるのではないかと恐れたが、一九六四年には、フルシチョフのように生前から政権を奪われるのではないかと懸念するようになった。つまるところ、ソ連指導者に向けられた告発は、毛のほうに、もっと強い風当たりとして働く恐れがあった。

なぜなら、このころの毛沢東は二十年前に党主席になったころとはすっかり別人に見えたからだ。かつて毛は、長年にわたる血みどろの戦いに終止符を打つ統一者として歓迎された。一九四五年に延安で開かれた第七回党大会のときにできた指導部の序列は一九五六年の第八回党大会にそのまま持ち越され、それが一九六五年の文革前夜までつづいた。一九五〇年代半ばまでの毛は政治局の議論でも寛容で、経済政策の失敗を認めさえした。しかし、そのころから同志たちに対する毛の態度やふるまいが変化した。毛は悲劇的失政となった「大躍進」の始まったときには慎重派をしりぞけ、周恩来総理を屈辱的な自己批判に追いこんだ。それから一年半ののち、毛の怒りは国防部部長の彭徳懐に向かい、この革命の英雄にして朝鮮戦争の勇士を解任した。一九六二年、「大躍進」の惨状が終息しつつあると見た毛は、新たな階級闘争、疑いを許さぬ専断支配を同志たちに受け入れるよう強いて、経済の回復をぶちこわした。革命の勇士たちのあいだにいかなる同志愛が築かれていたにせよ、どんな反対も認めようとしない頑固な主席を前にして、それは恐怖に変わっていった。この恐怖に毛は気づいていたにちがいない。もしかすると、そういう感情を歓迎したかもしれない。だがフルシチョフの失脚を見た毛は、恐怖心ゆえに彼らが結束し、自分に歯向かってくる可能性に気づいた。この時点から毛にとって判断の試金石は、政策にではなく自分個人に向けられる忠誠心になった。(21)

こういう見方をするなら、周恩来のような「右派」からの忠誠のほうが、劉少奇のような「左派」からの詮索よりも好ましいことになる。毛沢東に対するこうした態度の違いは革命期に源流をたどることができるが、中国の公式歴史家はこういうテーマには触れようとしないから、その源流は記録の吟味によってしか確かめることができない。

一九二〇年代から三〇年代初期、周恩来は毛沢東の上司だった。周の卓越した能力、人間的魅力、疲れを知らぬエネルギーはつとに認められている。周は一九二七年に二十九歳で政治局入りし、この年、未遂に終わった上海クーデターと南昌起義《なんしょうきぎ》で大きな役割を演じた（南昌起義は人民解放軍の誕生＝建軍記念日として記憶されている）[22]。かつての盟友だった共産党員をねらう蒋介石の国民党軍に追われて上海を脱出した周は、毛が江西省の荒野に作ったソビエト（井崗山《せいこうざん》）にたどり着いた。やがて周は毛を脇役に追いやることになる。一九三四年十月に長征の号令をかけたのも周だった。

このころのきわだった活躍にもかかわらず、周恩来は党内で最高権力を握ろうとしたふしがない。周は歴代党総書記の忠実な右腕として仕え、上司が失脚すればすばやく次の上司に乗り換え、必要とあれば以前の政策を支えたことをいとも簡単に自己批判した。おそらく周は自分の得意とするのは政策の構想ではなく執行だと思っていたか、あるいはたんにリスクを嫌う性格だったのだろう。もしかすると、一九三五年一月に毛沢東が最高指導者への道を歩みはじめたとき、周は自分にはない、党と祖国のためのビジョンの持ち主がついに現れたと気づいたのかもしれない。その後、周は毛沢東路線に従おうとこころがけ、たとえば「大躍進」が始まったときのように、道を逸れたと思えば自己批判も辞さなかった。

文革の始まったころ、周恩来はこんなふうに語った。「もし忠誠を試す最後のテストに失敗すれば、筆のたった一捌けで過去の業績はすべて帳消しになってしまう」〔晩節不忠、一筆勾銷[23]〕。毛沢東の要求がすべてに優先することを周がよく承知していたことを示す言葉だ。周は毛の政策に根底から同意していなかったかもしれない。だが周はけっしてそれに反対しようとはしなかったし、是非を問おうとすらしなかった。毛の主治医はこの二人の男の関係を「主人と奴隷」の関係だったと述べている[24]。

いっぽう劉少奇は「毛沢東の部下という立場は受け入れても、自分の批判能力まで捨てるつもりはなかった」[25]。毛とは違う経歴で台頭してきた劉少奇は党内に独立した地位を持っている。毛が当初から中国革命の原動力は農民だとしてきたのに対し[26]、劉は都市部に生れつつあったプロレタリア階級の組織者《オルグ》として、昔ながらのレーニン主義路線をたどってきた。二人は性格もたいへん異なる。毛がロマンチックな革命家で闘争や武力行動を好むのに対し、劉少奇は「読書家で考え深く、口数が少ないが、不屈」、ストイックな性格で、「天賦の才能ではなく、堅実な努力で」コツコツと登っていくタイプ。まさに陰の大物という感じの劉は、個人に対する組織の優越という原則を完全に内面化した人物に思える[27]。そして文革はこの原則の全否定にほかならなかった。

劉少奇と毛沢東というこの奇妙なカップルは一九三〇年代後半には歩調がそろっていた。二人ともモスクワが選んだ中共指導者に敵対する側にいた。毛はこの新しい盟友の組織能力を認識したにちがいない。劉は一九四〇年代初めの整風運動で大きな役割を果たし、この運動で再教育された共産党に毛を指導者として認めさせた。また一九四五年の第七回党大会での劉の政治報告は毛沢東思想讃歌であり、毛沢東崇拝のきっかけを作った。文革期になって毛はこの個人崇拝を利用して、劉らにかくもむごい運命をもたらした。

周恩来と同じく、劉少奇も毛沢東の路線をつねに予知できていたわけではない。劉は一九六〇年代初めには毛の「社会主義教育運動」を熱心に支えたが、その目標や執行について毛と議論するのも辞さなかった。[28]党機関の創出のために骨身をけずってきた劉は党内に強力な基盤を持っている。毛の目にはそんな劉が潜在的ブレジネフ――もし劉が自分に背を向けたら、権力を転覆しかねない――と映ったにちがいない。

## 第九の論争

毛沢東が劉少奇に不満だった第二の原因は、毛が「社会主義教育運動」による地方幹部の粛清に興味を失ったからだった。毛にとっては、粛清の理由になった横領などどうでもよいことで、それより党員の思想的堕落や、その結果起きる資本主義復活の危険のほうが気がかりだった。毛の見解は第九の反ソ論文に詳述されている。この論文は、ソ連でプロレタリアがブルジョワ階級に攻撃されている証拠としてソ連の報道を引用し、こう述べる。こういう展開は意外ではないし、ソ連指導部が真のマルクス・レーニン主義者であるならば心配にはおよばない。だが彼らは物質的動機を賛美し、大きな収入格差を許し、スターリン個人崇拝への攻撃によってプロレタリア独裁を中傷し、社会主義的計画経済の代わりに資本主義的経営を取り入れている。これは「フルシチョフ修正主義集団がソ連のブルジョワ階級、なかでも特権階級を政治的に代表している」ことの現れだ。[29]ソ連の「資本主義復活」は共産圏にとってかつてない危機であり、中国共産党のような党が同様の「平和的な社会主義転覆」（和平演変）と戦っている共産圏全域に警鐘を鳴らすべきである。

この論文はさらに、こういう危険を避けるために、伝統的マルクス・レーニン主義と毛沢東主義思想にもとづく十五の原則をあげているが、これではまだ足りないと言うかのように、革命の後継者を育てることが何としても必要だとつけ加えている。

つまるところ、プロレタリア革命事業の後継者養成の問題は、先行するプロレタリア革命家世代によって始められたマルクス・レーニン主義革命を担える人々がいるかどうか、われわれの党と国家の指導者がプロレタリア革命家の手中にあり続けられるかどうか、われわれの子孫がマルクス・レーニン主義によって敷かれた正しい道を歩み続けられるかどうかの問題、すなわち中国でフルシチョフ修正主義の出現を阻止できるかどうかの問題である。要するに、これはわれわれの党と国家の命運がかかった、その存亡に関わる重大問題である。これはプロレタリア革命の大義にとって百年の大計、千年の大計、いや万年の大計である。（傍線は著者）

まさに共産主義が破綻するかもしれないという暗黒のビジョンだ。そして、これが文革を正当化することになった。次の一節には後継世代が毛沢東主義の原則を吹きこまれるプロセスまでもが見てとれる。「プロレタリアの革命事業を継ぐ後継者は大衆闘争のなかに生れ、革命の大風大波のなかで鍛えられる。大衆闘争の長い道のりにおいては、幹部を綿密に調べて識別し、後継者を選んで鍛えることが重要である(30)」

## 嵐の近づく気配

毛沢東の同僚たちがこの論争を自分たちに迫り来る脅威ととらえたかどうかは知るよしもない。だが一九六四年末になると、数人の幹部に対する毛の不満がはっきり見えてきた。頂上レベルの会議で毛は劉少奇の「社会主義教育運動」の進め方に文句をつけ、自分の口を封じるために会議への出席を拒まれたとして、劉少奇と鄧小平を非難した。毛は彼流の極端に芝居がかったしぐさで党員証と憲法を見せ、会議に出席してしゃべる権利を主張した。

もちろん毛はただしゃべりまくっただけではない。彼はみごとに自分の主張を通してしまった。よく組織された党書記処としては珍しい展開だが、「社会主義教育運動」の次の段階に関する中央委員会の指示は撤回された。毛沢東が口をはさんだからだ。一九六五年一月に出された新しい指示には、腐敗した地方の経理係を除名することよりはるかに重要な運動が毛沢東の念頭にあることを予感させる一節が含まれていた。

この運動の重点は、党内の資本主義の道を歩む実権派を整理することである……資本主義の道を歩む実権派には表立った者と隠れた者がいる……もっと上層では、人民公社、区、県、地、さらには省や中央の部門で仕事をしながら、社会主義に敵対する者がいる[31]。

この時点で、同僚たちは毛沢東の標的が上層の「走資派」であることに気づいたにちがいない。ではそれは誰なのか？　毛はどうやって彼らを除去しようというのか？　毛は老練なゲリラ戦士だから、めったに手の内を明かさない。しかし、まもなく毛は党の浄化のために秘密作戦を開始した。

# 1　最初の砲火

一九六五年二月二十四日、毛沢東は妻の江青《こうせい》に文革の最初の火花を点火する秘密任務を託し、上海へ送り出した。江青は抗日戦のさなかに延安へ移って毛と結婚する以前、一九三〇年代の上海で二流の舞台・映画女優だったから、この街には詳しい。ボヘミアンと魔窟の街、戦前の上海は一九六〇年代にはとっくに姿を消し、ここは今では毛沢東主義者の牙城になっていた(1)。毛が自分の途方もない計画を全面的に支えてくれる人物として頼りにしたのは上海市委の左派リーダー、柯慶施《かけいし》だった。上海は毛が途方もない計画を始めるために妻を派遣するには申し分ない場所だった。

江青は文化政策に影響力を発揮できなくて、長年いらいらをつのらせていた。一九三九年に毛沢東と結婚したとき、江青には汚名が着せられた。毛の妻で長征の同志、みなから慕われる革命のヒロインとの離婚を強いることになったからだ。上層部は江青が妻として毛に尽くし、二十五年から三十年は政治に口を出さないと約束させた。一九六〇年代半ばになって約束の期限が来ると、江青は文化の分野で役割を担おうと、あれこれ動きはじめた。江青は偉大な男の伴侶でいるだけで満足できる女ではない。まだ女優だったころ、江青のいちばん好きな役はイプセンの戯曲『人形の家』の主人公ノラだった。息の詰まりそうな、因習的な妻の役割から脱皮する女性だ。しかしノラと違って、江青は夫

と別れられなかった。権力が欲しかったからだ。しかし党の官僚主義に窒息させられるつもりは毛頭なかった。(2)

江青が政治的役割に野心をつのらせたのは、毛沢東が妻に興味を失ったのと逆比例していたかもしれない。夫婦はあまり一緒にいなかったし、毛はずいぶん前からきれいな若い女性たちと踊ったり戯れたりするのを好むようになっていた。おもに文化工作団に属するそういう女性のなかには毛家の一員になった者もいる。(3) それはともあれ、江青は自分の経験や専門知識を正面からふりかざすこともできたはずなのに、関係幹部たちは彼女を出しゃばり扱いし、その発言に耳を貸そうとしなかった。毛が一九六四年に文化分野の革命を呼びかけたときも、主席の求めに応じて「文化革命五人小組」を作ったのは党の高級幹部だったし、毛自身までもが江青の望みを無視して、中央書記処のナンバー2実力者、彭真《ほうしん》の組長就任に同意した。彭真はつい最近、江青が手塩にかけた京劇の企画を「政治的に無意味」だと退け、彼女の怒りを買ったばかりだった。だがようやくにして毛は、党の正規ルートでは実行できないゲリラ作戦のために江青が必要になった。長年江青の天敵だったある多作な北京の知識人を攻撃するために、毛は江青が上海で必要な援助を求める許可を与えた。

## 呉晗への攻撃

呉晗《ごがん》は一九四〇年代に清華大学の歴史学教授だったころ、その左寄りの姿勢から国民党政府のブラックリストに載せられた文化人で、中国屈指の明朝史の権威でもあった。(4) 大躍進時代に生産量の不正報告に業をにやした毛沢東は、海瑞《かいずい》という明の清官にならってほんとうのことを言うように党幹部へ呼びかけた。毛の秘書の一人が呉晗に、海瑞とは誰か、何をした人なのか説明する文章を書いてくれと頼んだ。こうしてできた作品の一つに北京京劇団の依頼で書かれ、一九六一年初めに上演された『海瑞罷官《かいずいひかん》』という戯曲がある。毛は当初この作品のできばえを讃え、その年のうちに著者の呉晗へほうびとして自筆サイン入りの『毛沢東撰集』最新刊を贈った。しかし江青はこの戯曲が主席の政策への攻撃だとずっと主張しつづけている。今ついに毛は江青の手綱をほどき、呉晗への攻撃を開始させた。

呉晗がただの学者だったら、そのころの知識人攻撃の通例だった公開の批判が行なわれていたはずだ。だが二つの理由で、江青はこの攻撃を極秘のうちに準備した。呉晗のような地位の高い知識人を名指しで攻撃するには、彭真の「五人小組」の認可を受けねばならない。彭真は党第一書記で北京市市長、呉晗は副市長だから、二重の意味で呉晗は彭真の庇護下にある。彭真の怒りを買ってでもけんかを吹きかけようという者を、江青が北京で一人も見つけられなかったとしても不思議はない。だからこそ江青は上海へ出かけ、四カ月も滞在した(5)。

江青が主席の意を受けて動いていることを知っていた柯慶施は、なんのためらいもなく江青の助手として二人の宣伝マン、張春橋《ちょうしゅんきょう》と姚文元《ようぶんげん》をつけてやった。文革の準備を進める毛沢東にとっては不運だったが、これが毛の長年の盟友、柯慶施の最後の重要な政治行動になった。柯慶施は肺癌の手術後、予後を養っていた成都で一九六五年四月九日に急死してしまったのである(6)。

張春橋と姚文元はかなり前から毛沢東の目にとまっていた。二人のうち年長の張春橋は共産主義の平等主義について急進的な思想の持ち主で、明らかに毛の考えと相通ずる。一九六〇年代にアメリカの急進派共産主義者がひそかに中国を訪れて、文革で大出世をとげる前の張春橋と会見したことがあり、彼らも張から強い印象を受けた。

文革に対する私たちの態度は、おおむね一九六五年末か一九六六年初めに上海で私と数人の同志が張春橋と会ったときの印象から来ている……今ならあたりまえの中国共産党の尊大さはその当時存在しなかった。会見は公式な晩餐会場ではなく、私たちの宿泊するホテルの小さな部屋で開かれた。迎えてくれたのは、私たちと同じ革命的共産主義者グループの一員だった……この会見で彼は、中国共産党が過去に過ちを犯したこと、現在も未来も過ちを犯すおそれが大いにあること、現在、党内には闘争があり、これまでもずっとあったこと、毛主席は必要ならいつでも山へ戻って、革命を初めからやりなおす用意があることなどを述べた。同じ共産主義者として、中国共産党が誤っていると思ったらいつでも厳しく批判するのが私たちの義務だ。国家主権は通用しない。それが同志関係というものだ。さもなくば修正主義がはびこり、中国でも全世界でも勝利してしまう。私たちは何時間も話し合った。中共の代表と初めて真の意見交換ができたと感じた。今となっては詳しいことはなにも覚えていないが、そのときの印象だけは覚えている。圧倒された。この男は信頼できる革命家、官僚主義に反対する、私となんら変わらない真の人間、世界の革命の進展に心を砕く人物だった。私たちは感銘を受けた。だがこのときの討論がなにを意味していたのか、私たちにはわからなかった。(7)

張春橋より年下の姚文元は当時まだ三十三歳で、鋭い舌鋒と、上海メディアの反ブルジョワ論争で示した、毛沢東いわくの「説得力ある」筆致とで、主席の信頼を勝ちえていた。姚文元は江青から呉晗の戯曲を批判する論文を書くように言いつかり、張春橋がこの計画全体を監督することになった。明朝史にさほど詳しくない姚は一人で文献を調べて速習した。こうして書き上げたエッセイで、姚は、呉晗の戯曲では海瑞が農民を擁護するが、これは「大躍進」の農業政策と、それによって引き起こされた農民不安への遠回しの批判である、つまり階級闘争を反映していると述べた。呉晗がこの批判を認めるかどうかは、姚にとって問題ではなかった。呉晗の戯曲はとにかく毒草で、ブルジョワとプロレタリアの偉大な階級闘争への反動的介入なのだった[8]。

姚文元論文の第九稿は毛沢東みずからの手で三度修正されてから出版にまわされた。毛は文化分野の階級闘争にいつも大きな関心を持っていたが、これまでの介入はいつも周囲の知るところだった。だがこの数カ月、毛はこれを極秘扱いにし、姚の原稿は京劇の録音テープの箱に隠されて上海と北京を往復した。江青と張春橋のあいだでひっきりなしに交わされる箱の説明としては、二人の関わる「革命的模範京劇」の制作にかこつけるのが都合が良い。張春橋はのちに「自分の時間の九割は、二つの京劇と、姚文元の『新歴史劇「海瑞罷官」を評す』に費やされた」と述べている。

毛沢東がこれほどまで機密にこだわったのは、呉晗よりも大きな標的があったからだった。毛はすでに北京市委の既存勢力、とりわけ彭真を標的とする上海機密作戦を認可し、それにとりかかっている。もし彭真が姚文元の記事を無視すれば、中国にとって最大の危険——修正主義、つまり「和平演変」勢力による、ほとんど目に見えないほどゆっくりした革命からの逸脱——から首都を守れなかったと弾劾できる。もし記事に賛同するなら、呉晗の異端に気づかなかった職務怠慢ということになる。もし彭真が反撃したなら、毛主席に逆らうことになるばかりか、防御不能な防衛戦を戦うことになる。

それでもなお、この記事がまったく日の目を見ない可能性もあった。柯慶施が急死したあと、もし党の規律が保たれていたなら、江青の上海での活動は頓挫していたかもしれない。柯慶施のあとを継いで上海市の第一書記になったのは、地元の尊敬を集める党幹部の陳丕顕《ちんひけん》だった。陳丕顕は秘密裏に進行していることを前任者から引き継いでいなかった。おそらく柯慶施に信用されていなかったのだろう。(9)張春橋と姚文元は新任の上司に内緒で活動しにくかったため、江青が陳丕顕の同意を求めることになった。江青と陳丕顕は昔からの知り合いだ。一九五〇年に江青がうつ病を患ったとき、毛沢東は江青を静養のために無錫《むしゃく》へ送った。そのとき世話をしたのが陳丕顕だった。江青が自分の活動の背景を説明し、張春橋と姚文元に助手として働きつづけてもらうこと、そして秘密を守ってもらいたい、とくに北京市委にはぜったい内密にと頼んだとき、陳丕顕の心には江青との過去のいきさつがよみがえったにちがいない。もっとありそうなことだが、江青が毛の関与を明かしたために、陳が党の上層部へ報告する党員としての義務を怠った可能性もある。陳にしてみれば、このこと全体がどうもうさん臭く感じられたし、これが上海と北京の党の関係にどんな影響を与えるか、非常に気がかりだった。だがおそらく、ただの論文が大事を招くわけがないと自分に言いきかせて、不安に目をつぶったのだろう。彼には江青に逆らう勇気はなかった。そればかりか、彼は中央政治局で毛と劉少奇国家主席に次ぐナンバー3の周恩来に、この論文の背景を知っているかどうか確かめようともしなかった。周恩来がすべてを知ったのは論文が発表されたあとだった。陳丕顕の職務怠慢のせいで、上層部は毛のたくらみに不意をつかれたことになる。(10)

初め彭真は攻撃を無視した。姚文元論文はまず十一月十日の『文匯報《ぶんわいほう》』に載り、翌日には上海市委機関紙『解放日報』に載った。『文匯報』の北京支局長が反応を探ろうと、彭真の代弁機関である『北京日報』の編集長に電話すると、編集長は直近の上司で宣伝を担当する彭真の右腕の人物に「何と答えましょうか?」とたずねた。上司は「今日の空模様でも教えてやれ、ハハハ」と笑いとばした。[11]

十一月二十八日までに姚文元の論文を載せた新聞はそのほかに華東六省の省委機関紙だけだった。どうやらこのころまでに、姚文元は毛の個人的後押しを得ているという重要機密が、上海からこれらの地方に流れたらしい。[12]

だが彭真は党機関紙『人民日報』などの全国紙、省や市の新聞にこの論文の掲載を禁じた。[13] 十一月二十六日になって周恩来が論文の由来を知り、彭真に電話して記事を載せるよう急がせた。[14] このゲリラ論争の背後に毛沢東がいることをようやく知った彭真は十一月二十九日の『北京日報』に論文の掲載を許可し、翌日には『人民日報』もそれにならった。

彭真はそれでも失敗を認めようとせず、「真理の前に人は平等だ」と挑発的な発言をして自分の立場に固執した。[15]『人民日報』は姚文元の論文を政治論争ではなく学術論争として扱い、周恩来の監督下に「批判する自由、そしてその批判を批判する自由」を支持する社説を掲載した。『北京日報』に載った姚の論文には編集部注記として、北京市委文教担当書記、鄧拓《とうたく》の、呉晗の戯曲について公開の学術討論をすべきだという提案が添えられた。十二月、彭真は呉晗の誤りが学術的なもので、政治的誤りではないと証明する記事を書くためにグループを組織するよう鄧拓に命じた。上海で張春橋に会ったとき、彭真はこの方針の正しさを感じてほっとした。張春橋はこの問題が学術的な議論にすぎないと言いきり、議論をどう進めたらいいかの提案までして、彭真をだましたのである。彭真は張春橋の提案を受け入れ、討論が終わったら北京で北京ダックをごちそうすると約束した。[16]

## 首のすげ替えが始まる

姚文元の論文が掲載されるとすぐ、毛沢東は北京を発って上海へ向かった。毛の主治医はその数十年後、「毛が攻撃を始めるときは、閃光のようにすばやく動く」と述べている。護衛、腹心の部下、専属料理人、カメラマン、若い女性サービス員を連れ、エアコンの効いた東ドイツ製特別仕様の専用列車に乗った毛は、それから八カ月、上海や江南諸都市を旅してまわった。杭州では西湖湖畔の劉庄に滞在した。ここには百三十エーカーの土地に建つ清代の茶の豪商の居宅を大躍進時代に毛沢東のために改築、拡張した別荘がある。(17)華中の最重要工業都市、武漢では東湖湖畔のひっそりした別荘に滞在した。毛は七月半ばまで北京に足を踏み入れなかった。これは文革の十年のあいだに七回行なった南巡のうち最初の旅だが、毛はこの十年に延べ二年八カ月も首都を離れていた。(18)ただし首都のできごとは旅先から遠隔操作しつづけている。

十一月十日、姚文元の呉晗攻撃が始まると同時に、毛沢東は中央弁公庁主任の楊尚昆《ようしょうこん》を解任した。(19)この役所は、とくに中央委員会の文書の流れを管理するのを重要な業務としている。党内は「中発（一九六五）六四四号」（発行時には上から二番目の機密レベルに分類された）をつうじてこの解任を知り、解任の理由は開示されなかった。「中発」（文字どおり、中央が発行する文書）は文革の全期間をつうじ、中国共産党主席、毛沢東の重要な政策や決定を党内に伝える最も権威ある手段で、一九六六年には週に十数通出されていたが、十年後、文革の終息するころになると、その数は月二通ほどに減った。毛の健康が衰えたことと、おそらくは派閥どうしの不一致が激しくなって指導部の力が弱まったためだろう。「中発」は、たとえば毛が旅行中、あるいはわざと連絡を断つときなど、はっきりそうと許可したときのみ、劉少奇のような代理が発行することができた[20]。

楊尚昆はモスクワに留学し、長征にも加わった古参同志で、共産党入党も四十年近く前だ。その彼が首都から二千キロ近く離れた広東省の党書記に降格された。国内流刑に等しい[21]。毛沢東は楊尚昆の求めに応じて一時間半ほど話し、楊に中央委員会と国務院の政策が地方の現状と合致しているかどうか調べ、もし合致していないなら自分へ個人的に知らせてくれと指示した。そして珠江地区で二、三年過ごしたら、二、三年の任期で黄河方面へ戻してやるからと楊を慰撫したという[22]（！）

毛沢東は楊尚昆の後釜に中央警衛局長の汪東興《おうとうこう》少将を据えた。中央警衛局の下には、政治局の「警衛隊」と呼ばれる師団規模の中央警衛団（人民解放軍八三四一部隊）がある。汪東興は文革期をつうじてずっと、この二つのデリケートなポスト（中央弁公庁主任と中央警衛局長）を兼務した[23]。汪東興もまた長征組の古参で、十三歳で革命に飛びこんで以来、毛の身辺警護任務で出世しつづけ、一九四九年の毛のモスクワ訪問にも随行した。これほどまで信が厚かった理由はおそらく――汪東興は一九七六年九月に毛が死ぬまで忠誠をつらぬいたが、毛の死から数週間後には毛未亡人を逮捕する（いわゆる「四人組粉砕」）という芸当をやってのけた――毛に近づけたくない人物を水際で阻止する手際のよさと、その献身だったのだろう。後年、汪自身が回想するところによれば、文革のさなかには「訪問者が誰だろうと、まず私の点検を受け、許可されなければ主席に会うことはできなかった。江青も例外ではなかった。まず私が部屋に入って江青の入室を許すかどうか主席にきく。彼女が入室を拒否されることもあった[24]」。毛が会いたくない人物を追い返すほかに、汪は毛が晩年とくに会いたがったたぐいの訪問客の手配も引き受けていた。このいわゆる中南海「文化工作団」の組織と維持は、中央警衛局長としての彼の職務の一つだった。毛の死後、何年もたって主治医がこう回想している。「文工団は、容姿と芸術的才能と政治的信用性によって選ばれた一群の若い女性からなる。時がたつにつれ、こういう若い女性たちの……役割は……私にも無視できないほど露骨なものになった[25]」

## 解放軍総参謀長、羅瑞卿の粛清

楊尚昆の失脚がおそらく次の政治変動を早めたにちがいない。それは国防部部長の林彪《りんぴょう》元帥が始めた解放軍総参謀長、羅瑞卿《らずいけい》将軍の追い落としだった[26]。楊尚昆と同じく長征組の羅瑞卿は長らく軍の政治委員をしており、一九五九年まで公安部部長の地位にあって、職務上、毛沢東の旅行に随行することが多かった。一九五九年に彭徳懐が粛清され、その後継者として林彪が国防部部長に選ばれたとき、林彪は彭徳懐に味方して失脚した黄克誠《こうこくせい》に代わって羅瑞卿を総参謀長に任命した。羅瑞卿は革命期に林彪のもとで数々のポストに就いてきたが、この抜擢で中央委員になり、毛沢東が主席をつとめる中央軍事委員会の秘書長を兼任した。毛は軍事委員会をつうじて軍を掌握している[27]。林彪は軍事委員会副主席だったが、病気がちなため、実務はほとんど羅瑞卿が見ていた。

しかし一九六四／六五年の冬になって林彪は羅瑞卿に失望し、まもなく羅が軍事訓練に重きを置きすぎて「政治を突出」させなかったと批判する。抗日戦争、国共内戦をつうじて最も優れた軍事指揮官と言われた林彪だ。もちろん軍事訓練の重要性を知らないわけがない。だが林彪は、数をこなすだけの訓練を「形式主義」とあざけり、障害物レースに失敗したからという理由だけで中隊長〔連長〕

を異動させるのは「不合理だ」と言った。一九六五年一月に回覧された解放軍の職務に関する指示のなかで、林彪はこう指摘している。「もし（わが軍が）政治的に混乱していて、敵襲に遇うとすぐ退却してしまうなら、どんなに優れた軍事的、技術的技能も役に立たない」。この指示を読んで毛沢東は「完全に同意」と上書きし、劉少奇は「完全に賛成」と書いた。(28)

このように林彪の見解が最上層部の賛同を得ていたにもかかわらず、羅瑞卿は文書を回覧用に校正するとき、その語調をやわらげようとした。たとえば林彪はこう書いた。「軍事訓練、生産などのために一定の時間を割くのはよいが、こういう活動が政治と衝突して（政治の時間をつぶして）はならない。しかし逆に、政治が他の活動と衝突する（他の活動の時間を使う）のはよい」。これを、政治と専門性とのバランスを図るために――毛沢東主義の政治では「紅と専」（政治と専門性）がつねに緊張関係にある――羅瑞卿はこんなふうに書き加えた。「もちろん、たとえ必要であっても、むやみに衝突させてはならない」。ある伝記作家によると、羅瑞卿は組織の規律の許すかぎり、林彪の語調をやわらげようとあらゆることをやり、七十八カ所も書き換えたという。(29) 軍事委員会副秘書長で同委弁公庁主任の肖向栄《しょうこうえい》は羅瑞卿を支持し、「その職権を使って、〝突出政治〟という表現を削った」。林彪のような考え方では軍事活動の専門性が崩壊してしまうと思ったからだった。(30)

一九六五年半ば、林彪は羅瑞卿の「野心」や、「突出政治」の方針に対する「傲慢で専横な」態度を証明するために、羅について秘密のファイルをまとめはじめた。(31) 海軍政治委員の李作鵬《りさくほう》中将など数人の上級将校が、羅の「〝突出政治〟についての誤った観点」について証言することになった。(32) 将を撃つにはまず馬から――彭真を倒すにはまず呉晗から――という毛沢東の戦略にならって、林彪はまず肖向栄にねらいを定めた。

十一月十五日、羅瑞卿は中越国境の国防施設を視察しに華南へ出かけて留守だった。この日、肖向栄は総参謀部党委拡大会議に呼び出されて、毛沢東に逆らい、「突出政治」に反対し、「林彪副主席の歌詞と異なることを歌い」、「彭（徳懐）、黄（克誠）反党集団の隠れた仲間」と糾弾された。だが闘争集会が数日つづくうちに羅瑞卿が出張から北京へ戻り、肖向栄の弁護にあたった。「多少の誤りはあったかもしれないが」肖向栄は「彭黄集団」ではないという羅瑞卿の証言で、会議はすっかり混乱した。[33] しかし彭真が呉晗を弁護したときと同じように、副官を守ろうとしたこのときの羅瑞卿の発言が政敵に攻撃の口実を与えた。

十一月十八日、北京ではまだ肖向栄批判闘争がつづいていたが、蘇州で避寒していた林彪が、一九六六年の解放軍の職務は政治を突出させるという新五カ条原則を発表して、立場をふたたび明確にした。原則の第一条は、毛主席の著作が全軍の全職務の最高指示たるべしというものだった。[34] 羅瑞卿の文書介入を知った林彪はふたたび会議を招集するよう命じて、こう言った。「毛沢東思想に反対し、〝突出政治〟に反対する者を軍の要職に就けておけば、将来良くない結果を生むだろう。こういう人物は徹底的に暴露し、批判せねばならない。猿を脅すには鶏を殺さねばならない」[35]

だが林彪の真のねらいは、猿までも「殺す」ことだった。羅瑞卿は中越国境へ戻る途中、上海と蘇州に立ち寄り、十一月二十七日に林彪に会って、肖向栄の件はおおげさすぎるのではないかと進言したが、このとき林彪は曖昧な態度をとった。[36] これは文革中、粛清しようとしている人物と話すとき、毛沢東がよく使ったのと同じ戦略だ。十一月三十日、林彪は妻の葉群《ようぐん》を杭州の毛沢東のもとへ派遣し、総参謀長（羅瑞卿）糾弾への支持をとりつけた。

林彪事務所の主任をしている葉群はせっせと羅瑞卿攻撃の資料集めに動いた。葉群は解放軍上校（大佐に相当〕の地位にあったが、一九五〇年代の終わりころに肖向栄を昇進させてやろうとして断られたことがあり、[37] 肖向栄と羅瑞卿に私恨を抱いていた。葉群はそのむかし世界史の家庭教師から注意散漫と言われたこともあり（「あの子はまったく集中力がない！」）、夫の部下からひどく嫌われていた（ある秘書によれば「みんなから意地悪だと思われていた」）。政治的野心が強く、林彪と結婚する前に延安で彼女を知っていた人たちからは尻軽女だと思われていた。しかし林彪は妻を心から愛しており、二人のあいだには一男一女がいた。[38] 葉群は羅瑞卿糾弾のための資料一式と林彪から主席への密書をたずさえて毛沢東を訪ねた。密書にはこう書かれていた。この「重要な問題」は「かねてより、要職にある同志の多くから毛主席に報告すべきだと言われていました。けれどこの問題が楊尚昆の一件（これについてはたった今、葉剣英《ようけんえい》元帥から聞いたばかりです）と、どう関連しているかがようやくわかったので、主席にお知らせせねばと思いました」[39]。林彪は、楊尚昆の解任が主席にとって重要だったと同じように、羅瑞卿の解任は自分にとって重要であることを伝え、この二つの事例を関連づけてほしい〔毛が楊を粛清したように、自分にも羅を切らせてほしい〕とほのめかしたのである。

毛沢東と膝を交えて七時間話した葉群は、羅瑞卿が政治突出を怠ったという嫌疑のほかに、二つの「重要な問題」を持ち出した。一つは羅が林彪へ定期的な報告を怠ったこと。もう一つは林彪に国防部部長辞任をうながして、自分が後釜に座ろうとしたことだ。前者について、羅の娘が文革後にまったく違う説明をしている。

（父の）最大の問題はいつ、どうやって林彪に業務報告をするかということだった。あらかじめ電話せずに直接車で行けば入口で止められて、林彪は体調が悪いから会えないと言われる。あらかじめ電話すれば、「言ったじゃないか。業務報告をするのにアポは必要ない。いつでも来てよろしい」と言われる。そこで（父が）言われたとおりアポなしで行くと、（林彪は）不意打ちを食らった、精神的準備ができていない、自分は病人だから不安で一杯になって汗びっしょりだと言う。その次（父が）電話すると、あとになって、電話のせいで一晩中眠れなかったと言われた。(40)

林彪の秘書たちもボスのとっぴなふるまいについて、いろいろ証言している。羅瑞卿が最後に林彪と会ったとき、羅はあらかじめ電話しなかった。だがこれは羅が訪問しようとしていることを知った林彪が、秘書に命じて、羅にただちに来るよう言わせたからだった。(41)

林彪の第二の苦情は毛沢東にとってははるかに重大だった。もし羅瑞卿がほんとうに林彪を追い落とそうとしているなら、毛は間近にせまった文革で党を攻撃するとき必要な、背後から支えてくれる中核組織（＝解放軍）の責任者である貴重な盟友を失う恐れがあったからだ。この問題についておもな証拠とされたのは、羅瑞卿と劉亜楼《りゅうあろう》空軍司令官との会話だった。その会話では羅瑞卿が劉亜楼に、林彪は辞任して自分（羅瑞卿）に解放軍の采配をまかせるべきだと葉群に伝えてくれるよう頼んだとされている。(42) それからまもなく劉亜楼が都合よく死んでしまったため、この申し立てに反論できる第三者はいない。

葉群の集めた真偽相半ばするごたまぜの糾弾資料を、毛沢東が現実にどれほど重視したかはわかりようがない。しかし、毛が林彪を忠実で有力な盟友として確保しなければと思ったことは、次にとった行動の速さで証明できる。(43) さらに毛はおそらく、この一件が軍と党との組織的リンクを切り離す手段であることに気づいたにちがいない。軍を拠点に党を攻撃しようとしていた毛にとって、これはどうしても必要なステップだ。羅瑞卿は一九六二年に中央書記処に入って以来、そのリンクだった[44]。羅瑞卿こそもう一人の「党中央の修正主義分子」だと結論した毛は、十二月二日に林彪へ短い手紙を書き、そのなかで、政治を突出させない人間は「折衷主義（つまり日和見主義）を実践している」と述べた。この点について、毛は同じ日に南京軍区の上級将校数人にこう説明している。専門性を政治に優先させると表立って吹聴する連中は恐れるに足らない。その数は多くないからだ。だが、この二つが同じように重要だと折衷的主張をする者には、断固として対処せねばならない。

私は政治突出とその反対派との闘争が激しさを増し、新しい段階に入ったと認識している……もし政治と職務が同様に重要だと思うなら、それは折衷主義である……折衷主義は敵と我々、階級と階級、是と非の区別をしない……これは実は修正主義である。修正主義は闘争を必要とせず、革命を必要としない[45]。

毛沢東は羅瑞卿が「しかし」とか「いっぽう」などの言葉を使って林彪の政治指示を骨抜きにしたこと、それによって林彪の意図をゆがめ、林彪があたかも軍の戦争準備を妨害したかのようにほのめかしたことを深刻にとらえた。

羅瑞卿の思想と我々の思想のあいだには距離がある。林彪同志は何十年も兵士を指揮してきた。そういう人物が軍事について知らないなどということがあり得ようか?……現に羅は林彪同志を敵あつかいしている。総参謀長になって以来、羅はいまだにみずから私のところへ来て、指示を仰いだことも仕事の報告をしたこともない。羅は元帥を尊重しない……羅は独断的で野心家である。いつも陰謀家と接触している。[46]

北京市委への攻撃が決定的な段階に来ていたため、毛沢東は第二の重要戦略を同時に戦うことができなかった。そこで毛は、この問題の解決のために政治局常務委員会拡大会議を開くというすばやい決断をした。会議は十二月八日に上海で開かれ、解放軍上級将校三十四人を含む六十人が出席した。ここで最も目立ったのは、羅瑞卿本人が欠席していたことだ。羅はいまだに「三線建設《さんせんけんせつ》」[47]——戦時にそなえて産業保護のために毛沢東が考えた、産業の大規模な内陸部への移転・建設計画——の視察旅行中で、会議の始まった日にはちょうど広西を発って雲南省へ向かうところだった。羅は会議が開かれたことを聞いたものの、その目的については知らされていなかった。[48]

羅瑞卿を糾弾したのは主として葉群で、会議中に三回、延べ十時間も発言した。これを支持して林彪本人と、李作鵬ならびに呉法憲《ごほうけん》中将が発言した。李、呉はともに長征の古参組で、林彪の庇護下に順調に出世し、林彪に盲目的に忠実だった。一九七一年に林彪が不名誉な死をとげたあと、李作鵬（海軍政治委員）は「生きるのも死ぬのも林副主席と一緒！」と述べ、呉法憲（空軍司令官）は林彪との関係について「林彪があれをしろと言えば、私はそうする……私は林彪の走狗だった！」と言っている。[49] 葉群が毛沢東に見せた資料は会議出席者に回覧された。政治局の古参委員たちはあまり納得しなかった。劉少奇は葉群の話は「信じがたい」と述べ、鄧小平は故・劉亜楼の宣誓供述書がないのでは、最も重い罪状を確定するのはむずかしいと思った。彭真は疑念を表明した。[50]

しかし毛沢東と林彪はあくまで議事を思い通りに進めるつもりだった。羅瑞卿は雲南省の省都、昆明から呼び戻された――昆明はかつて日本軍の侵略から中印ビルマ戦線を守るためにクレア・シェンノートが伝説の「フライングタイガー」を飛ばせたところで、「三線建設」の多くがここに集中している。羅瑞卿に電話したのは周恩来だったが、羅が会議の議題になっていることは言わず、ただ十二月十一日の飛行機で戻るよう告げただけだった。上海に到着した羅瑞卿は周恩来と鄧小平に会い、自分が告発の対象になっていることを知らされた(51)。羅はすべてを否定しようとしたが周恩来は冷たくさえぎり、毛沢東と林彪に接触しないよう警告した(52)。

いっぽう羅瑞卿の副官、肖向栄は北京から上海へ護送され、そこで二人の上司が――名前は最後まで公開されていない――羅瑞卿を告発するよう強要して、あらゆる圧力を加えた。「さあ、党に心のうちを明かすときが来た」。「今こそ目覚めなければならない。この機会を逃してはだめだ!」肖向栄はつい最近、自分を昇進させてくれたばかりの上司(羅瑞卿)を告発するのをきっぱり断り、十二月十五日に北京へ送り返された。一週間もたたないうちに肖は万里の長城以北の中国西北部へ島流しにあい、まもなく自由を奪われ、自分自身の「深刻な誤り」を問われて軍事委員会の査問にかけられた(53)。

政治局常務委員会拡大会議は、羅瑞卿の処分について何の結論も出せなかった。会議が結論をためらったのは、長征の古参同志である四つ星将軍を、たかが上校で、しかも女が――中国共産党はごく父権的な組織――それも中央委員ですらなく、軍での地位もおそらく夫が元帥という理由だけで獲得したらしい女が提出した不確かな証拠によって告発することに、漠とした不安があったからだろう(54)。もしも出席者のうち、告発に中立な常務委員――劉少奇、周恩来、朱徳《しゅとく》元帥(全人代委員長)、鄧小平――が、(階級は劣るが実権は彼らに匹敵する)彭真を加えて、こんな茶番とはつきあえないと毛沢東に進言する機会があったとすれば、それはまさにこのときだったはずだ。この人々は誰も個人的に巻きこまれていなかったし、軍代表数人の証言は脆弱すぎて林彪を支えるには弱い。しかし機会は失われた。結局これが、この有力者の集団がまとまって毛沢東の暴走を抑止する最後の機会となった。やがて彼らは分断され、文革のなかで自身も告発されていく。

だが常務委拡大会議は、この案件を審理する特別班を作って周恩来、鄧小平、彭真に直接報告させることに同意した。十二月十七日、羅瑞卿は空路北京へ送られ、辞任を求められた。十二月二十九日に楊成武《ようせいぶ》大将が総参謀長代理に任命され、一九六六年一月になって、羅の軍事委員会秘書長のポストを葉剣英が継いだ。羅瑞卿は一月九日に最初の自己批判を書き、二月一日に、林彪の辞任をうながしたことはいっさいないと否定した。「そんなことを言った覚えはいっさいない。林副主席がもっとふさわしい者に位を譲るべきだなどとほのめかしたことはぜったいにない。私はそれほど悪い人間でも、傲慢でも、愚かでもない！」(55)

三月四日から四月八日にかけて、羅瑞卿はさまざまな軍組織支部から来た四十二人の上級幹部の集会（鄧小平、彭真、葉剣英の共同主宰）で攻撃された。人格や行動に対する激しい攻撃――かつての戦友たちは、自分たちに何が求められているのかすでに悟っていたにちがいない――に疲れ切った羅瑞卿は、三月十八日に自殺未遂した。以下はそれから三カ月後に劉少奇から党外要人に宛てた、冷酷無残な報告である。

（羅瑞卿は）自分の住む三階建ての建物から飛び下りて自殺を図った。数カ所負傷したが死には至らず、現在入院中である。そもそも自殺には若干の技術が必要で、頭が重く、足が軽くなければならないのに、彼は足から着地して足に怪我をし、頭は無事だった。（鄧小平曰く：飛び込みの女子選手みたいに足から先に飛んだ。棒つきアイスみたいだった）。こういう行為は……党への重大な反抗である……[56]

毛沢東はこの知らせを、杭州で開かれていた政治局常務委員会のさなかに電話で受けたが、まず出たのは「なぜだ？」と訝る言葉だった。そして「なんと情けない〔没出息〕！」と嘆息した。[57]その後の批判集会は欠席裁判になった。羅瑞卿は敵の思う壺にはまった。彼の有罪を疑問視していた者までもが、羅は自殺未遂で党を裏切ったのだから、ほかの裏切りも可能なはずだという意見に同調して良心を眠らせてしまった。[58]

四月十二日、周恩来、鄧小平、彭真は反羅瑞卿闘争が終結し、彼の「誤り」についての報告書が起草されたと毛沢東へ手紙で知らせた。彭真にとっては、自分が羅瑞卿と似た運命をたどる前の最後の公的活動になった。報告書は承認され、五月十六日に政治局常務委員会に回覧されたが、そこには彭真が上海で羅瑞卿告発に懐疑的で、羅の誤りを「縮小し、掩護し、庇い、支持しようとした」とつけ加えられていた。[59]

## 二月提綱

十二月、一月と羅瑞卿の事件が進展しはじめたころ、彭真は自分なりの防衛戦略理論、つまり呉晗事件は学術的な議論で、政治的問題ではないという主張に固執した。しかし毛沢東はゲームの相場を一段つり上げた。十二月二十二日、杭州へ訪ねてきた彭真に毛はこう言った。姚文元の批判は的外れだ。『海瑞罷官』という題名で肝心なのは「罷免」という言葉だ。この戯曲が書かれたのは彭徳懐が罷免されてまもなくのことだった。つまりこれは失脚した国防部部長を弁護するための寓話だ[60]。しかし毛は、姚文元の原稿を手直ししたときにこのことをなぜ姚に指摘しなかったかについては説明しなかった。これは、毛がいかに用心深く手の内をひた隠しにしたかを示すものだと言う説もある。「機が熟さないうちは、半分しか語ってはならない。藪をついて蛇を出さないためだ[61]」。毛にとって呉晗問題はまちがいなく政治的なものだった。しかし彭真は彭徳懐と呉晗に組織的つながりはないと主張し、現に呉晗には「誤っている部分は自己批判し、正しい部分は正しいと言い張れ」と言っている[62]。張春橋は彭真の頑固さに驚きをあらわにした。「(彭真が)あれほど刺激され、動揺するとは思わなかったが、それよりも、彼があれほど頑なに抵抗するとは思わなかった[63]」

このころになると姚文元の論文と『北京日報』社説の編集部注記に刺激されて、公開討論が展開しようとしていた。中国のおもな学術誌や新聞への投稿は党宣伝機構の最上層で念入りに審査された。北京市共産党上層部の人々が呉晗を弁護する内容の記事を多数、ペンネームで投稿したが、「五人小組」の一員である陸定一《りくていいつ》が部長をつとめる中央宣伝部はそういう投稿を問題なしとした。宣伝部はまた、最も激しく呉晗を政治攻撃した評論のいくつかを公表せず「放置」しておく道を選んだ。

一月になって、呉晗の「毒草」の「反動的本質」と「反党・反社会主義的」性格をとりわけ激しく攻撃する投稿が二つ現れた。これはただちに公表されず、宣伝部に留め置かれた。やがて、この二人の著者は毛沢東の個人的なお気に入りリストに載った、「育成」に値する「青年左派」であることがわかった。そして彼らは(毛に言わせれば)宣伝部に「抑圧されて」きたという事実のおかげで、たいへんな出世をし、毛の側近グループに加えられた。二人のうち年長の関鋒《かんほう》が初めて毛の目にとまったのは、一九五七年の反右派闘争のころ、ペンネームを使って人類学者の費孝通《ひこうつう》を激しく批判したときだった――費孝通はイギリスで学び、*Peasant Life in China*（『江村経済』）や*Earthbound China*（『郷土中国』）のような古典的作品が海外でよく知られている。毛沢東は年月がたっても関鋒の費孝通批判を覚えていた。関鋒はもともと反ソ評論を書くために集められた執筆グループの一員で、中国古代の哲人をマルクス主義／唯物史観で分析するのを得意としていた。関鋒より十三歳年下の戚本禹《せきほんう》は中央弁公庁秘書局の科長をしていたが、一九六三年に、十九世紀の太平天国の乱をめぐる既成の正統的見解に対してマルクス主義的批判を書き、それが中国の史学界に物議をかもして毛沢東を喜ばせた。毛は戚本禹の理論展開が気に入り（「黒白はっきりした、反駁しがたい山のような証拠」）、その最新作を「三度も読んだ」と言って、一九六五年十二月に出版させた。[64] 一九六六年初め、関鋒と戚本禹は党中央の公式理論誌『紅旗』に加わり、関鋒は副編集長に、戚本禹は歴史チームの組長になった。

彭真は二カ月のあいだじっくりと準備をととのえたのち、いきなり行動に打って出た。二月三日、彭真は「五人小組」を招集し、論争範囲を定めて系統的な資料を作り、党中央の名で発行すべきだと提案した。「二月提綱」と呼ばれるようになったこの『五人小組から中央への報告提綱』は二月四日に、おもに陸定一の宣伝部の二人の副部長によって起草された。翌日、第三稿が彭真から在京の政治局常務委員（劉少奇、周恩来、鄧小平）に提出された。彭真は彼らから正式承認をとると、その見解を第四稿にもりこみ、二月七日に武漢にいる毛沢東のもとへ至急電報で送った。翌日未明、彭真は五人小組の三人（政治局候補委員の陸定一と康生《こうせい》、『人民日報』編集長で新華社社長の呉冷西《ごれいせい》）とともに空路武漢へ飛び、提綱を正式に毛へ提出した。そこには、「事実から本質を探り、真実の前には誰もが平等という原則を堅持する」必要が述べられ、「我々は相手を政治的に圧倒するだけでなく、学術および専門の水準においても真に凌駕し、大きく圧倒しなければならない」ことが強調されていた[65]。

別の複数の情報源によると、毛沢東は呉晗が「反党・反社会主義」なのか、また／あるいは彭徳懐とつながりがあるのか訊ね、彭真が呉晗と彭徳懐のあいだに組織的つながりはないとくりかえすと、毛は、批判が終わったら呉晗は副市長の地位にとどまってよいと言ったという。そして「二月提綱」に対し、二点だけ正式に異議を唱えただけで、これを中央の名で回覧するのに同意した。この承認がどのような形式をとったのか、これらの情報源は伝えていない。疑う余地がないと思えるのは、それが到底はっきりしたものとは言えず、どう見ても積極的なものではなかったことだ。毛の近くで数十年働いた周恩来によれば、毛が何かに心から賛同するときは「すばらしい〔極好〕！　そのとおり処理せよ〔照弁〕」か、似たような意味の言葉を書き添えて署名する。それほど乗り気でないときは「適宜回覧せよ〔照発〕」と書くだけ。名前を丸で囲むだけなら、それを読んだ、拒否するつもりはない、という意味だという[66]。「二月提綱」については、どんな形式であれ、毛沢東が書面で是認したものは一つも見つかっていない。彭真と同僚たちは二月十一日に最終稿をしあげ、印刷した本文と短い序文（毛沢東に見せていない唯一の部分）を十二日に北京へ送り返し、政治局常務委員会がふたたびそれを承認した。二月十三日、党と国家の神経中枢、中南海にある中央弁公庁機要局は、「中発（一九六六）一〇五号」（分類は最高機密〔絶密〕）として「二月提綱」を配布した[67]。

彭真があわただしく行動に移ったのは、江青が一月二十一日に蘇州にいる林彪と葉群を訪れて、自分の文化活動企画に合意してもらったといううわさを耳にしたからだという説明も可能だ。林彪も毛沢東と同じく、事情の許すかぎり北京を離れて、全国に数多く点在する自分用の別荘に滞在するのを好んだ。そういう別荘が大連に一つ、また上海から汽車で一時間の蘇州にも一つある。蘇州は多くの美しい公園や運河で知られ、一八五二年にここを訪れたあるアメリカ人は「チャイナマンの天国――地上の楽園」と描写した。(68)春節に蘇州の林彪と葉群を訪ねた江青は、解放軍で文化フォーラムを開きたいと提案した。林彪はすぐさま賛成した。おそらく羅瑞卿事件で毛に世話になったことへのお返しのつもりだったのだろう。こうして二月二日からほぼ三週間にわたって、解放軍総政治部副主任の中将以下、一団の上級将校たちが芸術に関する江青の左翼的見解を聞き、三十本以上の映画や演劇を見た。江青の説明では、そのほとんどに思想的、芸術的に深刻な、大小さまざまの欠陥があるということだった。江青はようやくすなおに耳を傾け、敬意を払ってくれる聴衆に出会えたのだった。

この一部始終が四月十日に「中発(一九六六)二一一号」として発行された。『林彪同志の委託により江青が招集した部隊文芸工作座談会紀要』と題するこの文書は、『紅旗』編集長で政治局候補委員の陳伯達《ちんはくたつ》のほか、張春橋と姚文元が筆を入れ、毛沢東自身も三回以上手を加えた。この『紀要』は「二月提綱」と根底から異なる路線をとり、なかでも注目に値する一節は、「建国以後……我々はずっと毛主席の思想と対立する反党・反社会主義の一本の黒い線の独裁のもとにあった」と述べている。また中国にとって、いわゆる「社会主義文化革命」がどうしても必要かつ重要であることがくりかえし強調されている。これは「二月提綱」にはまったく欠けている点だ。(69)もし彭真が「二月提綱」を機先を制するための戦略と考えたのなら、それは誤算だった。江青の『紀要』が出るころ、彭真の失脚は目前に迫っており、彼の「提綱」はすでに過去のものになっていた。

しかし二月の武漢で、彭真は自分の戦略が功を奏したと思っていた。ずっとのちに彭真の部下がこう回想している。毛沢東との会見後は、「もう誰も『海瑞罷官』批判について心配しなかった。私たちは古本屋をひやかして歩いた」[70]。北京への帰路、彭真は上海へ立ち寄り、上海市委指導部に毛が呉晗事件は政治的なものでないという見解を支持したと伝えた。[71]毛はなぜ彭真にそういう印象を植えつけたのだろう？　のちの目で見れば、毛が彭真をあざむいたのは明らかだ。おそらくとどめの一撃を与える用意がととのうまで彭真を泳がせておいたにちがいない。

## 2 北京包囲

一九六六年三月中旬、毛沢東は首都の党組織へ最終攻撃を開始した。杭州で開かれた政治局常務委員会拡大会議に出席した彭真は、主席が呉晗ともう一人の優れたマルクス主義知識人〔翦伯賛《せんはくさん》〕を反党分子、蒋介石の国民党と変わらないと断じるのを聞いた。主席はまた『人民日報』は半マルクス主義だと評し、中央宣伝部に対しては、一九六二年に中央農村工作部が解散させられた例をちらつかせて、若い革命的知識人――もちろん関鋒と戚本禹が含まれる――を抑圧するなと警告した。やはりこの会議に出席していたある人物は、主席が『人民日報』は三割マルクス主義でしかないと編集長をこきおろしたのを聞いて、その矛先が向かうのは一人や二人の高級宣伝幹部だけではないことに気づいたという。(1) 毛はまた、ある上海京劇が北京で上演できなかったことをとりあげて、彭真は「独立王国」を支配していると攻撃した。実のところ、この京劇はすでに北京公演の手はずがととのっていたのだが、彭真は何も言わなかった。のちに周恩来に説明したところでは、毛主席に面と向かって反論したくなかったからだという。(2)

三月三十一日、彭真のもとへさらに悪い知らせが届いた。康生から彭真と周恩来に伝えられたところによると、毛沢東は三月二十八日から三十日にかけて康生、江青、張春橋らと三度の会話を交わし、そのなかで、彭真、中央宣伝部、北京市党委員会は悪人をかばい、左派を抑圧した、もしこれが続くなら、これらの組織はみな解体すべきだと語ったというのだ。彭真は、自分は呉晗を「かばった」のではなく、百花斉放を望んだだけだと弁解した。百花斉放は毛沢東主義の政策で、「二月提綱」で言及されているが、江青の『座談会紀要』では触れられていない。ようやく腹をくくった彭真は「二月提綱」の書き直しを申し出た。風向きを察知した周恩来は毛沢東に電話して、主席の指示に「完全に同意します」と伝え、彭真を批判するために中央書記処会議の準備を始めた(3)。

書記処会議は鄧小平総書記を議長に、四月九日から十二日まで北京で開かれた。彭真弾劾の主役は毛沢東の信を受けた康生と陳伯達だった。一九六二年に中央書記処書記になった康生は謎の多い人物で、誰が「反党分子」か嗅ぎ分ける超人的な第六感を持つと部下たちから恐れられ、一九二五年の中国共産党入党以来、最も不快なたぐいの情報・秘密工作で生涯を過ごした人間独特の悪辣なまでの冷酷無慈悲さを身につけていた。スターリンの悪名高い秘密警察長官、ラヴレンチー・ベリヤにたとえられることもあり、康生をよく知る人は「石の心臓を持ち、泣くことを知らない」と描写するが、彼はまたマルクス主義にも中国古典にも精通し、博識で骨董鑑定眼に優れ、とりわけ書家として尊敬されていた。毛沢東は康生と個人的に親しく、二人のかわす書簡はいつも毛筆で書かれた。いっぽう学者肌の陳伯達は康生と同じく政治局候補委員だったが、プレッシャーをかけられると取り乱したり、泣いたり、自殺を考えたりと、性格的には康生とあまり似ていない。どもり癖があり、強い福建なまりが抜けなかったため、演説は聞き取りにくかった。一九二〇年代後半にモスクワの中山大学で学び、帰国後は毛沢東の政治秘書や筆杆子〔党機関や要人のもとで政治文書、評論などを生産する文章の担い手〕として、未来の中国共産党主席がのちに「毛沢東思想」と呼ばれるものを形作るのを助けた(4)。康生と陳伯達は個人的にそりが合わなかったが、このときは、やがて文革の進展過程で起きた無数のケース同様、毛沢東の政治の手足としてみごとな二人三脚を演じた。

彭真は二人が代わる代わるくり出す連続パンチを必死で防戦し、自分は「毛主席に反対した」ことはないし、そのつもりもないと言い張ったが、周恩来と鄧小平を動かすことはできず、結局、彭真の誤りは「毛沢東思想に背き」「毛主席に敵対する」路線を行なったことと断定された。そして毛沢東と政治局常務委員会に対し、「二月提綱」を破棄、批判する新しい回覧文書の起草を提案することが決まった。四月十六日、政治局常務委は——劉少奇が国外へ出て不在のまま——正式に提綱を廃棄し、五人小組を解散し、代わりに「文化革命文件起草小組」を設置した。これがのちに「中央文化革命小組」に変身していく(5)。

四月十九日、毛沢東はこれらの提案の処理と、彭真の容疑をさらに追及するため、杭州に政治局常務委員会拡大会議を招集した。出頭を命じられた彭真は到着するなり毛沢東と二十分の個人面談を願い出たが拒否された。そのころ劉少奇がパキスタン、アフガニスタン、ビルマへの四週間の長旅から帰国し、二日遅れで会議に出席した。劉少奇の盟友である彭真への攻撃を劉の留守中に始めたのはおそらく偶然ではあるまい(6)。劉は不在中の経緯に不案内だったから、毛が議長をつとめないとき、劉の代わりに会議を主宰したのは、たいてい周恩来だった(7)。四月二十四日、「二月提綱」の廃棄を伝える中央文件草稿が政治局常務委に承認された。会議は四月二十六日に終わり、彭真は翌日、北京空港に降り立った瞬間から監視下に置かれ、行動の自由を奪われた(8)。首都在住の外国外交筋はその年のメーデー式典に彭真の姿がないことにすぐ気づいた。この日、北京は近年にない車軸を流すような豪雨に見舞われ、フランスAFP通信の北京特派員は「大豊作が見込まれる」と伝えた(9)。だがこの年はいつもと違って、毛沢東の周辺の人々の最大の関心事は収穫高ではなかった。

## 嫌がらせの手紙

毛沢東が文化の既存勢力を攻撃し、中央宣伝部に警告したことが、五人小組で彭真の片腕だった陸定一（中央宣伝部部長）の運命を決めた。だが陸の解任の正確な理由はよくわからない。劉少奇は陸について「教条主義には反対するが修正主義には反対しない、派閥主義には反対するが投降主義には反対しない、左派には反対するが右派には反対しない」人物と述べた。(10) 周恩来も「（陸定一は）左派を攻撃し、右派をかばった」と述べている。(11) 周恩来はまた別の機会に「彼にあるのは個人主義思想だけで、党精神も階級闘争も持ち合わせがない」と述べたが、(12) 周のこうした不満は陸の失脚の原因に関する公式記録にはいっさい顔を出していない。林彪は、さまざまあるなかでもとくに陸が「毛沢東思想を中傷した」と主張した。(13) たしかに陸の「中傷」のいくつかは不遜だった――「じゃあ、きみが卓球に勝ったのは毛沢東思想のおかげだというんだな。では、負けたらどう説明するんだ？」(14) だが、どんなものであれイデオロギーや「イズム」に関連した批判は、公式記録では陸の失脚の原因としてまったく重視されていない。記録文書の大半を占めるのは、事件の触媒となった「五〇二号専案」と呼ばれるもの、つまり陸定一の妻の厳慰冰《げんいひょう》から林彪一家にあてた一連の匿名の手紙のことだった。

厳慰冰は夫が部長をつとめる中央宣伝部で長年副局長として働いていたが、葉群が夫、林彪の事務所主任になった一九六〇年から葉群へ匿名の手紙を書きはじめた。内容は葉群が尻軽女で（厳慰冰は葉群を一九四〇年代の延安で知っていた）、林彪は寝取られ亭主だというものだった。葉群は一九六六年の初めころ偶然にこの下品な手紙の書き手をつきとめ、これを事件にすることにした。[15] 三月、厳慰冰が取り調べを受けているあいだ、陸定一は「本人のため」ということで北京を追われた。厳慰冰は四月二十八日に逮捕され、「反革命分子」として訴えられた。五月六日、陸定一は北京へ呼び戻され、ただちに自宅軟禁された。政治局拡大会議に呼び出された陸は、妻と共謀して林彪とその一家を陥れようとした罪に問われた。陸の自己批判が行なわれる日、会議参加者全員の椅子に林彪の手書きメモのコピーが置かれていた。およそ政治局会議に持ちこまれたなかでも最も奇怪なこの文書は、このころまでに指導層の「政治闘争」がこのような低レベルにまで落ちぶれていた象徴と言っていいだろう。ここに全文を引用する。

以下のことを証明する。①葉群は私と結婚したとき無垢な処女で、以来ずっと貞節を通した。②葉群と王実味《おうじつみ》(延安で処刑された作家)が愛人だったことはない。③老虎《ラオフー》と豆豆《トウトウ》は葉群と私の血を分けた実子である。④厳慰冰の反革命的手紙は流言以外のなにものでもない。林彪。一九六六年五月十四日[16]

このメモは文革を生き延びた人々のあいだで語り種になったが、月日がたつにつれて正確な文言がしだいに忘れられ、さまざまに尾ひれがついて語り継がれた。一九八一年の北京で、酩酊した公安情報部員が私たちの一人に語ったところでは、彼はこの政治局会議に出席していた解放軍元帥の日記を見たことがあり、その末尾に「葉群の処女性は毛主席が保証できる」(!)と書かれていたそうだ。林彪メモにほんとうは何と書かれていたかはわからないが(メモの写真が公開されたことはなく、メモそのものはその日の会議が終わると会議事務局が回収してしまった）、陸定一は妻の手紙について何も知らなかったと言い張ったが無駄だった。林彪からそんなことがどうして可能なのかと問われたとき、陸はあてつけがましく、こう切り返した。「妻が何をしているか知らない夫は世の中にいくらでもいるじゃないか？」　これに激怒した林彪はその場でただちに陸を殺すといきまいた。(17)

## 楊尚昆の毛沢東盗聴事件

葉群の処女性をめぐる林彪と陸定一のこぜりあいが行なわれたのは、五月四日から二十六日まで北京で開かれた政治局拡大会議だった。その二週間前に毛沢東は杭州で開かれた政治局常務委員会で拡大会議の指針を示したが、彭真のほか羅瑞卿、陸定一、楊尚昆の政治活動停止については劉少奇――盟友の彭真が攻撃されたとき国外に出ていた――に主宰させた。

楊尚昆（中央弁公庁前主任）はこのとき北京に呼び戻され、ようやく解任のわけを知らされた。毛沢東の居宅を盗聴し、党の機密を洩らし、羅瑞卿らと「きわめて不正常な関係」をもち、「その他深刻な誤り」を犯したという容疑で、証拠のたぐいはいっさい示されなかった。(18)

もちろん第一の容疑、盗聴が最も重大な罪だが、事件から楊尚昆が前職（弁公庁主任）を解かれるまでに、ある意味ですでに歴史とも言える時間がたっている。盗聴事件をめぐる状況はおおむね次のようなものだったらしい。第八回党大会のころ（一九五六年後半）、中央弁公庁の機密関係職員は党のおもな会議でかわされる発言や討論の正確な記録を残すためにテープレコーダーを使いはじめた。毛沢東の機密秘書がのちに説明したところによれば、理由は単純きわまりない。それまでの（もちろん）完全とはいえない速記録を補い、業務を改善するためだ[19]。

一九五八年後半には、たとえば毛沢東が地方へ出かけたとき行なう地元指導者との会談のような、さして重要でない会合にもテープレコーダーが使われるようになっていた。この年、中国指導部はスイスからテープレコーダー十台を輸入し、そのうち二台が毛沢東の機密秘書のところへ行き、八台を楊尚昆が受け取った[20]。しばらくのあいだ、この八台のテープレコーダーは政治局会議の録音に使われていた。毛沢東はもちろんこのような装置で高レベルの会話が一言一句そのまま記録されるのを好まなかった。一九五九／六〇年の冬、毛は初めて弁公庁がテープレコーダーを使いすぎていると文句をつけた。そして一九六〇年には、どういうとき録音し、どういうとき録音しないかの細かい公式規定が導入されて、毛の承認を受けた。翌一九六一年、毛は服務員の女性とふざけているのを録音されていたと知って激怒する。このとき楊尚昆は責任を問われなかったが、数人の部下が責めを負って弁公庁を追われた。毛の要求により、このテープは鄧小平の監督下に秘書チームが必要な部分を文書に起こしたのち、すべて廃棄された[21]。

一九六八年、鄧小平は中央委員会への手紙のなかで、「楊尚昆が設置した盗聴器事件の不的確、不手際な処理についての政治責任」をみずからすすんで認めた[22]。だがその十二年後、中央弁公庁は、そもそも「盗聴」などなかったと主張した。このときの特捜報告はこう結論している。「機密秘書室の行なった録音は通常の職務手順の一部である。したがって、いわゆる〝盗聴〟、〝秘密録音〟、毛主席の〝私的〟な会話の録音、〝党機密の窃盗〟には根拠がなく、政治的でっち上げにほかならない[23]」。党の機密漏洩という第二の容疑はのちに紅衛兵からくりかえし追及されたが、情報に精通する党の歴史学者によれば、楊尚昆は「いかなる党の機密も洩らしていない[24]」

文革前夜に毛沢東と林彪が首都北京の党の有力ボス、解放軍総参謀長、中央宣伝部長を同時に解任しようともくろんだのは偶然だったとするのは無理がある。であれば、楊尚昆がとくに理由もなく解任されたのも、中央委員会の文書の流れを統轄する地位に毛沢東が百パーセント信頼できる人物をおきたいと考えたからだと推量するのが自然だろう。

## 「時限爆弾」をとり除く

政治局拡大会議には八十人近くが参加した。糾弾の主役をつとめたのはやはり康生・陳伯達チームで（康生は五月五、六日両日に八時間も発言した）、補佐役にまわった張春橋は『新歴史劇「海瑞罷官」を評す』発表のいきさつを説明し、発表直後に「われわれ」が「チベットを除く」中国全土から一万通以上の読者の手紙をうけとったことを披瀝して、この記事がどれほど議論を巻きおこしたかを強調した。五月七日に発言した陳伯達は彭真の過去の記録をほじくり返して、「毛主席への反対」が長年の積み重ねであることを証明しようとした。しかし、やがて彭羅陸楊「反党集団」と括られることになる四人を批判したのは毛沢東の側近グループだけではない。五月二十一日に周恩来がこう言いきっている。

半年もたたないうちに「四大家族」が正体を現した。これは簡単なことではない。闘争はまさに始まったばかりだ。我々の陣地は一つ一つ奪われた。今それを一つ一つ奪回せねばならない。彼らは赤旗に対して赤旗を振り、大量の毒素をまきちらした……いま時限爆弾がとり除かれ、中央はいっそう団結した。[25]

周恩来は粛清された四人のリーダーを「四大家族」という奇妙な呼び名で呼んだが、これは「四人組」のさきがけではなく、解放前の中国共産党が国民党のリーダー（蒋介石、宋子文《そうしぶん》、孔祥熙《こうしょうき》、陳《ちん》果夫《かふ》と立夫《りっぷ》兄弟）につけた呼称だ。つまり周恩来流の二重の侮蔑だった。周恩来も劉少奇もそのときは気づかなかったが、やがて五番目の家族がこれに加わる。劉少奇その人だ。[26]五月二十三日、四人は会議決定により正式に解任された。毛沢東はのちに修正主義者の粛清についてホー・チ・ミンに説明したとき、「みんな私の友人だ」と白々しいことを言っている。[27]

毛沢東が「かなり前から」予測していたというこの粛清について、周恩来は一九六六年五月に「祝賀すべき毛沢東思想の勝利」と述べ、[28]さらにその一月後、劉少奇もこれを「毛沢東思想の偉大な勝利」と讃えた。[29]じっくりと時間をかけて入念に仕組まれたこの事件は、中国共産党が文革前に行なった最後の粛清であると同時に、文革そのものの最初の粛清という、いわば蝶番のようなできごとだった。

この会議に出席したある人物がのちにこう語っている。「すべてが最初から最後まで極度に緊張した政治的雰囲気のなかで起きた」。[30]毛沢東は北京を発って半年たったその時点でも姿を現さず、康生を情報収集と「指示」の道具に使っていた。五月十八日の全体会議で、林彪は康生の監督のもとに用意された演説メモを見ながら、四人が「修正主義の権力簒奪」を試み、反革命クーデターを企てたと告発した。

『古文観止』（十七世紀清代にまとめられた古代散文集）の「弁奸篇（裏切り者の見分け方）」には、

「最初の兆候から最終結果をはっきりと予測する」という章があり、「月に暈《かさ》がかかれば風、礎（土台石）が湿れば雨」（月暈而風、礎潤而雨）と書かれている。禍事には予兆がともなう。何であれ、本質的なことがらはつねに現象に現れる。最近、多くの奇怪なできごとや現象が起きている。注意が必要だ。反革命クーデターが起きるかもしれない。人々が殺され、政権が簒奪され、資本主義が復活し、社会主義全体が覆されるかもしれない。多くの現象があり、（それを証明する）多くの材料があるが、ここでは詳細に触れない……

彼ら（彭羅陸楊）は共産党員の看板を掲げているが、実は反共分子だ。今回その正体がばれたことは党にとって偉大な勝利だった。隠されたままなら、たいへんな危険となっていたはずだ。そのままのやり方が許されたなら、党が彼らの正体を暴露するのではなく、彼らのほうが党を「審判」していたかもしれない[31]。

林彪が「ここでは詳細に触れ」なかった理由は、彼の言う「材料」が充分でなかったからに、ほぼまちがいない。林彪はときどき演説メモから目を離し、内容の薄さを卑猥な言葉でいいつくろったが、これはより多くの人々に向けて一九六六年九月に発表された公式の最終稿からは削除された[32]。

## 五・一六通知

政治局はこの会議中に彭羅陸楊の粛清、および「文化大革命」の発動を直接あつかった「中央文件」を六通発行した。文革の発動について、外国観測筋はようやく気づきはじめたところだったが、一部の国内向けに新華社通信が、アメリカの「専門家たち」は「事態の展開を仔細に監視して」おり、ワシントンのある高官は「いま何が起きているか本当にわかるには五年くらいかかるかもしれない」と認めたと伝えた[33]。

羅瑞卿の「誤り」についての詳細な報告（四月三十日付け）が軍事委員会内の特別作業班によって準備された。この報告書は、羅瑞卿の自己批判書のほか、最高位にある羅の四人の同僚（葉剣英元帥、謝富治《しゃふじ》、蕭華《しょうか》、楊成武大将）からの大部の摘発証言、「羅瑞卿摘発会議における彭真同志の醜悪なふるまい」を指弾する毛沢東への手紙とともに、五月十六日に「中発（一九六六）二六八号」として回覧された[34]。

陸定一と楊尚昆の「誤り」についてはそうした詳細報告は発表されず、政治局からの簡単な声明にとどまった。この声明では政治局が誤りの性格を「説明」し、この二人と羅瑞卿および彭真を結ぶ「反党活動と非正常な連携」を「さらに調査する」特別の「中央専案委員会」が設置されたことを伝えている[35]。

政治局の出した六通の中央文件のうち最も重要なのは、彭真の「誤り」と文革について書かれた「中発（一九六六）二六七号」である。ここには、毛沢東がみずから監督して政治局会議のずっと以前から準備した「通知」が掲載された。この「通知」には六つの付録がついている。彭真のいわゆる「誤り」についての概括資料のほか、彭真の「国際活動における王明《おうめい》路線」に関する資料[36]、彭真の「修正主義」の決定的証拠とされた「二月提綱」全文、北京で劉少奇と鄧小平の監督下にまとめられた、一九六五年九月にさかのぼる「文化戦線における二つの路線闘争」についての時系列資料（大事記）などだ。

このあと「通知」は評決にかけられた。ある出席者によると、「全員が賛成し、誰も反対意見を述べようとしなかった。（劉）少奇がこの会議は拡大会議なので出席者全員に投票権があると言い、〝通知〟は一字の修正もなく、挙手により満場一致で可決された[37]」

　この文書にはふつうの誤植――その気になれば出席者の誰でも簡単に指摘することができたはず――のほか、政治用語の重要な矛盾が含まれている。中国共産党の中枢部がふだんから言葉づかいに極度に神経質であることを考えると、この「通知」が文革について二つの非常に異なる用語（提法）を使っていることによく注意する必要がある。平時には、長いこと毛沢東の筆杆子や政治秘書をつとめた胡喬木《こきょうぼく》や康生――一九七五年に康生が死んだとき、『人民日報』の死亡記事は、彼のことを傑出した「マルクス主義理論家」と伝えた――のような人々が、党機関紙で「ブルジョワの権利」（資産階級法権）と「ブルジョワ的な権利」（資産階級権利）、「階級社会」と「階級のある社会」（有階級的社会）など、ほとんど同義語に近い用語について、その本質的な違いをめぐる代理戦争をくりひろげていた。首尾一貫して「正しい」用語を使うことこそが社会主義者と修正主義者を区別するものと見なされていたからだ。

　ところが今回のこの「通知」では、まるで誰もが知らんぷりでもしたかのようで、これから起こるのが「社会主義」文化大革命なのか、「プロレタリア」文化大革命なのかすらはっきりしない。「通知」にはこの二つの用語が併存している。さらに文革をたんなる「革命」ではなく、「大革命」とする箇所がいくつかあるが、これは劉少奇がかつて「社会主義教育運動」（今日の歴史家の多くはこれを文革の予行演習だったと考えている）について、中国共産党がこれまで行なったどんなものより「重大で、複雑で、骨の折れる大革命」と述べたのと同じ用法だ[38]。そして少なくともこの点に関して、「通知」の起草者たちには、このように書いたことについて、慎重に考えぬいた動機があるように思える。文革は修正主義との戦いについて、中国共産党がかつて試みたなかで最も大がかりで野心的なものになろうとしていた。「修正主義路線との戦いは断じてとるに足らない問題ではない。それどころか、党と国家の命運と前途にとって、党と国家の将来の姿にとって、世界革命にとって、最大級の重要問題」なのだった[39]。

## 敗け組

「五・一六通知」は羅瑞卿の「誤り」についての報告書と同じく、当時の中国共産党が用いていた文書ランクで上から二番目の機密扱いとされた。だから政治局会議がまだ開かれていた翌十七日に、これを読んで学習しはじめることのできたのは十七級以上の幹部だけだった。（この通知が一年後の一九六七年五月十七日にようやく公開されたとき、『人民日報』はこれを「プロレタリア文化大革命の進軍ラッパのように響きわたり」、運動の「力強い始まり」を告げるものと伝えた）。全国の上級幹部は政治局会議の開会中から、われがちにこの文書を読んで懸命に学習しはじめた。一般党員や共青団幹部は多くの場合、「政治学習」（毛沢東時代の中国の政治生活につきものの退屈きわまる午後の行事）でその精神が口頭で伝えられるまで、一週間ほど待たねばならない。だから周恩来が五月二十一日に政治局会議で語ったことは、下っ端の党員が運動の方向性を見きわめるのに役立った。周恩来は、この運動は「地方より中央、国外より国内、党外より党内、下層より上層に重点を置く」と述べ、毛沢東を引用して、こうくりかえした。「重点は（中国共産党の）内部と、上層にある」[40]

しかしこれで果たして毛沢東のメッセージが正確に伝わったろうか。会議後半に出席していた教育部部長は閉会後、同僚に「すっかり混乱した」とこぼした。[41]やはり出席していた国務院のある部長は、部内の党支部書記たちにこう指示した。「標的を列挙して身元調査しておけ。そいつらをつまみ出すときが来たら役に立つ」。運動の標的としてまず目をつけられたのは「日ごろから修正主義的意見や見解を口にしている者、ずっと前から組織への不満をもらし、党派的ふるまいの目立つ者、ブルジョワ的思考に深く影響され、個人主義に毒され、著しく誤った立場や見解を持つ者[42]」――いわば札付きの連中――だった。おそらく意趣返しや出世のチャンスにも利用されただろう。しかしこの部長が気づくべきだったのは、すでに告発された指導者たちのこれまでの声望からして、「つまみ出され」ようとしているのは「日ごろから」修正主義的見解を口にする人々ではないということだった。

六月になると、その後はてしなく続くことになる「四大家族」批判闘争集会の第一弾が中南海で開かれた。これと同時に四人の追放を祝い、支持を誓う大衆集会が北京全市で組織された。ある西側外交官が、北京市党委員会の再編を機に市委本部前で開かれたそういう集会の一つを目撃している。

北京市委書記の新しい人事が六月三日午後に発表された。夕方になると興奮した北京市民が『北京晩報』を買おうと列を作った……焦点となった場所は北京市委本部だ。正面玄関には槌と鎌をあしらった二本の赤旗を両側に毛沢東の肖像画が掲げられ、アーク灯と拡声器装置が組み立てられた。宵の口からトラックが北京市のあちこちの地区代表団を本部に運びこみ、各集団のリーダーたちは新しい党委員会へ代わる代わる歓迎と忠誠の言葉を読み上げ、毛沢東思想と中央委員会への信頼、すべての「牛《ぎゅう》鬼《き》蛇神《じゃしん》」〔妖怪や化物〕を粉砕して、マルクス・レーニン主義革命の純潔を守る必要を表明するスローガンを叫んだ。デモは厳しく管理され、きちんと組織されていた。旗振り役の活動家を除いて、隊列をつくる群衆の多くは無表情か、あるいは騒ぎを楽しんでいるようだ。爆竹の音と、輪タクに乗せた太鼓の連打される音とで、場面はいっそうもりあがった[43]。

かつて紫禁城を囲っていた朱色の壁が、今は党要人の居宅や中央委員会、国務院の事務所を詮索好きな公衆の目から守っている。その壁の向こう側では「四大家族」の人々が、中央省庁職員の集会で批判され、辱められていた[44]。こうした初期の集会は党中央機関に守られるかたちで組織されていたが、それもやがて大衆集会に変わり、運営実務の多くが紅衛兵にまかされるようになる。

自殺未遂で両足がだめになり入院していた羅瑞卿はとりあえず欠席裁判で攻撃され、解放軍将校だった彼の妻が代理標的として、夫の代わりに集会に引き出された[45]。年内に彼女自身も投獄され、足が不自由になった夫はキャベツを運ぶ粗末な籠に入れられて――「大衆」の「革命的創意」の現れ（！）――つぎつぎと集会を連れまわされた。陸定一の妻は一九六六年の秋から冬にかけて、夫とともにくりかえし集会で「批判闘争」された[46]。陸の息子は六年間投獄され、三人の義理の姉もそれぞれ六年、八年、九年の刑に服し、義理の母は獄中で死んだ。楊尚昆の妻は解任され、一九六六年夏からくりかえし「比闘会」にかけられた。

彭真の粛清に連座して解任された人々はとりわけ数が多く、無数の下級官吏が彭真に「死生を誓った徒党」〔死党〕、「悪玉の一味」〔黒帮〕として迫害された。五月には彭真とともに二人の北京市高級幹部、劉仁《りゅうじん》と鄭天翔《ていてんしょう》が粛清され、六月には彭真の部下だった十人の副市長（呉晗もその一人）全員が解任され、七月には北京市委書記処書記の趙凡《ちょうはん》が粛清され、北京市委宣伝部部長の李琪《りき》が集会で「毛沢東思想に反対する急先鋒」と告発されて自殺した。十月になると、彭真直属の党書記はもはや二人しか残っておらず、その万里《ばんり》と陳克寒《ちんこくかん》も粛清された。また彭真のほか、劉仁、部局長四十二人、区県長三十四人を含む八十一人の官吏が極秘のうちに一斉逮捕、投獄された。このとき彼らは知らなかったが、その後の苛酷な運命と比べると、状況はまだまだ人間的だった(47)。

彭真の権力機構が瓦解するなか、標的にされた党上級リーダーがもう一人いる。この人物は「四大家族」とは関係がない。モンゴル族のウランフ副総理は政治局候補委員、内モンゴル自治区第一書記、内モンゴル軍区司令官／政治委員、党華北局第二書記を兼任し、すでに一九六五年冬、内モンゴルの「階級の敵」に対して「軟弱」だと党内で批判されていたが、政治状況がいよいよ厳しさを増す一九六六年五月になると、共産党と社会主義と毛沢東思想に反対し、「民族分裂をつくりだして国家を破壊する」と言いふらしたことが罪状に加わった(48)。七月、劉少奇はウランフに、きみは「階級闘争、とりわけモンゴル人の階級闘争を展開」できなかったと言い、鄧小平はウランフが「肝心な点」をとらえそこなった、経済発展に集中するのではなく、「階級闘争の肝心な点」をとらえるべきだったと指摘した。ウランフは一九六六年八月十六日に党の役職を解かれ、「内モンゴル自治区で資本主義の道を歩む党内最大の実権派」として糾弾された(49)。一九六七年には解放軍と国務院の職務も失った。

そうした運命を受け入れるのを拒否して自殺を選ぶ人々が日ごとに増えた。彭真の下で文教担当書記をしていた鄧拓《とうたく》は、『人民日報』の前編集長（社説に毛沢東の考えをもりこまないとして、一九五七年に毛本人の手で降格させられた）として、旧友の呉晗とともに北京の新聞界で長く活躍した多作なコラムニストで、忠実な共産党員でもあるが、五月十七日の夜、（鄧拓伝を書いた西側作家の言葉を借りるなら）「自分が仕えた人々の手で、もはや恒例となった自殺に追いこまれた(50)」。かつて毛の政治秘書で、「大躍進」の飢饉のころ農村集団化の一部取り消しを訴えて毛の寵愛を失った田家《でんか》英《えい》も、同様の道をたどった。彼は主席の言葉を「偽造」して呉晗への攻撃を妨害したと責められて、五月二十三日に自殺した。六月二十五日、北京市政府の外事弁公室主任が「外国と不法な接触を」保ったと糾弾されているさなかに自殺した。七月十日、北京市委の宣伝担当責任者が自殺した――この人物は「京劇を革命化」するという江青の試みをめぐって、彼女と再三衝突していた。七月二十三日、「二月提綱」を起草した主な人物二人のうち一人が、康生の秘書から、彭真に利用され、康生を監視するため「スパイ」になっていたと責められて首吊り自殺した。犠牲者の遺族は黙って苦しみに耐えるしかなかった。鄧拓の自殺後、「子どもたちは学校を追われ、妻は北京市街を引き回され、〝革命の後継者たち〟が鄧拓の古風な居宅を占拠してしまった(51)」

だがこういう個人の悲劇は、そのころまでに着々と進行していた、はるかに巨大な政治的大変動の前にはただの脚注にすぎない。

## 勝ち組

失脚した指導者、死んだ指導者には後任が必要だ。なんとも不気味だが普遍的な政治の経験則にも「死あるかぎり希望あり」とある〔英語の諺「生あるかぎり希望あり」はローマの政治家キケロの言葉とされており、セルバンテスも『ドン・キホーテ』のなかで使った〕。こうして起きたおもな後任劇としては、まず党中南局第一書記の陶鋳《とうちゅう》が中央書記処常務書記として彭真の後釜におさまると同時に、陸定一に代わって中央宣伝部部長になった。陶鋳は、かつての蒋介石の黄埔軍官学校の学生転じて、共産党の扇動・組織者になった。気性が荒く、ぶっきらぼう、率直な男で、一九六七年に大学生たちが出した

『陶鋳、陶鋳を語る』〔『陶鋳論陶鋳』〕という発言集には、「私は自分がつねに革命的だったと自負するが、つねに正しかったわけではない」とか、「左派はまちがう。右派もまちがう。私は両方のまちがいを犯した。だが、路線をまちがえたことはない」などの言葉がおさめられている。党華北局で陶鋳と同格の第一書記をしていた李雪峰《りせっぽう》は北京市委第一書記として彭真の後任になった。(52) だが、どうやら李雪峰は首都の運営という超人的職務を毛沢東の満足の行くようにこなせなかったとみえて、その年の末ころには、首都より見劣りのする港湾都市、天津の市委ボスに格下げされている。軍事委員会副主席の葉剣英は羅瑞卿の後を継いで同委秘書長と中央書記処書記になった。また前述したように、中央警衛局局長の汪東興はすでに楊尚昆の後を継いで中央弁公庁主任になっている。

昇進した陶鋳、李雪峰、葉剣英は、今度は自分たちの仲間を取り立てたり、彼らの待ち望む栄転をかなえてやれるようになった。陶鋳の場合は、少なくとも漢の時代にまでさかのぼる中国の古いことわざ「人一人が道を得れば、家畜まで天に昇る」〔一人得道、鶏犬昇天〕（＝役人が出世を極めれば、親戚友人全員が出世する）さながらの人事だった。陶鋳は華南、華中から県レベルの幹部五十四人余を含む多くの仲間を北京へ呼び寄せて、失脚した彭真の部下たちの部署を埋めたほか、ふるさと湖南省の党第一書記を中央宣伝部常務副部長に任命し、自分の古巣である党中南局の秘書長だった人物を李雪峰の新しい北京市委書記処の文教担当書記に任命した。(53)

しかし勝者中の勝者はなんと言っても、陳伯達と康生の指揮下に「五・一六通知」を起草した特別チームのメンバー、江青、張春橋、姚文元、関鋒、戚本禹、王力《おうりき》、穆欣《ぼくきん》だった。王力は代々学者の家系の出で、中国共産党の対ソ論争で筆を振るった執筆グループの残留組。穆欣は高学歴エリート層向けの有力紙『光明日報』の編集長である。政治局拡大会議ののち、起草チームは「中央文化革命小組」と名を変えた。この組織は建前上は政治局常務委員会の直属だが、実質はその後のできごとのなかで毛沢東の個人的ツールとして使われた。中央文革小組の結成集会が劉少奇や鄧小平の目の光る北京ではなく、毛沢東のそのころの勢力圏だった上海で開かれたのは偶然ではない。中央文革小組の組長になった陳伯達は、自分はただの学者だからと組長を辞退しようとしたが、周恩来から党の規律に従うよう言われて、やむなくその地位に就いたと言っている。[54] しかしその後、自分が率いることになったご大層な名前のたくさんの党組織のなかでも、この中央文革小組ほど大きな実権を握ったものはないとも述べている。中央文革小組は初めのうち高レベルの執筆チームとして機能しており、最初の任務は毛が展開しようとしていた文化大革命という構図の基軸要素を文章化することだった。この仕事はまず六月の「十二点指示」に始まり、すぐに『プロレタリア文化大革命の形勢と党の幾つかの長期方針について』という二十三条の文書にまとめられたのち、三十一回以上の校閲を経て、最終的に『プロレタリア文化大革命に関する決定』（いわゆる『十六条』）ができあがった。この文書は八月八日に中央委員会で採択され、これ以後、中央文革小組は文革を推進するための突出した組織になった。[55]

## 反応

党幹部たちは「五・一六通知」の起草者が彭羅陸楊を「反党」と糾弾したことをなかなか信じられなかった。つぎは誰がやられるか心配しはじめた者もいる。北京第二外国語学院の党書記が外遊中に「老朋友」（この党書記はこう呼ぶのを好んだ）彭真の粛清を聞いたとき発したのは、「自分たちも安全ではない」という言葉だった。[56] 納得の行く説明ができるほどマルクス・レーニン主義に通じた者は質問責めに会った。しかしマルクス・レーニン主義理論を学びに全国から上級党幹部の集まる中共中央党校ですら、これほどの高級幹部が糾弾されることをまったく理解できなかった。校長の林楓《りんふう》は「これは階級問題だから、個人に注意を向けていては説明できない。階級の勢いは人の意志で動かせるものではない」と説明した(57)。

党幹部が疑いを口にする一方で、知識人や党外の名士はパニックを起こしていた。五月五日、中国科学院院長で大物文化人の郭沫若《かくまつじゃく》が『人民日報』に談話を発表し、自分がこれまで書いたり翻訳したりしてきた「数百万字」は「今日の基準に照らして……すべて焼き捨てる」べきだと宣言した(58)。五月下旬、鄧小平は中央統一戦線工作部から、党外知識人や共産党以外の八つの「民主党派」のあいだに「衝撃、緊張、恐懼」がみなぎっていると報告を受け(59)、六月下旬、人民大会堂に「民主の人士」を集めて、この劉少奇に文革や党内四大修正主義分子の粛清に対する不安をぬぐうための説明をしてもらった。この粛清について、鄧小平は党の観点から「正常の現れ、健康の現れ」と呼ぶことにこだわった(60)。

このときの劉少奇の言葉は、のちの彼自身の運命に照らすと皮肉だが、失脚した四人をゾンビ同然に扱った点で奇妙なほど林楓（中央党校校長）の言説に似通っている。「個人レベルで考えるなら、あんなことをしなくてもよかった。しかし階級闘争の観点から見たら、その行動は正常で、異常なところはない。階級闘争は人の意志で動かせるものではない。彼らはなぜあのような行動をとらねばならなかったのか。彼らの階級がそうさせたのである(61)」。この場にいた知識人はもとより、当の劉少奇自身がこのようなマルクス・レーニン主義的お役所言葉に慰めを見出すことができたかどうかはいざ知らず、これは少なくとも事後の説明としては通用する。それよりはるかに説明がむずかしいのは、修正主義分子が「赤旗に対して赤旗を振り、マルクス・レーニン主義、毛沢東思想、社会主義を語りながら資本主義的なことをする」以上、どうやって修正主義者を見つけ出すかだった。[62] 劉少奇の苦しげな説明によって修正主義者は透明人間にされてしまったが、新聞は彼らがいかに巧みに姿を変えようとも、「毛沢東思想の望遠鏡と顕微鏡」をしっかりと使えば、見つけ出すことができると主張した。[63]

## 主席に「ぴったりついていく」

「五・一六通知」はすでに勝負のあった闘争を総括するだけの文書、もしくは総括をおもな目的とする文書ではなく、毛沢東みずからが書き加えた重要な文章が示すように、じつは未来を予告する文書だった。当時、毛が陳伯達と康生に語ったことだが、毛はとくにその一節が「挑発的」になるよう計算していた。[64] 康生は政治局拡大会議の席上で、この言葉をどう解釈すべきかヒントを与えている。会議の始まったころのある日、康生は自分が林彪を代弁して話しているのでもあるがと言いつつ、「真に魂に触れる」一節は「通知」の最後の部分だと語った。[65] 毛沢東が書いたその全文を引用しよう。

党、政府、軍、文化のさまざまな分野に、ブルジョワ階級を代表する人物がまぎれこんでいる。これは反革命修正主義分子の一団である。いったん期が熟せば、彼らは政権を奪取し、プロレタリア独裁をブルジョワ独裁に変えてしまう。その一部はすでに見破られたが、残りはまだ見逃されている。その一部はいまだ我々に信頼され、後継者として育てられており、たとえばフルシチョフのような人物が今まさに我々の傍らで眠っている。各級の党委員会はこのことに充分注意しなければならない。[66]

毛沢東は誰を念頭においていたのか？　驚いたことに、毛沢東が「フルシチョフのような」とほのめかした人物が誰なのかについては、毛沢東の側近ですら知らなかったようだ。翌一九六七年四月に戚本禹は、「毛主席が昨年、我々の傍らで眠り、いまだに後継者として育てられていると述べたフルシチョフのような人物が誰なのか、我々にはほとんどわからなかった」と述べている[67]し、同じ年の五月には張春橋がこんなことを言っている。「この運動が始まったころ、多くの人は毛主席の言葉を、とりわけ『今まさに我々の傍らで眠るフルシチョフのような人間』というくだりをよく理解していなかった――そして効果的に対処できなかった。あのころ私はこの一節を理解できず、彭真のことは思いついても、それが劉少奇だとは考えてもみなかった[68]」。一九六八年十月には康生までが「あのとき私たちはそれが劉少奇のことだとは思わず、毛主席からのこの重要な指示に、ごく浅薄な理解を示しただけだった」と語っている[69]。

たしかに修正主義分子を「識別」できるのは、いや、もっと正確に言えば、それが誰かを決められるのは、毛沢東本人だけだった。四大家族の粛清は毛のみごとな戦略だったが、毛に名指しされるまで、彼らが真の標的であることを誰もはっきりと知らなかった。毛は容易に手の内を明かそうとしなかった。たとえ腹心といえども、目の前より遠くにある標的を明かせば情報のもれる恐れがある。もし少しでも計画がもれれば、打倒の対象に予定された者が先手を打って対抗手段をとるかもしれない。

毛沢東のこの秘密主義はもっと重大な結果をもたらした。文革中、毛の熱烈な支持者は主席がなにを望んでいるかを直感的にさとるほかなく、おそらく主席がこう望んでいるにちがいないと信じたことをしようとした。彼らは主席に「ぴったりついていく」〔緊跟〕しかなく、ときには主席の期待する以上のことをしたこともあろう。こうした根拠のもとに、文革を生き残った人たちが毛の急進的な仲間による最悪の行き過ぎ行為を責めるのも無理はない。しかし最終的な原因は毛が故意に選んだ不透明さだった。(70)

## 北京防衛──首都工作組と北京衛戍区

妄想症《パラノイア》とすら言える毛沢東の用心深さを物語る格好の例が、彭真粛清で確保した首都を確実にコントロールするために毛のとった手段だった。(71) 党や政府組織の閉ざされた扉の向こうで幹部の降格や弾劾集会が行なわれていたのと同じころ、北京市内および周辺では極秘のうちに軍の動きが進行していた。一九六五年秋以来、毛は折にふれ会話のなかでクーデターの恐れに言及していた。毛がそれを本気で懸念していたかどうか知るすべはないが、五月の政治局会議では林彪がその可能性を強調し、周恩来も「クーデターの危険については、林彪同志の発言に同意する」と発言した。だが彭真はきっぱりと否定した。(72) しかし、毛はつねに、政権は銃身（武力）から生れると教えてきた人物だ。たとえ林彪が磐石のかまえで軍事委員会の手綱を握っていたとしても、危険を冒すような真似はするまい。(73)

首都の安全に対する毛沢東の懸念への包括的な答えとして、政治局常務委員会の下に「首都工作組」と呼ばれる特別タスクフォースが作られた。(74) 組長は新しく中央軍事委員会秘書長になった葉剣英元帥で、その下に副官として総参謀長代理の楊成武と公安部部長の謝富治、組員には解放軍総政治部副主任、北京軍区副司令官二人、中央弁公庁主任、国務院秘書庁主任、華北局書記がいた。(75) 楊成武についていて、毛は文革の「発動段階」での彼の働きぶりにすっかり満足していたようで、戚本禹が一九六七年一月にこんな発言をしている。「このたびの文化大革命で楊成武は特別な貢献をした。その仕事ぶりは特別な勲功に値する。彼の指揮する部隊がしっかりしていなければ、羅瑞卿はとっくの昔にクーデターを起こしていただろう」(76)

首都工作組の事務所は軍事委員会内にあった。林彪は軍事委員会の第一副主席だったにもかかわらず、工作組には個人的な関わりを持たず、葉剣英が直接報告する政治局常務委員は周恩来だった。五月二十六日に行なわれた工作組の第一回全体会議で、緊急の場合にはまず周恩来の同意を、周恩来が不在の場合は鄧小平の同意を得たうえで、衛戍《えいじゅ》区部隊の動員を下す権限が葉剣英に託された(77)。

一九六六年六月、首都工作組は、北京駐屯の中国人民公安部隊武装警衛二個師団の所管を北京衛戍区へ移した(78)。この指揮系統の移管と同時に、一九六六年二月に中央書記処から出された毛沢東の指示にもとづき、軍事委員会と公安部とが共同で所轄する唯一の国家機関だった中国人民公安部隊を廃止する決定が実行に移された(79)。工作組はさらに北京衛戍区を大幅に増強し、この結果、北京衛戍区は一個師団・一個連隊〔団〕から三個師団・一個連隊に拡大されたが、まもなく各師団とも六個連隊および独立一個連隊と各種部隊からなる四個師団に拡充された。追加分の解放軍主力師団のうち、河北から異動してきた第七〇と第一八九の二個師団は楊成武と歴史的因縁の深い部隊だった。北京衛戍区司令官には緊急のさい、近隣の三個師団を招集する権限が与えられており(80)、北京軍区司令官にではなく、軍事委員会（つまり最終的に毛沢東と林彪）に直属していた。

この時点で衛戍区司令官が交替し、それまでの李家益《りかえき》少将に代わって、二人いる北京軍区副司令官の一人で首都工作組に所属する傅崇碧《ふすうへき》少将が着任した。この新旧司令官はともに長征組の古参で、朝鮮戦争では二人とも指揮官（李は副師団長、傅は師団長）として活躍したが、傅崇碧は李家益とちがって一九四〇年代に楊成武の部下だったせいで、楊と長らく緊密な関係にあった[81]。楊成武はのちに傅崇碧に「私がいなければ、お前はぜったい衛戍区司令官にはなれなかった」と言っている[82]。

一九六七年に訪中したアルバニア使節団に毛沢東が何気なく言った一言から察するに、毛は一九六六年五月以前に自分と客人たちが北京の街を歩くのは「安全でない」と本気で信じていたらしい。報道されなかったけれど、実は一九六六年二月二日の朝、ある事件が起きていた。五・六ミリのライフル銃弾が一発、人民大会堂の北側の窓をいきなりうち砕いたのだ。事故？　暗殺未遂？　異常者のしわざか？　公安部副部長の指揮下にただちに厳重な捜査が行なわれた結果、まもなくつきとめられた犯人は国家体育運動委員会副主任の十代の息子だった。少年はその朝、人民大会堂の向かいにある自宅の屋根からスズメを撃とうとして的を外したのだった[83]。もう少し政治的な事件もある。やはり一九六六年二月のこと、北京市中級法院は、「反革命ビラ」をまき、天安門爆破を企てた罪で二人の男に三年の刑を言い渡した[84]。毛沢東はアルバニア使節団に、首都工作組のとった軍事措置におおむね満足していると語った。「北京市委の再編を発表したとき、衛戍区に二個師団を追加した……今ではみなさんはどこでも行きたいところへ行けるし、私も好きなところへ行けるようになった[85]」。周恩来は一年後にこの軍の再配備についてふり返り、それほど重大と思わなかったのか、この変化は「それほどたいした事ではなかった」と述べている[86]。

北京衛戍区に新たに投入された増強部隊は優秀だった。一九六七年一月に開かれたある荒れ模様の学生集会で周恩来はこう語っている。この部隊はきわめて「有能で活気があり」、「罵られ」ても「拳固で殴られ」ても挑発に乗らず、むろん「人民に発砲」したりしない。「彼らを罵り、殴ってみれば、彼らが毛主席の戦士であることがわかるだろう[87]」。傅崇碧によれば、文革の絶頂期には北京衛戍区に十万人を越す将兵と家族がいたという。「あのころ衛戍区に配る中央文件の数は北京軍区（全体）に配る数より多かった」。文革から三十年以上たって、傅崇碧はこう回想している。(88)

大北京圏の「安全」を確保するためにとられた措置のほか、首都工作組はさらに秘密裏に中南海内部の安全強化を進めた。周恩来の一九六七年六月の演説によれば、中南海はあまりに長く楊尚昆が「統治」していたため、「複雑な出身」の人々がまぎれこんでいた。そのころ「党中央の反革命派による暗殺」(89)を危惧するほど疑心暗鬼になっていた毛沢東の「安全」を図るため、楊尚昆の後任、汪東興の手で中央弁公庁の人事刷新が行なわれた。周恩来は「こういう人々を追い払わなければ、毛主席は中南海に戻って来られなかっただろう」と言う。(90)

毛沢東と同僚たちの暮らす中南海から追い出されたのは、楊尚昆と「不法な関係」にあると目された職員だけではなかった。たんに長老であるという理由で長年そこに住んでいた党の有力者たちも「追い払われた」。七月初め、李富春《りふしゅん》（副主席）と汪東興は党中央の「最近の決定」として、今後は政治局常務委員会の仕事に直接関わっていない長老幹部は中南海に住めないと発表した。こうして現役幹部以外の全員が北京の別の地区へ引っ越しすることになった。(91)

この約一年後、周恩来は「六月になって北京は落ち着いた」と述べた。(92)たしかに落ち着いたかもしれないが、平穏とはほど遠かった。まさにこの月こそ、文革が公衆のものになり、騒々しく、荒れ狂いはじめたときだった。(93)

## 3　キャンパスの混乱

毛沢東は一九六六年七月八日付けの妻への手紙に、「天下の大乱」によって「天下の大治」をもたらす決意であると書いた(1)。この途方もない目的のために、毛は途方もない手法を用いた。まず北京市のボスを倒すために、妻の江青に一人の知識人を攻撃する新聞記事の裏面工作をさせて文革を開始した。こうして文革が第二段階を迎えると、今度は国家のボス（国家主席）を引きずりおろすために、教育機関で大衆運動を操作しようとしたのである。

しかし毛沢東の文革の最初の戦いが荒れ狂ったのは一般の目に見えない政治局内部だったし、呉晗らへの批判も大学の知識人エリートを広範に巻きこんだわけではなく、一般の中国人庶民はまだふつうの生活を送っていた。むろん政治が暮らしから消えることはない。共産党と共青団は青年に日記をつけるよう奨励した。そういう日記から、中国の生活のなかに編みこまれた政治の姿が見えてくる。たとえば青年たちは、プロレタリア的美徳の手本である林彪の兵士たちの自己犠牲の精神を真似ると誓い、ベトナムのアメリカ帝国主義者が最近行なった残虐行為に怒り、中国人の毛沢東への愛は「迷信的な偶像崇拝だ」と言ったハバナのカストロを憎んだ——党機関紙から一語違わずコピーしてきたような、こういう話題なしに一週間が過ぎることはない(2)。むろん大半の時間、七億四千五百万の中国人の関心が向かうのは、ごく平凡で私的な日々のできごとだ。だがやがて、そういう話題は階級闘争への集中が足りないと言われて糾弾を受けるようになる。

内面をつづる手段を手にした学生たちの描く生活や感情は、かつての五四運動のころとさして変わらぬ救国と富国強兵の願いだった。三月のある陰鬱な雨の金曜日、南京の大学生が玄武湖で手旗信号の訓練を終えてキャンパスへ戻った。この学生はこんな日記を残している。「帰り道、食品店に寄って揚げパンを一個買い、お金を払おうとすると、一人の老人が近寄ってきてこう言った。『坊ちゃん、どうかお助けを。麺一杯分の銭をお恵みください』……老人に二分と穀物三両（約百十三グラム）分の切符をあげてから考えた。穀物や経済について、わが国はまだまだ後れている。ぼくは科学を身につけて、いまだにみじめな暮らしをしている中国と世界の人民にすべてをささげようと誓った」[3]。若い兵士たちの日記ですら、「階級闘争」よりは貧困からの脱出や生活の改善に強い関心を抱く中国のイメージが色濃い。たしかに「階級闘争」は、劉少奇の言うとおり「人の意志とは無関係」に進展していた。四月のよく晴れた金曜日の朝、若い兵士がオートバイで近隣の部隊へ報告書式を配り終えて九華山――中国の四大仏教聖山の一つ――の麓に一泊し、日記にこう書いた。「逸仙橋から見ると、たくさんの人々が川底の泥をすくっていた――労働者、学生、一般地元民、幹部などの老若男女。なんという繁栄気分！　あの真っ黒な川底の泥は何にも勝る肥料だ！」[4]

若者たちが文革に燃え上がらなかったのにはむろん理由がある。新華社は一九六六年初めの数カ月、のちに「報道管制」と批判される姿勢をとっており、呉晗らへの批判は新聞の片隅や学術版にときどき掲載されるくらいだった。こういう扱いは四月十五日まで変わらなかったが[5]、その三日後に『解放軍報』が強烈な社説を掲げた。この社説は江青の『座談会紀要』の要点を「リーク」して、全中国人民に「社会主義文化大革命」に身も心も捧げるよう求め、「社会主義文化革命には破壊と創造が必要だ、徹底的な破壊なしに真の建設はありえない」(6)と力説して、この運動をめぐるいかなる抑制もとり除こうと試みた。四月末には『紅旗』が『学術批判への労働者・農民・兵士・大衆の参加は画期的なできごとである!』(7)という高圧的な「評論員」の記事をひっさげて参戦した。文革はまさに大衆運動になろうとしていた。

だが新聞の言う「文化戦線でプロレタリア思想を起こし、ブルジョワ思想をほろぼす闘争」で、「工農兵大衆」が勝利することができるだろうか?『紅旗』はむろん最終結果を疑わなかったが、この時代に書かれた日記は、中国のふつうの政治環境で、この目的達成がけっしてなま易しくなかったことを物語っている。貧しい出で研究職をめざす、党員歴四年のある学生の日記には、五月半ばに大学で行なわれた、専門よりもプロレタリア政治が優先することをめぐる討論について、こんないらだちが記されている。「ある人がこう言った。『研究における真のゴールは任務の遂行であり、この場合、政治は手段だ』。この人は自説をきわめて弁証法的に説明した……こういう人たちはいろいろな難しい言葉をちりばめて、ぼくらのような工農出身の学生を煙にまく。だがぼくらは簡単に操作されはしない。ぼくらは毛沢東思想で武装しているのだから」。その同じ週に書かれた日記からは、この問題について学生が自分なりに解決を見出したことが行間にうかがえる。「今朝、ぼくは(彼らの一人と)議論しに行った。だが彼は非常に明晰で、ぼくを言い負かした。ぼくらはまだ彼の実体をちゃんとつかんでいない。結局、たいした成果はなかった」(8)

こういう口下手な若者には幸いなことに、毛沢東はふつうの政治環境をそのままにしておくつもりはなかった。高レベルの政治的権謀術数を大衆動員に置き換えるときに毛のたどったプロセスは、い

まだに文革における多くの不明瞭な問題の一つだが、それが北京大学で始まったことだけは確かだ。(9)

## 最初のマルクス・レーニン主義大字報

五月十四日、康生は毛沢東のひそみにならって、妻の曹軼欧《そういつおう》を文革の秘密任務に派遣した。曹軼欧は結束の固い七人で構成する「中央調査組」の組長として、この国の最高学府における「学術批判」の進展状況を調べるという名目で北京大学に入った。その任務は「北京大学の学術批判は方向が誤っており」、学長の陸平《りくへい》がその責任を負うべきであるという立場から、北京大学の「学術批判」が「本物かインチキか」を見きわめることだった。(10) 康生は「二月提綱」の路線に従っているなら「インチキ」だとしたが、このとき「二月提綱」はまだ公式に否定されておらず、これに代わる毛の「五・一六通知」はようやく党内部のごく限られた一部に知られるようになったばかりだったから、北京大学の学術批判は不可避的に「インチキ」にならざるを得ない。つまり曹軼欧の真の任務は、大学の党委指導部に対する学内の草の根抵抗勢力を煽動することだった。康生の言うごとく、「大衆が（自分で）革命に立ち上がらないなら、我々が彼らを動員する」というわけだ。(11)

だが康生ははたして毛沢東から直接命令を受けたのか、それとも毛がそれを望んでいると直感して、「主席にぴったりついていった」(「主席の意を汲んだ」) のか？　これは天下に大乱を広めるもう一つの手段にすぎないのか、それとも一九五七年の百花斉放のときに大学が党を批判したことを毛が覚えていて、学生を文革の突撃隊に使おうとすでに決めていたのか？

曹軼欧はもちろん学内左派の重要性について情報を得ていた。曹は夫、康生の個人事務所を采配していたから、月初めに開かれた政治局拡大会議で、毛沢東の意を受けた康生が彭真を告発したことを知っていた。また北京大学の左派が彭真を恨んでいることも知っていた。前年の「社会主義教育運動」で北京大学の教職員は分裂して激しく対立した。康生に後押しされた左派は学内の党指導部を「走資派」と攻撃したが、彭真みずからが介入するとともに、鄧拓を含む工作組が派遣されて指導部は免責され、大学は秩序を回復した経緯があった。だから彭真がまもなく失脚するというニュースは、四十五歳になる哲学科の党支部書記の聶元梓《じょうげんし》にとって嬉しい知らせだった。聶元梓は陸平学長との積年の不和の結果、一九六五年に最も厳しく批判された左派の一人だが[12]、そのころ職を失う寸前で——後任者もすでに選ばれていた——北京市の中心から北に五十キロほど離れた山の中の懐柔県〔現在は区〕にある北京大学の小さな分校へ「下放」されるのを待っている状況だった[13]。曹軼欧の北京大学入りはこれ以上望めないほどのタイミングだった。

曹軼欧は聶元梓を探し出した。康生夫妻は延安時代に彼女を少し知っていた。聶元梓はよいコネに恵まれて一九三八年に十七歳で共産党に入党し、抗日戦争期は大半を延安で過ごした。聶元梓の名が堂々と書かれた大字報が初めてキャンパスに現れた日、そのころ北京大学の学生だった鄧小平の娘の一人がこれを見て家に電話し、母に報告している。母親がまず気にしたのは大字報の政治的内容ではなく、第一署名者の道徳的資質の問題だった。「聶元梓は良くない人よ……延安での評判は良くありません。でも私がそう言ったなんて誰にも言っちゃだめよ![14]」康生も聶元梓について似たような評価をしていたが、その素行についてはどうでもよかった。「聶元梓がろくなやつじゃないことくらい延安のころから知ってるさ。だが、あいつがたとえ〝渾蛋王八蛋〟〔スッポンの卵＝たわけ者〕だったとしても、今はあいつに味方しなくちゃならん[15]」

聶元梓と左派の仲間は『人民日報』を読んで、呉晗攻撃が鄧拓にまで拡大していること、つまり一九六五年に自分たちを鎮圧した北京市委の宣伝機構が危機に瀕していることに気づいていた。聶元梓は支部書記の立場で入手可能な党内情報や、曹軼欧からもらった彭真批判闘争に関する内部情報を通じて、陸平が上層の庇護を失い、したがって無防備であることを知った(16)。いっぽう、北京市の党機構の全面的瓦解についてやはり内部情報を得ていた哲学科の同僚六人が、すでに大学党委に対して何らかの行動を起こそうと計画していた。曹軼欧の勧めに意を強くした聶元梓は六人と手を組んだ。六人のうちの一人が曹軼欧の調査組のメンバーに、この問題について毛沢東に手紙を書こうと思っていると告げたが、手紙が主席のもとに届くわけがないのだから、そんな行動は無意味だと諭された(17)。曹軼欧組のアジェンダからして、そう諭した真の理由は、おそらくその手の直訴状では「大衆を造反に立ち上がらせる」目的にほとんど叶わないからだったのだろう。

しかし大字報ができあがる過程について曹軼欧は知らなかったし、聶元梓もほんのわずか関与したにすぎない。この大字報は左派七人が最終的に、大学の党指導部を攻撃するのに最良の手段と考えて決めたものだった(18)。しかし後になって聶元梓は大詰めで曹軼欧と会う手はずをととのえたのは自分だったと述べている。曹軼欧は大字報の原稿をじかに見ていないが、「党組織の上層にいる者」としての権限で、大字報を掲示するよう、聶元梓にゴーサインを出した(19)。五月二十五日未明に第三稿ができあがると、残りのメンバーが署名のために呼び集められ、原稿に小さな変更を加えただけで、その朝のうちに署名された。この大字報をめぐる聶元梓の最大の貢献は、土壇場で原稿の末尾に「党中央を守れ！　毛沢東思想を守れ！　プロレタリア階級独裁を守れ！」という三つのスローガンを書き加えたことだった。グループで一番身分が上だった聶元梓が最初に署名したが、その結果、この大字報

から生じたすべての毀誉褒貶が彼女の一身に向かうことになった。(20)

大字報は「文化革命のなかで宋碩《そうせき》、陸平、彭珮雲《ほうはいうん》はいったい何をしているのか？」と題されて、五月二十五日午後二時に大学主食堂のある棟の東壁に貼りだされた。この問答形式のタイトルに書き手たちはこう答えている。宋碩（北京市委大学工作部副部長）、陸平（北京大学党委書記、学長）、彭珮雲（北京大学党委副書記）(21)は「陰謀詭計」を企てている。(22)この陰謀は五月十四日に開かれた北京の主要大学党高級幹部の緊急会議における宋碩の演説で示された。このとき宋碩は北京市の文革対策として党華北局の計画を引用したが、このこと自体、北京市委がもはや機能していないことの明確な証左だった。たしかに、この計画は毛沢東の言う「天下の大乱」とはかけ離れている。

（現在の運動には）強い指導力が緊急に求められている。我々は学内の党組織に対して指導力を強め、（党員は）それぞれの持ち場をしっかり固めるよう要請する……立ち上がった大衆は正しい道へ導かれねばならない……もし憤慨した大衆が大会の開催を要求したら、（そういう要求をとりさげるよう）圧力をかけるのではなく、小グループの集会を開き、資料を学習し、小字報を書くよう導くべきである。(23)

聶元梓らによれば、文革をこの「正しい道」へ導こうとする指導部は誰であれ、実は「修正主義分子」なのだった。宋碩、陸平、彭珮雲は大字報、大衆集会、「大衆の全面動員」を恐れている。彼らは「嵐のような」〔轟轟烈烈的〕運動を嫌い、自分たちがその「黒幇的」支配を維持できるような運動を求めた。つまるところ、彼らは「フルシチョフのような修正主義分子」だったのである。

大字報はねらいどおりの効果をもたらし、混乱が続いた。聶元梓支持派の当時の言葉によれば、最初の大字報が出てから数時間のうちに「数千とは言わぬまでも数百の大字報が現れて、陸平、彭珮雲ら黒帮を憤怒の砲弾で撃ちまくった[24]」。大字報の標的にされた人々に同情的な文革後の言説によれば、「わずか半日足らずで学内いたるところに千五百以上の大字報が現れたが、その圧倒的多数は聶元梓らの大字報を論駁、糾弾するものだった[25]」

康生が（聶元梓に言わせれば）背後で「革命の炎を煽りたてた」いっぽう、周恩来は矢面に立って、確実に「野焼き」のできる火消しを送りこんだ[26]。大字報のことを聞いた周恩来は、学内に留学生がいる以上、公共の場所に大字報を掲げる権利は一定の制限をうけることを学内のすべての人に周知させるために、国務院外事弁公室副主任の張彦《ちょうげん》を大学へ派遣した[27]。五月二十五日深夜、街頭デモがあるかもしれないと聞いて動揺した陳伯達の命令で、北京市委第一書記に着任したばかりの李雪峰が北京大学を訪れ、大学指導部の招集で集まった共産党員と共青団同盟員八百人を前に、「闘争には規律が必要で、大混乱を引き起こさない」ことが重要だと強調した[28]。翌朝、大学党委の一人が聶元梓を脅して大字報を撤去させようとしたが果たせなかった[29]。近くの清華大学のある党書記は、聶元梓のしたことは釈明しがたい、その証拠に「右派は大喜びだし、ソ連修正主義の学生も喜んで写真を撮っている[30]」と言った。

しかし、李雪峰とともに北大を訪れた清華大学学長の蔣南翔《しょうなんしょう》（高等教育部部長を兼任）は、こういう大字報のような媒体は「蛇を巣穴から」おびき出し、「（大衆に）はしかの予防注射をして免疫をつける」には格好の道具だと考えた。蔣南翔は清華大学へ電話して、こう命じた。「彼らにしゃべらせるような状況をつくり出せ。（そして）重点を押え、問題を把握し、（彼らに反対する）討論に大衆を動員しろ」[31]。蒋南翔が、文革は一九五七年に大学で花開いた百花斉放の焼き直しの域を出ないと考えていたのは明らかだ。あのとき学生や教職員は自由に批判を口にし、あとになってその向こう見ずの罰を受けた[32]。蒋南翔もまた、事態がわかっていなかった。

曹軼欧は大字報の写しを受けとると、ただちにそれを夫のもとへ届けた。康生は聶元梓から個人的に大字報発表までのいきさつについて簡単な説明を受けると、毛沢東と政治局常務委員会に文革の情況を伝えるために中央文革小組が数日前に急遽作った「情報誌」に大字報のテキストを載せ、杭州にいる毛のもとへ送った[33]。毛は六月一日正午にこれを読み終えると、こう上書きした。「この文章の全文を新華社が放送し、全国の新聞に掲載することがぜひとも必要だ。反動の砦、北京大学の打破は、ここから始めるとよい」。その午後、毛は北京の康生と陳伯達に電話して、この大字報は一九六〇年代の北京コミューン宣言であり、「パリ・コミューンより重要とさえ言える」と伝えた。大字報はその日の夕方に放送されねばならなかった[34]。周恩来は放送予定時刻とされた八時半のわずか数時間前にこのことを康生からいきなり聞かされて驚いた[35]。華北局の幹部相手に演説の最中だった李雪峰は康生から回ってきた手書きのメモを見て、ただちにその情報を全員に伝えた[36]。しかし、周恩来と李雪峰の上司であるはずの劉少奇は、大字報の放送についても、それが翌二日に『人民日報』に掲載されることについても、まったく知らされなかった[37]。

『人民日報』には大字報の本文とならんで、陳伯達の指導のもとに書かれた『北大の大字報に歓呼を送る』と題する賛辞が載った。それには、陸平とその同僚たちは「インチキな」「修正主義の」共産党を代表し、「文化大革命の高まりによって」一掃されようとしていると書かれていた[38]。聶元梓は十一月一日にこの日のことを振り返って、こう述べている。「五カ月前の今日、我らの最も敬愛する偉大な指導者毛主席は……（我らの）革命的大字報を全国、全世界に知らしめることによって、プロレタリア文化大革命の燃え盛る炎を点火した！[39]」

## 「轟々烈々」たる運動

聶元梓の自画自賛じみた高揚はさておき、六月二日はたしかに学園キャンパスにおける文革活動の転換点だった。毛沢東はその数カ月後に、「私は北京大学の聶元梓のあの大字報を放送させて、大騒ぎを引き起こした」と述べている[40]。そのころ嵐の中心だった北京大学に留学していたフランス人女性はこう回想する。「大学生、高校生、幹部、労働者、そして日焼けした農民までもが……（私たちの大学へ）やって来て、北大革命派を支持する大字報を掲げ、演説した[41]」。そのころ開校したばかりの外国語学院で英語を教えていたイギリス人も北大を訪れた一人だった。彼はものごとが「いらいらするほどゆっくりしたペース」で展開したと回想している。

北京市委で起きていた解任騒ぎは初めのうちおもしろく、やがて（それが彭真に行き着いてからは）不安なものになった。私たちは全員サッカー場に行ってラジオ放送を聞かなくてはならなかった。ほとんどヒステリーのようにアナウンサーが叫びたて、事実に関わるセンテンスは三つか四つしか聞こえない。次に何が起こるのか、推測できる者は誰もいなかった。授業が中止になったあと、私は数人の大学生と夜な夜な自転車で北大へ通い、聶元梓やその他の人たちの大字報を読んだ。それでも情勢はさっぱりわからなかった。学院に初めて工作組が来たとき、私は（上海出身の）いちばん賢い大学院生に何が起こっているのかたずねた。「さっぱりわかりません」と彼は答えた。「わかるまでどっちつかずでいることはできる？」と私が聞くと、彼は「だめです。どちらかを選ばなくてはなりません」と言う。「でもどちらが勝つかはわかるだろう？」「いいえ、さっぱりわかりません。跳ぶしかないんです」。七月になると情況の不鮮明さは明らかなのに、誰もが叫びたて、学院の第一書記を批判した（彼はじつはすばらしい人物で、みなから好かれている）。告発は説得力がないけれど、騒音はすさまじかった（集会はちょうど私の宿舎の窓の外で行なわれていた）。だから文革へのゆっくりした道は、日頃確かなものに慣れている学生たちにしてみれば、きわめて苛立たしいものだった。とうとう七月中旬になって、情勢が少しはっきりしてくると、毛沢東（彼こそが当時の中国で唯一の真のヒーローだとみなが感じていたにちがいない）が攻撃されているから守ってあげなくてはならないと言われることは、たいへん救いになる言葉に思えたにちがいない。このことは（少なくとも、それまで数カ月続いたイソップ物語もどきの寓話や曖昧なできごとと比べると）はっきりしていた(42)。

北京では彭真の粛清の直接の影響と、そこから首都の政府機関をつうじて伝わった波紋の結果、かなりの数の小中学校長がすでに日常の教育活動を停止させていたが、聶元梓の大字報が報道されてからは、首都のすべての学校が授業を停止した。幼稚園職員すらが「革命の幼い後継者」を世話しつつ、文革に巻きこまれていった。市教育局の「修正主義指導部」は、とくに学齢前の子どもたちに「けんかしないよう、悪い言葉を使わないよう、お行儀よく、清潔できちんとした身なりをするよう」訓練した責任を問われた。北京のある幼稚園職員はこう述べた。「しっかり自分の目で見よう、同志諸君。

われわれの子どもたちに階級教育をするとは、なんと反動的で恐ろしい連中だろう！」[43]だがプロの教育家のなかには古い観点に立つ者もおり、そういう人たちはとりわけ小学校の授業が中止されることを理解できなかった。七歳の少年少女にとって階級闘争を担うことにいったい何の意味があるのか？　北京一のエリート小学校の校長は苦々しくこう言った。「階級闘争がどうのこうのと、鶏の羽やニンニクの皮までもが階級闘争にされてしまう！」[44]

しかし六月十三日、党中央と国務院は全国の大学、学校の授業を「暫時」停止すると決定した。こうして全国一億三百万人の小学生、千三百万人の中学生、五十三万四千人の大学生が突然「自由」になり、教室を離れて、文革と、毛主席が「階級闘争」の「主要課目」と呼ぶものへ生活のすべてを捧げることができるようになった。[45]

学校や文化機関はさておき、六月三日に発表された北京市委解任は――ふつうはけっして公表されないたぐいのニュース――とりわけ外国人を「震撼」させた。[46]それから二日というもの、外交官たちのあいだではこの話題でもちきりだった。六月六日のスウェーデン建国記念日を祝う園遊会で、陳毅《ちんき》外相は粛清された幹部たちはどうなるのかと問われ、数メートル離れた場所にいたソ連大使を指してこう答えた。「私たちはあの連中のような野蛮人とちがって、人の喉を切り裂いたりしない。彼らにはちゃんと年金を払っている」[47]

このころ北京に暮らす外国人はそう多くなかったし、その人たちも大半は何が起きているのかおぼろげにしかわからなかった。ある新任のオランダ人外交官＝学者はこう書いている。「初めの数週間は文革にはたいして注意が向かず、古い中国の遺跡ばかり見物していた」[48]

しかし六月初めになると、この運動は大学学外ですら気づかれずにすまなくなっていた。北京に駐在する一握りの外国特派員は、公安当局の一日二十四時間の監視下に取材を続けていたが、行動制限がいよいよ厳しくなるのを感じた。こういう状況下で最も優れた取材をしたのは日本人特派員だ。彼らはその完璧な中国語能力で大字報を読むことができたし、ときには自転車に乗って街中を駆けまわり、中国人と同じ服装をし、風除けと称してヘルメットをかぶり、群衆のなかにまぎれこむことができた。

外交官も報告を続けていた。前任地アフリカから異動してきたスウェーデン大使は、六月十六日に本国の外相へこう報告している。

北京は五月末以来、熱病に罹ったような状態にあり、六月三日からは昼夜を問わず、毛沢東と首都の新指導部を支持するデモが行なわれている。徒歩やトラックの荷台に乗って私たちの住む建物のそばを通りすぎていく人々の太鼓や銅鑼の単調な音で、私たちの多くが夜中まで眠れずにいる。このひどい騒音に比べると、美しい調和に満ちたアフリカのドラムの音が懐かしい。(49)

また、あるイギリス人外交官は「騒音がこの革命の代名詞になり、まもなく耳栓が大使館の標準装備になった」と証言している。(50)しかしあるオランダ人外交官は野外デモのくだけた、かしこまらない、お祭気分とすら言える雰囲気について、こう述べている。

こういうデモを見るために車に乗っていくような首都が世界にあるだろうか。ふつうなら、さっさと車を車庫に入れ、家にこもってドアに鍵をかける。あのころ北京のデモはまだかなり秩序だっていた。水泳プールとテニスコートのあるインターナショナル・クラブは北京市委本部の真向かいにあり、午後遅くなるとオースチン、シボレー、シトロエンなどが出入りする。市委本部玄関の階段では新しい市委がそこに立って、やかましい忠誠の叫びを聞かねばならない。クラブに出入りする車は、その階段から数歩離れたところに停めるしかない。交通警察はときどきデモ隊の長い列に割って入って外国人外交官の車を出入りさせねばならない。こういうときの警察は丁重そのものだ。このような礼儀正しさと、耳の割れそうな太鼓や銅鑼とともに人々の怒鳴りたてるスローガンの内容との整合性の無さについて不思議に思う人は一人もいないようだ。若く活発なデモのリーダーたちは、外国人が写真を撮れるように世話してくれさえした。彼らはわざわざ行進を止めると、デモ隊に背筋を伸ばし、各グループの先頭に掲げられた毛主席の写真をもっと高く掲げるよう指示した。[51]

だが騒々しいお祭のような雰囲気が、外国人にユーモラスで組織だった運動の印象を与えたとしたら、それは背後に目に見えない北京衛戍区の活動があればこそのことだった。

## 治安維持と事態収拾の努力

彭真と側近たちが北京市の行政機関を追い出されたことから生じた混乱のなかで、周恩来総理は、それまで彼らの担っていた責務の多くを自分がかぶったようだ。周恩来の道具は、中央の当局とその単位の安全を保証する任務を負って増強された北京衛戍区だった。周恩来と葉剣英元帥の下にあって、首都への食糧、燃料（陝西からの石炭輸入を含む）、電気の供給を確保し、外国公館を守ることも衛戍区の任務だった。この年の後半になって、急進派が北京飯店に滞在する外国人へのサービスを拒否しはじめると、ここにも秩序回復が必要になった。

増強部隊が加わってさえ、衛戍区司令官の傅崇碧が職責を果たすのは事実上不可能だった。首都の各部門は、戦闘的分子がその日のターゲットにねらい定める物や人が何であれ、彼らの告発によって麻痺した。それでもなお林彪は解放軍にこう命令した。「殴られても殴り返すな。罵られても口答えするな」。ときおり傅崇碧は万策尽きると、周恩来や葉剣英に救いを求め、争いの解決や衛戍区部隊の士気高揚を頼まねばならなかった(52)。外国人が北京飯店で食事をしようにもできなくなることが日常的に起こるようになっても、傅崇碧の問題解決努力は外国人の目には見えなかった。日本の『朝日新聞』特派員は六月十六日付けでこう書いている。「外国人はこういう国内問題に関与するのを許されていないが、大字報に人々が名指しされているので、外国人もこの運動の影響を判断できる(53)」。北京の外文出版社に翻訳者として働くイギリス人共産党員は、外国人として一般より見晴らしの良い立場にいたが、その彼でさえ、その段階で最も緊迫した動きはいまだに人の目の届かないところで起きていたと記している。

街は不吉なことなど何一つ起こっていないかのように生きつづけ、呼吸しつづけている……けれど、市内のどこの事務所、工場、大学、学校でも、壁の内側で（私の）事務所と同じようなドラマが演じられているのを誰もが知っている。たとえこの革命を見ることができなくても、夜になれば、それが北京の夜空を覆うのを聞くことができるからだ。聞こえてくるのはスローガンを唱える怒気を帯びた金切り声。これにしばしば太鼓や銅鑼が唱和する。この音は全市で開かれている何百もの集会、深夜に始まって明け方までつづく集会からわき起こる。街全体に覆い被さってうずくまる巨大な動物の苦悶の声のようだ。

絶え間ない夜のどよめきに謎が深まる。集会では何が起きているのか？　誰が批判されているのか？　なぜなのか？　私はただ呆然とするばかりだった。(54)

文革は多くの中国人にとっても、呆然と立ちすくむようなできごとだった。『人民日報』は、北京の人々が市委解任の決定を全員一致で支持し、「きわめて英明、きわめて正しい」決定とみなしたと伝える。(55)これが真実か否かは別として、解任の理由はいまだに極秘扱いされていた。ある多感な中学生が六月四日の日記にこう書いている。「もちろん誰もが党中央の決定に支持を表明する。けれど彭真や劉仁らがいったいどんな誤りを犯したのか、ほんとうに知る人はいない(56)」

## 工作組

劉少奇もまた苛立つ以上に、呆然としていた。六月半ば、同郷の湖南人で一九三〇年代をともに戦ったかつての「白区」幹部(57)との私的な会話のなかで、劉少奇は粛清勢力と（とくに）解放軍の役割について、内々に批判した。劉によれば、解放軍は「運動の健全な進展を守らず、老幹部を守ってくれない」。軍は「手をこまねいて傍観し、各地で指導者たちが倒れるのを待って、そのあとようやく後始末をしにやって来る」のだった。(58)文革後、劉少奇の子どもたちがこんな証言をしている。六月初め、なぜ介入して秩序を回復しないのかと父にたずねると、父はこう答えた。「私は社会主義のもとでこんな運動を経験したことがないし、党がこんな方式で整風するのにも遭遇したことがない。ここはしばらく様子を見ようと思う」[59]。鄧小平もやはり不満だった。彼の娘の回想によれば、聶元梓は「良くない人」だという鄧小平の妻の発言は、「父の考えを反映していた。父はこういう突然の攻撃に強く反対していた」[60]

劉少奇がこれほどまでに途方に暮れていること、また鄧小平の否定的反応から、文革を指揮していたのは、主席が北京を留守しているあいだ、名義上、国政をまかされた二人の背後で事態を操っていた毛沢東とその側近だったことがわかる。劉と鄧は毛がいったいどこにいるのか、よくわからなかった。劉少奇は秘書を中央弁公庁に差し向けて、毛が杭州にいるかどうか問い合わせた[61]。だが劉少奇も鄧小平も誠実そのものの男たちだから、毛の留守中にさまざまな決定をせざるを得ず、大学が大混乱に陥ると、二人には充分な調査をしているひまがなくなった。

なにか問題が起きると、中国共産党の標準的対処策として工作組が送りこまれる。組員はその問題と利害関係のない単位から選ばれ、その数は標的となる組織の規模で決まる。工作組には状況を安定させ、問題の原因を確定し、判断を下し、賞罰を与える権限が付託されている。もし「指導部の核心部がすでに腐っていれば」、上部機関の組織、派遣する「有能な工作組」が、その指導部に取って代わる[62]。こうして臨機応変に作られる工作組の既得権力はほぼ無制限だ。党中央が工作組のために起草した作業規定によれば、「犯罪活動」で有罪とされた者を、工作組は「拘留、反省のため隔離、逮捕」し、「懲役または禁固の判決を下す」ことができる。工作組に対するごくまれな例外的制約として、県長またはそれと同等の地位より上の幹部に対する処置は、事前に中央当局に伺いを立て、許可を得なくては

ならない、という規定があった。(63)

最近では、「社会主義教育運動」のときにおびただしい数の工作組――北京の農村地帯のある県だけで二万組――が派遣されており、文革が始まったころ、いまだに「四清」〔農村における「社会主義教育運動」の実施項目。人民公社の労働点数、帳簿、倉庫、財産の再点検〕の実践に忙しい工作組もあった。(64)文革の渦中にいた人々の大半とは言わないが、その多くが、一九六三年以来、期間の長短はあっても工作組に加わった経験がある。劉少奇の妻の王光美《おうこうび》は海岸の避暑地、北戴河《ほくたいが》から遠くない河北の農村地帯の生産大隊にいたし、陳伯達は天津市南方の農村の生産大隊に、汪東興、および毛沢東の主治医の李志綏《りしすい》は江西省の農村部に、関鋒と戚本禹はともに北京東方の農村地帯、通県の生産大隊にいた。目下進行中の大混乱のなかで、李雪峰の華北局は五月の第二週から北京市委とその下部組織に工作組を送りはじめ、事実上の掌握を図った。(65)

五月二十九日、劉少奇、周恩来、鄧小平は陳伯達の率いる臨時工作組を『人民日報』に派遣して、同紙を掌握することに決めた。おそらく、この新しい文革小組組長（陳伯達）なら毛沢東の考え方に精通しているし、激変する情況のなかで的確に対応できるにちがいないと踏んだのだろう。周恩来はすぐ毛に電話して許可を求め、許可を得た。(66)五月三十日、劉、周、鄧は追認のために毛へ手紙を書き、毛はその日づけで許可を確認した。翌五月三十一日に陳伯達が『人民日報』を掌握し、最初の大仕事として北京大学の大字報を報道させた。(67)これと並行して、中央書記処は六月六日に工作組を中央宣伝部に派遣して同部を掌握した。その前年、積年の膿がたまった文化部の大掃除のために副部長として着任していた肖望東《しょうぼうとう》中将は林彪の許可を得て、三百人の将校からなる工作組を文化部に導入した。(68)

だが目下の緊急課題は、北京大学ほか北京市内の大学や中学に工作組を送るか否かという問題だった。劉少奇の子どもたちが報告したように、北京中の学校で学生、生徒が混乱のさなかにあり、学業がとどこおっていた[69]。もし劉ら指導部が迅速に行動しないと、たずなを取り直し、秩序を回復するのが不可能になる危険があった。

周恩来は五月二十九日に『人民日報』へ工作組を派遣する件で毛沢東に電話したとき、北京大学に工作組を送る許可も求めている。劉、周、鄧の三人がやはり必要と考えた手続きで、これについても周恩来は毛の同意を得ている[70]。六月三日、劉少奇を議長に政治局常務委員会拡大会議が開かれ、新しい北京市委は首都の大学、各種学院、中学に工作組を派遣して、文革を指導することを決めた。陳伯達は反対したが、陳自身が現在『人民日報』の工作組組長をしているではないかと鄧小平に指摘されて黙りこんだ。大学や各種学院へ派遣される工作組は中央委員会と国務院の各部幹部から選ぶことになった。中学へ派遣される者は共青団中央委から選ばれた[71]。同じ日、北京市委は宋碩、陸平、彭珮雲の解任と、文革の指導と党のリーダーシップ確立のために工作組を北京大学に派遣することを発表した[72]。

事態の進展のあまりの目まぐるしさに圧倒された感のある劉少奇は[73]、六月九日に周恩来、鄧小平、陶鋳、陳伯達とともに杭州の毛沢東のもとへ報告に行くことに決めた。五人は十二日まで杭州に滞在した。文革についての討論で、劉少奇は毛にこうたずねた。「学校をどう扱ったらいいでしょう？奪権が起きた学校もありますし、学術権威を批判して、その後、教育制度を改革し、試験や教材などの問題を解決した学校もあります[74]」。しかし毛は言質を与えなかった。そして工作組そのものに反対するようなことは一切ほのめかさず、こう言った。「工作組をあまり早く派遣するのは良くない。準備が足りないだろう。しばらく騒ぎを放置して（互いに）喧嘩させ、情況がはっきりしてきたら工作組を入れればいい」[75]。毛はすでに北京大学へ工作組を送るという決定に同意していたし[76]、陳伯達が毛の前で自分は派遣に反対したとほのめかして、工作組派遣問題を蒸し返そうとしたとき、毛が陳伯達を支持してやらなかったので、劉少奇はおそらく毛が反対をほのめかしたのではなく、独り言を言っているだけだと思ったのだろう。だが劉少奇がこれほど迷っていたことを考えるなら、むしろ毛に以前の同意を翻意したのかどうかたずねて、はっきり意見を聞いたほうが賢明だった。しかし劉少奇はそうせずに、毛に北京へ戻って文革の指揮をとってくれるよう頼んだのだった。毛は笑ってそれを拒否した[77]。劉少奇ら一行はやむなく空手で北京へ戻り[78]、政治局常務委員会はひきつづき劉少奇を議長に六月十四日から二十八日まで拡大会議を行なった。

# 4　工作組の五十日

一九六六年六月初めの数週間に、合計七千二百三十九人の幹部からなる工作組が北京市内の教育文化機関に入った。担当する機関の規模に比べて異様に人数の多い組もあった。なかでも最大で、やがて最悪の評価をうけることになるのが、六月九日に清華大学へ入った五百人の工作組だ。国務院工業交通弁公室の党委から選ばれたこの工作組を率いたのは国家経済委員会副主任の葉林《ようりん》だが、彼は三十年後に、これがまったくの不意打ち人事だったと回顧している[1]。メンバーの一人に中央弁公庁の中級幹部（十四級）で劉少奇夫人の王光美がいた。王光美と、二十歳の清華大学化学技術学部学生、蒯大《かいだい》富《ふ》との確執はのちに紅衛兵伝説として、西側世界でも小説や戯曲に語り継がれる[2]。

省レベルでは六月三日以後、北京の先例をうけて、各省委がやはり工作組を派遣しはじめた。上海では四十の大学・学院と百六十以上の中学校に工作組が入った。北京の工作組はその多くが元解放軍将校や、一九六四年以降、政府官僚機構内にできたいわゆる「政治部」（すべての人が解放軍を模範にせよという毛沢東の通達以後、解放軍方式にならってできたポスト）に名目だけの文官ポストを占めていた人々だった。省の工作組も解放軍から集められたが、こちらは現役の将校や省軍区の人員で、たとえば杭州では、省委の要請で浙江軍区から二百人以上の幹部が大学、『浙江日報』、放送局などの文化機関に入る最初の工作組に加わっている。(3) 湖北省の党のトップは毛沢東の最も信頼する第一書記の一人、王任重《おうにんじゅう》だったが、省指導部は文革が例によってブルジョワ階級常習犯を第一標的とする一九五七年の反右派闘争の焼き直しだと考えた。だから、北京市委と北京大学指導部の粛清は例外的で特殊な事件とみなされ、湖北省の教育機関に起きた反党活動のきざしは、何であれ工作組によってただちにつぶされた。(4)

## 大字報

工作組の行く先々の学術機関はどこもすでに大字報があふれていた。北京では清華大学が最も多く、六月中に現れた大字報の数は六万五千。北京大学付属のエリート中学では、六月二日から十五日までに「数千の」大字報が出された。(5) いずれも似たり寄ったりのお題目にとどまり、数行しかないものから、一万字の大論文に付録のついたものまである。(6) 北京の郵電部（管轄下に北京郵電学院という大学などさまざまな職業専門学校がある）では、一九六六年六月四日から三十日のあいだに一人当たり平均七・五件の大字報が書かれた計算になる(7)（この種の統計が残っている数少ない例）。上海では六月最初の週末に大字報や「自由な意見発表」がかつてない「高潮」となり、上海市委当局のそのころの統計によれば、数日のうちに少なくとも二百七十万人の市民が「運動に身を投じ」たという。(8) 上海市の宣伝部門では六月十八日までに八万八千の大字報が現れ、千三百九十人が名指しで攻撃された。工業、金融、科学、法務各部では大字報の数はそれよりいくらか少なく、教育部では（当然ながら）それより多かった。(9)

大字報には何が書かれていたのか？　誰が誰を攻撃したのか？　そしてなぜなのか？　文革で重点を置くべきは「内部と上層」だという毛沢東の言葉の意味は、まだ充分浸透していないようだった。工作組は教師批判を奨励した。教師こそ「ブルジョワ的」「修正主義的」なカリキュラムや教育法に責任があるとされ、たいていは重箱の隅をつつくような薄弱な根拠をもとに告発が行なわれた。大学のキャンパスでは学生や若い教職員が先頭に立って「自由な意見発表」を行ない、大学指導部や上層の教授たちを、そして潜在的「反革命黒帮」とみなされた者を誰彼かまわず攻撃する文章を書いた。この「反革命黒帮」というレッテルは六月から七月にかけて党機関紙がしきりと使った言葉だが、八月に入ると、そのレッテルを貼られた人々の「性質を説明できていない」という理由で使われなくなった。[10]

学生たちは感情の葛藤渦巻くなかで、多くの場合、愛着で結びついている学級担任教師の欠点をどうやって見つけ出そうかと頭を悩ませた。あまりひどい言葉で教師を辱めたくはないし、かといって、同級生から革命に積極的でないと批判されたくない。それに、これまであまりにも頻繁にあったことだが、もし運動にいきなり方向転換が起きたら、自分たちの教育や就職の未来を握る教師たちに復讐される恐れもある。[11]学生たちの文革への直接関与は始まったばかりだから、「黒帮」の何がほんとうに危険なのか、たいていは知識がない。だから黒白の決着がついていない、どこかで聞きかじった事実やうわさなど何であろうと、勝手に否定的解釈をして満足するしかなかった。

北京大学では物理の学生たちが学長の陸平を攻撃する大字報を掲げた。学長は反動だ。毛沢東思想を身につけた青年たちにおびえきっている。さもなくば、「宿舎はきちんと整頓しておくべきだという理由で……毛主席の言葉やスローガンを室内に貼りつけるのを禁止したりするだろうか？」[12]　国文科の共青団支部はほんの一月前の五四運動四十七周年記念に「四好団支部」の栄誉称号を与えられたが、支部の学生たちはこの称号の返上を宣言する大字報を掲げた。なぜならこれは「徹頭徹尾修正主義」の大学指導部から与えられたもので、ということはこの支部も修正主義の模範ということになるからだった(13)。一九五七年にノーベル物理学賞をとった二人の学者、楊振寧《ようしんねい》と李政道《りせいどう》の母校である清華大学では――この二人はアメリカ市民権をとったという理由で、学内の大字報に「叛徒」と名指しされた(14)――機械工学部のある女性が、「女子学生に和平演変を推し進めようとする」学長(＝蒋南翔。高等教育部部長を兼務)の無数のやり方を告発した。

> 気分の悪くなった女子学生は誰でも(注：別に大病に罹っているわけではなくても)、朝食が粗末だと思えば、牛乳と卵の特配を受けられる。学生の経済状況に関わりなく、食べ物を買うために一元五角(約一ドル)分よけいにもらえる……工場労働は生理中ならば、一日当たり最長四時間でよく、夜勤はない。旋盤・溶接作業なら、二日か三日よけいに休みがもらえる。重労働はいっさい免除。かがみこんで野菜を洗うことすらしなくていい。これが労働だろうか？　まるで仏様のお供えだ！　修正主義の育成だ！(15)

こういう性差にもとづく甘やかしへの告発のたぐいは、あまり人々の革命的憤怒をかきたてることができなかったけれど、いわゆる階級にもとづく差別となると話はちがう。中国の最高学府のようなエリート機関でこれほど熱い話題があろうか。六月十日の大字報は、一九六〇年に特別枠で北京大学へ入学した農民出身の朝鮮戦争傷病兵十人と彼らが受けた差別について、「陸平の黒帮」を怒りをこめて告発し、幅広い支持を得た(16)。

標的になった教職員にとって、学生が筆をふるって書いた第一波の告発よりはるかに大きな打撃となるおそれがあるのは、同僚の出す大字報だった。言うまでもないことだが、機密文書の閲覧ができ、党内上層に人脈をもつ者は、他人の評判を効果的に傷つけることができる。もし誰それが何かの事件に巻きこまれたことがあり、個人ファイル〔档案〕にその痕跡が残っていれば、今こそそれをほじくりかえすときだった。しかも、行為ばかりか言葉まで摘発できる。『カラスの翼は太陽をさえぎることができない！』と題する大字報で、ある研究機関の職員は、生物学部党総支部書記の過去何年にもわたる無数の発言を告発した。その書記がいかに善悪の見境のつかない人物かという証拠としてあげられた一例は、のちに鄧小平が告発された発言（「黒い猫でも白い猫でも、ネズミをとるのは良い猫だ」）と重なるが、こちらは鄧小平より一年早い、大躍進後の一九六一年二月十四日の発言だった(17)。

あとになってみればきわめて妥当性を欠く発言や意見で「黒帮分子」の容疑をかけられたとしても、そのときは充分な摘発材料だし、そのほかに「罪」の証拠はいくらでも追加することができた。しかし、ふりかえってみて、その発言や意見が「正し」すぎても、災難がふりかかることがある。たとえばある大字報は、蒋南翔（高等教育部部長）が四月の第一週に彭真の『二月提綱』は「反毛沢東思想であり、徹底した修正主義綱領だ」と同僚に述べたと告発した。考えてみれば、この発言は「五・一六通知」が『二月提綱』に加えた批判そのものなのに、この六月、それは彼の優れた洞察力として有利な証拠に働くどころか、彭真の通達を初期の草稿の段階で蒋南翔がリークしたとみなされた。つまり、これこそ蒋が彭真ときわめて近いことの状況証拠で、蒋は明らかに彭真の「反党集団の重要人物」だというのである(18)。

しかし標的にされそうな人々が気をつけねばならないのは内部情報を握っている者だけではなかった。かつて一度でも接触のあった者すべてに気をつける必要があった。たとえば公用車の運転手はたいへん危険な存在だ。彼らはエリート乗客のあいだで交わされる会話の断片を聞きかじって、そういう人たちの革命的資質を疑わしめるような材料を提供することができる。それればかりか、誰それがいつ誰それの事務所や自宅を訪問したというような単純な事実から、何か「後ろ暗い」ことが進行しつつあったとほのめかすこともできる。六月十七日に高等教育部のある運転手が大字報を出した。それによると、四月半ば以前に蒋南翔部長から北京市委まで行けと言われることはなかったのに、そのころから頻繁に市委を訪れるようになり、ときには夜遅く出かけた。運転手によると、この行動パターンの変化は、彭真が当時関わっていた不埒な活動に部長が巻きこまれていたからに違いないという。[19]その一週間前には鄧拓の運転手だった男が、ほぼ同様の告発内容の大字報を出した。この運転手は鄧拓が最近、彼の車で彭真の自宅を訪れたことについて、ぜひとも「調査」してくれと強く求めた。[20]

当初、大字報合戦からある種のテーマを排除しようという動きがあった。五月二十八日、運動の進捗状況を探るために北京市当局が設置したある特設事務所が、「男女関係」と「腐敗・堕落」について書くのを禁じた。[21]ところがそれからわずか数日後、この決定は十八人の幹部の連名による大字報から挑戦を受けた。彼らは「社会主義教育運動」で農村に行ったときに学んだ現実世界の経験からこう述べている。

和平演変を推進するためにブルジョワの用いる重要な手法として、腐敗・堕落した生活や美人局《つつもたせ》などを使って意志薄弱な者を攻撃し、政権簒奪の目的を達することがある……これは重大な善悪の問題である。にもかかわらず、学習事務所は黒帮の頽廃的な生活が大衆に暴露されるのを恐れて、「男女関係や腐敗・堕落は大字報でとりあげてはならない」という命令を出した。大衆にあれをするな、これをするなと指図して何の意味がある？　君らはいったい何がしたいのか？(22)

結局、タブー扱いされたテーマはほとんどなかった。たとえば聶元梓は数度の再婚や、いちばん新しい夫が彼女より二十三歳も年上であることなどについて、際限ない当てこすりや讒言《ざんげん》を受けた。高等教育部外事弁公室では幹部が大字報を書き、部長の「ブルジョワ的ライフスタイル」や、モロッコ外遊のとき「麻雀をした」こと、パリで「夜の歓楽街をドライブさせてまわった」ことなどを告発した。(23)中央宣伝部の有力幹部は、入党にさいして推薦してあげた男から「妻を寝取られ、以来怨みに思っている」と攻撃された。(24)標的になった人にとって、そういう攻撃は耐えがたい辱めになることがある。六月、性的過失を部下に告発された三十六歳の共青団北京市委宣伝部部長は、睡眠薬を一握り飲んだうえ感電自殺を試みて失敗し、半身不随になってしまった。記録によれば、そのあと彼はさらに厳しい「大衆による暴露と批判の高潮」にさらされ、八月に二度目の自殺を試みて、今度は成功したという。(25)

## 工作組に抵抗する

統制と監視の努力は大字報の内容に対して加えられただけではない。六月三日、劉少奇の主宰する政治局常務委員会は『人民日報』と北京大学以外にも工作組を派遣することを決めたほか、李雪峰の提出した八条の指針を承認した。この決め事はまもなくあっさり破られる。

一、大字報は学内にとどめること。
二、集会で仕事や勉強を妨げてはならない。
三、街頭デモは禁止。
四、外国人留学生は運動に参加してはならない。
五、被疑者の家まで行って闘争してはならない。
六、機密保持に注意すること。
七、人を殴ったり乱暴したりしてはならない。
八、積極的な指導部は闘争の正しいあり方を堅持すること。(26)

こういう規則の実行はどんな状況下でも難航するが、そもそも抱える困難のほか、多くの工作組が急いで派遣されたため準備や予備知識が不足していたこと、また彼らが無能そのものだったことが災いし、少なからぬ数の工作組が数日もしないうちに呼び戻され、他の組と交替した。前代未聞の事態だ。「社会主義教育運動」のときにはこんなことは起きなかった。六月二十日から二十三日のあいだに、北京市内三十九の大学に入った工作組が急進派の学生や教師によってキャンパスを追い出された。学生や教師は自分たちのほうが学歴や資格面で工作組よりはるかに上だと思っていたし、「外部の助けなしに運動を「展開」したかった。(27)市当局、国務院、共青団は、工作組に敵対した者を「右派学生」「インチキ左派、ホンモノの右派」、ときには「反革命分子」と呼んで、対抗した。

首都でも地方でも、教師、学生の大多数が初めは工作組を歓迎したようだ。蒯大富の回想によれば、六月九日の夜、葉林の工作組が到着したことを聞いた蒯大富と清華大学の同級生らは「欣喜雀躍、立ち上がっていつまでも拍手した。なかには嬉しさのあまり飛び跳ねて、声をかぎりに〝中国共産党万歳！〟、〝毛主席万歳！〟と叫ぶ者もいた(28)」

だが、先鋭的な学生の一部はまもなく工作組が以前の党委と同じく、「革命左派」に敵対的だと感じはじめ、それにつれて歓喜は疑念に変わった。六月二十一日、蒯大富は大字報の末尾にこう書きなぐった。「われら革命左派は各自よく考えねばならない。いま工作組の手にある権力は我々を代表しているだろうか。もし代表しているなら、工作組を支持する。だが代表していないなら、我々が再び権力をとるべきだ(29)」

この時期に党の長老から出た発言を見ると、工作組に与えられた真の任務は、蒯大富のような率直にものを言う教師や学生に対し、九年前に「ブルジョワ右派」に対してとられたと同じ方法で対処することだったのがはっきりわかる。大学によっては、工作組の手で一九五七年の反右派闘争のときのニュース映画が上映され、その類似がほのめかされたことすらある(30)。薄一波《はくいっぱ》（国務院副総理、政治局候補委員、国務院工業交通弁公室党委リーダー）は、六月十三日に工作組リーダーたちにこう言った。「牛鬼蛇神はすでに隠れ家から出てきた。すべての部で党委は標的に矛先を定めよ。彼らに好きなようにやらせ、手を出してはならない。泳がせておけ」。工作組は必要な証拠を手に入れると、率直な発言をする教師や学生に襲いかかった。ふたたび薄一波の言葉を借りるなら、「蛇を巣穴からおびき出し、そのうえで一網打尽」にしたわけだ(31)。薄一波もまた事態を掌握していない一人だった。

なかには、こうした上層の政策が裏ルート、すなわち政治局委員の子女を通じて工作組に伝えられるケースがあった。一九六六年六月の時点で政治局委員は、子どものいない周恩来を除いて、ほぼ全員が北京市内の大学や学校に一人以上の子女を通わせていた。林彪の息子の林立果《りんりつか》は北京大学の学生だった（彼はのちに文革の最もドラマチックな場面で重要な役割を演ずることになる）。劉少奇の娘の一人は清華大学に、もう一人は北京師範大学女子付属中学に通っていた。鄧小平の子どもの一人は北京大学に、もう一人は中央美術学院に、三番目の子は北京師範大学女子付属中学に通っていた。劉少奇は娘の平平《へいへい》をつうじて北京師範大学付属女子中学の工作組をみずから指導し、平平自身も六月十七日に工作組に加わった。彼女は工作日記に父親の日々の発言を丁寧に書きこんでいる。ある日、劉少奇は中国の中学に巣くう「ブルジョワ」教職員について、娘にこう語った。「彼らはとにかく誠実じゃない。人を殺すわけでもないし、放火するわけでもない。ただひたすら毒を流すだけだ。だから逮捕もできないし、処刑もできない。とんでもない厄介者だよ(32)」。この一月前に彭真や市委の上級幹部が粛清されていたにもかかわらず、劉少奇のような経験豊かなリーダーですら、文革のおもな標的はいつもながらの容疑者＝知識人ブルジョワで、それにおまけとして少数の党知識人が加わる程度としか考えていなかったのが明らかだ。

劉少奇の発言にあるように、活動家教師、学生の言動は侮蔑の感情や、ときには憎しみすら写し出している。六月十八日に北京大学で起きた事件によって、それまでの物理的暴力をめぐるタブーが破られた。その朝、工作組が会議を開いているあいだに、六学部ほどの学生が集まって、陸平ほか約四十人の「牛鬼蛇神」を「批判闘争」しはじめた。この事件について、聶元梓の支持者たちがつぎのような目撃談を残している。

その朝、全学の学生が全員動員されて、人民戦争の果てしない大海が形作られた。黒帮はおびえたネズミのように一かたまりに寄りそい、周囲から「ぶん殴れ！」の叫び声がとびかかった。数十人の憎むべき黒帮犯罪分子は革命的教師、学生から相応の罰を受けた。暴風雨のような殲滅戦に、屈する者は生き残り、逆らう者は滅びた。何十年も北大を牛耳ったトンマ野郎どもの特権は落花流水。黒帮の体面と威風は地に落ちた。赤色テロがキャンパスに満ち、黒帮はあたふたと驚きうろたえ、革命的教師と学生はかつてない喜びに満たされた[33]。

ある目撃者（辱めを受けた一人を夫に持つ教授）によれば、学生たちは糾弾する相手に三角帽の代わりにクズ籠をかぶせ、「犠牲者の背中に糊で大字報を貼り、顔に墨をぶちまけることまでした。かつて学内権力の担い手だった者が今どれだけ卑しめられているか示すためだ。証人も物証も弁護も必要なかった[34]」

北京大学の学生や教師は、毛沢東が一九二七年の小論『湖南の農民運動考察報告』でほめたたえた貧農の「革命的」行為を真似たのだった。この小論のなかで毛は、搾取者の地主に対して立ち上がった農民が「何かというと人を逮捕し、背の高い紙の帽子をかぶせ、村中を引き回してさらしものにする」と述べている。こういう行為を「行き過ぎ」、「矯正が度を過ぎている」と言う者もいるが、毛は「そういう言説はもっともらしいが、じつは誤っている」と言う[35]。左派学生・教師は自分たちの行為のさらなる理論的支えを陳伯達の文章のなかに見出した。陳伯達は『湖南報告』を回顧した一九五一年の評論で、「矯正する」には「度を過ぎる」しかないという毛の見解に触れ、これこそ「革命の重要な客観的法則であり、大衆革命闘争における客観的弁証法である」と述べた。一九六六年秋、紅衛兵は陳伯達のこの一節をガリ版刷りで大量に再版した。

しかし六月のこの時点で北京大学の工作組は、自分たちのような幹部に対するこうした暴力行為を許容するに至っていなかった。この「混乱」状況に対処するため、工作組は正午ころ批判闘争集会を中断させ、事件に批判的な報告を政治局常務委員会に伝えた。工作組は、この「闘争」がどんな政治的意味を内包しているにせよ、それをあえて重視しようとせず、この行為はいかなる正常な基準に照らしても、非行の域を出るものではないとした。

この事件の本質は、この乱闘を主導した人物を見れば明らかである……ある女性幹部を闘争していたとき、無線電信学部六年生の夏××（党員）が彼女のズボンを引き裂き、乳房や陰部を揉んだ。また、人込みにまぎれて二人の女子学生の下半身に触った。（彼は直ちに党を除名された）[36]。

六月二十日、劉少奇は工作組の行動を「正しく、時宜にかなっている」と評価し、中国全土で似たような状況に直面している各地の党委への指針にするため、この報告書を高度の機密文書扱いの中央文件として回覧した[37]。

それでもなお、北京大学では少なからぬ数の学生が、この事件に対する工作組の評価に納得できずにいた。七月半ば、経済学部一年の女子学生が大字報を出して、工作組の「深刻な右傾傾向」を非難し、人数不定の学生を代表して、みなさんに知ってもらいたいと訴えた。「私たちは六・一八事件の参加者だ。黒帮への階級的憎しみをこめて〝良く戦った！　闘争はすばらしい！　闘争を継続しよう！〟と叫んだ[38]」。同じ学部の仲間の学生三人は、この事件全体が「大衆による意識的な革命行為」だと述べた。

「毛主席の言うとおり、叩かれる者はそれに相応しいことをしている。暴力回避にとらわれるあまり、階級的憎しみに燃えて黒帮を殴る革命的大衆を非難するのは、深刻な誤りだ」と主張した。(39)

「六・一八事件」について当局の下した否定的評価が学生全般に受け入れられなかったことを理解するには、陶鋳の不可解なふるまいが非常に重要になってくる。陶鋳は七月一日に北京大学で中国共産党創立四十五周年記念講演を行ない、「六月十八日に暴力行為におよんだ少数の不良分子がいたことを除いて、運動はうまく展開している」と述べた。(40) ところが彼は党上層の言をくつがえすかのように、オフレコとして、六月十八日に起きたことは「たいしたものだ」とも言っている。(41) この発言は、工作組が自分たちを「抑圧して」いる、自分たちこそ「黒帮」を正しく「批判闘争して」きたと感じている人たちをまちがいなく勇気づけた。陶鋳のこの規律違反は、六月下旬になって工作組をめぐる党指導部の分裂がますますひどくなっていた事実の反映にほかならない。劉少奇は党の規律を維持しなければならないと痛感していた。七月十三日に中学校での文革について共青団に与えた指示のなかで、劉は党と共青団支部の力を回復、強化するよう強調した。しかし、劉はこの運動が要する時間について確信が持てなかったようだ。七月十一日に劉は、高級中学ではその年の年末までかかるだろうと言い、その二日後に、初級中学では八月か九月には終わる、高級中学では九月か十月までかかると言っている。(42)

いっぽう陳伯達、康生いずれも、工作組がどんな業績をあげたにせよ、それとほぼ関係なく、面倒に巻きこまれる恐れがあることを発信しつづけた。二人は七月十五日にある工作組のリーダーたちを事務所に呼んだが、彼らを安心させるような言質はいっさい与えなかった。工作組への支持の話になったとき、陳伯達は、工作組に敵対する学生たちを、党中央に敵対しているからという理由で非難するのはまちがっていると言った。「この運動の主人公は誰かね？ 広範な大衆か、それとも工作組か？……その時が来たら、君ら（工作組）は出てうせろ〔滾蛋《クンタン》〕！と罵られるかもしれないぞ。そのとき権力は彼らにある。君らにじゃない」[43]。そのあとの討論で康生は、「大衆」に恨まれたら、工作組は退くべきだとつけ加えた[44]。

政治局常務委員会の名で七月の第二週に招集された「報告会議」〔匯報会〕で、議事の大半を占めたのは、工作組の遭遇した問題をいかに解決するかということだった。この席で劉少奇はこう述べた。「工作組には教育が必要だ。彼らは政策を理解していないばかりか、勉強しようともしない。無能な工作組は見直し、統合、仕分けの対象とすべきだ」。会議で討論された政策資料草稿には、北京の三百十二の中学校へ入った工作組のうち、「強い指導性を発揮し、大衆の動員に成功し、状況の基本的理解ができて、第一回の批判闘争に着手した」のはわずか四分の一にすぎない、と記されている[45]。工作組の能力を向上させるために必要なら何であれ、ただちに手段を講じるというのが劉少奇のスタンスだった。劉少奇夫人の王光美は一月前に工作組として清華大学に入った一人だったが、のちに「ただの一瞬といえども、工作組ぬきで学校のプロレタリア文化大革命が進展する可能性など考えたこともなかった」と言っている[46]。

このころすでに鄧小平はもう一歩先を考えていたらしい。わからないのは、彼が工作組の活動を長引く文革の一つの局面にすぎないと考えていたのか、あるいは「社会主義教育運動」との類推から工作組こそが文革そのもので、工作組が義務を完遂しさえすれば文革は完了とみなされると推量していたか、という点だ。いずれであったにせよ、鄧小平は「報告会議」に「まず学生を組織して実権派をつまみだすべきであり、そのうえで工作組、工作隊を撤収しよう」と提案した[47]。

劉少奇と鄧小平はまた、左派の扇動がキャンパスから職場へ広がることを危惧していた。六月三十日、二人は毛沢東に宛てて、五カ年計画が目標よりはるかに遅れていること、主要品目の生産と質が落ちており、産業事故が増えていることを説明する手紙を書いた。そして、このような状況に鑑み、産業、交通、建設、商業、病院の分野では文革を現在進行中の「社会主義教育運動」と合体させてはどうかと提案した。毛は七月二日に、二人の提案に賛成すると返事をよこした[48]。言葉にはしなかったけれど、党は「社会主義教育運動」をしっかりと掌握していた。

政治局常務委員で経済担当の公式責任者は国務院総理でもある周恩来だったが、彼は六月下旬にヨーロッパの共産主義友邦を公式訪問している。聶元梓の大字報への反応からして、周は当初、学校や大学へ工作組を派遣することに賛成だった。だが周の留守中に、北京大学「六・一八事件」をめぐる政治局常務委員会回覧文書が、工作組の活動に対する全国的な風向きを変えてしまった。周が北京へ戻ってきたころには、中央文革小組幹部たちは毛沢東の考えを充分洞察できるようになっており、毛主席が工作組問題を劉少奇と鄧小平を叩くために使おうとしていること、しかし周恩来は自分の側につけておきたいと思っていることを知っていた。これについて王力はこう述べている。

総理は七月一日にルーマニアとアルバニア外遊から帰国した……私は康生に、国内情勢の深刻さを——つまり、これは通常の運動ではないこと、劉少奇、鄧小平、陳毅（外相）がみな巻きこまれたこと、総理はどんなことがあっても巻きこまれてはならないことを——総理にできるだけ早く知らせたほうがいいと伝えた。このとき私は陳伯達の事務所で（八月に発表され、文革の憲章になるはずの）「十六条」を練っている最中だったが、康生を探して、彼のもとへ急いだことを覚えている。康生は総理を空港に迎えて、帰りの車のなかで今起きていることを伝え、巻きこまれないよう警告した……康生は（総理に）劉少奇と鄧小平は生き残れないかもしれない（と言い）……工作組とはぜったい関わらないように、だが文革の統率責任者になってくれるよう言った。（そしてさらに）陳伯達は能無しだし、江青もだめだ（とつけ加えた）[49]。

老練な周恩来は康生の示唆に反して、運動の責任者になることを避け、政治局常務委員会と距離を置くかのように七月十一日から武漢と上海へ出かけて毛沢東と会うと同時に、訪中していたネパール王子をもてなした。周は七月十一、十二日の両日、毛とゆっくり会談したが、このとき毛は七月八日に江青に書いた手紙の写しを周に見せた。そこには文革の計画と、「天下に大乱」をもたらしたいという望み、そして五月十八日の政治局拡大会議での林彪演説の一部に対する懸念が表明されていた。周は七月十四日に空路北京へ戻ったが、途中大連に寄り道して林彪に会い、毛との会見の模様を手短に伝えた。林彪は北京に戻ったら毛のコメントに沿って演説の公式記録を書き直すことに同意した[50]。

## 毛沢東の「耳目」

文革後期になって毛沢東の支持者は、一九六六年の春夏に北京で起きていたことを主席は掌握できなかった、なぜなら必要な情報が主席に届いていなかったからだ、と主張した。だが実のところ毛はすべてにわたる情報を熟知しており、自分が留守中の首都で何が起きているかしっかり把握していた。ただし、毛はのちにそれと違うことをほのめかしている。

毛沢東が首都を空けているあいだ、中央弁公庁は北京から主席のいるところへ毎日専用機を飛ばし、署名の必要な資料や書類を往復させていた。主席が最寄りの空港からかなり離れた場所にいるときでも、地元の協力でこの連絡は几帳面に維持された。たとえば一九六六年六月末に毛が故郷、韶山《しょうざん》を訪れたときのことを、身辺警護責任者の幹部はこう回顧している。「毎日書類を積んで専用機が北京から長沙空港に着くと、書類は車で韶山に運ばれ、毛沢東がそれを読む」(51)。上層部では、情報隠匿の兆候を察知したときほど毛が怒ることはないことがよく知られていた。一九六五年の春、羅瑞卿は林彪との会話でこう言っている。「毛主席とあなたが、情報を隠されるのを何より嫌うことは知っています」。林彪は「そのとおり」と答えた(52)。

毛沢東が受けとる秘密報告はおもに国内情報だった。文革の始まったころ、中国全土には「耳目」の秘密ネットワークが張りめぐらされていた。「耳目」とは漢代の偉大な史家、司馬遷《しばせん》が皇帝のスパイに与えた呼称だが、この点で毛沢東の中華人民共和国は皇帝や直近の過去の支配者たちと何ら変わらない。たとえば清の雍正帝《ようせいてい》（在位一七二二－一七三六）は「封疆大吏《ふうきょうだいり》〈明清時代のほぼ省に匹敵する行政単位の長〉の活動すべてを知らされていた」という。「おそらく中華帝国のいたるところに皇帝の放ったスパイがおり、したがって多くの場合、人々は私生活や家族・親類をめぐる些細なことまで、皇帝に秘密にしておくことはできなかった」(53)。また中華民国時代には、米軍情報部によると、一九四〇年代の一時期、蒋介石の「間諜王」と呼ばれた戴笠《たいりゅう》は麾下に「十八万人の私服スパイを抱え、そのうち四万人が専従」だったという(54)。

毛沢東の「耳目」には表向き非常に「悪い」階級の出身の者もいたが、彼らは〈社会主義の敵を対象とする場合は有用な人材とみなされ〉、社会のあらゆる階層にもぐりこんで、工場などふつうの民間の職場や学校のほか、国家機関でも隠密に活動していた[55]。毛の諸事情理解や同僚との関係にこういう人々が果たした役割については、残念ながらほぼ全くと言っていいほど知られていない。もう少し公共の部門では、巧みに配置された数百から数千人の記者が指導部に戦略情報をもたらしていた。彼らは一般読者のために記事を書くほかに、ヒラの幹部から上層のわずか一握りの政治局常務委員まで、幹部向けに機密の「参考」資料を作製していた。

新華社通信が『内部参考清様』（『内部参考』の校了ゲラ）なるおかしな名前で呼ぶ刊行物、これこそが全国に広がる新華社の情報網から党指導部へ、国内で進行中のできごとを伝える最も重要なチャンネルだ。これを読めるのは政治局委員／候補委員、および中央書記処メンバーに限られるが、それとは別に中央宣伝部と中央対外連絡部、および外交部用に写しが作られる。したがって印刷部数はふつう三十部前後だ。定期刊行物『内部参考』の増刊として出るこの『清様』には、限定されているとはいえ、これ以外にかなりの数にのぼる読者層がある。一九六〇年に『内部参考』を読む幹部は全国で四万人と推定されており、それ以後もその数は増えつづけた[56]。もし幹部がこれを突然入手できなくなったとしたら、自分に問題があることを悟らざるを得ない。情報ネットワークから外されることすなわち、蚊帳の外に置かれることを意味した[57]。

一九六六年夏、新華社は『内部参考』の定期増刊号として『文化革命動向』を発行しはじめた。これは一九六六年十一月には『内部参考』と同じく、一日二回発行されていた。毛沢東はとりわけ旅行中、『文化革命動向』以外に地方で出版される情報源を好んだ。六月二日に張春橋を組長として作られた上海市委文革小組は、毛沢東の喜びそうな機密出版物を二種類発行していた。『文化大革命動態』と『文化大革命簡報』である。『動態』は日に平均五、六回、市委書記処メンバーのみを対象に「リアルタイムで」配布され、『簡報』は一日一度定期的に発行されて、北京の党中央を含む、より広い読者層に流通した。地元の上層読者のみを対象とする新聞と、中央当局も目を通す新聞の記事内容に重大な違いがあったことは、この新聞発行者が一九六七年初めに明らかにしたことからはっきりとわかる。一九六六年夏のあるとき、上海の情況について情報を集めるため、党中央から複数の記者が上海へ派遣された。このとき上海市委指導部は『動態』を封鎖して、北京の党中央が定期的に受けとっている『簡報』のみを見せ、「実際の情況」についてはいかなる追加情報も与えないようスタッフに命令した。[58]

毛沢東はこういう多様な情報の熱心な読者ではあったが、本音のところではそれを真に受けていなかったふしがある。省リーダーたちとのある集まりで毛は、情報を全く得ていない政策決定者は、情報供給者から与えられる情報製品を鵜呑みにする者より、ひょっとしたら優れているかもしれないと発言したことがある。[59] 毛は文革を始めるはるか以前から、情報をもたらす諜報員に（ある程度）あえて操作されておこうと決めていた。したがって、一九六六年の春に彼が打った最初の布石は、新しく特別な情報収集単位、つまり自分の個人的な「プロレタリア司令部」のためだけに働く組織を作ることだった。

中央文革小組が作られたとき、その任務は明らかにされていなかった。ただメンバーの多くが特命組織の「中央文件起草小組」に所属する学者だったことから、中央文革小組は政策文献を作ることに関わりつづけるのだろうと想像できた。しかし中央文革小組は当初から、毛沢東へごく個人的に裏情報をもたらす役割を担っていた。一九六六年の夏、毛がずっと北京を留守していたあいだ、劉少奇の主宰で文革に関する討議が行なわれる会議には穆欣と戚本禹が代わる代わる出席し、会議が終わると、その席上でわかったことを自分なりに機密の概要にまとめて毛に送っていた。毛はこれを公式に受けとる議事録と照らし合わせて修正や補完に役立てる。それから何年もたって、穆欣は当時なぜこんなことが必要なのかわからなかったと書いている。だがこれによって穆欣の心には党最上層部の結束について疑念の種がまかれた[60]。

中央文革小組は中南海の内部で起きていることについて毛沢東に裏報告を伝えていたが、一九六六年夏にはその下で働く一団の調査員がおり[61]、彼らが手にした情報は中央文革小組の『文化革命簡報』に掲載された。毛が聶元梓の大字報と出会ったのは、この『簡報』の第十三号である。新聞名としてはなんの変哲もない命名だが、一九六六年八月初めころ、この『簡報』の存在を知る上級幹部はかなりの数にのぼったにちがいない。なぜなら、八月十二日に中央文革小組が毛へ「各省が（我々の）『簡報』一部を送れと要求している」と報告しているからだ[62]。毛がこれに同意したと信じるに足る理由がある。このころ、省レベル指導者の一人である上海市委第一書記の陳丕顕が、中央文革小組の『簡報』は「まるで一方的だ」と述べているからだ[63]。

毛沢東と側近にとって、中央文革小組は情報源としていよいよ重要になった。最新の政治情報への毛らのあくなき欲求から生れたのが、「中央文革小組記者站」と呼ばれる独立組織だ。この組織は一九六六年九月から一九六九年五月まで存在したが、その規模と運営について、『紅旗』副編集長の妻は「中央文革小組は情勢展開のすべてを掌握するために千人近い人数を全国各地に派遣していた」と証言している。「站《ステーション》」とその「記者」たちは『紅旗』や『解放軍報』の臨時提携社員という身分を隠れ蓑に全国をまわり、「情報収集」をしていた。一九六六年八月二十五日、「站」は『快報』を発行しはじめた。刊行は不定期で、ときには平均一時間おきに出ることもあった。この『快報』はやがて最先端の機密政治情報になり、これにもとづいて、文革の行方に重大な影響をおよぼす多くの重大決定が下されるようになる。何か起きたとき、事件そのものと『快報』報道との時間差はおおむね二十四時間以内で、配布先は毛沢東、林彪、周恩来、中央文革小組組員のほか、一握りの上層指導者に限られた。『快報』第一号が伝えたのは、その前日に若き「革命」学生が中国の「民主」諸党派の事務所を荒らした事件で、翌日発行の『快報』第十九号は、それらの民主党派が一時的に「活動を停止する」と決めたことを伝えた(64)。

## 毛沢東、北京へ戻る

一九六六年夏の問題は、何が起きているか毛沢東が知らなかったことではなく、毛が自分の達成しようとしていることについて、周囲を五里霧中のまま置き去りにしたことだった。文革によって生じた混乱がいよいよ深まるなか、七十二歳の主席はいきなり相も変わらぬ精力旺盛ぶりを見せつけた。七月十六日、毛は武漢で毎年開かれる揚子江横断水泳大会(第十一回)に五千人の参加者とともに参加した。湖北省委第一書記の王任重と湖北省軍区第一独立師団から六人の護衛が主席を守ってともに泳いだ(65)。川の強い流れに乗って一時間五分、十六キロの距離を泳いだ毛は、隣で泳いでいた女性に言った。「揚子江は深く、流れが速い。体を鍛え、意志を鍛えるのによい(66)」。川から上がってくる毛をその場で眺めていたある日本女性は、主席の健康を気づかう人々が滑稽に見えたという(67)。その二日後、毛は北京へ戻った。

安全上の懸念を口実に、毛沢東は中南海へは行かず、市の西端にある釣魚台《ちょうぎょだい》の一角に臨時の居をかまえた[68]。釣魚台は一九五九年に中華人民共和国建国十周年祝典に列席する外国賓客――フルシチョフや北朝鮮の金日成もいた――を迎えるために作られた施設で、かつての皇帝の庭園に十五の洋式別荘がある[69]。急速に拡大する中央文革小組がその後三年間ここに事務所を置いたため、釣魚台はまもなく中央文革小組の代名詞になった。毛の帰京を知った劉少奇は――彼は事前に何も知らされていなかった――さっそく情況報告のために毛の仮寓先へ駆けつけたが、秘書から主席は休んでおられる、都合がついたら知らせるからと門前払いを食わされた。最高位にある側近への仕打ちとしては無礼きわまりない。なぜなら毛は帰京したその日に、康生と陳伯達から北京大学、清華大学、北京師範大学、中国人民大学の文革の進行状況について資料を見せられ、説明を受けているからだ。劉少奇が毛にブリーフィングを許されたのは翌日になってからだった。このとき毛は文革の進行状況に不満を述べ、ただちに一連の政治局常務委員会拡大会議を招集して、運動について討論するよう命じた[70]。

七月十九日の時点で、北京のいくつかの選ばれた部局では劉少奇の呼びかけに応えて、工作組の「見直しと統合」がすでに始まっていた[71]。問題の焦点はいまや工作組を撤収すべきか、するならいかなる条件のもとに撤収すべきかという点に移っていた。鄧小平は工作組の部分的撤収の用意があるとして、こう述べた。「我々にはこういう運動の経験がない。彼らにも経験がない。まず悪い工作組を撤収させ、良い工作組はそのまま残して、党委の仕事の代行を続けさせよう[72]」。劉少奇は毛沢東の帰京前夜の自分の立場について、のちにこう説明している。「私はまだそれまでの視点にこだわり、（工作組を使う）この方法はかなり機動的だと思っていて、（工作組を全部）撤収する決心がつきかねており、もう少し様子を見たかった……主席がまもなく戻ってくるから、お戻りになったら指示と決断を仰ぐことができると思っていた[73]」。周恩来は政治局常務委員会の第一回会議に出席していたから、七月二十日に毛沢東と会ったとき、会議の模様を主席に伝えたはずだ(74)。

毛沢東との談話でおそらく大胆になったのだろう。陳伯達は七月十九日にふたたび工作組の撤収を提案したが、劉少奇と鄧小平の率いる多数派委員によって否定された。このときの周恩来の態度はわかっていない(75)。七月二十日に劉少奇を責任者として、毛沢東の著作の編集委員会を作ることが決まった。おそらく主席の著書を再版して、文革の指針にしようと思ったのだろう。七月二十二日、高等学術機関での文革活動を厳しく規制することが決まった。劉少奇は七月二十三日の午後になっても、しだいに荒れはじめた会議の席で、工作組は必要だ、大多数はうまく仕事をしているという自分の考えを再三肯定しつづけていた(76)。劉少奇を支持するのは鄧小平と薄一波、解放軍からは葉剣英と劉志堅《りゅうしけん》だった。しかし、周恩来が微妙に立場を調整しつつある様子が見えた。七月二十三日の夜、周恩来は工作組問題について劉少奇、鄧小平と話し合い、二十四日の午前四時に二人へ次のような手紙を送っている。

昨夜話し合ったことについて再三考えをめぐらし、資料にもいくつか当たってみましたが、意見の相違は主として情勢把握と問題認識から生じています……北京では工作組の派遣について普遍性と必要性がありましたが、工作組の派遣された個々の単位で生れた情況にはそれぞれの特殊性があり、したがって現場調査と具体的な分析が必要です……今日は朝のうちに外語学院に行って大字報を読み、感性認識を少し増やしてこようと思います(77)。

周恩来は言葉を濁した。もしかすると毛沢東と劉少奇の考えていることの違いを探りあて、その意味するところをはっきり悟ったのかもしれない。陳伯達と江青は二十二日と二十三日の夜、北京大学のキャンパスを訪れた。二人がそこにみなぎる緊張を毛に伝えたことはまちがいない。いっぽう王力と関鋒はひそかに清華大学を訪れ、毛の命令で「造反派」や、まもなく悪名をとどろかせる学生、蒯大富と話し合い（蒯大富はいまだに工作組によって宿舎に閉じこめられていた）、彼らが受けている試練や工作組との確執について知った[78]。ところが毛が二十四日になってようやく劉少奇を呼び、報告を求めたとき、劉は（彼の秘書によれば）毛の叱責をまったく予期していなかった。毛にあれほど近い陳伯達が一貫して工作組に反対していたことを考えるにつけ、劉少奇がなぜこれほど無防備だったか理解に苦しむ[79]。

毛沢東は七月二十四、二十五、二十六日に開かれた党指導部との一連の会議で[80]、工作組が大学を支配した「五十日」をこきおろした。釣魚台の毛の仮寓で開かれた最初の会議に出席した穆欣はこう回想する。「着古した白いパジャマ姿の毛沢東は一階の大きな部屋のまん中でみんなを待っていた[81]」。全員そろうと毛は運動一般について話しはじめ、とくに工作組問題が話題になった。

北京に戻って以来、たいへんつらい思いをしている。どこもがらんと静まり返り、校門を閉じてしまった学校もある。はなはだしきは学生運動を抑圧している。学生運動を抑圧したのは誰か？　北洋軍閥だけだ！……大字報を覆い隠すようなことを許すわけにいかない。これは方向性の誤りで、ただちに転換し、いっさいの束縛を粉砕しなければならない……大衆を束縛してはならない。北京大学は学生が立ち上がったのを見て束縛を設け、「正しい軌道にのせる」と人聞きのいいことを言うが、実際にやっていたのは、まちがった軌道にのせることだった。なかには学生に反革命のレッテルを貼る学校がある。およそ学生運動を抑圧する者は、全員ろくな末路をたどるまい！[82]

七月二十四日の会議で、毛沢東は工作組を撤収する決意を明らかにした。陶鋳の伝記作家によれば、「毛沢東の前に立ちふさがり、反対する者はいなかった」[83]。毛はこう説明する。「我々は工作組を使うべきではない。号令を発したり命令したりすべきではない……教師と学生に自分たちで続けさせろ。それしか良い道はない。きみでもだめだ。私でもだめだ。これは今や北大だけの問題ではなく、全国に関わりのある問題だ。これまでどおりのやり方をつづけるなら、何一つ成就すまい！」[84]

七月二十八日、北京市委は忠実に市内の大学や中学からすべての工作組を撤収すると決定したことを発表した。こうして運動の指導権は「文革大衆組織」の手にゆだねられ、そのメンバーは「革命的教師や学生」自身が選ぶことになった[85]。だが工作組のメンバー全員が撤退したわけではない。たとえば北京大学では、聶元梓から康生と江青への要求に応えて、解放軍の海軍将校たちが学内保安員という新しい役職で大学に残った[86]。

北京市委のこの決定は中央文革小組が起草し、毛沢東が最終審査したものだが、七月二十九日、人民大会堂におよそ一万人の大学・中学の教師や学生を集めて行なわれた大衆集会で、市委第一書記の李雪峰によって読み上げられた[87]。この集会では鄧小平、周恩来、劉少奇が（この順序で）演説した。鄧小平は、工作組撤収の決定が「非常に必要」で、これは「人民大衆こそ世界の創造主であり、九十五パーセント以上の大衆に頼り、彼らと団結することによってのみ……修正主義を防ぐことができるという毛沢東思想の教えにもとづいた」ものだと述べた。鄧小平と周恩来はともに、この二カ月に起きたことを「古い革命家が新しい問題にぶつかった」と説明した。周恩来はこう言った。「つまるところ、これは新しい事物、新しい運動で、我々は、とりわけ若き日々からはるか遠ざかった者は、それに慣れていなかった……我々は君たちのところに行き、君たちから学ぼうと思う」。劉少奇が演説の冒頭で述べた印象的な一節はやはり同じテーマに関することで、彼が六月に子どもたちに語ったことと近似する。「さて、プロレタリア文化大革命をどう進めるか、諸君にははっきりしないし、よくわからないだろう。だから我々にどうしたらいいか尋ねる。正直に言うが、私にもわからない。だから、この革命を達成するために我々が頼るのは主として諸君である[88]」

劉少奇はさらに続けて、「少数派を守る」必要を強調した。たとえば「党中央を擁護し、毛主席に反対せよ」というスローガンを書いた清華大学の学生のような人たちを、すぐに罵ったり、殴ったり、逮捕したりすべきではない。こういう人たちは保護して、反動的スローガンをもっと書かせ、もっと反動的発言をさせるべきである。「彼らの行動は大局を左右しない。しばらくして充分な証拠がそろったら、そのとき結論を下せばいい……そのときこそ彼らにプロレタリア独裁を実行し、活動をやめさせ、黙らせればいい[89]」

劉少奇たちは知らなかったが、毛沢東は引き幕の裏でこっそりこの集会の一部始終を聞いていた。毛とその場に一緒にいた主治医によれば、古い革命家が新しい問題に直面しているという言い訳めいたくだりにさしかかると、毛はフンと鼻を鳴らし、「古い革命家だと？　古い反革命家のほうがぴったりしてるぞ」と毒づいた。集会が終わるころ、毛はいきなりステージに登場し、嵐のような拍手と「毛主席万歳！」の歓呼に迎えられた。ゆったりと手を振ってステージを行ったり来たりしながら、毛は劉少奇や鄧小平に近寄ろうともせず、二人を無視しているのがはっきりわかった[90]。

集会の模様を録音したテープが全市の大学・学校で学内放送された。地方でも首都にならって工作組はいたるところで撤収した[91]。かつて工作組に反対した者が造反派、少数派と呼ばれてヒーローになり、工作組を支持した者は保守派、多数派として弾劾された[92]。

こうして五十日が終わった。

## 5　毛沢東の新しい後継者

劉少奇を文革の統率から外した毛沢東は、これから展開しようとしている自分の計画にもっと忠実で従順な党指導部を組織し直そうと動きだした。工作組に否定的判断を下した七月二十四日、毛は八期十一中全会の招集を命じた。全体会議は四年ぶりの開催だ。これに向けた雰囲気づくりのために、七月二十六日の『人民日報』は毛の長江遊泳の雄姿を伝え、主席は体調もととのい、ふたたび指揮をとる準備ができたと報じた。翌日、中国で最も読まれている内部刊行物『参考消息』に劉少奇の名が載ったが、この新聞で劉の名が肯定的に扱われるのはこれが最後になった。(1)

中全会は、七月二十七日から三十一日の準備工作会議を経て、八月一日に開かれた。一九五六年と五八年の二度にわたって選ばれた第八期の中央委員と候補委員、計百七十三人のうち、出席したのは百四十一人だけだった。いつもよりかなり少ない。会議が荒れることを見越して、多くの指導者が距離を置こうとしたのだろう。(2)だが距離を置くわけにはいかない劉少奇にとって、この会議はつらいものになった。工作組の撤収命令の出た七月二十八日、劉少奇は家で家族とともに過ごしていた。清華大学の学生だった劉の娘はそれから五カ月後にこの夜のことを思い起こして、父がこれほど動揺した姿は見たことがなかったと述べている。娘と継母も肩を寄せて泣いた。(3)中全会にはほかに党の長老幹部など四十七人が出席したが、重要なのはこのなかに中央文革小組メンバーと二人の「革命的教員・学生」（聶元梓、および彼女の後輩で、ともに大字報を書いた北京大学の仲間）が含まれていたことだ。これから起こることを告げるかのような、目に見える予兆だった。[4]

会議は当初、五日間つづくことになっていた。八月一日の開会演説で鄧小平総書記が示した議事日程では、党中央の活動報告および十中全会以後の決定事項報告のあと、『プロレタリア文化大革命に関する中国共産党中央委員会決定』の採択、[5]彭真、陸定一、羅瑞卿、楊尚昆が粛清された五月の政治局拡大会議決定の承認、中全会公式声明の採択が予定されていた。[6]

あわただしく会議の準備が行なわれた。過去四年の党中央の政策に関する劉少奇の初日の報告演説はきちんと書けていなかったし、『文革に関する決定』も準備できていなかった。[7]しかしこうしたことは、毛沢東が初日から作り出した雰囲気と比べると、どうでもよい問題だった。劉少奇の報告演説の途中で毛は乱暴にさえぎった。工作組の派遣について劉少奇が責任をとると、毛は工作組の九割が路線の誤りを犯し、ブルジョワの立場からプロレタリア革命に反対したと決めつけた。こうした初歩的誤謬にじつは劉少奇が加担していたと毛はほのめかしたのである。

## 造反有理

その日、毛沢東の行なった同じように不吉なもう一つの行動――それは、清華大学付属のエリート中学の生徒たちが五月二十九日に設立した初めての「紅衛兵」組織へ毛が書いた手紙のコピーを会場に回覧したことだった。何十年も毛の側近として筆杆子や秘書をつとめてきたある中央委員は、毛が

「学生に支持を求めた」という事実は、(党内に毛の)「支持者がいなかったことを物語る」と言うが、[8]この人物はつぎの点を見落としている。自分がこれからスクラップにしようとしている組織に、毛がはたして支持層を求めるだろうか。

七月二十八日、清華大学付属中学の紅衛兵は『プロレタリア革命の造反精神万歳!(その一、その二)』と題した二枚の大字報を、返事を求める信書つきで毛沢東に送った。毛はさっそくこれに答え、まさに生れようとしている紅衛兵運動に、自分の職務と自分への崇拝から生れるあらゆる政治資本で裏書きした白紙小切手を与えた。「反動派に対して造反することには理があると君たちは言う。私は君たちに熱烈な支持を送る」。そして、やや説得力に欠けるものの、同僚からの支持も約束した。「ここで言っておきたい。私も、私の革命戦友も全員が同じ態度をとる。北京でも、全国でも、文革運動で諸君と同じ態度をとるすべての者を、私は熱烈に支持する」。毛は演説や文章に雰囲気を和らげるようなフレーズを散りばめるのが好きだ。おそらく事態の収拾がつかなくなったときに非難されるのを避けるのが目的だろうが、こういう独特の一節のなかで、毛はできるだけ多くの人と団結する必要と、たとえ深刻な誤りを犯した人たちでも出口を用意してやることの重要性を強調した。だがここにはある警鐘が鳴り響いていた。「造反有理」——この言葉はそれから数年間、全国にとどろきわたり、殺人や暴力沙汰すら正当化する役割を果たしたのだった。[9]

こうして、毛沢東の同僚たちは否応なく紅衛兵運動とつきあわなくてはならなくなった。八月三日、王任重は清華大学付属中学の生徒を釣魚台に招き、毛沢東からの返事を見せた。生徒たちは有頂天だった。八月四日の真夜中ごろ、清華大学のキャンパスで大衆「動員集会」が開かれ、大学を去っていく工作組の組長が公開の自己批判を行なったあと、「造反派」紅衛兵からつぎつぎと告発が浴びせられた。

そこへ訪れた周恩来はこう語った。「たったいま清華大学付属中学の三人の若い同志が述べたことは正しい。必要なときには修正主義的な指導者に反対せねばならない。革命大衆には造反する権利がある……彼らは毛主席の呼びかけに応えて、大字報で手本を示した。この問題について、率直に言って、私は諸君から学ばなければならない。諸君に敬意を表さねばならない(10)」

劉少奇も革命のバンドワゴンに乗り遅れまいと懸命の努力をつづけた。八月一日深夜、劉は北京市委第一書記の李雪峰に、工作組が撤収した学術機関の様子を視察したいと伝えた。翌晩、ぎりぎりの調整ののち、劉少奇は李雪峰以下、幹部多数をひきつれて北京建築工業学院に現れた。同行した中央文革小組のつわ者、戚本禹は劉少奇の発言を事細かにメモした。それから三日間（八月二、三、四日）、劉は工作組の何が悪かったのか、この学院の「革命戦闘団」と「八一戦闘団」との争いにはいったいどういう意味があるのか知ろうとした。こういう学内の内ゲバはやがて二年にわたって繰り広げられる紅衛兵どうしの内紛の前触れだった。最後の夜、学院から撤収した工作組組員たちを中南海に集めた劉少奇は明らかに心乱れ、自分の命運が尽きたことを悟っていた。「もし私が君らの一人だったら……」と修辞的な言い回しで劉は語りはじめた。

人々が私に造反しても、我々は大民主を恐れて彼らに造反させない。だが、私が誤っているならそれを暴き、党籍を剥奪し、職を解くがいい。彼の言うことを認めて正しく導くなら、彼は造反しないだろう。だから我が身に火を放ち〔自己批判し〕、司令部を砲撃するのは正しいことだ。もし良い人なら、その人に誤って造反しても、その人が良い人であることに変わりはない。だが、もし人々に造反させなければ、諸君は必ずや追い出されることだろう。工作組は人々の造反を許さなかった。（だからだめなのだ。[11]）

しかし八月五日の会議で毛沢東からふたたび激しく攻撃されたあと、劉少奇は李雪峰に電話して、自分はもう学院へは行かないと伝えた。「私には文革を指導する資格がないようだ」というのが理由だった。[12] 戚本禹はおそらく前夜の劉少奇の話の概要を毛に伝えたのだろう。毛が劉の演説のキーワードをただちに劉本人めがけて投げ返したのが偶然であるわけがないからだ。

## 毛沢東、司令部を砲撃する

毛沢東は当初、中全会を八月五日に終えるつもりでいた。しかし、二日と三日の中央委員らの発言は工作組の撤収を支持したものの何とも生ぬるく、毛はしだいに腹が立ってきた。多くの委員がおおっぴらにではないものの、劉少奇と似たようなスタンスをとっているのは確かだった。[13] そこで毛は突然議事を変更し、八月四日の午後に臨時の政治局常務委員会拡大会議を招集した。この会議で毛は委員らを強く叱責し、名指しこそしなかったものの、何人かを「牛鬼蛇神」呼ばわりした。

このいわゆる大衆路線、このいわゆる大衆への信頼、このいわゆるマルクス・レーニン主義、みなインチキだ。長年ずっとそうだった……今ここにあるのは抑圧と恐怖だ。そしてこの恐怖は（党）中央に発している……学生たちの文化大革命活動が受けている抑圧を見るかぎり、真の民主や真のマルクス主義があるとは思えない。ここにあるのは、ブルジョワ側に立ったプロレタリア文化大革命への反対だ。中央が若い学生の運動を支持しないどころか、抑圧すらしているがゆえに、これに何らかの対処をしなければならないと思う。[14]

議長席の毛沢東に向かい、陳伯達が中央文革小組を代表して、負けず劣らず攻撃的な演説をした。

ここにいる少なからぬ同志がお偉いさんになってしまった。彼らは他人の意見を容易に受け入れることができず、彼らの言葉は侵すことができない。(毛沢東：(彼らの言葉は) 神聖不可侵だ。偉そうにふるまうのに慣れてしまった)。この問題は確実に存在する。私は散々こういうケースに遭遇してきた。こういう人物が何か言うと、それはすぐとりあげられ、他の人たちが何か言ってもとりあげられない。この問題が解決されないと、必ずや修正主義が発生する。[15]

劉少奇がふたたび発言し、これまで起きたことの責任を進んでとると言ったとき、毛沢東が皮肉っぽく口をはさんだ。「きみは (ここ) 北京で独裁をやってきた。うまくやったじゃないか！」[16] 毛沢東は政治局会議での自分の発言を中全会に出席している代表全員に伝えて、小グループで討論させようと提案し、会期は正式に一週間延長された。こうして八月四日から六日まで代表が集まって毛の批判発言を討論したが、それでも毛の見解に熱烈な支持は表明されなかった。八月五日、毛は劉少奇の承認した回覧状——六・一八事件を抑圧した北京大学工作組の行動を支持する内容——を糾弾し、その正式な撤回を命じた。同じ日、毛は聶元梓の大字報とともに掲載された『人民日報』の記事について、「革命を害する誤った指導部は無条件に受け入れるべきではなく、断固として抵抗すべきだ」

というコメントを書き、同僚たちにプレッシャーをかけようとした[17]。この日（八月五日）、毛は第三の行動として、二カ月前の『北京日報』の上に「司令部を砲撃せよ――私の大字報」なる文章を書き、聶元梓の大字報を讃えた。これを毛の秘書が白紙に清書し、毛のつけたセンセーショナルな見出しを加えて二日後の中全会で配布した。出席者は開会のころの議論と照らし合わせて、これで毛が劉少奇と袂を分かったことに疑いの余地がないと悟った。以下はその全文である。

全国初のマルクス・レーニン主義大字報と『人民日報』の解説記事はじつに良く書けていた！同志諸君、どうかこの二つをもう一度読んでくれたまえ（二つの文章はともに添付）。ところがここ五十日ほど、中央から地方レベルまで、指導的同志の一部はこれと正反対の行動をとった。（彼らは）反動的ブルジョワの立場からブルジョワ独裁を実行し、轟々烈々たるプロレタリア文化大革命運動を弾圧した。ものごとの是非を転倒し、黒を白と言いくるめ、革命派を包囲攻撃し、異論を抑圧し、白色テロを行なって大満足である。ブルジョワの傲慢を助長し、プロレタリアの士気をくじいた。なんと悪辣なことか。一九六二年の右傾、一九六四年の「形は左だが実は右」[18]の誤った傾向を考え合わせるならば、これは人を深く考えさせずにおかないのではないか？

この文書が全国の党員へ公式に配布されるのにそれから六週間かかり、『人民日報』に掲載されるにはさらに一年かかったが、内容はほとんど瞬時に外へもれた[19]。毛沢東の計画がようやく人々に明かされた。「造反有理」と「司令部を砲撃せよ」の組み合わせとはすなわち、毛主席が工作組の誤った行動を攻撃するだけでなく、それを道具に党最上層部の粛清を正当化しようとしているということだった。
疑いの余地を残さぬために、康生、江青、張春橋など左派は小グループの討論で毛沢東の言葉の意味を浸透させ、劉少奇の「ブルジョワ司令部」を弾劾した。毛の取り巻きの一人、公安部部長の謝富治は鄧小平まで攻撃した。おそらく江青が劉少奇はもはや脅威でなくなったが、鄧小平はまだ危険だと吹きこんだのだろう。[20]八月五日、周恩来は毛と話したのち劉少奇に電話して、公共の場に出ないよう、また国家元首として外国賓客を接待しないよう伝えた。[21]劉少奇らをあえて弁護しようとする者は一人もいなかったけれど、攻撃の勢いはまだ弱かった。毛の「大字報」の持つ政治的意味があまりに遠大かつ過激なので、中央委員のなかにはそれを受け入れようとしない者もいた。戚本禹は一九六七年四月にこう嘆いている。「主席の大字報を読んでも、彼らはいまだにその目的や、それが誰のことを言っているのか理解できなかった。今でも理解していない者がいる。こういう大きな闘争を理解するのは容易ではない[22]」

八月六日、毛沢東は援軍を呼び寄せた。中全会の第一週を大連で静養していた林彪に空路北京へ来るよう命じたのだ。林彪は夏のあいだずっと北京におらず、工作組や文革の運営をめぐる争いから距離を置くのに成功していた。到着早々、林彪は毛沢東から劉少奇を弾劾するよう求められた。自分は健康状態がはかばかしくなかったので、ここ数年、劉少奇が何をしていたのか知る立場にないからと言い訳しながら、林彪は毛沢東と周恩来に、標的を弾劾する告発書の起草を手伝ってくれる情報通の助手をつけてくれと要求した。毛と周が林彪につけた助手は、一九六五年に羅瑞卿を告発したとき、林彪に重要な情報をもたらしたのと同じ解放軍少将だった。[23]毛と周から何を問題にすべきか指示を受けて、林彪は劉少奇弾劾のために二十三項目にわたる告発を記した演説用草稿を書き上げた。

一九四〇年代末の「右派日和見主義的な誤った」政策から、それ以降、私的に語った不適切な発言までを網羅するものだった[24]。

八月八日、中央文革小組員との会見で林彪は毛沢東の文革ビジョンに全面支持を表明し、「天地を覆し、轟々烈々、大風大波を立て、大乱大騒動を起こし、ブルジョワ階級を眠らせるな、プロレタリア階級も眠らせるな」と呼びかけた。林彪のアジ演説は、トップの粛清が始まった五月十八日の政治局会議での演説とともに、中全会へ配布された[25]。

## 十六条

しかし、毛沢東と林彪の激烈な演説からみなが想像していたのとは違い、文革運動に向けた毛の青写真、『プロレタリア文化大革命に関する中国共産党中央委員会決定』（いわゆる「十六条」）は、意外なほど控えめだった。八月八日に採択されたこの文書は中央文革小組が少なくとも六月頃から起草にとりかかり、三十一回も改訂された。毛はこの文書の上に陳伯達宛てで「よく直してある。すぐに印刷してよし」と書いた[26]。『決定』は八月八日の夜、ラジオで全国放送され、翌日の『人民日報』に掲載された。「五・一六通知」などこれまでの文革の重要文書とちがって、この文書は最初から公共の知的財産として作られ、印刷物ばかりか、「十六条を学ぼう、十六条をよく知ろう、十六条を使いこなそう」と題した『人民日報』の社説をスタジオ録音したものが、林彪や周恩来の演説生録音と抱き合わせでレコード店で売られた。

十六条は、文革とは「人々の魂に触れる大革命」であるという心踊る定義とともに、叙情的な始まり方をするが、やがて闘争モードに移っていく。

ブルジョワ階級はすでに転覆されたとはいえ、いまだに搾取階級の旧思想、旧文化、旧風俗、旧習慣を用いて大衆を腐食し、人心をとらえ、復活を果たそうともくろんでいる。プロレタリア階級は……社会全体の精神の容貌を変えねばならない。現在の我々の目的は資本主義の道を歩む実権派と戦ってこれを倒し、ブルジョワ階級の反動的な学術「権威」を批判し、ブルジョワ階級その他すべての搾取階級のイデオロギーを批判し、教育を改革し、文芸を改革し、社会主義の経済基盤に適応しないすべての上部構造を改革し、社会主義体制の強化と発展に役立てることである(27)。

運動の目的について記したこの部分の記述は、のちに「四旧」と呼ばれるようになるものを攻撃しているが、これは文革がほぼこれまでどおりに続けられる、つまり文化、教育分野のみに限られ、ブルジョワ出身の「いつもの容疑者」だけを告発するということを意味していた。初期の紅衛兵運動はこの前提のもとに行なわれ、多くの紅衛兵グループがこの一節を暗記した(28)。しかし『決定』の後の部分になると、これと異なる目的が登場する。「今回の運動の重点は、党内で資本主義の道を歩む実権派である(29)」

運動の方法について、この『決定』は急進派学生へ欲しいままに暴力行為を許す白紙委任状を与えた。

プロレタリア文化大革命では、唯一の方法は大衆がみずから自己解放するしかなく、これ以外の方法は使えない……騒乱を恐れてはならない。毛主席はつねづね我々にこう語ってきた。革命はそれほど優美ではいられない。それほど上品でも礼儀正しくもなく、温和でも優しくもない。この大革命運動のなかで大衆にみずから自己教育させ、何が正しくて何が誤りかを識別し、どれが正しい道か、どれが正しくない道かを見分けることを学ばせよう。(30)

当初、「十六条」には最後から二番目の条項を除いて例外条項がなかった。この第十五条には、軍隊の文革は中央軍事委員会と総政治部の発する別個の指示によって行なわれると記されている。(31)ところが九月七日になって「中発（一九六六）四五九号」が出て、「大衆が直接、幹部を〝罷免する〟方法を使ってはならない」辺境地区の一覧が示された。南の深圳から北の二連〔二連浩特《エレンホト》〕まで、ネパール国境の吉隆から北朝鮮国境の延吉まで、こういう戦略的重要地域では「革命の騒乱」よりも安全が優先された。(32)だがこの例外もやがてなりたたなくなる。

「十六条」ではある重要な文言が回避されている――紅衛兵について何の言及もないのだ。九月になって周恩来は、紅衛兵が第九条の「大衆によって作られた文革小組、文革委員会などの組織形式」に属すると保証した。(33)「十六条」では、これらの組織はみな「偉大な歴史的意義を持つ新事物」とされている。

## 新指導部

中全会最終日の八月十二日午後、林彪は当初の予定になかった会議の議長をしていた。ここでは政治局常務委員会の新委員十一人を秘密投票で正式に選出することになっていた。投票できるのは中央委員会の正規委員七十四人だけで、全員が毛沢東、林彪、鄧小平、康生に投票した。周恩来、陳伯達、陶鋳はそれぞれ満票マイナス一票を得票した。三人はおそらく慎みから、自分自身に投票しなかったのだろう。国家計画委員会主任の李富春は七十票を得票し、革命戦争中に毛の軍事的分身として働いた朱徳は六十八票、劉少奇六十五票、政治的思惑から中心部の動きと四年間遠ざかっていた陳雲《ちんうん》が五十八票を得票した。(34) また、候補者ではない李先念《りせんねん》が一票を得票した。(35) 中央委員会は五人の党副主席を正式に解任こそしなかったものの、これ以後、党機関紙が劉少奇、周恩来、朱徳、陳雲に言及するとき、副主席という役職名はけっして使われなかった。この中全会で最も驚きをもって迎えられた指導部人事は、林彪が劉少奇の後を襲って、ただ一人の党副主席になったことだった。この地位は明確に主席の後継者を意味している。

しかしこの投票結果は毛沢東の意にかなうものではなかった。事前に林彪、周恩来、(36) 江青と図って、すでに決めていた序列と合致しなかったからだ。結局は毛の決めた序列が中央委員会の投票結果をくつがえして、序列は毛沢東、林彪、周恩来、陶鋳、陳伯達、鄧小平、康生、劉少奇、朱徳、李富春、陳雲の順になった。毛は鄧小平が満票を得たことは無視し(37)——鄧小平に投票したことで、江青は陶鋳、陳伯達、康生を批判した——陶鋳を個人的に第四位につけた。鄧小平の力とバランスをとろうとしたのだと言われている。(38)

毛沢東が鄧小平の力をなぜ、いまだに気にしなければならなかったかは明らかでない。中央書記処は中全会後も機能しつづけるはずだった。だがこの組織は二度と再開することなく、鄧小平の総書記という役職は停止状態になった。彭真の粛清後、「常務書記」を引き継いだ陶鋳はせめて権威のかけらでも維持しようと努力したが、そのころすでに書記処は「戦略的誤り」だったと公言していた毛と衝突した。[39] 鄧小平の帝国、すなわち中央書記処のリーダーシップで運営されていた組織機構は五月の政治局会議以来、瓦解状態の一途をたどり、中南海では「五大部」がかつてない勢いで「浄化」されつつあった。

五月の会議で中央宣伝部が「閻魔殿＝反動独立王国」と弾劾されたことを考えれば、ここが一九六六年夏の粛清の舞台になったとしてもおかしくない。陸定一の後継として陶鋳が宣伝部部長に任命されたのにつづいて、六月六日には宣伝部の三つの副部長ポストが、宣伝部秘書長ポストとともに中央書記処によって正式に職務停止になった。宣伝部に働く「閻魔殿の小役人」（つまりヒラの幹部）二百三十四人は、部全体の規模縮小や過激な構造変化に震え上がった。とりわけ多くの重要ポストや部局が「毛沢東思想宣伝弁公室」という大きな事務所に統合されたことがショックだった。[40] 七月末には中央宣伝部の十一人の副部長のうち九人が正式に解任された。残ったのは中央文革小組組長の陳伯達と、湖南の農民運動および長征の古参で、非の打ち所のない革命家の鏡と言われる六十六歳の張際《ちょうさい》春《しゅん》だけになった。だが張際春の運命もやがて多くの同僚がたどった道とそう変わらぬ悲劇に終わる。一九六六年九月八日、張の妻（解放軍退役兵で、自身も立派な革命家）が死んだ。心臓発作ということだったが、当初は自殺が疑われた。一九六七年春には張の子どもたちが「現行反革命」として告発され、張自身も「反革命」の疑いで攻撃された。老いと孤独と失意のうちに、張際春は満員のトラックの荷台から落ちたときの傷がもとで、一九六八年九月十二日に死去した。[41] 一九六七年六月一日、中央文革小組は中央宣伝部の廃止を発表し、スリム化した中央文革小組「宣伝組」にその機能の大半を移行することになった。[42]

中央組織部は宣伝部よりもっとひどい目に遇った。まず部長の安子文《あんしぶん》と八人の副部長全員が一九六六年八月十九日に職務停止となった。この措置は部員全員が出席する大衆集会で発表されたが、そもそもは毛沢東の「組織部は我々の手中にない」という無遠慮な評価を反映したものだった。(43) 組織部が「我々の手中にある」ことはきわめて重要だったため、それからの数週間、組織部に働く二百十人の幹部に対して大規模な調査が行なわれた。(44) 趙漢《ちょうかん》副部長は一九六六年十二月十四日に自殺し、そのほかにも何人か（とくに安子文と、第一副部長の李楚離《りそり》）が「調査者」に協力しなかったという理由で、何年も系統的で残酷な拷問に耐えなければならなかった。安子文について不名誉材料をたっぷりと政治局にもたらす栄誉を担ったのは聶元梓だった。江青はのちに、「安子文叛徒集団」を暴いたことは聶元梓の文革への「重要な貢献」の一つだと述べている。(45) 聶は一九六六年五月に安子文への告発を康生へ妻の曹軼欧をつうじて極秘のうちに手渡したのだが、一九九四年になっても、この告発が本質的に正しかったと言い張っている。聶元梓に言わせれば、安子文は国民党とつながりのある女ときわめて疑わしい関係にあり、このことを康生に伝えるのは党員としての義務だった。文革後の回想録に、聶元梓は康生からのちに聞いた話として、この女はイギリスのスパイで無線機を持っていたと書いている。(46) 党中央は一九六七年五月に組織部の運営を解放軍に委託した。(47)

一九六六／六七年の冬、周恩来は党中央の五大部のうち最も古く、最も知られた二つの部（宣伝部と組織部）への攻撃を「完全に正しく、必要なことだった」と事後正当化した。「我々の組織部は安子文の手に、思想工作は陸定一の手に落ちた。あれほど多くの高級幹部が文化大革命の青年たちのように活躍できなかったのは、これが原因だった。これが根源、階級の根源である」(48)。だが、周恩来は自分が政治局を代表してここ数年間管轄してきた「中央統一戦線工作部」について、同様の否定的評価をためらった。統戦部はきわめて機密性の高い組織で、中国共産党と国内の「民主人士」、小さな「民主党派」、「愛国」資本家、宗教界の有力者、海外華僑、非党員知識人との微妙な関係を管轄してきた。文革が始まったとき、統戦部部長と八人の副部長のほとんどが何らかの「誤り」で批判されたが、周恩来がなんとか守ってやり、また、この部の管轄する対象が毛沢東の標的ではなかったことから、彼らは他の人々より長く持ちこたえた。なかには主要な「修正主義分子」の罪業を――周恩来の個人的監督のもとに――審査する特命組織の一員になった者もいれば、そういう組織の標的になってしまった者もいる。後者の例が方方《ほうほう》と張経武《ちょうきょうぶ》の二人の副部長で、二人とも一九七一年秋に獄死した。[49] 統戦部は一九六七年いっぱい、そして一九六八年も大半がほぼ全面的混乱状態に陥り、通常の業務らしきものにいくらか戻ることができたのは、一九六八年七月に二人の解放軍将校が運営責任者に任命されてからのことだった。[50]

中央対外連絡部は中国共産党と他国の共産党との公然、非公然の接触を担当する。この部は鄧小平が政治局を代表して管轄する二つの党中央部局の一つだった。[51] ここの指導部は比較的深手を負わずに一九六六年の夏を乗り切ったが、外国共産党幹部を中国国内で訓練する部門の上級副主任だった許立《きょりつ》は「修正主義」として攻撃され、一九六六年／六七年の冬に、多くの部下とともに職務停止になった。しかし部長の王稼祥《おうかしょう》（早くも一九六二年から疑いをかけられていて、健康状態も良くなかった）は、周到にめぐらされた計画によってあぶり出され、六人の副部長の一人で中央文革小組員だった王力の大字報で攻撃された。一九六六年六月九日、王力は『これはいかなるたぐいの闘争か？』という挑戦的な見出しの大字報で、王稼祥が代表するような指導部に抵抗することは、「修正主義による党権力の簒奪と資本主義の復活」に抵抗することだと述べた。[52] 暑い夏の日々が過ぎていくなかで、対外連絡部に働くおよそ七百人の幹部は、王力の論法に挑むのは――とりわけ背後に康生がいるのでは――無意味だと悟ったようだ。中央はすでに六月七日の「中発（一九六六）二九二号」で、第三副部長／全国総工会党書記の劉寧一《りゅうねいいつ》が王稼祥のポストを継いで部長代理に任命されたと発表していた[53]。劉寧一はやがて趙《ちょう》毅《き》敏《びん》、伍《ご》修権《しゅうけん》、廖承志《りょうしょうし》の各副部長とならんで王力から――そしてそれよりはるかに重要人物である康生と鄧小平から――外国の共産党との折衝において正しい路線を歩む者と評価されるようになる[54]。

中共中央の「五大部」の五番目、中央調査部はやはり政治局を代表して鄧小平の管轄下にあった。職務内容が極秘に属するため、内部機密文書ですら、この部に言及するときは事務所のある場所にちなんで、「西苑機関」としか呼ばないことが多い。西苑とは、頤和園に隣接する皇帝の庭園の雅名である[55]。中央調査部の名称と機構は一九五五年の共産党情報組織の大改変から生まれた。この部は諜報一般、政治情報収集、外遊要人の安全確保、外国からの賓客や代表団の監視など、体制にとって重要とされるさまざまな任務を担当する。文革が始まったとき、部長の孔原《こうげん》はじめ副部長数人が「修正主義的」誤りを犯したとして攻撃された[56]。文革は理論上、党や国家のすべての機構を「整頓」するのが目的だが、この部だけは最悪の混乱から隔離しておくべきだという真剣な議論があった。十一中全会のあとまもなく鄧小平に代わってこの部の運営に当たりはじめた康生は、「これまでのやり方を踏襲する」ほうがいいと述べたという[57]。一九六六年十二月二十三日、孔原の妻が自殺した――彼女は自身も諜報幹部で、一九四〇年から周恩来の個人スタッフの一人でもあった。それからまもなく、孔原本人も自殺未遂したといううわさが北京に広まりはじめた。孔原は多くの「修正主義」高官と同様、すでに告発され、つぎつぎと開かれる大衆集会を連れ回されて辱められており、一九六七年二月初めには、息子の孔丹《こうたん》――初期紅衛兵リーダー――が通う北京第四中学の集会にもかけられた(58)。同じ年の三月、周恩来は毛沢東の承認を得て、中央調査部を軍の直接管理に委ねるよう命じた(59)。一九六九年末には解放軍総参謀部情報部に合併された(60)。このころには孔原と、一人を除いた副部長全員が獄中にあるか、僻地で重労働に従事していた。ただ一人無事だったのは羅青長《らせいちょう》副部長だった。国民党情報部の編んだ人名録によれば、羅青長は「周恩来と緊密な関係にあったため」、文革の災厄をまぬがれたとされている(61)。

古い指導部とその官僚機構が解体されれば、新しい指導部が登壇し、新しい官僚機構が生れる。中全会閉会の翌日に開かれた工作会議で、林彪は自分の直面する課題について個人的見解をいくつか述べた。「自分の能力が、与えられた職務と地位にふさわしくないことに気づいて、私は最近落ちこんでいる。私はきっとまちがいを犯すにちがいない」。毛主席は自分の望みをご存じだが、周囲は必ずしも「主席が何を考えているのか理解できない」ことがある。「理解していようといまいと、我々は主席の指示をしっかりと実行していかねばならない」。「我々は主席の天才を信じ、英明を信じ、智恵を信じ、いつも主席の指示を仰いで的確にそれを実行し、大問題に介入せず、些事で主席をわずらわせてはならない(62)」。林彪は万が一自分が主席の意を汲むのに失敗したとしても、この難しいポストの前任者、劉少奇が犯したような致命的ミスを避けるために、全面的服従の姿勢をとろうとしたにちがいない。毛沢東は林彪の演説を承認し、全党員に配るよう命じた(63)。林彪はナンバー2の地位に昇進しても軍事を何より優先した。配下のスタッフ全員のポストも軍事委員会の官僚機構そのままに残され、汪東興の中央弁公庁へは移管されなかった(64)。

林彪は政治面の日常業務運営を周恩来に一任した。中全会から二週間後、周恩来は他に的確な呼称がないため「中央碰頭会《ポントウ》」（連絡会議）と呼ばれる会議の議長をつとめるようになった。この会議は党規約にも定めがなく、一九六六年冬の時点での出席者、議事、決定機能に関するかぎり、毛沢東と林彪のいない政治局常務委員会拡大会議と言ってよい。周恩来は中全会開会前夜からすでに毛の要請で主要資料の起草と、毛によるその最終的承認を差配する役割を引き継いだ。王力はのちに「このころ総理は実質的に日常業務を自分でやっていた」と回想する。[65]

林彪は名目上、中国の第一副総理だったにもかかわらず、国務院の業務に関わろうとしなかった。これと逆に周恩来は国務に鋭く目を光らせ、文革の進行とともに、解放軍に関わる主要決定のすべてに深く関与しつづけた。林彪の部下のある将軍の息子によると、「父は文革で起きたことをはっきり覚えていて、(父が主要メンバーだった)軍事委員会弁事小組が扱った資料は合計千三百件に達し、そのうち毛主席が知らないもの、周恩来首相が個人的に関わらなかったものは一件もない、と言っていた」そうだ。[66] しかし、このころから周恩来が担ったもっと重要な役割は、中央文革小組の動きを監視することだった。

## 中央文革小組

中央文革小組は一九六六年五月の政治局拡大会議後に創設され、その存在と主要メンバーの名前が五月二十八日発行の高度機密文書扱い「中発(一九六六)二八一号」で党内向けに初めて公表された。[67] この組織の名が公的に言及されたのは、一九六六年七月、北京で開かれたアジア・アフリカ緊急作家会議の「勝利の閉会」を祝うパーティという異色の場だった。毛沢東の帰京後、中央文革小組のメンバーは主席個人の使者として次々と大学を訪れ、情報を収集し、文革の福音を伝道してまわった。

こういうとき江青は行く先々の聴衆に、「私は毛主席の委託をうけて諸君に挨拶を送る。主席は諸君の革命事業に強い関心を抱いている」と説くのを忘れなかった[68]。

中央文革小組は文革運動の司令部になった[69]。そもそも政治局常務委員会のために政策文書を起草する集団としてできたこの組織は、初め党知識人十人と党主席夫人しかいなかったのに、一九六七年には数百人、ひょっとすると数千人の働く官僚機構に育った。中央書記処にとって代わってからは、かつて書記処が持ったことのない強権を握り、少なくとも名目上は、国務院や軍事委員会と同等の組織だった。一九六九年に解散する直前、林彪と周恩来はともに、この組織が「毛主席のプロレタリア革命路線をきっちりと実行した」と讃えた[70]。

毛沢東と江青が七月に北京に戻る以前の中央文革小組は、釣魚台の一別荘に対外連絡部から借りた秘書一名だけのささやかな事務所から始まった。だが十一中全会が終わるころには七つの別荘を占めるようになり、陳伯達は十五号楼を、康生は八号楼を、江青は十一号楼を居宅に使っていた。中央文革小組事務所は十六号楼にあり、十七号楼は娯楽施設として使われ、江青が外国映画を見る映写室があった（江青のお気に入りには『風と共に去りぬ』のようなハリウッドの名作映画もあったという）。前章で述べた「中央文革小組記者站」は、やがて釣魚台に隣接する場所に置かれるようになった[71]。

中央文革小組は毛沢東の活動を助けるのを目的としていたが、休むことを知らないその動きと同様、小組自体もたえず変化していた。たとえば一九六六年の「中発二八一号」で最初に発表された七十人の組員、副組長、顧問、組長はその後の内部抗争でもみくちゃにされ、一九六七年一月には半数以上が粛清、無力化、降格の憂き目にあっている。当然ながら中央文革小組は「毛沢東思想の偉大な赤旗を高々と掲げる」ことを目的に「心を一に、協力して働く」結束の堅いチームであるというのが当初の公式路線だった。しかし、内部粛清がつづき、どう見てもこの路線に真実味がなくなってくると、まだ中央文革小組にいる者が小組から放逐された者を際限なく闘争するという新しい路線が定型化した――いったん粛清されると、放逐された者は全員がかつて「赤旗に対して赤旗を振った」者にされてしまう。入手可能なあらゆる証言に照らしてみて、中央文革小組は毛沢東が望んだようなスムーズに動く文革マシンではなかったようだ。毛の死後、江青はこう述懐した。「中央文革小組で会議を開くなんて無理だった。康老と陳伯達は顔を合わすやいなや口論を始めるし、陳伯達は総理の言いつけに従わなかった。でも陳は私の言うことは聞いたから、総理は康老と仕事し、陳は私にまかされた。こうしてようやく会議を開くことができた。それからも同じ問題が起きた」[72]。穆欣はのちに中央文革小組について、かつて仕事したなかで「最もアナーキーで、最も無秩序な」組織だったと述べた。「組員どうしの反目は日に日に激しくなる一方で、内部対立や抗争はどんどん複雑化していった」[73]。一九六七年一月には毛も中央文革小組と自分との関係にこう不満をもらしている。何か起こると全員がそれぞれの見解を述べる。康生は康生の話、陳伯達は陳伯達の話、江青は江青の話しかしない。結局、組織としての報告書はいっさい提出されなかった[74]。

陳伯達は名目上の中央文革小組組長で、江青は一九六六年九月以降、いわば常務副組長の立場にいたという事実にもかかわらず、この二人は定例会議で議長をつとめたことがない。こういう会議、つまり「中央文革小組碰頭会」[75]――前述した「中央碰頭会」と混同せぬよう――の議長をつとめたのは周恩来で、議事も彼が決めた。中央文革小組に対して総理の持つ権限はこの程度で、派閥のからむ地方の抗争に直接介入するのに、それが賢明だと思えば、周恩来は中央文革小組の名をふりかざした[76]。周恩来と中央文革小組の公式の関係についての情報は近年明らかになったばかりだが、だからといって、よく言われるように、文革とは中央文革小組（ある学者曰くの「政治の現状にほとんど利害関係のない」組織）[77]と周恩来の「既存勢力」との利害衝突だという説が覆されるわけではない。しかしこのことは、この衝突がくりひろげられた背景がいかに複雑かを教えてくれる。林杰《りんけつ》は『紅旗』から貸し出されて、定期的に「中央文革小組碰頭会」に出席していた上級職員だが、彼の妻はこう証言している。江青はたいていの場合、周恩来に従った。従わないほうがいいのではないかと職員が思うときですら従った。林杰は妻にこう説明したことがあるという。「江青同志は物事に確信が持てないことがあり、我々にはいつも総理の言うとおりせよと言った。それで物事はよけい難しくなった」[78]

それなら、毛沢東がそれを使って「美しき新世界」を作りたいと思ったこの組織はがたがただったわけだ。劉少奇を後継者から外し[79]、内部の謀略と欺瞞によって新指導部の陣容がととのった今こそ――これからまだ多くの粛清があるけれど――毛が自分の文革を開始し、古い指導部がやらなかったとして批判したことを推し進めるときだった。いよいよ大衆を解き放つときが来た。そして中央文革小組幹部たちは毛の突撃隊をつとめることになる。

## 6　紅衛兵

　十一中全会の終わるころ、「大衆」はすでに立ち上がっていた。首都の大学や中学のキャンパスでは、あっという間に「赤色テロ」が広がった。この暴力は紅衛兵運動の産物だった。[1] 毛沢東が学生の造反する権利を是認したため、工作組が慎重に設定した暴力抑制装置がとり除かれたのだ。毛のさまざまな発言を見ると、彼が文革を始動させるきっかけとなる触媒としての恐怖装置を渇望していたことがうかがえる。毛は人命を奪うことに何の呵責も感じていなかった。文革が進行してから側近と交わした会話のなかで、毛は人を殺したいという強い願望こそが真の革命家のしるしだとまで言っている。「このヒトラーという男はもっと残忍だ。残忍であればあるほどいい。そう思わないか？　人をたくさん殺せば殺すほど、革命的になる」[2]。おそらく毛は湖南や江西で農民を動員していたころの輝かしい日々をふたたび生きていたのだろう。動機が何であれ、一九六六年秋の暴力は私的、公的資産の破壊から、都市部の犯罪人など歓迎されざる人々の駆逐へ、果ては殺人にまで発展した。文革はその後の展開でそれよりもっと大きな人的損失を出したが、人々の記憶に刻みこまれたのは一九六六年八月から九月にかけて起きた「赤色テロ」のような、直接わが身にふりかかる災厄だった。

「北京は上品すぎる！」　毛沢東は中全会のあと開かれた中央指導部の工作会議でこう述べた。「混乱はそれほどではないと思う……ごろつきの数も少ない。今は介入のときではない」[3]。この発言の大きな誘因となったのは、八月六日に清華大学付属中学、北京大学付属中学、北京航空学院付属中学の三つのエリート中学の紅衛兵が出した緊急アピールだった。このアピールは、紅衛兵になりすまして暴力沙汰を起こし、国家資産を破壊し、見境なく人々を殴る「ごろつき」がいるとし、すべての「真正の革命的」紅衛兵に、首都が陥っているこの「混乱」を終わらせる行動をとるよう呼びかけた[4]。毛はこのような呼びかけは疑ってかかる必要があると言ったわけだ。

八月五日、毛沢東は大字報『司令部を砲撃せよ』を書いたその同じ日に、北京大学工作組が「六・一八事件」を鎮圧したことを支持する「中発三一二号（一九六六）」を取り消した。中央文革小組員がもらしたところでは、毛は個人的に六・一八を「反革命事件ではなく、革命事件」とみなしているということだった[5]。八月十三日、北京市委は大衆集会を開いた。紅衛兵が緊急アピールで言及した「ごろつき」に一撃を加えるのが目的なのはほぼまちがいないが、どっちつかずの態度に揺れる市委には、そういう集会を開くことで、一般庶民のあいだにいるかもしれないシンパをなだめたい意図もあった。北京工人体育場――一九五六年に建国十年を祝って建てられた、市最大の施設――で開かれた大衆集会に集まった七万人の青年男女の前に十数人の若い「ごろつき」が連れ出され、批判された。しかし集会が盛り上がるにつれて事態は抑えがきかなくなり、「ごろつき」たちはさんざんに殴られた。北京の文革進行状況の監視役として出席していた王任重（中央文革小組副組長）は介入することもできず、またしようともしなかった。この土曜の夜、北京市内には「赤色テロ」が荒れ狂った。数カ月後、暴力に反対する大学生らがこの夜のことを回想して綴った文書は、昼間の集会が「きわめて悪い影響」を与えたと批判している[6]。

抑圧された怒りと暴力が水面下でふつふつとたぎっており、社会主義的秩序の表層に最初の亀裂が入ればたちまち爆発する――このことを中央指導部は前々から知っていたが、それが討議の俎上にのぼることはめったになかった。一九六五年一月に彭真はこのタブーを破り、同僚の一部に対し、「社会主義教育運動」の進展に関する演説でこう語っている。「学校ででたらめな闘争が行なわれている。諸君の子女の通う学校も含まれる」。その一例として、北京のある中学では、ふざけた詩を書いたにすぎない一人の中学生を、同級生が「毛主席に反対している」と言って「殴った。その中学生がついに自白すると、同級生は彼が毛主席を殺したがっていたと責めた。中学生はそんなこと考えたこともないと答えた。同級生たちは彼が嘘つきだと言って、ふたたび殴りはじめた。とうとう中学生は（毛主席を）殺そうと思ったと告白した。これを止めに入った者も殴られた。私はいい加減な話をしているのではない。今日ここに座っている同志諸君の子女のなかにも、止めに入ろうとして殴られた者がいる」[7]。彭真の失脚後、周恩来はこの演説を「とても悪い」と断じた[8]。毛沢東の反応はわかっていないが、毛は爆発性のエネルギーを解き放ち、みずからの描く文革のグランドデザインを明らかにした。

どこに文革の最も熱烈な支持者を求めるかについて、毛沢東と康生が判断を誤ったのは不思議だ。なぜなら彭真の話からもわかるように、最もひどい犯罪が行なわれたのは中学や（ときには）小学校で、北京大学などの大学・学院ではなかったからだ[9]。最も疑うことを知らず、最も熱烈な文革支持者は千三百万人の中学生から生まれた。彼らを動員することが、ちょっとした混乱、群衆心理による暴走、わずかな「やりすぎ」をがまんすることならば、それもいたしかたないということだったのか！

前章で述べたように、紅衛兵運動が生まれたのは清華大学付属のエリート中学だった。五月二十九日、この生徒たちは毛主席と毛沢東思想を守り、修正主義と戦う自分たちの組織を作ろうとしていた。夜の学習会のあと円明園で開かれた創立集会に参加した七人のうちの一人によると、この運動をどう命名するかについては、ほんのわずかな討論で決まったという。

「おい、みんな。ぼくらと同じ意見の者は大字報や小字報に同じペンネームを使うよう、全校に呼びかけてはどうだろう」と私は提案した……

誰だかよく覚えていないが、張承志《ちょうしょうし》（生徒の一人）が使ったペンネームがいちばんいいんじゃないかと提案した……

「紅衛兵？　へーえ！　すごい！　毛主席と党中央の紅衛兵かあ！」

「赤い政府の強固な衛士、赤い山河の栄光ある衛兵。おい、これはすごいぞ！　紅衛兵と呼ぼう！」

翌日、「紅衛兵」の書いた無数の大字報が、北京の西郊にある清華大学付属中学を埋めつくした。

六月二日と三日、海淀区と西城区の中学の生徒たちがこれを聞きつけて私たちの学校へ駆けつけ、自分たちの大字報で我々への支持を表明した。そうした大字報の末尾にはみな、さまざまに工夫をこらした「紅衛兵」の署名があった(10)。

六月二日のある大字報が、この運動を特徴づける予言的文言を掲げた。「毛沢東思想に反対する者は誰だろうと、どんな旗印を掲げていようと、どんなに地位の高い者だろうと、とことん叩きのめせ(11)」

こういうエリート校、「重点」中学で起きた初期の行動主義は、おそらく生徒たちの組成と凝集力に起因するのだろう。これらの学校がエリート校と呼ばれるのは、たんに教育面の理由からだけではない。生徒の多くが教師よりずっと地位の高い党や政府の要人の子どもや孫だった。こういう子たちは両親から革命の感動的な物語を聞かされて育つ。子どもの家庭には機密文書が持ちこまれる。そういうものを読んで得た党内事情に関する知識を使って、今こそ自分たちが英雄譚を実行するときだった。エリート大学では中国全土から最も学力に優れた者が選ばれて入学してくる。学生たちは当初たがいに面識がない。だがエリート中学の生徒たちは首都の比較的限られた地区に住み、小学校も同じであることが多いから、大学生よりずっと凝集力が強い。

## 教育を革命する

六月初め、首都全域に工作組が展開していたころ、大学や中学では学生、生徒たちに学内の文革委員会を、各クラスに文革小組を作ることが奨励された。全国でも同じような展開が見られ、省の党指導部は首都にならって大学首脳部や党書記を解任した[12]。六月十三日、すべての授業を一時的に中止し、学生は全生活を文革に捧げるようにという党中央の決定が出て、授業が停止した。学生は教育制度についての論争資料や毛沢東の評論を読み、討論した[13]。一九六六年五月七日付けの毛沢東から「林彪同志への手紙」には、「教育には革命が必要だ。ブルジョワ知識人が我々の学校を支配するような情況はもはや看過できない」と書かれており、これに触発された学生たちのなかには、学校をかつての延安の抗日軍政大学のような軍事／共産主義学校にしたがる者もいた。北京大学付属中学の最初期の紅衛兵リーダーだったある人物はこう回想する。「あのころ私たちは中国全体の状況にしごく満足だった……（しかし）中国の教育制度全体がとにかくまちがっていると感じていた[14]」。工作組は「ブルジョワ的」「修正主義的」カリキュラムや教授法の元凶とみなされた教師への批判を奨励したが、それは往々にして、脆弱きわまりない根拠にもとづくものだった。やがて大字報が学校の壁を覆うようになった。あるエリート女子校の生徒がこう書いている。

革命はこんな調子で数週間つづき、やがてペースが落ちはじめた。書かれるべきことはほぼ書き尽くされ、新しく貼りだされる大字報の数は日に日に減っていた。工作組は私たちを外に出して、他の学校や大学が何をしているか見にやらせることにした。私たちはまず近所の学校に行って大字報を読み、それから革命の発祥地である清華大学と北京大学に行った……七月下旬になって、私はそろそろ文革も締めくくりのときが来たと思った。[15]

だが、文革はまさに始まったばかりだった。

閣僚や将軍の子女のようなエリート紅衛兵は、文革が教育だけに限られたものではないことをすでにうすうす知っていた。子どもたちは政治局の機密文書「五・一六通知」を読み（教師には閲覧不可能だが、生徒たちは家庭で目にすることができた）、これをもっと大きな事業に加わるよう呼びかける動員令ととらえた。ある一人はこう回想する。「〝文件〟の意味するところに何の疑念も抱かなかった……毛主席の隣にフルシチョフがいることを私たちは確信した。自分たちが立ち上がって、この修正主義と戦わないかぎり、わが国は変質してしまうだろう」[16]。六月末に『プロレタリア革命の造反精神万歳！』と題する清華大学付属中学紅衛兵の大字報が四つ登場したが、その第一弾はこう宣言する。「われらは母校の反動派を打倒するだけでなく、全世界の反動派を打倒したい……天宮にプロレタリアの騒乱を作り出し、プロレタリアの新世界を切り拓くのだ[17]」

こういう壮大な望みは、八月初旬に毛沢東が清華大学付属中学紅衛兵を「熱烈に支持する」と表明し、「国家の問題に関わり、プロレタリア文化大革命を最後まで完遂せよ」という毛の発言が『人民日報』に掲載されると、にわかに現実味を帯びてきた。こうして紅衛兵運動が始まった。まもなく北京の学生たちは自分たちのキャンパスだけでなく、全国を折伏にまわるようになる[18]。

## 毛沢東、紅衛兵を接見する

北京で起きていることに好奇心をかきたてられ、長びく夏休みで移動の機会を得た地方の学生たちが、六月以降かつてない規模で北京へ押し寄せた。この時点で政府は地方の学生の流入を歓迎していなかった。八月十二日、毛沢東へ口頭で報告するための内部メモに中央文革小組はこう書いている。「大量の人員を北京へ移動させないよう各省・市へ勧告すること。すでに北京へ来ている者に対し、各省・市は帰郷して革命するよう勧告すること。清華大学キャンパスにはすでに地方から来た七千人が暮らし、すでに食料や宿舎の問題が起きている」。しかし毛はこれに同意せず、中央文革小組に対して、ソ連が「レーニン主義を捨ててしまった」理由の一つは「生身のレーニンを見た人がほとんどいなかったからだ」と言った。「中国の若い世代が大量に――人数は多ければ多いほどいい――古い革命世代のリーダーとじかに会う機会を与えられるべきだ」。このリーダーとはつまり毛自身のことだった[19]。やがて紅衛兵のバイブルになる『毛主席語録』にこんな言葉がある。「世界は君たちのもの、またわれらのもの。だが最後には君たちのもの。君たち若者は朝八時九時の太陽のように溌剌と生気みなぎり、まさに人生の盛りにある。希望は君たちに託された……世界は君たちに属する。中国の前途は君たちに属する」[20]。毛沢東には誇大妄想のきらいがあり、こんな述懐をしたことがある。「わが人民はたいへん規律正しく、とても感銘を受けた。天津へ視察に行ったとき数万人に取り囲まれた。だが私が手を一振りすると、みな散って行った」[21]。こうして八月十六日、陳伯達は学生たちに首都を離れるのではなく、逆に首都へ集まるよう公式に呼びかけた[22]。この招聘が八月半ばから十一月末までつづく八回の大規模なニュルンベルク式集会のプレリュードになった。集会は大半が天安門広場で行なわれ、主席が「革命的教員・学生」を「接見」した。

八月十八日の第一回集会に参加した一人によると、そもそもこの集会の開催が決まったのは前日のことだったという。集会は八月十八日午前一時に始まり、百万人の教師・学生が誘導されて天安門広場に入った。午前五時、軍服姿の毛沢東が天安門楼上――指導部が国慶節パレードを謁見する場所――から下りて群衆と交わり、握手をかわした。午前八時、紅衛兵の絹の腕章を配られた数人の学生が、毛と指導部に接見を許された（指導部のなかには無名の存在から一気に公式ランク二十五位に躍り出た江青もいた）。近くで見る指導者たちは、下で憑かれたように「毛主席万歳！」と叫びつづける十代の若者たちの目に映るほど印象的ではなかったようだ。毛主席は「想像していたより老けていて、髪は半分以上白髪だった。顔には老人のしみがあり、言われているように輝いてもいない。動作の鈍いもうろく爺さんだった……林彪は……小柄で痩せた病弱な男で、顔は土気色をしていた」[23]。そうした外見とは裏腹に、林彪は群衆に向けて十七分の演説をし、若者たちに「搾取階級の旧思想、旧文化、旧風俗、旧習慣」すべてを精力的に打破するよう呼びかけて、後継者としての自分の新しい役割を印象づけた[24]。

六時間以上つづく集会の途中、毛沢東は林彪を振り向いてこう言った。「この運動の規模はとても大きい。まさに大衆を動員することができた。全国の人民の思想革命にとって大きな意味がある」(25)

この日のハイライトは、指導者との接見を許された学生の一人、宋彬彬《そうひんひん》が毛沢東の腕に紅衛兵の腕章をつけて、主席がこの運動を承認したこと、およびこの運動の正当性を全国に知らせた瞬間だった。(26)毛は彼女の名前が彬彬(「上品で雅び」の意)だと知ると、もっと勇ましいほうがいい(「武が要るね」)と言った。このやりとりを読んだエリート紅衛兵の一部は、主席が自分たちのそれまでの行動を上品すぎると言っているのではないかと思った。(27)このやりとりは確かに効果があったようだ。(宋彬彬の通う)北京師範大学付属女子中学はこのできごとを祝って、味気なく平凡な校名を「紅色要武中学」と変えた。

当然ながら高齢の党指導部のなかにはこういう集会で肉体的に疲れてしまう人たちもいる。八月十九日、首都にならって上海でも同様の集会が開かれた。この日は豪雨で視界が悪かったため、群衆へ手を振る指導者は影武者を立ててもわからなかったが、北京ではそうはいかない。(28)八月三十一日の第二回集会――江青が部分的に進行役をつとめた――のあと、毛沢東は疲労の最初の兆候を見せはじめた。七十二歳の主席は微熱を出し、ベッドのなかで九月十三日に林彪へ手紙を書いて、翌日の集会に(もしかするとそれ以降も)代理として、最年長のきみが出席しなければならないかもしれないと伝えている。(29)毛の主治医によれば、驚いたことに、いつも病弱でモグラのように家にひきこもっている林彪が、集会のおかげですっかり元気になったという。「秋の北京は日差しがいちばん強く、天安門の楼上は風が強い。だが林彪は陽光も風もまったく恐れなくなり、毎回、毛と一緒に楼上に立って、眼下の群衆に笑いかけ、手を振った」(30)。やがて毛は体力をとりもどし、最後まで集会をまっとうした。

九月十五日の集会は江青の代わりに康生が進行をつとめた。四時間つづいたこの集会で、新華社のカメラマンが後世の記録のために楼上を往来する指導部の写真を撮っていたが、このときはヘマをしてしまった。集会後、写真を見た中央宣伝部は康生の隣に鄧小平が立っていないことに気づいた。結局、全国配信の写真には切り貼り作業《カット&ペースト》がほどこされ、陳毅の身体に鄧小平の顔が貼りつけられた。[31]

このエピソードに見るように、集会でのメディアの取材は厳重に管理されていた。十月一日（国慶節）の集会には、新聞に言う「五大陸七十カ国からの友人」を含め、百五十万人が集まったが、集会後、ある不快な事件が起きた。このことは一般に報道されず、例外は毛沢東のリーダーシップと文革の「輝かしいイメージを汚す」目的でこのニュースにとびついた「全世界の帝国主義者、修正主義者、反動派」だけだった。この日、公式パレードが終わると、毛は「親密な戦友たち」と一緒に車で謁見行進をしたいと言い出した。この結果たちまち混乱が起き、王力によれば、「群衆が先を争って毛主席に握手を求め、車列はまったく動けなくなった」。指導部の安全担当責任者で北京衛戍区司令官の傅崇碧は車の進路を確保しようとして肋骨を三本折られた。十人ほどが車に轢き殺され、百人近くが負傷した。[32] ところが毛はいっこう頓着せず、無事に紫禁城へ戻ると、中央文革小組にこう言った。「なんとしても文化大革命を最後までやりぬくぞ。そのときは死なばもろともだ！」[33]

八回のどの集会だろうと、天安門広場に集まった大半の一般人にとって、その日は記憶にとどめるべき日だった。最後の集会が開かれた十一月までに、毎日二十万人以上が混み合った列車に乗って北京へやって来た。後方担当の周恩来によれば、ピーク時には二十九万人が訪れたという。[34] 最後の集会が終わったあとも、毛主席を一目見ようとさらに五万人が訪れたほか、郷里での文革の進展について嘆願しようと六万人が上京した。北京にはある時点で七百七十万市民のほか、地方から来た三百万人以上が滞在した[35]。

北京駅または永定門駅に着いた地方の紅衛兵たちはバスや徒歩で、数十カ所ある紅衛兵接待站（受付ステーション）のいずれかに行き、そこでスタッフから市内四千カ所以上の接待所に行くよう指示される[36]。北京軍区の軍関係者が紅衛兵の宿舎の手配を担当し、市内五十九の大学・学院や三百の中学、または工場や個人の家に割り振りする。宿舎に落ち着いた紅衛兵たちは、翌日の集会に備えて下士官から訓練を受ける。これらにかかる費用はばかにならない。紅衛兵一人につき月十五元の食費――朝食（米、水、漬物、饅頭）と昼食（饅頭二つ、キャベツと豚肉のおかず一皿）のクーポン――が支給される。ただし無料で宿舎が提供されるのは一週間だけだった[37]。紅衛兵が集会の騒ぎのなかで踏みつぶされて病院行きになったりすれば、さらに費用がかさむ。周恩来は政治局常務委員会に、紅衛兵たちは「意気軒昂で、きわめて満足している」と報告したが[38]、地方からの紅衛兵がひき起こす騒ぎや不便さのせいで、北京市民は満足とはほど遠かった[39]。

毛沢東は、十一月二十六日に行なわれた最後の集会までに、全国から来た紅衛兵およそ千二百万人を謁見したと発表した[40]。紅衛兵たちにとっては何にも替えがたい経験だ。九月十五日の集会で生身の毛沢東を見ることのできた上海紅衛兵の一人、二十六歳の中学教師は、その晩、上海の同僚にこう書き送った。「この日を自分の誕生日にすると決めた。今日のこの日、私は新しい人生を始めたのだ!!![41]」悲しいかな、理想に燃えるこの青年の新しい人生は長くなかった。上海に戻ったこの教師は生徒たちから、「反革命的接触」をするために北京へ行ったと責められて、残忍な殴打にあったあげく、十月二日に自殺してしまった[42]。文革につきもののこうした犠牲者のことを毛が知っていたとしても、彼は何の痛痒も感じなかったはずである。「自殺する人間――彼らを救う必要はない……中国は人口が多い。一人や二人いなくてもやっていける[43]」

## 革命ツアー

毛沢東はできるだけ多くの紅衛兵がその目で自分を見に来ることを望んだだけではなく、彼らが全国を行脚して「革命の火を点火する」のを応援した。「我々は大衆の革命経験大交流〔大串連〕を支持せねばならない！[44]」九月初め、国務院からすべての関係当局へ、こういう交流をしようとする紅衛兵に旅費、食費、宿舎を無料で提供するよう通達された。驚くべき秋冬の革命ツアーが始まろうとしていた。こうして若者たちは生涯一度の旅に出発した――なかには、この四年前に発表されたジャック・ケルアックの『路上』の中国語不完全訳を読んだ若者もいたかもしれない[45]。

人気の観光地は革命の聖地だった。たとえば毛沢東の生家のある韶山、毛の通った学校のある湖南省省都の長沙、最初の赤軍革命根拠地があった江西省井崗山の険しい山岳地帯、長征中に（中共公式史によれば）「毛沢東同志が党内に永続する指導的地位を確立した」貴州省遵義《じゅんぎ》、一九三七年以降、革命の精神的支柱となった延安の窯洞《ヤオトン》などだ[46]。このほか一九二一年に中国共産党が創立された上海などの大都市も観光地になった。また、四十年前に毛沢東が教鞭を取ったという国民党の「中央農民運動講習所」を訪れるという名目で、華南の帝都、広東（広州）を通過した全国の紅衛兵の数は一九六六年末には百六十万人にのぼった[47]。冒険好きの若者は秘境へも足を伸ばす。文革後の公式史によれば、およそ千人の紅衛兵が中国本土（四川省や北京）からチベットへ「革命経験交流」に出かけたという。しかし一九六六年十一月半ば以降は、冬が近づいてこの地区へ入るのが困難になったのと、漢人学生を少数民族地域に入らせたくない政府が急遽決めた方針のせいで、紅衛兵旅行者の数はそれ以上増えなかった(48)。

周恩来は北京工人体育場で、まさに南への旅に出発しようとして胸ふくらませる紅衛兵に演説したとき、「革命経験大交流」は「すばらしいことだ」と述べたが(49)、毛沢東との会話では、もっと冷めた調子で、たいへんな準備が必要だと口をすべらせた。毛は動ぜず、こう答えた。「何の準備だ？　行く先々で食べ物が見つからないかもしれないとでも言うのかね？(50)」　十月の第二週までに三十七万四千八百人の「革命的教師・学生」が訪れた上海では、市長が革命ツアーの産業生産におよぼす影響に苛立ち(51)、同僚にこうこぼしている。「いま何が起きているか、中央委員会が知らないと訴えても無駄だ。委員会はみんな知ってるんだ。問題は、それを市井の人々が見るように委員会が見るかということだ」。そのころ上海に住んでいたオーストラリア人英語教師はこう書いている。「この曹《そう》（荻秋《てきしゅう》）市長の発言には真摯な気持ちがこもっている。ここにも、学生や毛グループに対して陰謀をめぐらす悪人ではなく、上海の産業に対して文革のもたらす影響を心から心配し、中央委に道理をわからせようとする誠実な行政官の姿がある(52)」

多くの紅衛兵がこういう旅を長征になぞらえ、教科書や映画で習った革命神話や、（エリートとして育った者なら）両親から聞いて育った革命物語が現実のものになったと胸を躍らせた。中央調査部幹部を両親に持ち、当時まだ十六歳にもならない女子中学生だった人物が、三十年後にこう回想している。

私たちは観光客ではなかった。私たちの旅は物見遊山ではなかった。私たちは旧世界と戦うために出征していく兵士だった。事実、私たちの多くがこの旅は人生の転機、「職業革命家」としての生涯の始まりと考えていた。これからは両親が解放戦争で経験した英雄的できごとを羨まずにすみ、自分たちが遅く生まれたことを悔やまずにすむ。今や私たちは憧れの先輩たちと同じように、暗黒がいまだに支配する危険な場所へ出かけていくのだ。私たちは大衆を啓蒙、組織し、隠れた敵を探し出し、流血や犠牲を厭わず、文化革命の最終的勝利のために命をささげるだろう(53)。

旅する若者たちのこの当時の日記からは、すべてがどれほど目まぐるしく刺激的だったかがうかがえる。もはや苦労して書き上げた長々しい文章や、窒息しそうに退屈な記述はない。文字も消えかけた手書きの日記に残るのは、いつどこで何があったかを（いつかきちんと書き直せる日が来るのを期待して）とりあえず記したおおざっぱなメモだ。本書第三章で乞食と遭遇した南京の学生は、十一月二日にこんなふうに書いている。

一九六六年十月二十九日午前一時十分、天津到着。天津市人民第一中学（もと誠友庄第一中学）二楼第六教室。毛沢東バッジ購入。紅旗商店と人民商店。海河を見物。今日は天津市委に行って大字報を読んだ(54)。

旅する若者たちとは違い、残された両親や祖父母の心は揺れていた。どう見てもまちがったことが多すぎる。表向き、こうしたすべての活動が革命のためと納得していたとしても、内心は（無理もないことだが）子どもたちが心配でならなかった。上海のある解放軍退役将校はこう述懐する。

北京に住む古い戦友に中学生の息子がいて、革命経験大交流が始まると十二歳の妹を連れて北京を旅立ち、石家荘、太原、西安、ウルムチ、鄭州、武漢、広州、長沙（ここで妹が迷子になって、兄はいたるところ探したが見つからなかった）を経由して上海に到着し、その後、青島、大連、天津をまわって北京に戻った。いったい何の「経験交流」をしたのか？　国中うろついただけではないか……[55]

全国に展開した「革命経験大交流」に起因する、ある破滅的な災厄についてはほとんど知られていない。一九六六年秋以前の中国では脳脊髄膜炎の流行はめったに見られず、発症したとしても、ごく局地的なものに限られた。人々の地理的移動が少なかったのが理由の一つだ。しかし極度に混み合った非衛生な環境で――上海の若い女性の回顧によると、「ウルムチからの列車の旅では、全行程ほかの女子グループと一緒にトイレに詰め込まれていた」という[56]――全国津々浦々から突然、数百万人の移動が始まると、この状況は一変し、病気の大流行が始まった。一九六七年末までに三百四万件の脳脊髄膜炎の症例が報告され、十六万人以上が死亡したという。公式記録によれば、「最も重症だったのは青年や子どもで、そのかなりの部分が〝革命経験大交流〟に出かけた紅衛兵たちだった[57]」

## 「四旧」打破

文革に関する中央委決定の第一の任務は「搾取階級の旧思想、旧文化、旧風俗、旧習慣」の排除だった。この目的は、あらかじめ毛沢東の承認を受けて、八月十八日の林彪演説で再確認された。主席の新しい後継者は「四旧」を「大破」するよう紅衛兵に呼びかけた。

この指令は夏のあいだ、さっぱり注意を引かなかった。おそらくそれが具体的に何を意味しているのか、わかっている人がほとんどいなかったせいだと思われる。しかし一般概念としてはなかなか評判が良かったとみえ、上海市長などは「四旧を打破し、四新を作りだそう」とぶちあげているが、それがいったいどういう意味なのかは説明がない。(58) 八月十八日には、国慶節集会の準備で忙しい北京市幹部に、周恩来が「四旧」打破についての考えを披露している。「今年のパレードは伝統を打破して、西から東へ行進することにしよう」(59)

紅衛兵運動が始まったとき、「四旧打破」は、毛沢東の後継予定者（林彪）と中央文革小組から、この伝統打破突撃隊（紅衛兵）に課せられた最初の「栄光の任務」の一つになった。第二回の紅衛兵集会で、林彪はこの二週間に「街頭へ出て〝四旧〟を一掃した」紅衛兵に賛辞を浴びせた。周恩来も声をそろえて、「〝四旧〟を打破し、〝四新〟を作りだした紅衛兵の小将軍」の見せた英雄的行為に、自分と一緒に「敬意を表そう」と呼びかけた。(60)

手書きの粗末なビラ、謄写版刷りのチラシ、大字報などの消えゆくメディアのうち後世に残ったものから、人はこの運動の折衷主義的性格を示す証拠を拾い集めることができる。たとえば八月二十四日、北京第六十六中学に宿泊する紅衛兵が、市委、公安局、労働局へ稚拙な「外交覚書」をつきつけた。北京全市の居民委員会は不良「分子」を「大衆の監視」のもとに労働させること、喫煙・飲酒する二十五歳以上の者に課税すること、すべての私営病院、飲食店、床屋をただちに閉鎖することを要求する内容だった。(61) 同じく北京第六中学に宿泊する「毛沢東主義紅衛兵」と署名された「命令」は、今後「搾取階級に属する者」は全員「自分の排泄物を自分で集め、夜間糞尿収集の荷車に自分で空けにいく」よう要求し、「革命的大衆」がこの過程を「監視する」よう呼びかけた。[62] 九月半ば、北京工業学校に宿泊する紅衛兵は「北京全市の学生諸君へのアピール」を出し、革命を望む者は「前進し」、革命的でない者は「立ち去れ」と訴えた。このアピールの作者が何より訴えたかったのは、毎日「三食食べて糞する」だけの若者、自分では革命せずに、文革が与えてくれる相対的自由を濫用して「網袋やセーターを編み」「冬の寒さに備える」若者たちへの怒りだった。[63] 八月二日、北京第二十九中学に宿泊する紅衛兵はビラを配って、北京のあちこちで使われている乱暴で品のない言葉を告発し、「各地の革命同志」にこのような言葉を撲滅しようと呼びかけた。「聞くに堪えない、恥知らずなスラング」は「労働者のアヘン」だから、「党中央と毛主席の根拠地、世界革命の発祥地」である北京の品格と「両立しない」のだった。[64]

紅衛兵運動のなかでも最も罪がないのはおそらく改名行為だろう。街路、店舗、学校、劇場、飲食店、病院、新聞、雑誌などのほか、ときには紅衛兵自身まで、およそ名前を持つものすべてが改名させられた。「封建的」な響きのする人名は、「衛彪」や「衛青」など、「革命の後継者」にふさわしいものへ変えられた。

北京ではソ連大使館のある揚威路を、紅衛兵の要求で正式に反修路と変えることに周恩来が許可を出した。だが周恩来は同時にソ連大使館を襲撃したり、大使館の外壁に大字報を貼ったりするのを禁じ、改名式典のあいだ衛戍区から衛兵を増派して、命令が守られるよう監視した。[65] この式典に特別に招かれた外国特派員によれば、推定およそ十万人の紅衛兵が参加したという。[66] 長沙では「大衆の要求」に応えて、中山図書館（一九一一年の辛亥革命のリーダー、孫文に因む命名）の名が湖南図書館

（一九一二／一三年の冬に毛沢東がこの図書館で過ごしたころの名称）に戻された。[67]

国家レベル、省レベルの党機関紙はこぞってこういう改名を讃えた。それは紅衛兵が「正しいことをしている、良い行ないをしている！」ことの新たな証拠だった。八月二十三日の『人民日報』社説は改名を「すばらしい！」〔好得很〕と書き、『紅旗』は紅衛兵は「盲目的で子どもっぽい」という批判を否定した。[68] 広東省の紅衛兵にいたっては、香港の名称まで変えてしまった。九月十六日の『参考消息』に「紅衛兵、宣伝戦に勝利」という新華社の見出しで掲載された香港発AP電の翻訳は、香港当局スポークスマンが、「共産中国《レッドチャイナ》から〝駆帝城〟（＝帝国主義を駆逐する街）（と宛名書きされた香港への手紙は、当地の郵便当局が配達してくれる」と発表したことを伝えた。[69]

こういう革命的創意に欠ける人々のために、紅衛兵はかつてレーニンが投げかけた問いもどきの、「何をなすべきか」という問答集を作った。北京の「毛沢東主義中学」（つい最近までは北京第二十六中学）に宿泊する紅衛兵が編んだ「旧きを打破し、新しきを作る」〔破旧立新〕ための「百の提案」のなかには、こんなものがある。「店の商品は西洋の名で呼ばずに、意味のわかる中国名を使うこと（第87項）」。「封建的な響きのする名前の者は、自発的に交番へ行って改名すること（第95項）」。[70] 打ち合わせなしに改名したために、ライバルどうしの二つ以上の紅衛兵グループ名がバッティングして、混乱を起こすこともあったのは想像に難くない。

改名ブームのほとぼりが冷めたころ、周恩来は自分も毛沢東もこれは少々行き過ぎだと思うことがあったと認めている。一九六六年十二月一日、周恩来は紅衛兵にこう語った。「君たちは天安門広場の名を変えたがった。だが何と変えるんだ？　〝東方紅〟かね？……主席に相談してみたが、主席はそんな名称を望まなかった。そもそも（天安門広場の）改名自体に反対だった……人名については、あまりに封建的で後れていないかぎり、そのままでいい[71]」

問題は封建的かどうか、後れているかどうかは見る者しだいだということだった。すべての事例について周恩来に相談するわけにはいかない紅衛兵としては、改名に反対するより、改名をとるほうが安全だった。北京のある中学校に衣服や外見を変えることについての大字報が出ると、「ただちに行動に出た紅衛兵たちがいた。彼らは街頭に立って、通りすがりの人々の細いズボンを切り裂き、先の尖った靴やハイヒールをつぶした。女の子の長いおさげは封建制の残滓だからと無理やり切られた。解放前、中国の女性は髪を短く切ることを許されなかった。いま紅衛兵は少女たちの長い髪を許さない[72]」。北京の目抜き通り、王府井でそういう行為を目撃した一人のアメリカ人共産党員はこう書いている。「まるで喜歌劇だ。だが、そのあとには悲劇が続く[73]」

# 7 赤色テロ

「四旧打破」運動の悲劇的側面として、一九六六年夏から「悪い」階級出身の家庭への家捜し、家財の押収や破壊が始まった。都市部で標的にされたのはブルジョワやプチブル家庭で、多くが教師や元実業家だった。[1] 八月と九月に北京で紅衛兵や紅衛兵を名乗る者から略奪を受けた家庭は三万三千六百九十五戸にのぼる。[2] 上海では八月二十三日から九月八日までに八万四千二百二十二戸の「ブルジョワ」家庭が略奪され、そのうち千二百三十一戸は知識人や教師の家庭だった。[3] 北京で紅衛兵が一カ月弱のうちに差し押さえた資産は十万三千両（約五・七トン）の金、三十四万五千二百両の銀、現金五千五百四十五万九千九百元、骨董や翡翠六十一万三千六百点にのぼった。[4] 上海の紅衛兵はおびただしい量の金や宝石に加えて、三百三十四万米ドル、三百三十万元相当の外貨、解放前の銀貨二百四十万元、三億七千万元相当の現金や債券など、莫大な収穫をあげた。[5] 一九六六年十月の中央工作会議で参考として回覧された公式資料は、全国で紅衛兵が押収した百十八万八千両（約六十五トン）の金について、「搾取階級が悪しき手段で手にした富を差し押さえた」と讃えている。[6] 文革後、上海市は「没収物資分類局」を設置して、被害にあった資産を所有者に戻そうとしたが、多くは失われたままになったらしい。[7] ある紅衛兵リーダーの証言では、押収した物資やお金を使って、文革を遂行す

る過程で「生じた必要経費をまかなって」よいと周恩来が認めたという。(8)
中国全土の都市で、略奪のターゲットにならずにすんだ人々は幸運に感謝しつつも、ただただ呆然とするばかりだった。解放前に上海の漢方薬局で働いていたある薬剤師は、一九六六年八月二十六日の日記にこう書いている。

たとえば家捜しだが、これはまず資本家や地主に始まり、やがて幹部の家や運動の標的の家に広がった。目下の事態はいよいよ悪化し、工場や企業でも同じ情況に見舞われている。「四旧打破」のためと称しているが、どさくさ紛れの火事場泥棒や、この機に乗じて人を襲う者もいる。スリや、機に乗じて女性を辱めるごろつきにご用心。さらに街路で人のズボンや衣服を脱がせたり、髪を切ったり、靴を脱がせたり、本や雑誌すべて差し出せと強要したりするやつら、ろくでなしめ！

この書き手がこっそり洩らした言葉が、無数の中国人の感じていたことを代弁するのはまちがいあるまい。「紅衛兵の具体的な任務がそもそも何なのか、私にも説明できない。わからないものはわからない」(9)
略奪の相手がほんとうにブルジョワなのか、出身を重んじる紅衛兵にもわからないことがある。八月二十九日の夜、北京大学紅衛兵が章士釗《しょうししょう》の家へ踏み込み、家中ひっくり返した。往年の記者、教育家、役人で、すでに八十代の章士釗は四十五年以上前に生れたばかりの中国共産党のために資金援助をはかり、毛沢東から今も変わらぬ感謝を受ける人物で、一九六三年の毛七十歳の誕生祝賀会に招かれた数少ない客の一人でもあった。章士釗は当然ながら主席に直訴する資格があると考えた。訴えを聞いた毛の指示で、周恩来は多くの高齢の非共産党員たち――なかでも国家副主席の宋慶齢《そうけいれい》――の住居を守るよう命令し、一部は解放軍三〇一病院へ移して保護することができた。(10)

## 国宝を破壊する

紅衛兵は私財を押収、破壊し、持ち主を辱めただけでなく、その攻撃は公共財産に向かった。謝富治は元祖「紅衛兵」を含む清華大学付属中学の生徒たちに、のちにこう明かしている。「毛主席はよく私たちに、中学生はなぜあんなに破壊的なのか、なぜ公共財産を破壊するのかとお尋ねになった。私たちも答えることができなかった」(11)。北京では公式に「文化財、史跡」と指定された六千八百四十三カ所のうち、文革の終結までに四千九百二十二カ所が破壊された。その大半が一九六六年の八月から九月のあいだに被害にあっている。(12)紫禁城（故宮博物館）が破壊をまぬがれたのは、周恩来が事前に紅衛兵の動きを察知して予防手段を講じたからだった。八月十八日、周恩来は紫禁城の門を閉じ、衛戍区から衛兵の派遣を命じた。八月二十八日には学生の包括組織で、汪東興の娘をリーダーとする「首都大専院校紅衛兵司令部」（通称「一司」）の代表に対し、紫禁城、人民大会堂、放送局、新聞社、空港は完全立入禁止にすると通達した。周恩来はそのうえ保護すべき広範な施設の一覧表を作り、県・連隊〔団〕レベルまで透徹する全国的な指示を出そうとしたが、毛沢東の許可を得られなかった。周恩来は九月初めにふたたび紅衛兵の行動規制十カ条を作り、陶鋳、李富春、陳毅などの古参幹部グループと、康生、江青、張春橋などの文革グループ双方に示したところ、古参グループの賛同は得られたものの文革グループに反対され、結局あきらめた。その一カ月後、中学の紅衛兵グループから北京市を「東方紅市」と改名し、天安門前の石柱や獅子の石像を毛沢東ほか中国史の英雄の銅像と置き換える案が出されたとき、周恩来はこれをつぶさねばならなくなった。十一月半ばには、とくに厳重警戒すべき場所として、釣魚台、国防部、公安部、外交部、国家計画委員会が一覧表に加えられた(13)。

貴重な文化財の破壊のなかでもとりわけすさまじかったのは、北京から列車で十時間ほどのところにある山東省曲阜の孔子廟である。一九六六年十一月、譚厚蘭《たんこうらん》という学生――学歴アップのために休職して師範大学に社会人入学していた幹部――の率いる北京師範大学の教師・学生グループおよそ二百人が曲阜の駅に降り立ち、「孔家店を徹底的に破壊する」と宣言した。北京を発つ前、譚厚蘭らは中央文革小組に連絡をとり、応対した陳伯達は計画を聞いて、孔子の墓を暴くのはかまわないとみずから指示しながらも、孔子廟やそこにある文化財を焼き払うことには乗り気でなかった。陳伯達は記念碑の焼き討ちには反対しなかったが、「漢代の石碑の破壊には積極的でなかった」という(14)。曲阜に滞在した四週間のあいだに、北京の教師・学生は地元有志や曲阜師範学院の学生と意気投合し、ともに絵画九百二十九点、書籍二千七百冊以上、石碑千点、墓二千基など、登録文化財六千六百十八件を破壊した(15)。彼らは地元で大衆集会を開き、孔子を、とりわけその教育哲学を批判した。ある集会で、「毛主席の著作を学ぶ積極分子」と名乗る地元民がこう演説した。

孔子思想による「哺育」には何ひとつ良いことがなく、人を搾取、抑圧し、殺害、侮辱する臆病なろくでなしを作るだけだ。孔子の思想で人々を「教育」しようとする者が望むのは、地主、富農、反革命、ごろつき、右派、牛鬼蛇神を育て、反革命修正主義分子を育て、資本主義者に代わっ

て資本主義復活のために人馬を募ることである。我々はこれに対し、一千回でも一万回でも否と言いつづける。(16)

北京に戻った譚厚蘭のグループは、曲阜での破壊が中途半端で、「ただ大騒ぎしたにすぎず、きちんと大衆動員できなかった」といううわさが出まわっていることを知った。彼らを弁護しようと、中央文革小組の一人はこう言った。「ただ大騒ぎしたにすぎないとはいったいなにごとだ？　それだけでもたいしたことだ(17)」

首都以外で行なわれた破壊行為のなかでもとりわけ不気味なのは、八月二十七日に山東省の三つの中学の紅衛兵が、十九世紀清代の文化ヒーロー、武訓《ぶくん》の墓を暴いた事件だ。読み書きのできない武訓は乞食をして貯めた金すべてを投じて学校を創立した。だが一九五〇年代初めになって党のイデオローグから、皇権に抵抗せず「封建文化を広めた」人物として攻撃された(18)。紅衛兵は武訓の遺骸を掘り出して近くの公共広場まで歩かせ、大衆糾弾集会を開いて、最後には遺骸をバラバラにして焼却してしまった。海南島では例の「罷免された」明の清官、海瑞の墓が暴かれた。

公共財産の破壊については、今日思うよりもはるかに組織的で、公認に近いものもある。こういう事例はその地方の複雑な事情がからんでおり、周恩来などの中央指導部も直接関与している(19)。たとえば広東省の佛山では市政府がつぎのような命令を出した。

文化大革命運動の開始により、「四旧」打破の呼びかけに応えるため、一九六二年に公布された、経堂右寺、水上関帝廟、南泉右廟、郡馬祠など市内四カ所を重点文物保護単位とする政令を無効とすることに決定した。本日以降、これらの場所は市の重点文物保護単位として保護されず、これらの単位と市の文化局とのあいだに交わされた文物約定は無効とする。[20]

ある紅衛兵グループはわざわざ国営の撮影隊に伴われて北京の西山にある寺院へ出かけ、仏像や香炉を破壊する姿を後世のために残すことまでしている。

公共図書館も一九六六年秋の紅衛兵の破壊活動で甚大な被害を受けた。[21]しかし、このどちらかと言えば短い熱狂の期間に失われた書籍などの被害は、一九六六年以後、国家からの資金援助がまったく途絶えて、放置された図書館の状況と比べたらたいしたことはない。文革の終わるころ、遼寧省、吉林省、河南省、江西省、貴州省だけでも、県レベル以上の千百カ所の図書館のうち三分の一が閉館し、七百万冊以上の本が失われ、盗まれ、破壊された。[22]

中央文革小組はメディアを使って紅衛兵を激励した。八月二十七日の『参考消息』は一面見出しに毛沢東の「敵に反対されるのは良いことだ――悪いことではない」という言葉を掲げ、「アメリカ帝国主義はありったけの力で我々の文化大革命を攻撃する」という内容の記事を掲載した。翌日の一面左上の囲み記事『毎日語録』には、「敵が反対するものすべてを支持する。敵が支持するものすべてに反対する」とあり、別の記事には、中共の新しい「暴政」は何ら新しいものではなく、すでにアドルフ・ヒトラーによって試されているというアメリカの新聞記事が引用されていた。それから数週間、数カ月のあいだ、『参考消息』は折に触れ、紅衛兵を「野獣」や「狂犬の群れ」になぞらえる蒋介石、陳立夫、『プラウダ』、バチカン法王庁などの発言を掲載しつづけた。

ひょっとしたら破壊は行き過ぎだったかもしれないという言説が飛びかいはじめると、『参考消息』

はすぐにトーンの異なる翻訳外電を掲載するようになった。九月には「北京駐在『ノイエス・ドイチュラント』の記者が認める――中国は史跡に適切な保護を与えている」という見出しの東ドイツ発の外電が載り、十一月には、「帝国主義と修正主義」の通信社がこれまで伝えたような紅衛兵のでたらめな破壊行為に代わって、フランスと日本からの訪問客の記事が載る。見出しは「中国古代の美術品はきちんと保護されている」「紅衛兵は文化財を守る」というものだった。

## 強制送還か、屈辱か

「悪い」階級出身の一般市民のうち、財産の押収、窃盗、破壊だけですんだ者は幸運だった。都市住人のなかには家を追われ、本籍地の村へ強制送還される者もいた。北京紅衛兵のビラによると、こういう措置は「われらの首都をより純粋に、より赤くし、偉大な第十七回国慶節を清潔に迎えるために」とられた。

北京でもどこでも、送還措置には紅衛兵と当局の暗黙の協力関係が欠かせない。[23] 北京でこれを実行したのは「西城糾察隊」というエリート紅衛兵組織で、国務院秘書庁と市当局から資金援助や政治支援を受けていた。行政の要職にある幹部の子弟がメンバーだったことが理由なのはまちがいない。[24]「糾察隊」は国務院機関事務管理局――中国の「民主党派」や公式の「大衆団体」へ政府資金を提供する機関――を通じて資金提供を受けており、[25] 大量の自転車やハンドマイクのほか事務所スペース、政府のトラック二台、ジープ二台、オートバイ一台が自由に使えた。[26]

西城糾察隊のリーダーの一人に陳毅外相の息子がいた。一九六七年一月、北京の学生のあいだに流れたうわさでは、この息子が隊長をしていたころ行なった「行き過ぎ」で、彼は死刑を宣告されたが、未成年だったため執行猶予になったという。[27] 父の陳毅は（嫌々ながらも）党中央で強制送還政策に加担した一人で、八月三十日、紅衛兵にこう語っている。「〝黒五類〟を送還するのはとても良いことだが、紅衛兵は各地の警察署と連絡をとって、送還される人たちが死なないようにするべきである……私のことを〝黒五類〟の代弁者という者もいるが、私にはそんな意図はない[28]」

状況にかかわりなく送還措置を支持せよという巨大な圧力を受けて、党員たちは全力を尽くしたが、必ずしもまっとうできなかったこともある。北京市高級人民法院のある下級幹部は、病気の老母が北京を強制退去させられるのを看過しなければならなかった。しばらくして、その母が河北省の原籍の村――解放前に一族が地主をしていた村――に向かう途中、自殺したという知らせを受けた。この下級幹部は不服申し立てや抗議こそしなかったけれど、やはり送還リストに載った母親を持つ同僚に、母の自殺を嘆いた。このことで彼女は所属する党支部から、自分と「地主の母親」とのあいだに「はっきりと境界線を引くことができなかった」と批判された。党の賢明な政策を疑うことは、「重大な誤った政治的立場に」立つのと同じだったのである。[29]

社会のもっと下層では、「地主、富農、反動、悪人、右派」の名簿を見ることのできる党の積極分子、警察、居民委員会が熱心に強制送還を支持した。多くの場合、強制送還は人口過密な都市部居住区の「紅五類」（労働者、貧農、軍人、革命幹部、烈士遺族）にとって、自分や近親者にもっと大きな居住空間を確保するのに都合の良い解決法だったからだ。八月十八日から九月十五日までに、北京の人口の一・七パーセントにあたる約七万七千人が首都を追われた。そのうち約三万人が「牛鬼蛇神」の配偶者や子どもだった。[30] この時期、中国全土で都市部に住む約三十九万七千人の「牛鬼蛇神」が原籍の村へ強制送還されている。[31]

最上層の「修正主義分子」には別の運命が待ちかまえていた。彼らは絶叫する数万の紅衛兵の前へ定期的に連れ出され、侮辱された。こういう光景を煽り立てるのはたいてい中央文革小組だ。集会は毛沢東の敵にされた人々へ若者の怒りをいっそう掻き立てるために計画された政治ショーだった。国営の撮影隊が撮った記録映画では、体育館につめこまれた数万人が握りこぶしを突き上げてスローガンを叫び、修正主義分子らは「反革命修正主義者××」と書かれた看板を首にぶらさげてひざまずかされ、いためつけられ、肉体的にも言葉でも辱められる。北京市全域で一九六七年八月二十三日から十月二十七日のあいだに開催を許可された市レベルの大衆集会の数は、謝富治公安部部長が裁可した分だけでも百回以上ある。こういう集会では中央および北京市政府の党組織の上級幹部が批判闘争された。たとえば彭真は五十三回も闘争にかけられたし、彭徳懐らも似たような目にあっている。[32]北京ではそれより小さな集会が区、工場、あるいは複数の大学の共同主催によって数千回も開かれた。一九六六／六七年冬に始まったこういう集会は、全国で同様のパターンでくりかえされた。

一九六六年十二月十二日、北京市長代理の呉徳は、学園を本拠とする多数の紅衛兵グループ連合が組織した連続集会の第一回集会で基調演説を行なった。この日、主催者側はメンバーや支持者十二万人を（その三分の二の人数しか収容できない）北京工人体育場につめこんだ。東北から異動してきた古参の党幹部である呉徳は、前任の上司や同僚を「党、軍、政府からの奪権計画を共謀した党のごくつぶし、人民のごくつぶし」と告発した。群衆がスローガンを叫ぶなか、呉徳はつづけた。「やつらとの戦いは死ぬか生きるかの闘争だ！　今日、諸君はやつらを引きずりだして昼の光にさらした。これはすばらしいことだ。毛沢東思想の偉大な勝利だ！[33]」　この日、引きずり出されて「批判闘争された」

十数人にのぼる党の「ゴミくず」のうち最重要人物は、彭真、劉仁、万里、鄭天翔、呉晗ら、かつて北京市の機動力だった前任リーダーたちだった。(34)

一九六七年四月十日、蒯大富の清華大学井崗山グループは、中央当局の全面的協力と解放軍北京衛戍区からの兵站支援を受けて、推定三十万人を動員した巨大な学内集会を組織した。好奇心いっぱいの群衆が見守るなか、劉少奇の妻の王光美と三百人を越える修正主義分子、走資派が辱められた。(35)

## 紅衛兵サーカス

「四旧」を打破し、「牛鬼蛇神」を引きずり出す運動のなかで最も凄惨な局面は、無実の人々への拷問や殺害、そして耐えがたい肉体的、精神的虐待を受けた人々に最後に残された選択としての自殺だ。あの「五十日」、とりわけ工作組が学生を抑えるよりは煽った時期に、北京や各地で起きた辱めや拷問、そして時には死にいたったケースは無数にある。(36) 一九六六年六月一日から六月二十五日のあいだに、北京郊外の六つの区にある小学校だけでも九百九十四人が殴られ、「批判闘争された」(37)。だが赤色テロが本格的に始まったのは、毛沢東が「造反有理」を唱えてからのことだった。八月と九月、北京では合計千七百七十二人が殺された。(38) 上海では九月に文革がらみで七百四人が自殺し、五百三十四人が死んだ。(39) 同じ時期に武漢では三十二人が殺され、六十二人が自殺した。(40)

一九六六年秋の大衆暴力の蔓延を可能にした重要な原因の一つは、毛沢東が承認し、八月二十二日に発行された中央文件「中発（一九六六）四一〇号」だった。ここに公安部から毛沢東と党中央宛てで、『学生運動鎮圧のための警察の出動を厳禁する』と題された報告が掲載された。

いかなる口実のもとでも、警察を出動させて学生運動に介入、鎮圧してはならない……警察は学内に立ち入ってはならならないことを重ねて確認する……殺人、放火、放毒（反動的言論をまきちらすこと）、破壊、国家機密の窃盗などを行なう反革命分子であることが証明され、法によって処分される場合を除き、運動において人を逮捕してはならない(41)。

公安部部長の謝富治は、北京で開かれた警察幹部との会合の席で、今後警察はいかにふるまうべきかについて具体的な言葉で説明を試みた。

たったいま中央の会議から戻ったところだが、二、三指摘しておきたい。我々は紅衛兵を守り、支持しなければならない……最近、殺される人が増えている。だから彼らに働きかけ、十六条に則って行動するよう説得したまえ。まず彼らを支持してから説得するんだ。彼らは聞き分けがいいから、話しあって仲良くなるようにしろ。命令してはいけない。紅衛兵が悪人を殴るのは誤りだと言ってはだめだ。怒りのあまり人を殴り殺すこともある。もしそれは誤りだと言えば、我々は悪人を支持していることになる。悪人は悪いのだから、殴り殺されてもしかたない(42)。

北京郊外のある場所で警察幹部たちはこんな通達を受けた。謝富治の発言の骨子は「過去に定めたことは、それが国家の規定だろうが、公安機関の規定だろうが、それに縛られる必要はない」という意味、つまり「人民の警察は紅衛兵の側に立つべきで、彼らと連絡をとり、彼らと仲よくなり、五類分子たちの情況について情報を与えてやること」だ。[43]

そこで警察は紅衛兵と連絡をとり、謝富治の発言を伝えた。紅衛兵はその意味を悟り、そのとおり行動した。[44]八月十三日に北京工人体育場で当局主催の集会が開かれたときは、七万人の見守るなかで十数人の「不良分子」が殴られた。八月十八日に毛沢東が天安門楼上に上がった女子紅衛兵に「要武」を説いたあと、紅衛兵はみずから「批闘黒帮大会」を組織しはじめた。その第一回が、天安門広場から目と鼻の先にある中山公園で開かれ、紅衛兵によって市の教育官僚十三人が告発され、辱められ、肉体的に虐待された（市教育局長は肋骨を折られた）。その後、情況は急速に悪化した。それまで機能してきた暴力抑圧装置が外されたからである。北京の西城地区だけでも、ほんの二週間あまりのうちに、暴力によって百人近い教師、学校幹部、教育官僚が命を落とした。ある調査によれば、負傷者の数は「多すぎて数えきれない」という。[45]

文革後に中国の学者が全国八十五校のエリート大学、中学、小学校を調査したところによると、すべての学校で教師が生徒に拷問され、十二校で教師一人が殴り殺され、一校では二人の教師が殺された。教師が殺された十三校のうち十一校は中学、二校が小学校で、十一校の中学のうち四校が女子校だった。[46]

幸運な教師たちは（当時は幸運だとは思わなかったろうが）便所掃除などの屈辱的任務を課された。ある労働者階級の公衆便所清掃員——とても親切な人物で、「老好人」とあだ名されていた——が、彼らについてこう回顧している。

教授や学者先生がおおぜい反革命にされて、そう、便所掃除をやらされた。わしのようにそれを生業にしている者は、突然仕事がなくなってしまった。わしは働きたかったのに、毛の紅衛兵の学生たちがやらせてくれないんだ……わしは毎日重労働するのに慣れていたから、退屈でしかたなかった。そこで朝夕ときどき、こっそり便所に出かけていって、教授先生たちに掃除の仕方を伝授してやったよ……便所掃除をやらせると、教授先生たちは面目まるつぶれと思うようだね。表向きは犬みたいに従順にしているが、耐えられなくて便所の梁にベルトをかけて首をくってしまう人もたくさんいた。(47)

紅衛兵の標的は教師だけにとどまらない。高級幹部の住む中南海から道路一筋へだてたところにある北京第六中学では、音楽室が監獄に変貌してしまった。壁には「赤色テロ万歳」と書かれ、スローガンはときどき、ある生徒によれば犠牲者の血で、別の生徒によれば鶏の血で、塗りなおされた。この監獄で生徒一人、門衛一人、地元民一人が撲殺された。四人目の犠牲者は副校長で、三カ月の幽閉ののち釈放されてから数週間で死んだ。(48)

一般生徒は目の前で人が殴り殺されるのを見て震え上がり、あまりそのことを口にしないが、（ここに述べる烈士の娘のような）筋金入りの紅衛兵は不運な犠牲者に対して「階級の怨み」を晴らす機会を逃そうとしなかった。北京大学東アジア語科の二十二歳の学生、李××は、一九六六年九月二日、市委の建物にこんな大字報を貼りだした。

階級の敵は陰険、悪辣きわまりない。私は反動派を死ぬほど憎む。こういう階級的怨みのゆえに、私は八月二十七日の大衆集会で粟剣萍《ぞくけんぴょう》を批判した。大衆は公憤に立ち上がり、旧市委にかくも長いあいだ守られてきた反革命分子の粟剣萍は棒で殴り殺された。革命的人民のために仇を討ち、亡くなった烈士たちのために仕返しするのは、じつに晴々した気持ちだ。今度は、裏切り者や人殺しや反革命分子をかくまうろくでなしどもと決着をつけねばならない(49)。

そのころ北京のあるエリート中学（生徒のほぼ全員が党中央「五大部」の職員の子女）の生徒だった少女が、「階級の敵」かもしれない人物の撲殺に関わったときのことを、のちにトラウマのように語っている。「私たちはきっとその人の出身や階級を訊ねたにちがいない……(でも)私が覚えているのは、男がその夜履いていた白い木綿のパンツだけ」。事件が起きたのは広州だった。北京の紅衛兵にまちがった道を教えた男を、紅衛兵たちは強姦犯だと思った。

訊問が進むにつれ、男はおよそ考えつくかぎりの犯罪を犯したことを認めた。男の口から出た言葉が、そのまま私たちの心のなかで事実になった。そしてその「事実」が男への憎しみに油を注いだ。男はもう被疑者ではなかった。彼は犯罪者、ほんものの階級の敵だ。私たちは男を殴りはじめた。

そのとき男のしたことに、私たちみんなが呆然とした。拳固、足蹴、悪罵のふりそそぐなかで、男はいきなり起きなおると、白い木綿のパンツをずり下げた。下着を着ていなかったので、男のモノ、ペニスがむき出しになった。大きく黒く、黒い陰毛のなかからそそり立っている。勃起しているようだ。亀頭が私たちみんなにおじぎしている。

私はそれをじっと見つめずにいられなかった。すっかり度肝をぬかれ、恥ずかしくて、かっと

した。手が冷たくなり、頬が燃えるようだった。数秒間、誰も動かなかった。みな石のように固まってしまった。(50)

もしこの紅衛兵の一団が女ばかりだったら、話はそこで終わったかもしれない。彼らはしょせん十代の子どもだし、いっぽう少女の記憶のなかの「階級の敵」は「三十代の屈強な大男」(51)だ。だが、傍らには男の紅衛兵が控えていた。

女子紅衛兵はみな教室を走り出た。私たちは廊下にかたまり、男子紅衛兵が交替した。彼らは男を殴るために、途中で長い竹竿を拾った。

私たちはみなその男を憎んだ！　どれほど憎んだかわからない。女子紅衛兵が男を憎んだのは、彼が私たちみなを凌辱したからだ。男子紅衛兵も彼を憎んだ。同性として男が人間のクズだったからだ。性器を露出したことで、男は男子紅衛兵全員を裸にした。侮辱されて、男子は全力で男を殴った。何の手加減もしなかった。それほど悪いやつだった。あいつは腐った卵だ！

竹竿で乱打され、数分で男は地面に倒れた。棒が空中で止まり、誰かが男のパンツを上げた。そのあと私たちは教室へなだれこんだ。男はピクリともしない。息をしていない。男は死んでいた！(52)

こういう殺人に対し、当局はそのころ犯罪責任を追及しなかったばかりでなく、文革後もこうした事件は法の埒外に置かれて、それ以上の捜査はしないというのが本質的に共産党の方針だった。

一九八〇年代の公式マニュアルはこう言う。「〝文化大革命〟が始まったとき十八歳以下の学生や紅衛兵が集団殴打に加わって人を死に至らしめた場合、のちに自分の誤りに気づいてそれを認め、現在も素行の良い者は、責任を問われない[53]」

このような文革初期でも、暴力は都市部や学校に限られていたわけではない。首都圏では、北京南の郊外にある大興県や、北の郊外にある昌平県〔現在はいずれも区〕で、とんでもない殺戮が起きている。八月二十六日、大興県公安局は謝富治が北京市の公安会議でしゃべった内容を発表した。大興の人々は、お上からの通達の含むところとして、選ばれた標的すなわち「黒五類分子」への集団暴力が認められたものと解釈した。当時、そういう人々への暴力行為には公社、県、北京市の幹部が介入しないどころか、「周恩来総理すらそれを支持している」といううわさが流れていた。事件のきっかけとなったのは、大辛荘人民公社（殺戮の起きた大興県の十三の公社のうちの一つ）で公社指導部が八月三十一日に開いた生産大隊幹部会議だった。この会議で、公社主任と公社の共青団委員会書記が、近所の労働改造農場で聞いたというお上からの最新通達の「精神」を伝えた。この二人が彼らなりに解釈した謝富治談話の骨子と、それを地域で実践するにはどうしたらいいかとを考え合わせてみて、大辛荘では「地主と富農分子」およびその親族をただちに抹殺することにした。二人によれば、この皆殺し計画は緊急を要するという。「階級の敵」による貧農や中農の虐殺を未然に防ぐためだ。その日出席した幹部のほとんどが漠然としか知らなかったが、そこから三十キロほど離れた馬村という生産大隊で「階級の敵」がすでに攻撃を始めているということだった。こうしてそれから数日のうちに、一部の「態度の悪い」「地主、富農、反動、不良分子」の殴打に始まった事件は、やがてこの「四類分子」（大興県には第五番目の右派分子がいなかった）の系統的な殺戮に発展した[54]。

その夜、無辜の人々への虐殺行為に実際に手を下したのが誰かについては、部分的にしかわかっていない。北京市内の紅衛兵が関わっていないのは確かだが、彼らの偉業物語はすでに地元の若者に伝わり、「霊感」を与えている。犯人と目されたのは地元の民兵や積極分子で、たとえばある生産大隊の貧下中農協会主席などは十六人も殺したという。遺体は涸れ井戸に投げ込まれ、死臭が耐えられぬほどひどくなると土がかぶせられた。ある生産大隊では、遺体が（まだ息のある犠牲者とともに）急場しのぎに近場の溝に埋められた。二〇〇〇年になって、ある中国人ジャーナリストが調査を行い、幼い少女が祖母とともに生き埋めにされたという話を取材している。「おばあちゃん、砂が目に入るよう！」というのが少女の最後の言葉だった。祖母は「もうじき何も感じなくなるよ」と答えたという。生き残った人々の意見では、殺人が起きた理由の一つはそれまでの厳しい政策、とくに「四清運動」のせいだという。死者数は大興県の十三の公社、四十八の生産大隊合わせて三百二十五人にのぼった。犠牲者のうち最年長は八十歳、最年少は生後三十八日だった。およそ二十三世帯が皆殺しにあった。

大辛荘の八月三十一日の会議に出席した大隊幹部全員が「絶滅命令」を実行する覚悟ができていたわけではない。文革の大字報を読みに北京大学へ行き、戻ったばかりの三人は、この決定は常軌を逸している、実行に移す前に何とか確認をとりたいと思った。集会が終わると三人は急いで北京市へとって返し、さんざん待たされたあげく対応に出た市委接待站の係員から、それは中央の方針とは相容れないと告げられた。この知らせを携え、急いで大興に戻った三人はそれ以上の虐殺を防ぐことができたが、翌九月一日、それまで全力を尽くして決定を実行した人々は、敵意むき出しの反応を示した。(55)

九月二日、党中央は「中発（一九六六）四四五号」を出した。「赤色テロ」制御の最初の試みだ。この文件には周恩来の提案で公安部の党グループが書いた報告が載っている。内容は紅衛兵と警察の関係をはっきりさせようというもので、紅衛兵に「公安機関に入って、地元警察を殴ったり」せぬよう警告していた。そういう行為は「文化大革命を守るためにならない」からだった。また警察に対してはこう説明する。

革命大衆が監獄、留置施設、収容所に立ち入って、犯罪者の闘争、懲罰を要求する革命的情熱は理解できるが、犯罪者が脱走や叛乱に走るのを防ぐために、大衆からの資料提供を歓迎し、（大衆に代わって）専制機関が犯罪者を懲罰するようにすること。(56)

冬の訪れとともに〝赤色テロ〟はしだいに下火になっていった。大興の虐殺事件から四カ月後の一九六七年一月一日、王力は国務院秘書庁と中央弁公庁の幹部を集めてこう言った。「我々は大興へ調査に行った……状況はたいへん良い……これほどの大闘争は、つねにスムーズにはいかない」(57)。一九六八年六月、北京周辺の県から集まった農村幹部会議で、謝富治が大興の事件は適切に処理されたかどうか訊ねると、出席者の一人が、その件は「すでに処理済みである」と答えた。(58) この発言の意味はよくわからないが、当時の残酷な「階級」暴力に反対して投獄されていた紅衛兵の一人が長い沈黙ののちに明かしたところによると、事件の犯人たちは殺人行為に対して告発されたのではなく、それ以上殺人を犯すなというお上からの通達に反応が「遅かった」ことに対して告発されたという。(59)

毛沢東と、主席の意を汲もうとした謝富治とのあいだで、恐怖支配は納得ずくだった。中国の若者は階級闘争に代表される暴力の文化のなかで育った。それまで党の暴力は慎重に制御され、調整されてきたが、そのタガが外された。両親の、そして社会の抑制から解き放たれた若者は、少年も少女も、自分と同じ市民に対して襲撃、殴打、殺人におよび、しかもそれは、まだほとんど形成されていない未成熟な良心の許すかぎりの横暴をきわめた。その結果は全国的に広がる若さゆえの野蛮状態、ノーベル賞作家、ウィリアム・ゴールディングの『蠅の王』に描かれた小宇宙《ミクロコスモス》に奇しくも予言された世界だった。

# 8 混乱、全国に広がる

文革のような実験に成功のチャンスがあるとしたら、それは大胆かつ無謀なくらいでなければならないと毛沢東は考えた。あるとき毛は大好きな水泳の話題にかこつけてこのことに触れ、ついでに荘子を引用して古典の知識をひけらかした。「水の深さが充分でないと、大きな船を浮かべるに耐えられない」(且夫水之積也不厚／則其負大舟也無力〔且つ夫れ水の積むや厚からざれば／則ち其の大舟を負するや力なし〕)[1]。つまり、水は深いほうがいい。溺れるのが恐くて岸辺近くを泳ぐのでは何にもならない[2]。野放図な暴力と破壊のなかで数十万人のティーンエージャーに「四旧」を打破させるのが実験ならば、それより少し年上の大学生に暗黙の支持を与えて、地方政府と真っ向から戦わせるのも実験だ。

ほとんどが十代の紅衛兵の第一波が中国全土に広がり、新たに手にした「革命的破壊」力を試す機会を求めて「革命経験を交流」しているころ、それより上の世代に属する全国の大学生のエネルギーは別の方向に向かっていた。卒業後の就職先は学業成績だけでなく、(部分的とはいえ)政治活動が加味されて決まる。そのときのことを考えるなら、夏のあいだに学籍簿についた汚点は何としてでもぬぐい去りたい。一九六六年夏にそれぞれの地方当局(つまり工作組)に抵抗したために「右派」「エセ左派」「反党分子」「問題児」のレッテルを貼られた者は、その修復が最優先課題だった。年下の少年少女は「プロレタリアの新世界」を求めてうろつきまわったが、大学生は一致団結してもっと具体的なゴールをめざした。たとえば北京地質学院で「東方紅公社」を創設した学生たちは、工作組の活動で罪のない多くの人々の「名誉が傷つけられた」として、キャンパスに工作組を派遣した地質部党委を「誹謗中傷」の罪で告発した。そして同部の党最高幹部たちに、今もつづく東方紅公社メンバーへの「政治的嫌がらせと抑圧」に個人的に加担したことを書面で詫びるよう要求し、ついにはメンバーへの「中傷と迫害」に関係する文書すべての公開を求めた。ハンスト、暴力沙汰、地質部構内での混乱をともなう四回の座り込みを経て、目的は達成された。隣接する北京航空学院の「紅旗」という組織も同様の要求をし、やはり国防科学委員会の外で二十四時間デモを一月近くつづけたのち、陳伯達の介入もあって、ようやく「勝利」にこぎつけた。

地方幹部たちは大学に本拠を置く「革命大衆組織」なるものを、むきだしの疑惑と敵意と怒りをもって見つめていた。上海のある公安関係上級幹部の言葉はこうした心理を端的に物語る――曰く、こういう組織に加わるのは「野心家、不満分子、目立ちたがり屋」ばかりで、その存在理由たるや自慢話と深夜の食事と「革命経験交流」の三段重ねだ。(3) だが毛沢東の見解はまったく異なった。それどころか、毛はこういう組織を革命後継者の孵化場と考えていたらしい。

一九六六年の夏、劉少奇や鄧小平は自分の子どもたちを通じて北京の重点校で起きていることを知るばかりでなく、ときには運動に影響を与えるという変則的な手段をとったが、今度は毛沢東がそれを踏襲する番だった。八月半ば、毛沢東は江青との娘、李訥《りとつ》を使って、「東方紅公社」を結成したばかりの北京地質学院の学生と接触させた。一九六五年に北京大学歴史科を卒業した二十六歳の李訥は、まず中央弁公庁の肖力《しょうりき》と名乗り、身分証明書をちらつかせて学院に乗りこみ、政治運動の進展状況について情報を集めにきたと言った。数日後に李訥がふたたび学院を訪れたとき、公社のリーダーたちはすでに彼女の正体を知っていた。そこで李訥は父の依頼で、文革の初期局面のころ、工作組ならびにその延長上にある市の党機関に真っ向から立ち向かった「革命的教師・学生」を突き動かした動機は何かを具体的につきとめに来たのだと明かした。毛主席とのこの私的な裏ルートが持つ独特のパワーをよく知る東方紅公社リーダーたち（党員はただ一人で、大半が共青団員）は、それから数カ月、自分たちの考えや政治的渇望を主席に直接伝えることができたばかりか——もっと重要だが——ときには主席が何を考えているか洞察することもできた。北京の他の大学でも、目ぼしい組織のリーダーと政治局や中央文革小組メンバーとのあいだに同様の秘密ルートが確立された。

九月、大学・学院の紅衛兵二十四グループが自称五千人を集めて包括組織を結成した。のちに「首都第三司令部」（通称「首都三司」）と呼ばれるようになるこの組織は、みずからを誇らしげに「少数派」と呼んだ。運動が始まったころは確かにそのとおりだったが、この呼称は、「大躍進」のころ毛沢東が、いつの世も人に先んじて真実をつかむのが少数派の特権だと述べたことを意識してのことだったにちがいない。首都三司のリーダーは北京地質学院東方紅公社の創立者の一人で朱成昭《しゅせいしょう》といい、このころ李訥が定期的に連絡をとっていた相手だった。周恩来は九月二十六日の大衆集会で初めて首都三司のメンバーに呼びかけた。「君たちは抑圧されてきた者を真に結束させ、君たちの見解は彼らを代表する。だからこそ君たちは〝造反有理〟だ（万雷の拍手）」[4]。上層のあらゆる方面から適切な支持を得て、首都三司の権力と影響力は急速に強まった。首都三司の指導部は一般の新メンバーの出身や階級にこだわらなかった。これは林彪が十月に言ったことを反映している。「紅五類に属していても紅くない者がいるように、黒五類に属していても黒くない者がいる。出身階級ですべてを決めないようにしよう。

左、中央、右と区別するほうがいい(5)」

首都三司と中央指導部との連携活動のうち、ほとんど知られていないが最も重要なものの一つは、文革の進展について――王力曰く「毛沢東思想に従い(6)」――語る、四日間の「座談会」の開催に関わったことだ。この座談会は中央文革小組副組長の王任重が開催を呼びかけ、朱成昭は「少数派」に属する大学拠点組織から二十人ほどを選んで招聘するのを手伝った。九月十七日から二十日まで、張春橋を座長とする議長団の前で、蒯大富や譚厚蘭など紅衛兵リーダーたちは運動が始まって以来の「苦しみ」について熱く語ったほか、これからの運動を「もっと健全な」軌道に乗せるにはどうしたらいいかについて意見を述べた。議事の詳細は公開されず、外部に伝えられることもなかったが、毛沢東には報告されて、状況判断の材料になったと思われる。のちに重要出席者の一部は、つぎのような提案をしたと述べている。中央指導部は運動の進展をめぐる上層部の意見不一致を、特権層や選ばれた少数だけでなく、一般大衆にも伝えるべきだ。情報がもっと広範に共有されないかぎり、文革は真の「大衆運動」たりえない。

十一中全会が終わって六週間たった十月一日になっても、毛沢東はあの「五十日」の誤り、および劉少奇と鄧小平の責任について、それを総括的にとらえる的確な言葉を考え出せずにいた。座談会のあと、いくつもの案が浮上しては消えたが、毛沢東はいまだに決断できず、そのため次号の『紅旗』発行が遅れていた。重要社説に総括的名称（貼るべきレッテルの名称）を載せる予定だったからだ。国慶節の天安門広場の演説で林彪は「ブルジョワ反対革命路線」という言い方をしたが、その夜、張春橋は毛にこの言い方は語法としておかしいし、理想とほど遠いと指摘した。結局、ぎりぎりになって毛は「ブルジョワ反動路線」に決めた。十月三日に（予定より七十二時間遅れで）『紅旗』十三号が出ると、この言葉は文革全体で最も有名な「術語」の一つになった。[7] 党中央から「中発（一九六六）五一五号」が回覧されたが、林彪の主張で書かれた「緊急指示」では、「ブルジョワ反動路線」の支配のなかで犠牲となった無数の学生その他をただちに、全面的に、公的に、復帰させようと述べられていた。（この「緊急指示」を毛は「たいへん良い、たいへん重要だ」と評価した）[8]。十月六日に首都三司が組織して北京工人体育場で開かれた大衆集会で、周恩来と中央文革小組は全国から集まった十万人の熱狂的「革命的教師・学生」を前に、「（一九六六年五月十六日以来）さまざまなレベルで指導部や工作組からの抑圧、攻撃、闘争、ときには弾圧に苦しんだすべての革命同志諸君の復帰を宣言した[9]」

## 中央工作会議

十月に党中央と政府幹部、全国の地域や省の党指導者を集めて大々的に開かれた中央工作会議で議事を独占したのは、「ブルジョワ反動路線」と、それが引きずる影響についてだった。当初、三日しか予定されていなかった会議は一週間に延び[10]、ついにはこの議題の複雑さを反映してか、十月九日から二十八日まで、ほぼ三週間の長きにおよんだ。会議の目的は、広く蔓延していると思われる「認識問題」を解決することだった。国中どこでも、幹部たちはそもそも文革とは何なのかわからず、毛沢東の目的をせいぜい部分的に、あるいは歪曲して理解している程度だった。

毛沢東は初め会議に出席しなかった。ただし誰がどういう発言をしたかについては逐一報告を受けていて、たいていの場合、それを聞いてがっかりしていたという。文革へのあからさまな反論こそ聞かれなかったものの、支持の声は小さかった。十月二十五日、毛沢東は会議の初めころの発言は「あまり正常でない」と述べた。おそらくこのために毛は会議の延長を促したのだろう。「会議の後半になって、中央の同志が語り、経験を分かちあってからようやく、物事が少し円滑に進みはじめた」[11]。毛からの明確な指針もなく、毛を代弁してしゃべる人物もいない状況で、出席者たちは何が毛のグランドデザインに合致し、何が反するのかさっぱりわからなかった。主席の意を汲むのは誰にもできることではなかったのだ。

会議前半の締めくくりとして、十月十六日に陳伯達から代表たちに『プロレタリア文化大革命の二つの路線』と題する報告書が配られた。同じ日に人民大会堂で開かれた全体会議で陳伯達がそれを読み上げたが、毛沢東の示唆により、文書は前もって参加者に配られていた。陳伯達のひどい福建なまりを多くの人は聞きとれないだろうとの思惑からだったらしい。配布の前後に毛が改訂したこの文書は、七月十八日の毛の帰京以後の文革の進展に対する公式評価であり[12]、少なくとも参会者の求める指針のいくつかが含まれていた。

陳伯達報告は比較的短い冒頭部で、状況は「たいへん良い」とし、第二部は『二路線闘争の継続』と題して、なぜ文革がいまだに広範な抵抗に遇っているかを説明している。理由の一つはブルジョワ反動路線の「引きずる影響」で、とくに高級幹部の子弟が最近ますます不透明な役割を果たすようになっていることが言及されている。紅衛兵のなかには生れながらにして革命の後継者だと明言する者もいるが、こういう発言は毛沢東思想に根底から反するものだ。なかには「今まさに修正主義の道を歩もうとしている」者すらいる。報告の第三部で陳伯達は、全国のいわゆる「怕字派」〔事なかれ主義〕の一般幹部に直接呼びかけた。文革とは「大衆のやりたい放題」のこと、「日和見主義者が野心家やごろつき、暴徒のたぐいと結託して、文革〝積極分子〟を騙《かた》る」ことだと思ったらおおまちがいだ。こういう意見は外国の新聞が伝えるのとほぼ同じ明らかな誤りで、受け入れることはできない。最後の部分で陳伯達はふたたび紅衛兵に直接呼びかけ、「毛主席の提案する階級路線の堅持、大多数の団結」が重要だと説いた(13)。

陳伯達は工作組を批判したが、当の本人が文革最初期の工作組のボスだったという矛盾に人々が気がつかないわけがない。現にこうして人民大会堂で毛沢東の「プロレタリア司令部」のスポークスマンをつとめている最中に、陳伯達は自分の工作組が「五十日」のとき『人民日報』で権勢をふるったことについて、『人民日報』社内で攻撃にさらされた。数人の職員から、陳伯達こそ忌まわしい「ブルジョワ反動路線」の最も忠実な実行者だと告発されて、上級評論員の王若水《おうじゃくすい》らが陳の弁護に立ち、こう述べた。とんでもないことだ。それどころか陳伯達は「鄧小平同志の敷いた規制」を巧みに避けて、「毛主席の提唱されるプロレタリア革命路線を断固として実践、防衛した(14)」。十一月になると、陳伯達を批判した側が逆に守勢に立たされ、実は「右派」なのに「左派」を装ったと嫌疑をかけられ、必死の反駁を迫られるはめになった(15)。

十月二十三日、陳伯達報告から一週間たち、会議出席者が内容をおおむね咀嚼し終わったころ、「ブルジョワ反動路線」の責任者として、二人の党指導者がついに全体会議に自己批判書を提出した。劉少奇は二つの特別な「誤り」を犯したことを認めて自己批判した。第一は、その夏、毛沢東が北京を留守していたあいだ、日常業務の責任者として犯した誤りで、これを劉少奇は「右傾日和見的実質」を持つ「深刻な路線の誤り」と総括しようとしていた。劉は毛が『司令部を砲撃せよ』で使った文言をそのまま引用し、反動ブルジョワの側に立ってブルジョワ独裁を実行し、「プロレタリア階級の轟々烈々たる文化大革命運動を攻撃した」ことを認めた。第二の誤りとは、過去さまざまな機会に犯した「原則の誤りと路線の誤り」のことで、なかでも最も深刻なのは毛が『司令部を砲撃せよ』で言及した二つの誤り、つまり一九六二年の「右傾」と一九六四年の「形式は〝左〟で実際は右傾」の誤りだった。しかし自己批判のなかで、劉少奇は自分が「修正主義分子」だとは一言も口にしなかった[16]。

鄧小平の自己批判は劉少奇とくらべてかなり個人色が強い。鄧小平は自分の考え方、習慣、行動様式、性格の特徴について長々と述べて、それが「誤り」を犯す遠因になったと分析する。「自分がそのころもっと謙虚で、他人の意見にもっと耳を傾けていたなら、そしてとりわけ、主席への報告を怠らず、示唆を受けていたなら、きっと主席から指示と助けを得られたはずであり、ひいては自分の誤りを糺すのに役立ったにちがいない」。文革についての鄧小平の口調は劉少奇よりずっと楽観的で、文革は「中国がいつまでも変質しないよう保証し、修正主義や資本主義復活の危険から（中国を）守るのに役立つ」とし、最後に毛沢東の新しい「助手で後継者」の林彪に力強い個人的支持を表明し、これからは重大問題については林彪を模範にするつもりだと述べた。「私のように誤りを犯した者は、林彪同志からひたすら学ばねばならない。毛沢東思想の赤旗を高く掲げる彼の方法に学び、毛主席の著作を活学活用する彼の方法に学ぶ。それこそが誤りを糺し、（ふたたび）党や人民のために役立つことができるようになるための唯一の確かな方法である」。劉少奇と同様、鄧小平も自分を「修正主義分子」と呼ぼうとしなかった。しかし劉との重大な違いは、鄧小平がその夏、劉とともにしたことを「ブルジョワ反動の誤った路線」と認めたことだ[17]。これは劉少奇が拒否した点だった。その後、一九六七年四月と七月に二度行なわれた自己批判でも、劉はいまだに毛沢東が最も重要と考えるこのレッテルを採用せず、それが何に言及しているのか推測しかねているという印象を与えている[18]。もちろん劉も鄧も「毛主席が代表するプロレタリアの正しい路線」に故意に敵対したことなど絶対ないと言い張った。

まだ工作会議がつづくなか、党の宣伝マシンが動きだした。そして政治的に誰が退場し、誰が登壇するか、見まちがいようのない合図が発信された。劉少奇と鄧小平が自己批判した翌日、中央宣伝部は全国に向けて、劉少奇の代表的著書『共産党員の修養を論ず』の流通販売をただちに停止するよう警告を発した。(19) 毛沢東は陳伯達報告を「小冊子に印刷して大量に発行し、すべての党支部、紅衛兵小隊が少なくとも二部確保できるようにせよ」と命じた。(20) 五人いる党副主席のうち、いまだにメディアで副主席と呼ばれているのは、もはや林彪しかいなかったが、その林彪が全体会議で演説した翌日の十月二十六日、新華社の内部刊行物『参考消息』(読者数おそらく数千万人)(21) は、一面で「林彪は飾り気のない、しっかりした謙虚な人物」と伝え、記事の下には、その月の初めに日本の週刊誌で報道されたエドガー・スノーの林彪を讃える短い評伝の翻訳が載った。その最後には「林彪が権力へ昇りつめたのは、軍事共産主義が官僚共産主義の力を凌いだことの顕れ」と述べられていた。(22)

劉少奇と鄧小平が自己批判書を出す前に交わされた毛沢東との非公開のやりとりで、毛は提出された二人の原稿にやや肯定的なコメントを書きこんでいる。しかし十一月九日に全国へ正式な写しが配られたとき、毛のコメントは削除されていた。この文書の公式な序文はまったく違う調子でこう述べている。「中央工作会議では多数の同志が二人の自己批判はきわめて表層的だと批判した。プロレタリア文化大革命で彼らがおしすすめたブルジョワ反動路線の目的は、毛主席率いる党中央のプロレタリア革命路線に反対することだった。自己批判では二人ともこの重要な問題を避けている」(23)

毛沢東の工作会議最終演説は、劉少奇、鄧小平、そして二人と交流のあったことで有罪とされた幹部たちにとって、いくらか慰めになったかもしれない。毛は言う。驚くべき速度で変化が起こっており、たんに準備不足で何が起こるかわからなかったことに起因する誤りもある。「だれが諸君を打倒したいと思うだろう？　私はしたくない。思うに、紅衛兵だって必ずしも諸君を打倒したいと思っているわけではない」[24]。そして毛は、「この会議は十七日かかったが、今後、事態はいくらか良くなるだろう」と述べた[25]。参加者の反応は記録に残っていないが、このような言葉を信じられる者が果たしていただろうか？　おそらく不安と、さし迫る不吉な運命の予感が会場を支配したのではなかろうか——とりわけ周恩来の閉会演説のあとでは。周恩来は参加者に、帰郷した瞬間から紅衛兵に拉致される可能性にそなえておくよう警告した。そして全員に、今後数週間のあいだ「試験を受けて、それに耐える」よう求めた。文革は始まったばかりで、「五年から十年つづく」かもしれない。「経験を蓄積する」時間はまだふんだんにある。だが今のところ最も重要なのは、「一歩ずつ運動の法則を理解し、一歩ずつ法則を探り出し、混乱のなかにこれからの道を見つける」ことだけだ[26]。

中央工作会議の終わった直後、劉少奇の失脚が理解されはじめると、過去に劉少奇を少し批判しただけで有罪とされた政治事件の再審がはじまった。一九六七年でとくに評判が悪かったのは、劉少奇の『共産党員の修養を論ず』を批判して精神病院送りになった湖南の男のケースだ。まず公安部のある高官がこの事件の判決取り消しを求めたが、最終的に男の退院が決まったのは、中央文革小組がこの件の潜在的宣伝価値にはっきり気づいてからだった。一九六七年春、このエピソードを土台にした戯曲『新時代の狂人』——王力はモデルとなったこの男をこう呼んだ——が天津で上演され、しばらくのあいだ「第九の模範劇」とほめそやされた。この劇を見て感涙にむせんだあるアメリカ人共産主義者は俳優たちにこう言った。「君たちが演じているのは戯曲ではない。これは闘争だ！　文化大革命の真の姿を映し出している！」　ところがモデルとなった「狂人」が劉少奇の著作だけでなく、毛沢東の著作も批判したことが知れわたると、今度はこの上演に積極的に関わった人たちが責められる番だった。[27]

## 文革、農村や工場に広がる

中央工作会議は六、七月段階での文革運営の責任問題を一時的に解決したが、秋ごろから拡大しつつあった深刻な問題、つまり経済の混乱に対処できていなかった。そのころ鄧小平の示した枠組みにあるように、「主要な問題」は「我々の工場や鉱山に長期にわたり存在する重大な難問を解決するのに、広範な民主や大衆動員方式を使うべきかどうか」だった。[28] 当局はメディアを使って、各地で目にする情況はともかくあれ、中国経済全体は健全だというメッセージを広く国民に伝えようとした。『参考消息』には慎重に編集された翻訳外電がたえず流れつづけた。たとえばこんな見出しがある。「中国の文化革命は工業、農業生産を押し上げる」(『東洋経済』)。「文化大革命のおかげで生産上昇」(『ノイエス・ドイチュラント』)。「AP、一九六六年の中国経済の巨大な進歩をしぶしぶ認める」[29]

中国の労働者や農民を、学生や都市部の知識人と同じ方法で文革に参加させるのが望ましいだろうか? 党中央当局は夏以来、『人民日報』の社説を通じて、労働者へ文革に参加しないよう、「生産現場にとどまり、革命経験交流に参加するため工場を離れたりしないように」と、当初の政策をくりかえし呼びかけた。[30] 周恩来は年末までに「大衆」の代表と百六十回以上会っているが、そうした公的な機会のほぼすべてをとらえて、経済を文革から切り離すよう必死で訴えかけた。[31] しかし紅衛兵や労働者代表などとじかに顔を合わせる機会がはるかに多い中央文革小組は、そんな規定は尊重する必要がないと軽視した。江青は、中国の工場は「しっかり革命をやっているところは、生産性も高い」と断定して、この変則的事態を正当化した。これに反対する人々（そういう人はたくさんいた）に対して林彪は、「原則として文革は生産を促進するはずであり、現にそのとおりだとすでに証明されている」と述べた。[32]外国の観測筋は慎重に疑念を表明した。ある大使は新年の第一週に母国へこう報告している。「私たちは、工業生産がつねに目標値を越えており（ただしそれが公表されたことはない）、一九六六年の数値は一九六五年を二十パーセント上回ったと聞かされている。（もしそれが正しいなら）これが毛沢東の著作を熱心に読むことでもたらされる精神力の向上のおかげなのか、それとも一九五〇年代末に行なわれた大規模投資のせいなのかは、判断しかねる」[33]

文革ではありがちなことだが、ものごとは北京の交渉のテーブルではなく、地上で急速に展開していく事件によって決まる。この場合、それは上海だった。十一月六日、首都第三司令部上海連絡站の集会で、市内十七の工場の「造反派」労働者が「上海工人革命造反総司令部」（工総司）を結成し、王洪文《おうこうぶん》という三十二歳の保安員が「司令官」になった。上海市委がこの新組織の承認を拒否すると、二千五百人近い工総司「メンバー」が中央へ陳情のために列車を徴発して北京へ向かおうとした。周恩来が列車停止命令を出し、問題解決は地元でするようにと通達したところ、強硬派が上海郊外の安亭駅で線路に抗議の座り込みを行ない、上海－南京間の基幹路線で三十時間にわたり列車を止めてしまった。このため起きた交通輸送危機は、北京の政治局常務委員会から派遣された張春橋の説得で、交渉のために彼らが上海へ戻るまでつづいた。[34]張春橋は市委の満場一致の決定を破棄し、工総司の要求すべてを呑むことで危機を解決した。要求にはこの組織の承認と、安亭事件の責任をすべて上海市党指導部に帰すことが含まれている。張春橋のこの裏切りに激怒したのは市委ばかりではない。張の上司で中央文革小組顧問の陶鋳も、「大衆運動の扱いに何の経験もない」者が犯す典型的な「誤り」だと責めた。しかし、この危機にあって、張春橋は毛沢東から事後承認と支持が得られることを、冷徹かつ正しく計算していた。十一月十四日、毛は政治局常務委員会を開き、共和国憲法を引いて市民の団結権を説き、こう述べた。「先斬後奏——まず処刑し、奏上はあと——でいい。つまるところ最初に事実があり、概念はあとからついてくるのだから」。こうして陶鋳は自己批判を強いられ、勝ち誇る張春橋は毛のやり方にならい、工総司の承認は共和国憲法に従ったまでだと述べた。「反革命でないかぎり、その組織は合法だ」[35]

だがこれが今後、国家の施策になるのか、それとも上海は特例なのか、それが不明だった。議論は十一月にたてつづけに開かれた会議にひきつがれた。同時に国家計画会議が開かれ、国家計画委員会、中央の地方各局、工業各部、主要工業都市代表のほか、中央文革小組が一堂に会した。議事は「当面の運動と（工業）生産のうち、緊急に解決を要する問題を討論する」ことで、これらの問題の前に、経済計画を含む他の議題はたちまち影を薄くした[36]。議論の焦点は中央文革小組が書いた政策文書だった。これは生産と革命のあいだに葛藤があるという考え方を頭から拒否するものだった。

会議は荒れた。ある会議に立ち寄った周恩来が見たのは、鉄道、冶金工業、水利電力の各部の部長、副部長が怒号する姿だった。周はのちにこう述べている。「私がそこを離れるころには、全員が総立ちだった」。地域代表は大半が労働者組織をつくることに猛然と反対した。工業化の進んだ東北代表は、もし労働者が「どんな組織でも自由に作るようになったら、（今よりもっと）問題が起きる。そして争いはじめるか、生産を止めるかどちらかだ」。労働者と学生の連携を許すべきかという敏感な問題になったとき、ある部長が言った。「問題は、学生が工場に行くのは労働者から学ぶためなのか、それとも労働者の革命を指導するためなのかということだ。これが問題の本質、問題の核心だ」。出席者の一部は、「学生と労働者は共同して造反してはならない」と明記した規定を作るべきだと要求した[37]。

部長、計画官僚、地域代表の意見が十一月二十二日に毛沢東へ提出されると、毛は受けとりを拒否した。中央文革小組はこれに意を強くして、怒りの矛先を主として国家基本建設委員会主任の谷牧《こくぼく》に向け、あることないこと告発を投げかけた。江青はすっかり感情的になって、谷牧には「階級的感情がみじんもない。数百キロの石を労働者に背負わせた。反革命そのものだ、ろくでもない修正主義だ！」と責めた。康生も同じように厳しい批判を投げかけ、マルクスの『ゴータ綱領批判』やレーニンの『国家と革命』のほか、「大躍進」の絶頂期に書かれた毛沢東のどうしようもなくユートピア的な空想からの引用にくるんでこう言った。「我々の工場では、労賃がいまだに労働に応じて支払われている。ブルジョワ的権利の残滓がいまだに存在する……我々の工場では資本主義が生れうる。工場でうまくやれないと、修正主義が台頭することもある……こう考えれば、工場の文化大革命は学校よりも重要だ[38]」

この猛攻の大合唱に耐えきれず、またこれまで表明してきた意見が毛沢東の支持を得られないとわかって、当初、谷牧を応援していた者たちも立場を変え、過去と現在の過ちについて次々と驚くほど率直な告白をしはじめた。陶鋳は中国の工業部門に存在する問題を認めてこう言った。「（そういう問題は）ここ数カ月に起きたことではなく、十年、二十年かけて蓄積してきたものだ[39]」。李富春は列席する部長や党書記にこう問いかけた。「いま大衆はすでに立ち上がった。ここにいる我々のうち誰が彼らの支持を勝ち得たか、彼らのリーダーたり得たか？　一人としてそういう者はいない[40]」

最終文書は折衷案に落着き、十二月第一週に林彪を議長として開かれた政治局会議で採択された。その後、毛沢東の承認を受けて十二月九日に「中発（一九六六）六〇三号」として発行されたこの文書は「工業十条」と呼ばれるようになる。ここでは労働者が「革命組織」を作って文革に参加する権利が保証されているが、そうしてできた組織のメンバーは生産を担いつづけるよう付記されていた。また、そういう労働者組織のメンバーが余暇に地域の工場どうしの「革命」ネットワークに関わる権利も保証された[41]。十二月十五日、政治局は広大な中国の農村で文革をいかに行なうかについて同様の文書を採択した。これは毛沢東の承認を受けたのち「中発（一九六六）六一二号」として発行され、「農村十条」と呼ばれるようになるが、これは農村での文革を「社会主義教育運動」と同列にとらえるこれまでの方針を覆すものであり、「貧下中農の若者を中核とする」紅衛兵組織の設立にゴーサインを与え、これからは農村の文革も都市部の文革と同じように、「大放大鳴、大字報、大弁論、大民主」を行なうという宣言だった。生産大隊や公社どうしの交流は、農業生産に支障をきたさないかぎりにおいて許可された[42]。

こうした条件がついたものの、農村と工場を文革に開放するこの一対の決定はパンドラの箱を開けたに等しかった。原則として中国の数億の民が誰でも革命する権利を得た（いや、実のところ義務を負った）のだ。中国の現代史では、たづなを解かれた学生が農民、労働者と連携することは爆弾を抱えたようなものだ。中国共産党が農民と労働者を動員して革命譚を始めたときも同様だった。毛沢東の同僚たちが危惧したのも無理はない。もちろん毛自身は革命の可能性しか眼中になかった。

## 中央文革小組の鉄拳となり……

もし毛沢東が、首都第三司令部のリーダーたちもいずれは自分の意のままに動く手足になるだろうと考えていたとしたら、そのときは意外なほど早く訪れた。紅衛兵は自分たちが「生れながらの造反者」だと思っていた――周恩来からそんなものは存在しないと言われても。「中央文革小組の鉄拳」として仕える意欲は満々だったにせよ、紅衛兵の規律感覚は充分と言うにはほど遠く、自分たちが主導権をとるときは（ある程度、日常的にそういうことが起きた）、必ずしも毛沢東の思うとおりに行動したわけではない。そもそもの初めから、両者の関係は矛盾をはらんでいた。

大学に拠点を置く組織は、文革に自分たちの軌跡を残したいという気持ちが、中学の紅衛兵よりはるかに強い。十一月九日、天津の南開大学「紅色造反団」は周恩来に手紙を書き、母校の党組織の過去を詳しく調べたところ、劉少奇と多数の共産党上級幹部がじつは「叛徒」だったという驚くべき発見をしたと知らせた。「その数は数百人、もしかすると千人にのぼる」。これは「とても根の深い、とても広範な、とても危険な巨大叛徒集団だ」。紅色造反団はこの件についてただちに調査を始めるよう党中央へ提案するとともに、「この叛徒の一団を除去する」ため、自分たちにその調査を手伝わせてくれないと申し入れた。[43]党中央は初め紅衛兵の力を借りるのをためらったが、結局、天津の紅衛兵――南開大学のほか、とくに天津大学の紅衛兵――は、何度も調査の手伝いをさせられることになった。

こういう「革命大衆」の始めた、ほんらい独立で「非公式」なはずの調査に党中央がどう関わったかは、ほとんど謎に包まれたままだが、両者のあいだに接触があったことはまちがいない。中央文革小組は首都第三司令部に属するような組織のメンバーを、デリケートな任務、それもとくに、ある段階になったら中央文革小組が共犯を否定できたほうがいいような任務に関わらせるのに反対していない。それに前記の手紙からわかるように、大学生は自分たちの革命的貢献を証明したくてうずうずしているから、騙されやすく、喜んで中央の使い走りをする。

ここに北京の二つの大学と一研究機関の学生が関与したある事件の詳しい記録が残っている。劉少奇が一九二八年の天津で党組織を裏切ったかどうかという問題に発展した事件だ。事のきっかけは、一九三〇年代に劉少奇と近しく仕事をし、彼と衝突したことのある党の老幹部数人が会話のなかでもらした言葉で、これについて学生たちが資金不足のまま素人捜査を始めた。一九六七年春、学生たちに中央弁公庁から接触があり、いくつかの条件に従ってくれれば捜査を援助してもよいと申し入れてきた。最も重要な条件は、中央の関与をぜったい明かさないことだった。「任務の遂行中に、中央弁公庁から派遣されたと言ってはならない。どこかの大衆組織から来たとだけ言え。何か問題があれば、すぐ電話すること」。同じように重要な第二の条件は、どんなことがあっても「ほんらい知ってはならないことに首をつっこまない」ことだった。[44]

結局、学生たちがトラブルに巻きこまれたのは、この第二の条件に抵触したからだった。学生たちは中央弁公庁の連絡係が喜ぶような結果を出すために、退職した労働者から「正しい」答えを引き出そうと、その男をかなり「敵意に満ちた訊問」にかけることまでしたのに、何も見つけ出すことができなかった。そしてついには、中央弁公庁から仕事を切り上げて、このことすべてを忘れるように言い渡された。[45] 学生たちにとっては不運だったが、することのなくなった彼らは、じつはほかならぬ周恩来その人が、一九二八年の天津で起きた事件できわめて疑わしい役割を演じたのではないかと疑いはじめた。これが当局に知れると、学生たちは劉少奇への調査に感謝してもらうどころか、それを「恩来同志」の汚点をほじくりかえす口実に使ったとして責められ、結局は卒業のとき、文革への貢献で報奨される代わりに、僻地のひどい就職先に飛ばされ、「五・一六陰謀」（別章で後述）の容疑者の濡れ衣を着せられたのだった[46]。

十月に入ってもなお、周恩来や陶鋳ら中央リーダーは、劉少奇と鄧小平を公然と名指しで攻撃しないよう、紅衛兵にくりかえし懇請していたが無駄だった。劉少奇を最初に名指しで攻撃したのは北京大学紅衛兵だった。彼らは十月二十一日に『劉少奇は中国のフルシチョフだ！』と題する大字報を出し、おのれの行動を正当化するためか、一九五七年の毛沢東の箴言「千回肉を削ぐ剐刑で死ぬのを辞さぬ者こそが、皇帝を馬から引きずり下ろす」〔捨得一身剐／敢把皇帝拉下馬〕を引用して、「これこそ社会主義、共産主義建設をめざす我々の闘争に必要な不屈の精神である」と述べた[47]。党や政府部局の「造反派」も遅れをとらじとばかり行動を起こした。十月二十三日の中央工作会議で劉少奇と鄧小平が自己批判してから二十四時間もたたぬうちに、中央組織部のある部門に働く百人ほどの職員全員が、党総書記を名指しで攻撃する初めての大字報に署名した。『鄧小平も中国のフルシチョフだ！』と題した――明らかに北京大学の大字報に呼応する――この大字報は、鄧小平が第八回党大会の党規約から毛沢東思想への言及を削除したこと、党幹部が毛沢東の著作を組織的に学習するのに反対したこと、「大躍進」の災厄後に個人農業を奨励しようとしたことを告発した。またこの大字報は、鄧小平が一九六二年に言った「黒猫でも白猫でも、ネズミを獲るのは良い猫だ」という、きわめて反毛沢東主義的な発言を初めて世間に公表した[48]。このころ政治局常務委員会で高等教育や組織業務などを担当していた陶鋳は、大字報の書き手に「劉少奇、鄧小平両同志を主要な標的にするのは誤りだ」と食い下がったが、無駄だった。[49] 鄧小平の娘の一人が姉たちと自転車で学校や事務所をまわったときのことを、のちにこう記している。「大字報の言葉は毒々しく、針小棒大に父を貶めようとしている。見るだにおぞましい」[50]

一九六七年一月一日、文革は中南海にまで達した。この朝、指導部の電話交換台に勤める数人の「造反派」が「六七・一・一戦闘隊」と名乗って劉少奇の家の中庭に侵入し、「毛沢東思想に反対する者にはあわれな末路あるのみ!」、「中国のフルシチョフ劉少奇を打倒せよ!」と書いた大きなスローガンを「飾りつけた」。劉少奇の「奇」の字は「狗《いぬ》」という字に似せて、わざと傾けて書かれていた。その二日後、今度は夕食時に「紅旗団」と名乗る事務員の造反派数十名が突然やってきて、劉少奇夫妻に中庭へ出て「革命大衆」の「批判闘争」を受けるよう命じた。[51] 一月半ばには、戚本禹が背後で慎重に操る造反派が、鄧小平や陶鋳とその家族のほか、解放軍の父と呼ばれ、毛沢東の重要な戦友の第一位で八十歳になる朱徳元帥まで同様の目にあわせた。一月十二日の夜、康生の妻と戚本禹の妻を含む二百人以上の事務系「造反派」が撮影隊を連れて劉少奇家の中庭に現れ、第二弾の「批判闘争」を行なった。[52] 翌日、毛沢東は劉少奇に最後の会見を許した。だが、劉が「文化大革命の早期決着を可能にし、中国をこれ以上の被害から救うために」、辞任して田舎にこもり、畑でも耕して暮らしたいと許可を求めても、毛は許さなかった。[53] 中国を動乱から救うのは、もとより毛沢東の望むところではなかった。

劉少奇と鄧小平はこうした辱めにもかかわらず――劉少奇の場合は前妻とのあいだの子どもたちから告発された[54]――政治局常務委員だったおかげで、その後ほかの最高幹部「修正主義分子」のほぼ全員がますます頻繁に耐えなければならない運命を共有せずにすんだ。最高幹部らは怒号する数万の「革命大衆」代表の前で辱められた。体育場や体育館には「毛主席の革命路線に反対する者は誰でも打倒せよ！」「ブルジョワ反動路線に火蓋を切れ！」の横断幕が掲げられ、サッカー場や公共広場のまん中に設えた急ごしらえのステージで催されるこの種の政治ショーは中国全土に蔓延し、毛主席の敵とみなされた者たちに対する民衆の怒りは燃え盛るいっぽうだった。

首都第三司令部リーダーたちは関係当局と協力しながら、最大級の劇的な大集会を規律正しく運営する組織能力を誇った。老幹部のうちでも「革命の小将たち」から「正当な義憤」をぶつけられる対象にならずにすんだ者は、首都三司リーダーをほぼすべての点で高く評価する。そのころ康生の私的な密使として天津で働いていたある上級情報幹部は、一九六七年の春に訪ねてきた友人たちにこう言っている。「実に優秀だよ、あの若い連中は。みんな二十代前半だ……大衆集会を開いて李雪峰を引きずり出せと命じたら、あっという間に――ほんの一、二時間のうちにだよ――四、五十万人の集会を開いてしまった。規律もしっかりしていた[55]」。多少の誇張はあるが、いかにもありそうな話だ。

毛沢東は「大躍進」の前夜、北京からは「官僚主義」しか生れないとぼやいたことがある[56]。北京以外の状況はおそらく異なるだろうが、この言葉の正しさを証明するかのように、北京には数百人からなる（実際に職員が雇われていたわけではないが）半永久的な「闘争部門」ができてしまった。たとえば地質部の二階は首都三司の「彭羅陸楊反革命集団を闘争する準備室のための連絡站」として無料で提供されていた。この準備室はさまざまな標的の「闘争」許可を中央文革小組に申請し、市委に適当な場所の提供を求め、標的がまちがいなく現れるよう、必要な場合は武装衛兵によって力ずくで標的を連行するよう北京衛戍区に要請するといった活動をする組織で、連絡站は公衆との連絡を担当した。大きな集会があるときはかなり前から宣伝の印刷物を作り、演説したい者は書面にした「暴露と批判の資料」をどこに提出して審査を受けるか、四つある窓口のうちどこで、いつ入場券をもらえるか（「紹介状のあるグループのみ」）、問い合わせの電話番号などが明記された。首都三司に属するある組織が発行した簡報は、ある晩、北京を訪れていたスウェーデンの学生グループが、中国科学院哲学社会科学科の七十四歳になる副主任を闘争にかけるための集会に「侵入」しようとしたと伝えた。(57)スウェーデン人学生は追い返された。

大きな集会のいくつかは中央ニュース映画撮影所の手でフィルムに収められ、そのころの雰囲気を伝えている。ある凍てつくような冬の日に開かれた集会を準備室がとらえた十五分の記録映画には、満員の北京工人体育場で北京市長と市の行政トップたちがひざまずいて辱められている姿が映っている。しかしこういう集会にはコミカルな瞬間もあった。「閻魔殿の小役人」だった中央宣伝部のある人物（于光遠《うこうえん》）は、自分が闘争にかけられたある日の集会のできごとを、後年こう回想している。集会主催者は彼が逃亡しないとたかをくくって、集会と集会のあいだは自宅に帰らせ、呼ばれたときだけ会場に来るようにしていた。

あるとき木樨地の北京政法学院で闘争集会が開かれるというので出かけていくと、入口で入場券を出せと言われた。入場券が要るなんて知らなかったと言うと、門衛がつっけんどんに「入場券がなきゃ入れない」と言う……私は答えた。「ほかの人は入場券がなくては入れないかもしれないが、私はどうしたって入れてもらうよ」。門衛の答えは「だめだ！」の一点張りだ。このやりとりに周囲を野次馬がとりまき、なぜ門衛が私を入れようとしないのか、そしてなぜ私が入れてもらおうと粘るのか、聞き耳を立てている……ついに門衛は腹を立てて言った。「なんだってそんなに分からず屋なんだ！　お前がいないと集会ができないとでも言うのか？」　私は得たりとばかり、「そのとおり！　私がいないと集会はできない」と言った。それでも門衛は私の言わんとすることがわからない。そこで私はとうとう彼にたずねた。「今日の集会は何の集会だね？」「闘争集会だ」「じゃあ、誰を闘争するの？」「于光遠だ」。私は言った。「私がその于光遠だ。私がいなくて集会ができるかね？」(58)

こうして于光遠は入場券なしで会場に入ることができ、例の「ジェット式」の姿勢で闘争された。十一、十二月になると、「ブルジョワ反動路線」そして／あるいは「敵」として、劉少奇と鄧小平のほか攻撃すべきはどの高級幹部なのか、権威筋からはっきりした指示もないままに、政治状況は日毎に混乱を増すばかりだった。北京の自称造反派は（毛沢東以外の）権力者なら誰彼かまわず手当たりしだいに攻撃しはじめた。文革はいまだ肯定的にとらえられていたけれど、この時期の下からの攻撃の波は林彪や江青のようなホンモノ印の「左派」をも攻撃対象にしたため、十一月と十二月の「黒い風」と呼ばれた。最近の中国史は、あたかも「反左派」の一貫した運動が実在したかのように、こうした攻撃をその一パターンとする見方を押しつけようとするが、これは江青を猛烈に批判する者が同時に林彪をまつり上げ（あるいはその逆）たりした事実を見逃している。たとえば北京林業学院を拠点とするある大学生グループが大字報を出し、中央文革小組（「毛主席の足元のつまずきの石」）などというしくみを「蹴とばして」、自分たちで「革命をやろう」と仲間に呼びかけたが、この大字報は同時に、こういう行動は毛沢東「とその副統帥、林副主席」を強く支持するものだと述べている。(59)　一方、北京農業大学付属中学の生徒二人は大字報で林彪を攻撃した。林彪のきわめて限られたマルクス・レーニン主義理解では、その指導下にある中国共産党はファシスト政党になる危険があるというのがその主張だが、同じ大字報で二人は林彪的な欠点をほとんど持たない人物として、周恩来、陶鋳、陳伯達をほめあげている。[60] また清華大学のキャンパスに陣取るある紅衛兵グループが配ったビラは、陳伯達と江青が毛沢東思想の基本原則に従っていないと攻撃している。[61] 北京の十七の大学にメンバーがいると自称する別の紅衛兵グループはおおっぴらに関鋒と戚本禹の追放を求め、とくに戚本禹が「大衆と大衆を戦わせるよう煽った」責任は犯罪的だと主張した。[62] その一方、劉少奇と鄧小平を攻撃する大字報も多数出され、二人やその支持者、同盟者たちの風刺画が印刷、配布された。

中国駐在の一握りの外国特派員もときおりこういう集会のニュースをとりあげた。ソ連の記者はとりわけこういう報道が得意だ。あるとき「修正主義の放送局」が北京外語学院の『周恩来は何をしようとしているのか?』という「反革命大字報」を読み上げたのを聞いて紅衛兵が激怒し、報復としてソ連通信社(タス通信?)の入口に対聯を貼りつけた。この対聯は片側に「『真理報』《プラウダ》は真理を語らない」、もう片側に「『消息報』《イズベスチャ》は消息《ニュース》を語らない」、そして上方の横軸には「すべてゴミの山」と書かれていた。[63]

中央文革小組に対して最も毒気のある攻撃をかけたのは、八、九月の栄光の日々と比べて権力も影響力も衰えつつあった「初期」紅衛兵だった。こういう凋落は当然予期できた。紅衛兵はいつか必ず育ての親である指導部に歯向かってくるだろうと当初から予測した人々もいたが、なかでもとりわけ鋭く洞察したのは蒋介石のかつての右腕で、中国文化建設協会の創始者として国民党の新生活運動を提唱した陳立夫《ちんりっぷ》だった。一九六六年十一月に彼はこう述べている。「大陸では中共匪賊が〝紅衛兵〟なる青年組織を使って騒乱を起こし、破壊を行なっている。これは何より愚かな行動だ。若者を騙し、利用する者はいつか必ず彼らに唾をかけられることだろう」[64]。この年の暮れ、毛沢東のプロレタリア革命司令部とはいったい何だったのかを遅ればせながら見抜いた後発の「造反派」も、憤怒にふりまわされない、ある意味で成熟した批判を始めた。今では（歴史的に不都合であるがゆえに）ほとんど忘れられたこういう批判者の一人が朱成昭だった。一九六七年一月に彼が展開、発表した見解は当局から「あまりに反動的で、中国にこれと比べられる学生はいない」とされた[65]。朱成昭はこう主張する。全国的な革命経験交流、つまり毛沢東のくれた無銭旅行は「未成熟」だった。中央文革小組はあまりに多くの紅衛兵を逮捕した。西城区糾察隊や同様の「保皇派」組織に集まった多くの中学生はじつは真の「左派」だった。中央文革小組のしていることはじつは「大衆いじめ」以外の何物でもない[66]。この見解が広く知れわたると、朱成昭の紅衛兵リーダーとしてのキャリアは事実上終わった。だが表舞台から身を引いても、彼は多くの元仲間たちからの無言の支持と賛美を受けつづけた。

ふつうの人々、中南海内部の議論を知ることのできない人々は、つぎに何が起こるか想像をたくましくするしかない。北京駐在スウェーデン大使は事態が山を越したと考えた。母国の外務省への通信に大使はこう書いている。しばらくのあいだ大使館は九人の警官に守られていたが、ようやく「事態は正常に復帰して、衛兵が一人だけになった」。そのころ『ニューヨーク・タイムズ』の社説が「中国では限定的内戦が始まった」と書いたことについて、大使は「北京で確認するかぎり、この見解は時期尚早に思える」としているが、手紙の締めくくりには、「中国社会を観察すればするほど……この国の将来をあれこれ予測しても無駄なような気がしてくる」と述べている[67]。この最後の一文はまことに正しいし、そのとおりになった。内戦はすでに始まっており、もはや止めることはできなかった。

帝国主义和一切反动派都是纸老虎。

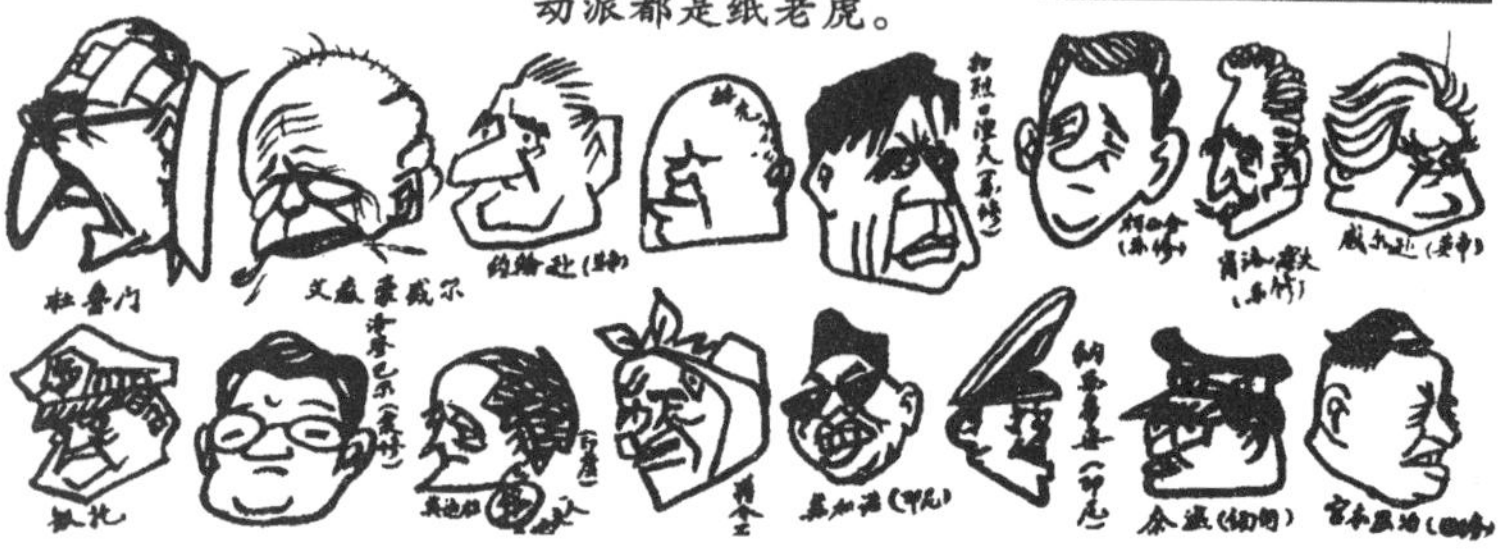

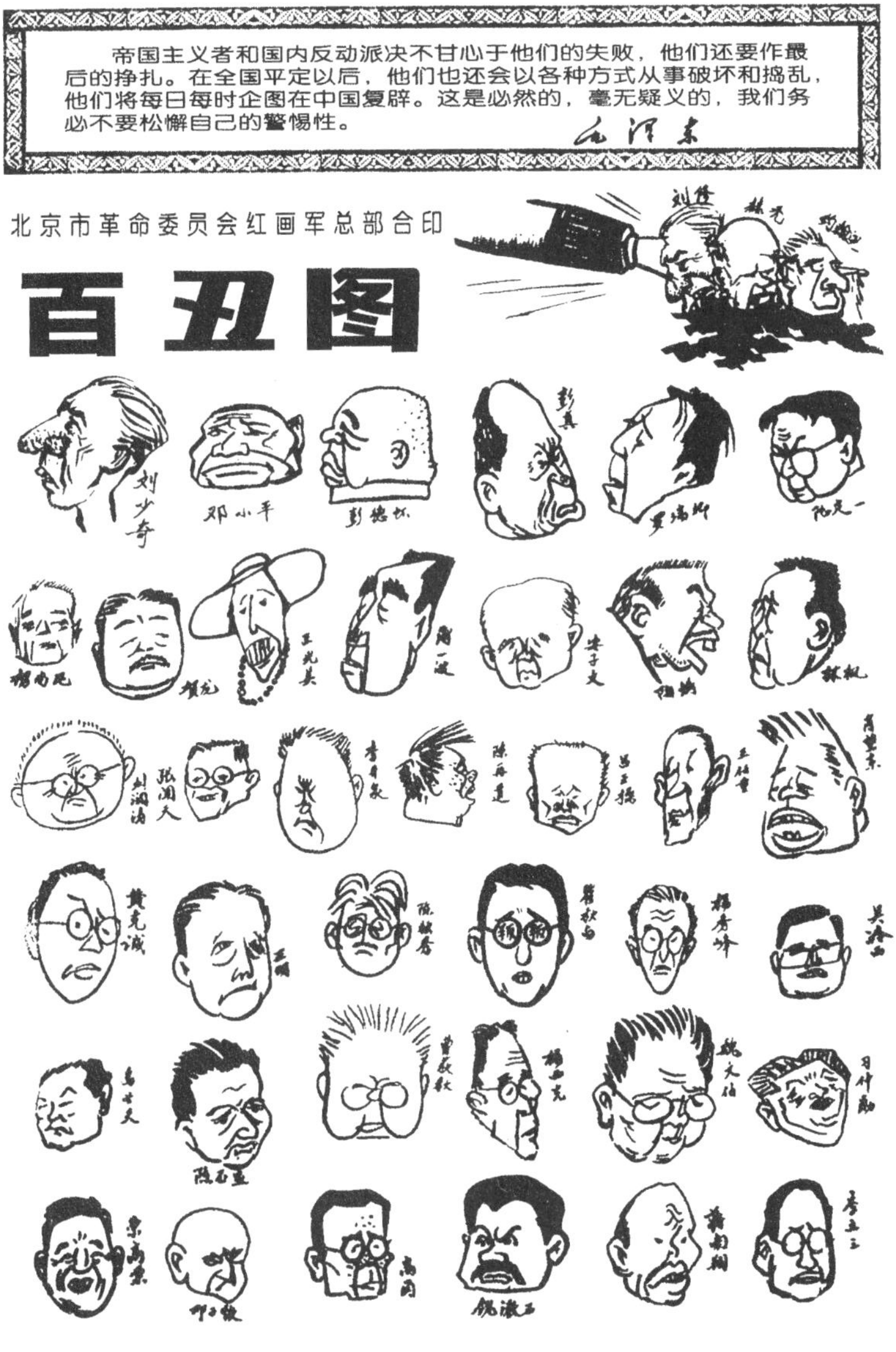
帝国主义者和国内反动派决不甘心于他们的失败，他们还要作最后的挣扎。在全国平定以后，他们也还会以各种方式从事破坏和捣乱，他们将每日每时企图在中国复辟。这是必然的，毫无疑义的，我们务必不要松懈自己的警惕性。
毛泽东
北京市革命委员会红画军总部合印
百丑图
刘少奇
邓小平
彭德怀
彭真
罗瑞卿
陆定一

百醜図

最上段の串刺しになった三人組（左から）——劉少奇、フルシチョフ、リンドン・ジョンソン

その下の列——劉少奇、鄧小平、彭徳懐元帥、彭真、羅瑞卿、陸定一

第二列以下——楊尚昆、賀龍元帥、王光美（劉少奇夫人）、薄一波、安子文、陶鋳……

最後に「帝国主義とすべての反動派は張り子の虎だ」と書かれた見出しの下の二列は国際色満点——ダレス、アイゼンハワー、ジョンソン、フルシチョフ、ブレジネフ、コスイギン、おまけにショーロホフ（！）、ハロルド・ウィルソン、チトー、ツェデンバル（モンゴル人民革命党第一書記）、インディラ・ガンジー、蒋介石、スカルノとナスシオン将軍（インドネシア）、ネ・ウィン将軍（ビルマ）、宮本顕治（日本共産党総書記）

1. 第 1 回紅衛兵集会（1966 年 8 月 18 日）で、宋彬彬から紅衛兵の腕章をつけてもらう毛沢東。この日、主席は全国へ文革運動支持の大号令を発した。

2. 毛沢東の4番目の妻、江青（文革中）

3.1930年代の上海で映画女優をしていたころの江青（宣伝用スチール）

4. 天安門楼上の毛沢東と新たな後継者の林彪元帥。二人とも紅衛兵の腕章をつけている。

5. 天安門の周恩来総理と３人の文革小組リーダー。江青、張春橋（左）、文革の火蓋を切った姚文元（右）

6.（下）批判闘争される彭徳懐（元国防部部長）と張聞天（元政治局委員）
7.（左）元北京市委リーダーの彭真は文革最初の大物犠牲者（紅衛兵の批判集会にて）

8. 李范五（黒竜江省省長）は政治的理由から毛沢東と似た髪形をしていたと批判され、頭を剃られてしまった。

9. 李省長の妻は顔に墨を塗られて群衆の前を歩かされた。

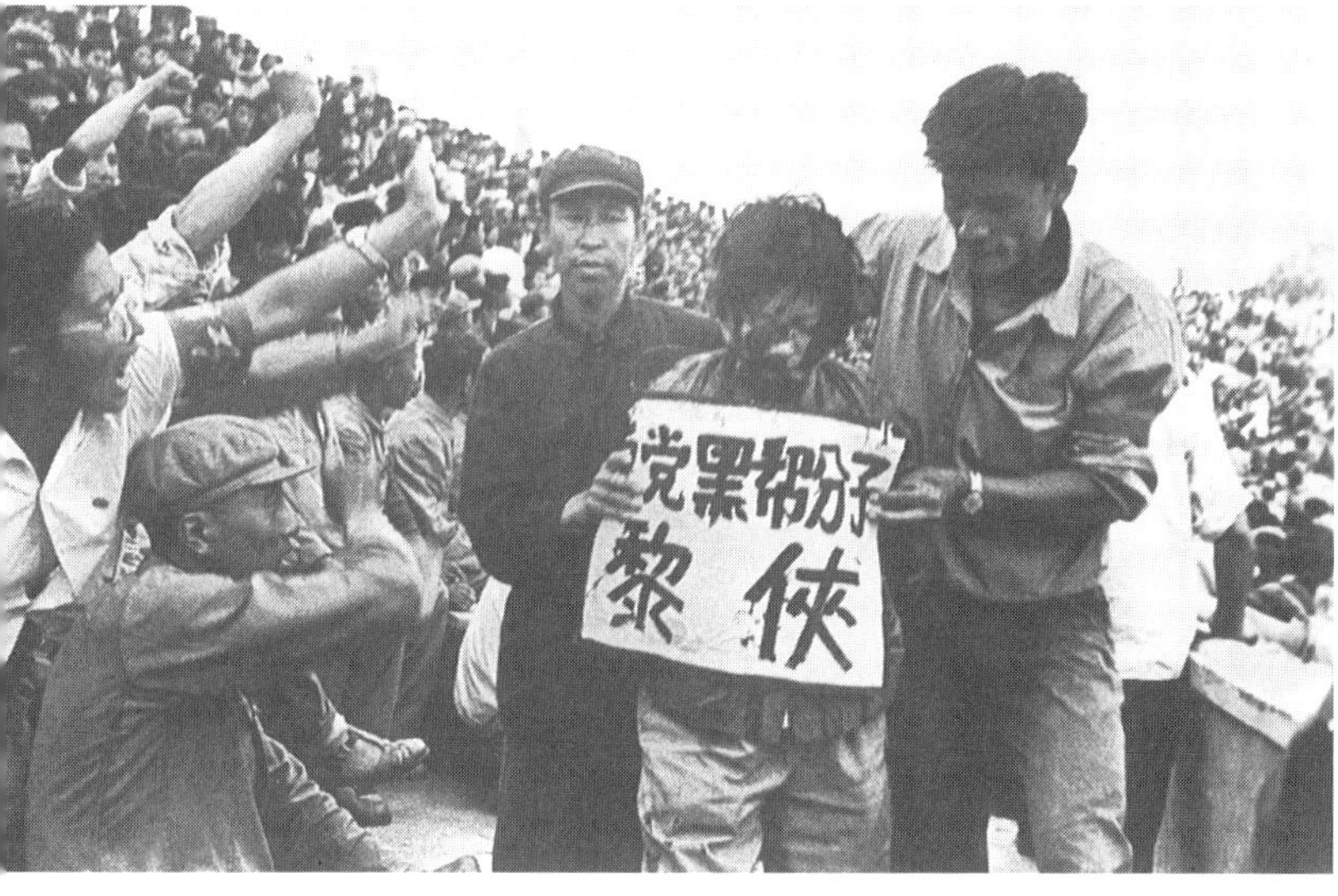

10. 黄新廷（成都軍区司令官）

# 9 上海「一月風暴」

一九六六年十二月二十六日、毛沢東と江青は毛の七十三歳の誕生日を祝い、事情通のあいだで「游泳池」（水泳プール）と呼ばれる中南海の毛の居宅へ六人の腹心——陳伯達、張春橋、姚文元、王力、関鋒、戚本禹——を招いて晩餐会を開いた。毛と中央文革小組が引き起こした過去七カ月の混乱に必死で対処してきた周恩来と陶鋳はこの「A招待客リスト」に載らなかったし、もっと驚いたことに、林彪と康生も招かれなかった。この気心知れた内輪の集まりに気を許したのか、毛は「全国的、全面的な内戦の展開のために！」と乾杯の音頭をとった。(1) 新年の『人民日報』と『紅旗』の共同社説は、関鋒と戚本禹が起草し、毛の決裁を経たものだが、この乾杯の文言をもう少し和らげて、一九六七年が「全国的、全面的な階級闘争の年」になるだろうと予告した。「プロレタリアは革命大衆とともに、資本主義の道を歩む一握りの実権派と社会の牛鬼蛇神に総攻撃をかけるだろう」(2)。この予告はそのとおり実現され、毛の望みはほぼかなえられる。

## 中央文革小組、舞台中央に登場

「全面的な内戦」をもたらす過程で決定的だったのは急進派による奪権である。中央でこれを助長したのは毛沢東の命令だった。一九六七年初頭から、毛の出す文書はすべて、林彪、周恩来、「中央文革小組の同志」のごく少数にだけ回覧されるようになる。中央文革小組内で文書を見るのは陳伯達、康生、江青、王力、関鋒、戚本禹の六人で、張春橋と姚文元が北京に居るときは二人も加わる。政治局常務委員の陶鋳、鄧小平、劉少奇、陳雲は蚊帳の外だった。(3)

八期十一中全会のあと毛沢東の作った中央碰頭会によって急進派の力が強まり、毛派が国家事業全体におよぼす影響力は劇的に拡大した。彼らの獲得した新しい権力は中央書記処の消滅によってさらに強まった（文革以前は政治局常務委員を代表して鄧小平が中央書記処から中国を効率よく運営していた）。「常務書記」として彭真のあとを継いだ陶鋳は、なんとか権威を維持しようとつとめたが一九六七年初めに粛清され、二月のある日、毛は「さあ、これで中央文革小組が書記処と交替した」とミもフタもない発言をしている。このころ中央文革小組はすでに、中央（誰と特定されていないが、事実上は毛沢東のこと）、国務院、中央軍事委員会のつぎに中央文件に署名するようになっていた。一九六八年十月の八期十二中全会以降、一九六九年四月の第九回党大会後に解散するまで、中央文革小組は公式文書で国務院や中央軍事委員会すら凌駕する地位にあった。

急進派の勢力は党中央六大地方局の消滅によっても拡大した――地方局は一つずつつぶされ、うち五つは一九六六／六七年冬に、最後の一つは一九六七年八月に消滅した。(4)地方局の第一書記は大きな権力を握ってきたが――六人のうち二人が政治局委員――地方局が消滅すると、その影響力を排して急進派が直接、地方に政治力を行使できるようになる。そして最終的に、下部機関は文革に関する公式連絡を「中央および中央文革小組」ととるよう示唆された。(5) 周恩来は紅衛兵との会話のなかで、その後、中央を構成するようになった重要組織の業務配分について、中央文革小組は毛沢東の「参謀部」、中央軍事委員会は毛の「司令部」、国務院は毛の「執行機関」だと説明した。(6)

こうして急進派とその支持者は、中央のみならず省レベルまで、既存の制度の改変に着手できることになった。

## 中央政府、ずたずたに

文革のこの段階で、毛沢東は解放軍の制度を無傷のまま保つことに留意しているが、党機構については、八期十一中全会とその後の展開を見れば、毛がすでにそのような配慮をなくしていたことがわかる。それに周恩来がいかに精力的に個々のリーダーに代わって介入できたとしても、周はおそらく党機構なるものにそれほど関心がなかった。一九五八年の「大躍進」以来、周恩来と国務院は国家運営全般について、中央書記処に主役をゆずっていた。(7) 劉少奇、鄧小平、彭真が失脚し、書記処が崩壊した今、通常であれば国務院が、一九五三年から一九五七年の第一次五カ年計画のころ果たしていた国家の枢要としての役割を回復していたはずだ。しかし今は平時ではなかった。そして運動の前途に何の制約もなくなった今こそ、政府の階層制に手をつけるときだった。動乱と奪権をつうじてすべての官僚システムを再活性化することこそ、文革の目的だった。

毛沢東の理想は小さな政府だった。毛は一九六六年七月に国務院の巨大さに苦言を呈し、部によっては規模を大幅に縮小して局か科にし、職員も数人いればいいと言ったことがある。(8) 毛のロマンチックな発想は、中央文革小組のようにスリムなゲリラ的理想形とならしっくり行くかもしれないが、周恩来が首相として直面する現実とは相容れない。たとえば中央文革小組は専用車を持たなくても活動できたが、それが可能だったのは——一九六六年十二月以降そうしていたように——中南海のカープールから車を借りられたからだし、そういうシステムもやはり誰かが維持していなければならない。(9) その誰かとはふつう官僚だし、その報告を受けるのは周恩来だ。毛は一度たりとも周を怠け者と非難したことがない——周恩来が二十四時間ぶっとおしで働いていたことはつとに知られており、神話にすらなっている。(10) だが、そのほかの閣僚たちはそうはいかない。そして毛は「怠惰な」官僚を許容する人ではなかった。一九六四年に「怠惰は修正主義の原因の一つだ」と言ったくらいだ。(11)

一九六六年は信頼できる統計数値のある最後の年になったが、この年、官僚機構のなかの潜在的上級「修正主義分子」——部長、副部長、それと同格の人物——の数は四百人弱だった。一九六六年末の時点では、この人々が国務院の七十八ほどある部、総局、専門委員会、委員会、弁公室などの機関で中央政府の官僚システムを動かしていた。大きな部は二十から三十の部門に分かれ、五百人から二千人の職員を抱えている。なかでも最大なのは部と同レベルの「事務管理局」で、二千五百人以上の職員がいたが、一九六六年六月以来、この局では上層部が機能していなかった。(12) 小さな委員会や総局には数部門しかなく、職員も五十人以下というところもある。(13)

一九六七年一月八日、毛沢東は政府のこの巨大官僚機構との戦いの解禁を宣言した。「革命をするのに部や委員会は必ずしも必要ではない」(14)。政府改造と上級職員の強制的粛清が同時に行なわれたが、その効果は部局によって大きく異なる。たとえば軍産複合体の枢要機関にはほとんど手がつかなかった一方で、最も打撃を受けたのは修正主義の温床とされた文化、教育、公衆衛生部門だった。奪権が不可欠とされる機関と、そうでない機関とが理論上は区別されるはずだったが、毛は現実にこの区別を維持するのが不可能であることを側近に認めている。周恩来によれば、毛は軍事委員会でこう語った。

奪権についてだが、新聞紙上では「資本主義の道を歩む実権派、ブルジョワ反動路線に固執する頑迷分子から奪権せよ」と言う。だがそうでない場合も奪権していいか？　今のところ細かい区別はできないように思う。それならなすべきは、まず奪権することで、説明はあとですればいい。形而上学はやめること。さもないと手を縛られたままになる。まず権力を手にし、それがどういう性質の実権派だったかは運動の後段で判断する。奪権したならば、国務院に報告して同意を得ること。(15)

国務院の同意――つまり事実上、周恩来その人の同意だが――を確保するために周恩来が造反派に求めたのは、奪権したのち「革命的上層幹部、革命的中層幹部、革命的大衆代表」の「三結合」で革命委員会を選出し、部内の文革と専門業務の監督に当たらせることだった。ただし部内の既存の党組織を転覆してはならず、彼らが業務運営をつづけることが前提になっている。(16)だが、このロードマップはほとんど守られなかった。

もしかりに造反派が原則としてロードマップに従う用意があると言ったとしても、周恩来はやはり赤信号を出さざるを得なかっただろう。副総理／政治局委員の李先念が部長をつとめる財政部で、造反派が副部長の杜向光《とこうこう》を三結合の「革命的上層幹部」として責任者にしろと要求した。二月十七日午前二時から明け方まで部内造反派と話し合いをつづけた果てに、周恩来はそのような要求を頑としてはねつけ、礼儀正しく杜向光の退場を求めた。杜向光が拒否すると、事態はあっという間に混乱に陥った。

どうか退席してください。（大衆：総理が行けと言ってるんだから行け！　行け！）　こんなふるまいは見たことがない。（大衆：出ていけ！）　だめだ。話にならん。（大衆：出ていけ！）　きみは党中央の命令に従えないのかね？（大衆：失せろ！）　みんな、よく聞いてくれ。こんなふうだから結局、混乱に終わるのだ。（大衆：行け！）　出ていきなさい。きみは最高指示に従えないのか？（総理は席を立って正面に立つ。大衆：総理の命令に従え！）　私は主席の命令でこの集会を開いている。きみはそれを承知でこんなふるまいに出るんだな。紅衛兵、命令を執行しなさい。（大衆：行け！　失せろ！　紅衛兵が進み出て、杜向光を引きずり出す）。解放軍、この男を逮捕せよ。（群衆：逮捕しろ！　連行しろ！）　われらのプロレタリア文化大革命をこんなふうに台無しにするとは、何たることだ！　命令しても彼は従わない（長い拍手）。党中央の決定を支持してくれてありがとう。（李先念：私も同志諸君の支持に感謝する）。彼は党中央から財政の最高権力を奪おうとした。諸君のなかには騙された者もいるだろう。今こそしっかり目を覚ますときだ。（大衆：プロレタリア独裁万歳！　毛主席万歳！　万々歳!!　騙された同志は目を覚ませ！　保皇派を打倒せよ！[17]）

毛沢東の支持を得て、周恩来は奪権が業務行動ではなく政治行動であるという考え方を推し進めた。つまり紅衛兵がある組織を奪取したとしても、その組織に課されている日常業務が妨げられてはならないという意味だ[18]。

奪権のあとは造反組織どうしの派閥争いになった。行政部局は機能せず、生産がとどこおった。熟練した行政官の多くはなにが起きているのか理解できなかった。南京で銀行部門を担当するある幹部の言葉は、多くの人が内心抱えていた疑問を代弁する。「何故この運動はこんなふうにやらなきゃならないんだ？　幹部の数が多すぎることに主席が腹を立てているなら、引退間近の人に退職勧告すればいいじゃないか？　なぜこんな方法をとるんだ？[19]」「てこ入れ」策が導入、実施され、部そのものの廃止にいたるケースもいくつか出てきた。一九六七年五月に文化部が廃止され、その権限は中央文革小組の文芸組（江青組長）に移管された。文化部は派閥争いから機能マヒに陥り、命運尽きていた。勝った側の派閥は『文化部を粉砕せよ！　肖望東を打倒せよ！』という歌――変ホ長調、メゾフォルテ、四分の二拍子――で気勢を上げた[20]。

中央の政府組織で部長が「大衆の要求によって」解任される場合、その部長が副総理を兼ねていなければ、解任は公式に認められた[21]。しかし、解任は必ずしもそれを実現させた部内「造反派」の権力増大につながらない。造反によって出世した副部長や局長は、「管理業務」の権限を与えられるのがせいぜいだった。

一九六七年五月、周恩来は解放軍を各部内に導入する許可を毛沢東に求めざるを得なくなった。周恩来にしてみれば、これだけは避けたいと思っていた最後の手段だ。解放軍将校たちは国家計画委員会、外交部、商業部、対外貿易部、人民銀行に入り、すでに存在する「革命」幹部や「大衆」と共同で指導権をとった。だが財政部、交通部、郵電部、鉄道部などいくつかの部では、解放軍将校のみで構成される軍事管制委員会がつくられた。また機器製造、核兵器、航空機、電子機器、通常兵器、造船、ミサイルなどの防衛関連産業では、解放軍が完全に統制を独占した。つまり軍人のいない、文官だけの部は一つも残らなかった。[22]

康生は安徽省の代表団に「軍事管制」とは具体的に何かと問われて、ぶっきらぼうにこう答えている。「軍事管制とは独裁だ。つまりすべて私に従うということだ。公告を貼りだして、きみが私に服従すると発表することだ」[23]。服従とはまた、ほぼ完全な組織再編や、下部単位や職員数の劇的な縮小を受け入れることでもあった。一九六八年から、大半の部局で職員の七割から九割が「五七幹校」に「下放」された。この「五七幹校」という名は、毛沢東から林彪宛ての手紙の日付を記念してつけられた（手紙には、解放軍は政治、軍事、文化が農工業生産と結びついた大きな学校であると書かれていた）。王洪文曰く、「言うことを聞かないやつは、みなあそこへ送る」[24]といったたぐいの場所で、たいてい僻地の農村にあり、労改収容所を改造したものもあり、幹部を田舎に隔離して「再教育」するのが目的だ。ここへ送られた幹部は肉体労働をし、「貧下中農と身近に接し、働く人々との知的、感情的きずなを強め」ながら二、三年を過ごす。『人民日報』によれば、幹部学校は「政府機関の革命化」に欠かせないものだった。[25]

たしかに政府の軍事化は毛沢東の望んだものとは正反対だ。毛が一九三〇年代から唱えてきた基本原則の一つは、「政権は銃身から生れる。我々の原則では、党が銃に命令する。銃が党に命令するのをけっして許してはならない」というものだった。[26]しかし政府が崩壊すると、各部を動かしていた党組織に代わって解放軍が権力を握った。こういう展開は、毛派が理想とするものごとの秩序と逆であるばかりではない。このせいで軍が腐敗した。一九九〇年代になって、毛の急進的支持者の一人が、偏ってはいるものの正確な描写をしている。「たくさんの軍関係者が昇進して大儲けした（もちろん、いま我々が目撃していることほど深刻ではないが）。彼らは住宅や専用車を手に入れ、一族郎党に北京居住許可をとってやった。これで解放軍は評判を落とし、性格を破壊されてしまった」[27]。中央のパターンは地方レベルでも踏襲されたが、地方は中央よりも周恩来の統制がきかない。周は十月初めの時点で、新年ころには紅衛兵運動が終息するだろうと予測していたが[28]、その二カ月後には避けられぬ運命に屈しなければならなくなった。

十月の工作会議で私はこの運動が上昇期にあると言い、主席はもはや歯止めが効かないと言った……今まさに林（彪）総長の言ったとおり、運動は深まり、広がり、さえぎることのできない力になりつつある。どうやってさえぎることができよう？（陳）伯達同志はこれを、食い止めることもさえぎることもできない革命の奔流と呼ぶ[29]。

一九六六／六七年の冬、この奔流は上海をのみこんだ。

## きっかけは北京の紅衛兵だった

一九六七年一月初め、毛沢東は全国で進展しつつある階級闘争の主要舞台は、北京、上海、天津、東北の大都市などの工業化した地域になると予言した。[30] 毛には別に戦略があったわけではない。そもそも大衆運動や「総攻撃」に戦略があること自体、文革の基本前提に矛盾している。大衆はみずからの力で、みずからを解放しなければならないのだった。一九六七年二月十九日の『人民日報』に引用された毛沢東の言葉にあるとおり、「水泳は泳がなければ覚えない」。それと同じように、革命するには革命してみなければならなかった。[31] そして革命する土地として、上海は「きわめて有望」だった（毛は「中央文革小組記者站」の『快報』〔第4章参照〕を読んでそういうイメージを育てた）。なぜなら、ここ上海では「革命的学生、革命的労働者、革命的幹部すべてが立ち上がった」からだ。[32]

最初の火花を点火したのは北京の紅衛兵だった。彼らは一九六六年八月から三波に分かれ、大挙して上海に押し寄せた。早くも九月に上海市内で暴力が起きたことからして、新しくできた上海の紅衛兵組織が北京の先輩たちからよく学んだことがわかる。[33] だが上海は中国のほかのどこともちがっていた。上海では文革の標準的担い手として「革命的労働者」がたちまち「革命的学生」に取って代わった。[34] 皮肉なことに、上海の工場で文革を知識人からプロレタリアに拡大する実験をしてみてはどうかと提案をしたのは劉少奇と鄧小平で、二人は六月の時点ですでに毛沢東から合意を得ていた。労働者による最初の大字報が現れたのは六月十二日で、これを書いた上海十七綿紡績工場の労働者、王洪文はやがて「工人革命造反総司令部」（工総司）のボスとして台頭する。上海の工場の実権派への大字報攻勢はたちまちエスカレートした。生産がとどこおり、工場支配人たちは秩序回復と自衛のために労働者の要求をのんだが、そのことで「経済主義」と非難される。

## 上海の労働者、奪権する

「工総司」結成の引き金となったのは「首都紅衛兵第三司令部上海連絡站」の北京紅衛兵だったが、一九六六年末の『解放日報』事件の結果、工総司が上海の「造反派」勢力のリーダーにのし上がった。そのころ聶元梓が中央文革小組の非公式使節として上海を訪れ、中央の本音としては、幹部が従来のトップダウン方式で解任されるよりも、「大衆による解任」のほうを望んでいると語った。これに触発された紅衛兵は十一月三十日、上海市委機関紙『解放日報』社社屋を占拠し、新聞を閉鎖した(35)。しかし紅衛兵は市当局の動員で集まった市民に包囲されてしまい、ついに工総司に助けを求めた。救出にやってきた王洪文は、その見返りとして工総司を筆頭とする連合組織の設立と、自分がその総司令官になることを要求した。これをきっかけに上海紅衛兵の力は衰えはじめ、代わりに労働者が文革を仕切るようになった(36)。

こういう一連の事件は上海市委にとって深刻なボディブローとなったが、落ち目とはいえ、市委が消滅したわけではない。『解放日報』事件でわかるように、党はまだ防衛のために市民を大量動員するだけの力を残していた。上海市委の仇敵、工総司に集まったのが力の弱い臨時工や契約工だったのにくらべ、現在の指導部のもとで大きな恩恵を受けている正規労働者は政治の現状維持に与した。正規労働者はその数八十万人と言われる「赤衛隊」を組織し、工総司と対峙した(37)。

毛沢東は「プロレタリアと革命大衆」内部の対立を解決する手段として暴力をはっきり許容したわけではない。だが文革の始まったころの毛の言葉、「善人が善人を殴るのは誤りだが、殴らなければそもそも互いに知り合えなかっただろう」は広く引用された。[38]赤衛隊と――張春橋に言わせれば「資本主義の道を歩む」――上海市委の一部がつながっていたからこそ、彼らを物理的に襲撃することが正当化できた。十二月二十八日、張春橋は電話で、赤衛隊が張の家を略奪したばかりか（これは嘘だった）、上海全市の水道、電気、交通を止めようとしている（これはほんとうだった）という知らせを受け、工総司に待機を命じた。このころ、上海市長の曹荻秋が市内の緊張をほぐすために、両者と和平交渉を始めていた。張春橋にとって曹荻秋のこの動きはおもしろくない。張は上海の妻に電話し、「上海の桃が熟した。曹荻秋に果実を摘ませてなるものか」と語った。[39]

十二月三十日の払暁、工総司およそ十万人が康平路の上海市委書記処の周辺に駐屯するおよそ二万人の赤衛隊を襲った。四時間にわたる流血の戦いののち赤衛隊は降伏した。[40]文革後の公式史は、この「康平路事件」を「全国的暴力の始まり」と位置づける。[41]

一月一日午前一時、これ以上の混乱を避けるために、上海警備区司令官の廖政国《りょうせいこく》は上海労働者民兵全員に「武器の検査と修理」という名目で三日以内にライフル、手榴弾、軽重マシンガン、軽砲、弾丸で臨時武装するよう命じた。[42]警備区部隊はまたこの日から汽車や船で上海に入る人々の身体検査と武装解除を始めた。

## 上海「一月風暴」

警備区司令官から命令が出て二時間後の一月一日午前三時、周恩来は上海市委第一書記の陳丕顕に電話し、職務に戻るよう命じた。[43]陳丕顕は鼻咽頭ガンの手術を終えて予後を養っているところだったので、代理として副官の曹荻秋市長を前面に立てた。周恩来は陳丕顕に言った。なにはさておき上海を混乱に陥れてはならない。とくに、すぐ対処が必要なのは、上海から数キロ離れた江蘇省昆山県で請願のために北京へ向かおうとしている二万人の赤衛隊だった。彼らに二十六輌の客車と三十八輌の貨物車を徴発され、中国の大工業地帯と首都とを結ぶ南北の鉄道幹線は完全に麻痺していた。周恩来は陳丕顕に、「大衆組織と協議して」ただちに目下の危機を解決する手段をとるよう命じた。(44)

これに応えて陳丕顕はただちに上海のおもな大衆組織のリーダーを緊急呼集した。会議は元日の午前五時ころ始まり、(45)工総司を代表して王洪文が、また張春橋の側近の徐景賢《じょけいけん》は「上海市委機関革命造反連絡站」を代表して出席した。後者は毛沢東が誕生日の晩餐会で「党や国家の機関でも革命幹部が造反した」と肯定的に述べたとき、まさに毛の念頭にあった組織だ。(46)会議では昆山の赤衛隊に退去命令が出されたほか（これは実施され、交通は一月三日に正常に戻った）、上海市民に「革命に力を入れ、生産を促し、ブルジョワ反動路線からの新たな攻撃を徹底的に粉砕せよ」と呼びかける公開状を起草した。このチラシは原案の大部分を「首都三司上海連絡站」の音楽学校生と地元労働者数人が書き、一月四日、修正のためにいくつかの大衆組織のリーダーに提出された。原稿は改訂を経て、十二の大衆組織リーダーが署名したのち（王洪文は一月二日に北京へ飛んで不在だったため、代理が署名した）、陳丕顕に戻された。陳は『文匯報』（この日、『文匯報』では奪権闘争が最高潮に達していた）に命じてこれを二十万部印刷させ、市内全域に配布、掲示した。一月五日、『文匯報』は「上海全市人民に告ぐるの書」の見出しで、全文を一面に掲載した。(47)

一月四日、張春橋と姚文元は中央文革小組代表と地元上海の高級幹部の二枚看板をひっさげ、解放軍の空軍機で上海へ戻った。張春橋はのちに紅衛兵リーダーとの会合でこう言った。「市委は我々に、降り注ぐ火の粉の矢面に立ってもらうために上海へ戻ってほしかった。だが、我々はそんな役割は拒否した」[48]。二人はこの二日前に「中央碰頭会」の一員に加わり、より大きな権限を手にしていた。数カ月ぶりで二人に会った上海の旧知は、二人が「軍用外套を着て現れた」のを見て、のちにこう述べている。「当時は二人とも軍のポストに就いていたわけではない。毛沢東が紅衛兵との接見に軍服を着るようになってから、中央文革小組の全員が軍服を着はじめた。この解放軍ファッションを彼らはやがて後悔したはずだ」[49]。こうしてすっかり大胆になった二人は『文匯報』、『解放日報』、上海のラジオ／テレビ局に造反を起こさせて、メディアが秩序の回復を要求し、過去数週間の混乱の責任は赤衛隊にあると追及するよう仕向けた。張春橋は同時に工総司などの造反組織に「上海市委打倒大衆集会」の開催を呼びかけた[50]。

一月六日、十万人が上海の人民広場に集まり、幹部、労働者、学生代表が陳丕顕、曹荻秋ほか市委メンバーを公開告発するのを見守った[51]。陳丕顕は上海警備区の第一政治委員を兼ねていたにもかかわらず、大会主催者は敢えて陳に軍服の着用を許さなかった。修正主義分子に解放軍ファッションは無用というわけだ[52]。この大会で三つの通達〔通令〕が出された。内容はいずれも張春橋と姚文元が前もって承認している。「第一号通令」は、「一九六七年一月六日をもって、革命造反派と革命大衆は反革命修正主義分子の曹荻秋を上海市委書記処書記／上海市市長と認めない」。「第二号通令」は、陳丕顕がこれまで上海の文革にいかに反対してきたか、すべてをつまびらかにすることを本人に命じた。「第三号通令」は、この大衆集会が「市委の徹底的な再編」を要求すると宣言した[53]。

その夜、姚文元は北京の党中央へこんなメッセージを送った。「集会は成功。たいへん秩序正しく行なわれた。市委は事実上、完全に崩壊したと言ってよい。革命の情勢はすこぶる良好」[54]。この集会は政治的に時代を画するできごとだった。中央からの使者が誘導したとはいえ、強大な党委が大衆によって転覆されたのだ。上海市委の委員／候補委員五十六人のうち四十五人が罷免され、うち四人がその後の処遇により死亡したほか、市長と七人の副市長が粛清された[55]。集会はまたメディアの歴史も塗り替えた。初めて「批闘大会」がテレビで生中継されたのだ[56]。それから数日、張春橋と姚文元は秩序回復をはかり、上海に新しいタイプの体制を敷くために迅速に動いた。

一月九日、『文匯報』と『解放日報』は工総司など「造反派」三十一組織からの共同「緊急通知」を掲載した。内容は上海の経済混乱と戦う具体的な方法を述べており[57]、これを読んだ毛沢東は中央文革小組員に、上海造反派の政策と行動はいずれも正しく、「全国の党、政府、軍、民は上海の経験に学び、一致団結して行動するべきだ」と述べた[58]。

この目的に沿うべく、周恩来は党中央、国務院、軍事委員会の名で上海造反派の成功を祝う電報の起草を差配した。この電報が重要なのは、これが党中央から「革命大衆組織」に直接出された初めての公開通信だったからばかりでなく、毛沢東みずからが署名者の一員に中央文革小組の名を――最後の瞬間に、周恩来に相談なく――加えたことによって、陳伯達、江青グループに党および国家の既存の官僚機構と同等の地位を与えたからである[59]。

この電報は一月十二日の未明に中央人民ラジオで読み上げられた。この朝、工総司に属するある上海の工場では、ラジオ録音／構内放送の当直だった二人の労働者がこれを聞いて度肝をぬかれ、一瞬どうしたらいいか戸惑ったものの、すぐに構内放送のスイッチを入れ、全工場の拡声装置に放送を流して人々の目を覚まさせた。「お知らせします、お知らせします！　こちらは工総司八二二工場聯合団〝造反有理〟放送局。本日の放送はいつもより早く……われら上海造反派への祝賀メッセージで始めます！」[60]

一月十六日、毛沢東は上海市委と市人民政府からの奪権を公式に認めた[61]。まもなく、張春橋を党第一書記／上海市長に、姚文元を副市長にという最初の訴えが、落書きや巨大スローガンとなって街中にあふれだした[62]。

だが毛沢東は別のことを考えていた。毛にとって、いくつかの重要ポストの首のすげ替えだけが問題なのではなかった。これまで党と政府に分散していた権力のすべてを、これからは新しい一つの組織に集中させる。だが、この組織を何と呼ぼう？　一月十九日、張春橋と姚文元の要請で王洪文を議長に大学拠点の紅衛兵組織の会議が開かれ、長い討論のすえ、この新しい組織を「上海公社《コミューン》」と呼ぶこと、そして正式な発足を一月二十七日とすることが提案された。ちなみに、この日付はパリ・コミューンが一八七一年三月二十七日に創設されたことに由来する[63]。二月五日、上海市の中心にある人民広場で開かれる大衆集会で、いよいよ「上海人民公社」がお披露目されることになった。「上海人民公社」の名のもとに、張春橋と姚文元の率いる「臨時委員会」の指導で開かれたこの大会で、臨時委員会は「第一号通令」として、「旧上海市委と市政府に死刑を宣告し、そのいっさいの職権を剥奪する」と発表した[64]。

市レベルのできごとにつづき、下層でも組織の奪権がつぎつぎと行なわれた。この渦中にあった指導的幹部たちの一次証言は、目まぐるしく変わる状況のなかで何が適切な政治行動なのか戸惑い、感じた少なからぬ恐怖、混乱、不安を語っている。文革の始まる一年前に上海の交通部北方区海運管理局（職員十二万人）の党委副書記に任命されたある解放軍退役将校が当時をこんなふうに回想している。

奪権の起きる前の日、私は党委書記や政治部主任を集めて会議を開き、各単位の情況に応じて自己決定する、ただし権力が悪人の手に渡らないようにしよう、と決めた。もちろん最後の一節は無意味だ。もし悪人に権力を要求されたら、対処のしようがないではないか。翌日職場に着くと、私たちの単位の指導幹部と私は職場を離れてはならないと造反派から命じられた。私は第四工場で待つよう言われ、それから数分たつと呼子が鳴ってみんなが集まりはじめた。バルコニーも階段も人であふれ、私たちは第三工場と第四工場のあいだの階段の下にいた。当時、管理局には二つの派閥があった。一つは三百人ほどの「造反大隊」、もう一つは六十人強の「東方紅団」。この日の当直は「造反大隊」で、リーダーの一人が「奪権告知」を読み上げたのち、局の指導部に態度をはっきり表明するよう迫った。その場にいた指導部は五人だった……初め私たちは黙って顔を見合せ、やがて全員が私を見つめはじめた。すべてがあまりに突然起きたので、みなどうしたらいいかわからない。私はひょっとするとこんなことが起きるかもしれないというかすかな予感があった。みんなが私を見つめ、この副書記がどんな態度をとるか見守っている。私はその場にいる人々をながめた。みんなうちの組織の幹部で、外の単位から来た者は一人もいない。私は（告知に）同意すると言った。ほかの幹部たちもつぎつぎと同意を表明した。その場でただちに公式の印鑑を渡すよう言われたときも、みな同意した。こうして奪権と権力移転が終わった。[65]

ところがそれで奪権がすんだわけではなかった。それから一週間ほどして、「造反大隊」に権力を「下へ」譲ったばかりの管理局指導部は、新しい上部組織で工総司所属の「海港聯合司令部」へ出頭するよう命じられた。この組織はつい最近、元の運輸管理局から奪権したばかりだという。報告に出かけた人物は権力を「上に」譲るよう言われると、こう言った。「私たちはもうすでに職員に奪権されてしまった。権力が欲しいなら、彼らのところへ行って相談してくれ[66]」

毛沢東は一度ならずパリ・コミューンを革命組織の模範だと言い、奪権後の新組織をどう呼ぶか決めるときも、「大躍進」時代の巨大集団「人民公社」の名を継いだ。にもかかわらず、理由は定かでないが、この名称について毛の考えは揺れていた。一月半ばのあるとき、毛は王力に上海の張春橋と姚文元へ電話させ、「北京公社」の設立を考えはじめたこと、そしてその責任者になるべき人材の最初の名簿を作っており、張と姚の二人が「上海公社」を同じような路線で設立するのを楽しみにしていると伝えた[67]。ところが毛はそれからさらに考えたあげく、このアイデアを捨てた。そしてそのことを張と姚に伝えるのを忘れていた。二人がそれを知ったのは、二月十二日に北京へ戻り、毛からそう聞かされてからだった。

人民公社ができてから起きる一連の問題について君たちは考えてみたか？　もし全国に人民公社ができたら、中華人民共和国は改名すべきか？　変えるなら「中華人民公社国」だが、それで他国が承認してくれるか？　イギリスやフランスは承認しても、ソ連は承認しないかもしれない。それに各国の中国大使はどうする？　もう一つ、君たちがおそらく考えなかっただろう一連の問題がある。いま中央には、地方から人民公社を作りたいという申請がたくさん来ている。中央は上海以外の場所で公社を作ってはならないという通達を出した。上海は（現在の名称を）革命委員会、市委員会、市人民委員会などと変えるべきかもしれない……人民公社では反革命を鎮圧す

るのに弱すぎる。公安部が人を逮捕しても、表から入って裏から出るだけ、と苦情が来ている。(68)

名称、外交承認、大使といった問題は、日頃そういったことをあざ笑う人の発言としてはただのこじつけにしか思えない。毛沢東がほんとうに恐れていたのは最後の点、つまり「公社」では権力の維持にゆるすぎる組織だと思った点にあるのだろう。『人民日報』は上海の経験について多くの社説を書いたが、一月二十二日の社説は毛が最終承認を与えたものだった。

重要なことはいくらでもあるが、最も重要なのは権力の掌握である。だから、革命大衆は階級の敵への深い憎しみを凝縮させ、固い覚悟で連合し、団結し、奪権せよ！　奪権せよ!!　奪権せよ!!!　反革命修正主義分子とブルジョワ反動路線にしがみつく頑固分子に奪われていたすべての党権力、政治権力、経済権力を奪い返さねばならない。

そこで張春橋と姚文元はふたたび思案を重ね、二月二十三日になって、上海の最高「権力機関」の公式名称をこれ以後、「上海人民公社臨時委員会」から「上海市革命委員会」とすると発表した。(69)そして張春橋はその主任に、姚文元は第一副主任に就任した。(70)二人が北京で国家事業に忙しいときは王洪文が代理をつとめることになったが、これをきっかけに、王洪文は国家権力めがけてまれに見る昇進を果たしていく。

# 10　奪権

地方の紅衛兵は毛主席や大集会に心を震わせ、首都の仲間に勇気づけられて帰郷した。「上海の経験に学び、一致した行動を起こせ」という毛沢東の指示は、主席に「ぴったりついていく」ことを至上の望みとする地方の急進派に何をなすべきかを教えてくれた。「奪権！　奪権！　奪権！」紅衛兵の出す無数の小新聞は叫ぶ。行動こそが時代の最先端だった。とりわけ学生はエネルギー全開で、職場や公式印章を押え、左、右、中央と声明書を出しまくった。康生に手紙を書いて「奪権」の許可を求めた中央の部長もいたけれど、そんなまだるっこしい方法をとる者はまれだ(1)。

上海の奪権は確かに大きな励ましではあったが、上海の特殊状況はほかで真似できるものではない。張春橋のように地元出身で、主席と中央文革小組の権威や軍の支持を背景に帰郷し、奪権を指揮できる者はほかにいない。現に紅衛兵が労働者に造反リーダーの役割を奪われかけた省はほとんどない。上海の「一月風暴」の直後はほとんどの省で奪権が失敗し、一九六七年の前半に中央が承認した奪権は上海のほか、黒竜江省、山東省、貴州省、山西省、北京市の五カ所しかなかった。一九六七年後半には三カ所で革命委員会が成立したが、それが二十カ所に達するには一九六八年までかかった。これは奪権未遂から起きた苛烈な派閥争いの証拠でもあり、中央が「走資派」から「プロレタリア革命造反派」への真の権力移行を認めず、奪権の承認を拒んだためでもある[2]。

毛沢東はアルバニアの軍将校訪中団との会話のなかで、新しい革命実体の創設をめぐる問題は、新しい権力中枢の構造と組織にあるとほのめかしたようだ。「（私の）当初の意図は、知識人から後継者を数人選ぶことだった。だが現状を見ると、どうも理想的な選択ではなかったらしい。北京市革命委員会のなりゆきは必ずしも妥当ではない。まだ再編が必要だ」[3]。「再編」なるものが往々にして軍将校の増員という結果に終わることを知っていたなら、このときの毛の会話の相手は自分たちと同じ軍人が厚遇されることを喜んだにちがいない。

## 最初の革命委員会

黒竜江省は二つの点で特別だった。まず、革命委員会を設立した最初の省であること（一九六七年一月三十一日設立）。そして第一書記が巧みに動いて、幸運にも革命委員会の主任に横すべりできたわずか三つの省のうち最初の省だったことだ。黒竜江省委第一書記の潘復生《はんふくせい》はつぎつぎと変わる運動の各段階へ積極的に関わり、大衆と接し、自己批判し、同僚の大半と距離を置きながらも、省の軍区司令官を味方につけるのを忘れなかった。こうして潘復生の名は全国に知れわたり、毛沢東の支援を獲得した[4]。やがて省革命委員会ができて、大衆組織のリーダーが委員会を掌握したとき、潘復生と汪《おう》家道《かどう》少将は顧問に指名された。ところが三月になって中央がこの新しい組織を最終的に承認したとき、潘と汪はそれぞれ革命委員会主任と副主任になり、大衆組織リーダーのほうは常務委員の地位に甘んじなければならなかった。二月一日の『人民日報』社説は黒竜江省革命委員会の設立を「東北の新し

い夜明け」と讃え、革命大衆と地元軍と革命的（旧）指導幹部の三結合こそ奪権の理想的なあり方だと強調した。(5)

山西省委第一書記の衛恒《えいこう》は黒竜江省の潘復生ほど目端がきかず、毛沢東と（とくに）康生から個人的に後押しされた省委書記の劉格平《りゅうかくへい》に出し抜かれてしまった。(6) 回族の劉格平は一九四九年十月一日の建国記念祝典のとき、天安門広場で少数民族の公式代表として演説して有名になった特別な経歴の持ち主で、山西省軍区要人の後押しを得て、一月十二日に省政府を掌握した「山西革命造反総指揮部」のリーダーになった。この奪権は一月二十五日の『人民日報』社説で讃えられ、新革命委員会は三月十八日に中央に承認された。前第一書記の衛恒は投獄され、一月二十九日に自殺した。闘争集会を逃れるのにこういう手段をとった省レベルの第一書記としては三人目だ。天津の万暁塘《ばんぎょうとう》は一九六六年九月に五十歳で自殺した。葬儀に五十万人が集まったが、毛沢東はこれを「死人を使って、生きている者を抑圧する」反党勢力の示威行動だと批判した。雲南省第一書記の閻紅彦《えんこうげん》は自死という行為は陳伯達と中央文革小組のせいであると言い残して、一九六七年一月七日に昆明で命を絶った。(7) 一週間後、周恩来は雲南省の代表団にこう言った。「我々は北京から法医学の専門家を送り、あれが自殺だったと確認した。閻紅彦は恥ずべき裏切り者である」(8)

北京市委と市政府は文革の始まりからすでに奪権を経験したユニークなケースだが、上海の例を目にして、ふたたび奪権が起きた。謝富治に言わせれば、一九六六年五月に彭真の党機構が交替したこと自体がすでに「毛主席の導きによる奪権」だったが、(9) それでも一月十八日に二度目の奪権が起きた。この日、中学教師の率いる最初の三つの造反組織が市委を「接収し」、市委の建物の五階に総司令部を立ち上げたと宣言した。その一時間後、大学生と労働者の造反組織およそ三十が奪権を宣言し、同じ建物の下の階に委員会を設けたと発表した。混乱のなか、最初の造反組織が事実上、第二の造反組織の人質にとられたかたちになったところで、この間ずっと市委弁公室内部でこっそりと連携を強めてきていた第三の造反連合が仲介に登場し、もっと秩序立った奪権に動きはじめた。一月十九日払暁、人民大会堂で演説中の周恩来に奪権成功の知らせがとどいた。周恩来はその場でただちに「昨夜、市委の建物に入って奪権した三十以上の異なる単位の造反派を祝福」したいと述べて、この奪権を讃えた(10)。

しかし北京市革命委員会が四月二十日に公式発足するまでには、三カ月の下準備が必要だった。毛沢東が意図したのは、単にある幹部グループを別のグループと交替させることとはほど遠いものだった。この日のハイライトとなった象徴的行動は、「中共北京市委員会」と「北京市人民政府」と書かれた二枚の古い看板が叩き壊された瞬間だった。党ヒエラルキーで第二位を維持していた呉徳は、「単なる形式」を熱意ある「造反派」が始末したと言ったが、これは全国でそのあと何度となくくりかえされる(11)。

## 秩序回復

一九六七年の冬が終わって春になるころ、周恩来は国家の政治形態の混乱や経済損失に制限を加えるさまざまな方策について、毛沢東の支持をとりつけた。「革命的教師・学生」は何百キロも旅する革命の聖地めぐりをやめ、家へ帰るよう言われた。旅先では宿泊所が不足し、最小限の施設もないことから感染症が爆発的に流行っていた。北京市の各省宿営地では無料の昼食配布が終わることになった[12]。国家安全とつながりのある部や産業は革命経験交流の範囲から除外された[13]。小学校の教師と生徒は授業に戻るよう通達され、まもなく中学教師と生徒も同じように学校に戻り、やがて大学の教師と学生もこれにつづいた[14]。革命交流の再開がとりやめになったのに交流停止命令がくりかえし出されているところを見ると、命令はなかなか守られなかったのだろう[15]。紅衛兵は党員を罰するのを禁止され、押収された資産は返却され、紅衛兵の全国組織結成の試みはつぶされた[16]。

文革以前の運動で地方へ飛ばされ、文革の経験交流の機会をとらえて帰京を果たそうとした都市青年は、ふたたび国境地域や山岳僻地へ戻るよう命じられた[17]。「三線建設」のために沿海地方から移動した工場とともに内陸深く移住した産業・建設労働者も、「三線」工業基地へ戻るように言われた[18]。臨時工や契約工は自分たちの逆境が劉少奇のせいだと思いこまされ、その不満ゆえに、文革の始まったころ現状打破を求めた人々と同盟を組んだが、当面、自分たちの身分は変わらないことがわかった[19]。一日八時間労働の厳守が言い渡され、鉱工業労働者の場合、文革は余暇活動にされてしまった[20]。すべての労働者が、張春橋の支援によって起きた上海の労働運動の高まりに触発されたことになり、農民は――一部の農民は文革を機に、強まりつつある都市から農村への偏見に激しく抗議した[21]――「春の種まきに勝利する努力をする」よう奨励され、生産大隊や小隊での奪権は望ましくないとされた[22]。

第三次五カ年計画（一九六六－一九七〇）の監督責任者の李富春（副総理）は、二月二十六日から三月二十五日にかけて周恩来と葉剣英が招集した軍の幹部会議で、経済情況について、問題山積であるにもかかわらず、バラ色の図柄を描いてみせた。李富春によれば、一九六六年の農業生産は七パーセント、工業生産は二十二パーセント伸びたという[23]。だが一九六七年最初の二カ月、三大資源――鉄鋼、石炭、石油――の生産高は前年同期比を下回り、「資本主義の道を歩む一握りの党内実権派の反革命経済主義による破壊」のせいで、また、労働者が「生産ポストを離れている時間がいささか長すぎた」ため、計画目標も達成できなかった。しかし李富春は、二月と比べて三月にはこれらの品目の一日当たり生産高がもちなおしていることに希望をつないだ。一九六七年の年間計画は中央が運営する企業に配布されたが、地方企業がその目標を知っているか、あるいは実行しているかは別問題だった。李富春は演説のなかで一九六七年の主目標を挙げ、会場の省リーダーに計画の実施強化を呼びかけた。だが文革後の公式統計を見れば、毛沢東をあれほど喜ばせた「全国的内戦」によって李富春の希望がいかに砕かれたかがわかる。十六パーセントの伸びが期待された工業生産は十四・六パーセント下落し、六パーセントの伸びを予定していた農業生産は一・五パーセント増しか達成できなかった。[24]六月になると、さすがの李富春も事実に直面せざるを得ず、「武闘」がとくに石炭生産量と鉄道に「非常に悪い影響」を与えたと発表し、炭田と主要港への軍事管制を要請した。[25]

会場の将校たちにとってとりわけ重要なのは文革が「三線建設」におよぼす影響だった。このとんでもなく金のかかる計画はアメリカの爆撃機に対しては防御力を発揮するかもしれないが、紅衛兵から守ってくれる保証はない。李富春は「作業停止に至るような深刻な例がいくつかある」と言ったが、李にとって唯一の答えは、中央と同じような工業、農業、商業への軍事管制が地方レベルでも行なわれることだった。[26]

国家安全施設のほか、党機関紙、公安部、財政部、外交部、計画委員会、経済委員会、国家建設委員会、[27]科学委員会、銀行、国営放送が紅衛兵および造反派の立入禁止となり、部外者の退去が命じられた。[28]機密文書の保護が強化され、国家資産の保護が命じられた。

## 人民解放軍の役割

解放軍には二つの役割が課されていた。一つは安全を維持し、法と秩序の外見を保つことだが、同時に解放軍は初期の奪権成功に重要な役割を果たした。奪権の成功のかなめは解放軍の関与であり、党でもなければ紅衛兵でもない。「造反労働者」組織ですらなかった。上海のような条件の有利なところでさえ、張春橋本人が言うように、中央文革小組の役割は過大視すべきでなく、問題に決着がついたのは「上海警備区が（「上海人民公社政府弁公処」の）看板を壊す者は誰であれ反革命とみなし、逮捕すると断固命令した」からだった。[29] 党中央の支持するリーダーと大衆組織を省軍区が支持したところでは奪権が成功し、毛沢東の予測した「内戦」は短命に終わった。そうでないところでは奪権は失敗した。いずれの場合も、文革の未来のコースを決める最強の要素は人民解放軍の動向だった。

一九六七年一月第三週の終わるころ、毛沢東のもとには中央文革小組ばかりでなく、解放軍のルートを通じて、そうした情報がつぎつぎと届きはじめた。一月二十一日、安徽省合肥から緊急メッセージを含む報告が届いた（報告は適切な官僚的手続きをすべて踏み、安徽省軍区から南京大軍区へ、さらに中央軍事委員会へ、そして最後に林彪というルートを経由していた）。合肥に駐屯する「首都紅衛兵第三司令部連絡站」の紅衛兵がまもなく大衆集会を組織して、省委第一書記を告発し、事実上の「奪権」を宣言しようとしているという知らせだった。紅衛兵は安徽省軍区に支援部隊を派遣してもらいたがっていた。そうでないと解放軍が文革を支持したことにならないという言い分だ。[30] これを読んで毛沢東は林彪に「左派の広範な大衆を支持するために軍を送るべきである」という短い手書きのメモを送った[31]。毛のこの命令は、二日後に中央が出した「中発（一九六七）二七号」で、「真のプロレタリア左派が軍に支援を求めたら、軍は部隊を派遣して、彼らを積極的に支持すべきである」と述べたことで、公式の政策になった[32]。

だがこの権力には罰がともなった。解放軍はたんに時の氏神としてふるまうだけではすまなかった。不可避的に渦潮に巻きこまれ、重大な政治的、制度的影響が出たのだ。すでに一九六六年十月五日、林彪は軍内で士官学校生に紅衛兵と同じ権利を認めていたが[33]、これは水門を開け放つに等しい行為だった。一月になると、軍の紅衛兵が上級将校を攻撃することについて各地から悲鳴が上がりはじめた。南京軍区司令官は十代のころ少林寺で武術を学び、その後一九二七年に紅軍に加わった人物だが、深酒して、もし自分を捕らえようなどとしたら誰とでも一戦交えると息巻いた。福州軍区司令官は朝鮮戦争の中国人民義勇軍副司令官で、勲功も多いベテランだったが、もし事態の収拾がつかなくなるようなら、山へこもってゲリラになってやると居直った[34]。

林彪は劉少奇や鄧小平のように座して権力基盤を奪われる気はなかった。一月十九日から二十日にかけて軍事委員会拡大会議が開かれ、一月二十三日、軍の秩序回復のための方策を求める要望書（「請示報告」）が林彪と毛沢東に提出された。その翌日、軍事委員会副主席の一人である徐向前《じょこうぜん》元帥は事態が緊急を要すると考え、林彪の自宅へみずから足を運んで対処を求めた。林彪は同意した。軍上層の非公式会議が開かれて命令書の草稿ができた――文言の一部は軍事委員会の「請示報告」から借り、一部は林彪と徐向前が書いた。この草稿に中央文革小組の手で微妙な政治的レトリックが加えられたうえで、文書は一月二十五日、承認を求める林彪のメモとともに毛沢東に提出された。しかし毛は解放軍ほど焦燥感に駆られていなかったとみえ、さらに修正を求め、周恩来にも意見を求めた。一月二十八日、毛の強い推奨の言葉――「この八条はたいへん良く書けている。このとおり発行せよ」――をもらって、中央軍事委八条命令はようやく発行された(35)。

言葉づかいは曖昧ながら、この命令の骨子は法と秩序の導入の方向にあった。重要軍事施設への「攻撃」の試みはすべて禁じると明言され、「勝手な家捜し」を禁じ、「敵」に対処するための方法を使って「人民内部の矛盾」を解決しないように警告している(36)。周恩来はのちに、この命令のおかげで「軍が守られた」と述べているが、まちがいなく正しい(37)。運動の「大衆」的局面への抑圧に関する記述があまりに衝撃的だったため、一月二十八日の夜に軍事委員会から原稿を受けとった印刷工はこれを偽物だと思い、毛沢東自筆の上書きメモを見せられるまで印刷しようとしなかった(38)。毛は民間の混乱状態から解放軍が部分的に隔離されるのに反対ではなかった。つまるところ解放軍は毛の依って立つ制度的基盤でもあるからだ。葉剣英によれば、毛はすべての軍区が同時に文革を行なうのを嫌い、軍内部と外部の運動を分離しておきたがり、敵国と国境を接する軍区の運動は先送りしようとした(39)。チベット自治区の区委第一書記／軍区司令官の張国華《ちょうこっか》はこの最後の方針のおかげで救われた一人だ(40)。

八条命令の最初の一節では、これまでの不介入の原則が撤回され、司令官は右派集団や反革命分子を抑圧するよう指示されている(41)。だがどの組織が左派で、どの組織が左派でないか、見きわめる方法は書かれていない。おそらく書けなかったのだろう。だが命令発布の直後、各省の軍司令官はこれを文革のもたらす混沌を制限する試みと解釈し、「法と秩序」を維持しようと極端な偏見で行動した。このことを軍事委員会が事前に知るケースもあり、知らないケースもあった。

## 三つの支持と二つの軍（三支両軍）

解放軍の両義的な役割が効果的に機能するためには、内部の規律が回復されねばならない。これは一九六七年初めに出された多くの軍事委員会命令の抱える課題だった[42]。解放軍の外部に対する役割は安定の回復だから、多くの場合、消防団的な役割を果たすのだが[43]、同時に文革最優先は確保しなければならない。この政策はようやく一九六七年三月十九日に軍事委員会から出されたスローガン、「三支両軍」に結晶した。左派、農民、労働者の三つを支持し、軍事訓練と軍事管制（二つの軍）を行なうという意味だ[44]。軍事訓練とは具体的に何かについては、すでに中央文件「中発（一九六七）八五号」に、天津地区のある中学に駐屯した解放軍部隊の例が示されていた。おおむね通常の軍事演習のように見えるが、おそらくはただそこにいて、無法は許さないと目を光らせる程度の役割を果たしていたのだろう[45]。軍事管制とは、部、省、地区を軍の管理下に置き、司令官に秩序回復をまかせることを言う。一九七二年八月にこの政策が廃止されて、解放軍の人員が原隊に復帰するまでに、この方針にもとづき、およそ二百八十万人の将兵がさまざまな職務に就いていた[46]。文革後、あろうことか解放軍将校たちは、この政策のもとで行なわれた行き過ぎについて自己批判を迫られることになった[47]。

　中央の指名した解放軍将校が必ずしも事態を適切に処理できたわけではない。劉賢権《りゅうけんけん》（青海軍区司令官／青海省委書記）は三月二十四日に青海省軍事管制委員会の設立を命じられたのに、四月十三日付けで、党ばかりか解放軍まで崩壊してしまった内モンゴル自治区へ異動になった[48]。中央は安徽省と広東省でも軍事管制委員会を設立したが、安徽省では急進派大衆組織を復権させ[49]、成都軍区が保守派大衆組織にだまされていたと非難した。[50] 山東軍区も同様の誤りで自己批判し、毛沢東はこれを「たいへん良い！　正しい。模範的だ。見倣うべきだ！」と誉めそやした。[51] 解放軍司令官たちが秩序を完全に回復するのはあいかわらず不可能だったけれど、四川省の例が示すように、真の毛沢東主義大衆組織を見分け、敵対する複数のライバル組織からどれを選ぶかについて中央文革小組と意見を一致させるのはもっと難しかった。

内モンゴル自治区の省都フホホトでは、内モンゴル軍区司令部の前でデモをしていた地元の教員養成学校の丸腰の学生一人を解放軍将校が射殺した。[52] 河南省開封では、解放軍陸軍第一軍の部隊が民間人デモ隊に発砲した。[53] 四川省では、成都軍区総部が二大急進派大衆組織——「成都工人革命造反兵団」と「四川大学八・二六戦闘団」——の連合体メンバーと支持者に六日七夜にわたって包囲された。軍は北京からゴーサインを受けとると、ただちに全省規模の一斉取り締まりを行ない、十万人近い「造反派」を逮捕した。[54] 造反派は「革命左派」の名のもとに四川省を治める夢破れ、それどころか牢獄でひどい目にあうことになった。

囚人は考えられるかぎりの苦しみを味わった。三メートル四方の監房に十二人つめこまれ、あるのはしびん一つと米をとぐ鍋一つ。かがんでも動けないほどの狭さだった。まったく日の射さない地下の監房にとじこめられた人たちは身動きすらできなかった。食事はブタの餌よりひどかった……典獄がこう言った。「紅衛兵は新手の反革命分子だ。ここで名誉回復できる道はない——お前らに唯一できるのは、台湾かアメリカへ行くことだ！」[55]

造反派がまとまって釈放されはじめたのは、それからほぼ二カ月過ぎてからのことだった。四月二十日、四川軍区司令官は中央文革小組に、一斉検挙で捕まって拘留された者のうち、これまでにおよそ二万七千九百六十五人が釈放されたと報告した。この知らせに毛沢東はこんな反応をした。そもそも逮捕者の数が多すぎる。だが「誤りは誰にでもある。改心したなら、それで良い[56]」

現場から遠ければ遠いほど、司令官は自分が「革命の道をはばむ邪魔者を除去している」、あるいは「階級の敵」に打撃を与えているにすぎないと自分に言いきかせるのは簡単だったはずだ。だが一般兵士はどれほど願おうと、必ずしもそれができない。「共産党万歳！」と叫ぶ丸腰の民間人を撃ち殺すのは、多くの兵士にとって深刻なトラウマ経験になった[57]。青海省西寧の『青海日報』ビルで流血の交戦があったのち獄につながれた紅衛兵の一人は、看守の解放軍兵士から、戦いの前夜、多くの兵士が泣いたと聞かされた。四人の紅衛兵は「ぼくも泣いた」と答えた。だが看守兵士はこう言った。「兵士が泣いたのは別の理由からだ。銃撃が始まったばかりだと知っていたから泣いたんだ[58]」。このときの銃撃の結果は公式の推定で、「大衆側の死者百六十九人、負傷者百七十八人。軍側は死亡四人に負傷二十六人」ということだった[59]。

欧米の歴史家は「軍が介入して秩序を回復するまでの混乱と無政府状態」という見方をするが[60]、その裏では西寧のような虐殺が起きていた。その正確な状況は今でも議論が多い。文革後の政権が、たった一つの簡明で「正しい」歴史だけを文献に残したいと強く願う場合、この議論はなかなか解決を見ないのが現実だ。『青海日報』占拠事件の結末はそういった例の一つにすぎない。たとえば一九八〇年代末に出版された中国の文革史の一つは解放軍寄りの立場から書かれたものだが、こんなふうに叙述する。首尾よく新聞社を占拠すると、紅衛兵は……

殴り、壊し、強奪し、略奪し、捕縛し、新聞社職員に白色テロをかけて、なかには殴り殺された人までいる。不法占拠者は反革命スローガンを叫び、どこかから盗んできた小銃と弾薬で武装して、説得にやって来た解放軍兵士を武力で威嚇した……新聞社を占拠した者たちはきっかけを求めて軍に発砲し、軍は反撃せざるを得なかった。その後つづいた戦闘で、ある人はその場で射殺され、またある人は新聞社を追い出された(61)。

ところが一九九〇年代に出た青海省の公式共産党史には、まったく違うことが書かれている。

劉賢権(青海軍区司令官)の支持に意を強くして、一部の人々は(『青海日報』に)軍事管制を敷くという決定に反対し、執行しに来た兵士たちを壁から追い落とし、社屋から叩きだした。このことが軍の将兵や大衆のあいだに当然の怒りを巻きおこした。二月二十三日、新聞社の内外に集まった人の数はしだいに増え、この異様な混乱のなかで、一兵士が誤って銃を撃ち、数人の同僚兵士が負傷した。これが、社屋を占拠していた「八・一八造反派」が先に銃撃を始めたと誤って伝えられたため、軍が発砲を始めた。現場指揮官は銃撃命令を下していなかったが、いったん発砲が始まると、それを抑える有効な手段はなかった(62)。

負傷した占拠者や罪のない野次馬にとって、試練はこの惨事(死者数は兵士一人につき民間人四十二人)だけに終わらなかった。いくつかの病院では、かつぎこまれた怪我人が解放軍に撃たれたと正直に言うと、治療してもらえない例があった(63)。一九六七年三月に北京で行なわれた中央の調査では、三発の弾丸を受けて倒れた少女が最初にかけられた言葉は、「〝八・一八〟(造反派)に撃たれたと言えば怪我の治療をしてやるが、解放軍に撃たれたと言ったら監獄行きだ」というものだった。おびえながらも、自分を撃った兵士をほんとうに見たと正直に言うと、少女は病院ではなく、監獄に送られた(64)。

　三月後半になって、毛沢東は自分が激励した「造反派」と、自分が支持する軍の勢いの均衡が崩れはじめたと判断した。この判断は、各省に放った中央文革小組の情報員からの報告や、中央で行なった調査の結果に補強された。青海省でスケープゴートになったのは趙永夫《ちょうえいふ》だった。罪状は青海軍区司令官の劉賢権に対して「反革命クーデター」をしかけ、革命大衆組織に「残酷な武力弾圧」を加えたというものだ。趙永夫は独房に入れられて裁判を待ち、青海省は劉賢権を主任とする軍事管制委員会の支配下に置かれて、解放軍の地位が強化された(65)。

　内モンゴル自治区では、地元軍指導部の大規模な粛清が行なわれると同時に、独立した大軍区というそれまでのステータスから、隣接する北京大軍区の下部組織へと改編が行なわれた。四川省では解放軍が誤った路線をとったという判断が中央から下され、大きな怨みを買った(66)。新疆ウイグル自治区では区委第一書記の王恩茂《おうおんも》が、敵性国ソ連と国境を接する辺境地域の軍区司令官と政治委員を兼任して磐石の地位を享受していたが、死者三十一人、負傷者百七人を出す衝突事件が起きたとき、その結果に対する中央文革小組と王恩茂自身の評価はまったく異なるものだった(67)。地方の大軍区司令官と北京の中央文革小組のあいだのこういう軋轢は、ほんらい共通点がないのに表面的に団結しているだけの毛沢東主義同盟に入った亀裂を露呈している。

四月一日、毛沢東は安徽省問題に関する中央文件「中発（一九六七）一一七号」の草稿につぎのように加筆して、各地の解放軍のふるまいに対する懸念を表明した。

（ここ北京では）少なからぬ数の地方の学生が中南海に侵入し、軍学校の学生が国防部に侵入したが、中央と軍事委員会は彼らを譴責することなく、彼らに罪を認めさせたり、懺悔書や自己批判を書かせたりもしなかった。こういうときは物事をはっきり説明し、故郷へ帰るよう説得するだけで充分なのである。地方は軍施設襲撃をあまりに深刻にとらえすぎている。(68)

毛沢東が安徽省の事件は局地的状況をはるかに越えた一般現象ととらえていることを理解させるために、中央弁公庁は四月五日に続報を出し、とくに「中発（一九六七）一一七号」を全国へ「口頭で組織的に伝達」するよう求めた。中央文革小組はすでに、解放軍に下された秩序回復許可のせいで、自分たちの支持者が多くの地方で撤退しつつあることに気づいていた。二月、北京の大学紅衛兵が武漢へ入り、現地の造反派同志がどんな活動をしているか調査した。その報告にもとづき、四月二日の『人民日報』社説は苦境に立つ左派へ支持を表明した。(69)

ここに来て林彪は、この社説（「革命の小勇将に正しく対処しよう」）に刺激されてか、広東軍区司令官の黄永勝《こうえいしょう》の訪問を受けたのち、左派としての自分に箔をつけようと考えた。林彪の秘書によれば、それまで地方の騒乱と距離を置いてきた林彪が、一月二十八日の八条命令は改訂が必要だと感じ、その場の思いつきで十条の草稿を書き上げたという。(70) この十条命令は四月六日に出され、毛沢東の強い支持を得た。八条が解放軍による秩序の維持を強調していたのに対し、新しい十条では造反派偏重にバランスを移している。解放軍は大衆組織に発砲しないようはっきり命じられ、独断的な逮捕、とくに大規模な検挙行動をしないよう、また大衆組織を反動と呼ばないこと（レッテル貼りはもはや中央の専売特許になり、軍へ敵対したことが大衆組織の政治スタンスを決める基準にならなくなった）、そして過去に解放軍を攻撃した造反派に報復しないよう明記されていた。十条に反する過去の行動はただちに軌道修正されねばならなかった。(71)

軍事委員会の新しい命令をどう解釈したらいいか、以前の命令とどう関係しているかについて説明したのは江青だった。この演説は毛沢東が最終的に手を入れて広く配布された。(72) 江青によると、一月二十八日の八条命令の目的は「軍を支える」〔擁軍〕ことで、これに対し、四月六日の十条命令の目的は軍に「人民を慈しむ」〔愛民〕必要を意識させることだという。(73) そして二つの命令はたがいに矛盾するものではなく、八条の「精神」は十条のそれと一致している。この二つを対立させようとする者は誰でも「悪人」か、「誤りを犯している」同志なのだった。(74)

王力によれば、新しい命令が出てから、いたるところで反軍暴動が起きたという。毛沢東は「軍を支え、人民を慈しもう」〔擁軍愛民〕というスローガンを作って、この矛盾の解消を図ろうとした。スローガンは新聞、掲示板に掲載され、毛沢東バッジにも刷りこまれ、果ては解放軍の武器にまで描きこまれた。いうなれば解放軍と造反派に、過去は水に流せという毛沢東なりのメッセージだった。五月二十六日、上京してきた内モンゴルの造反派と解放軍将校との興奮した会話のなかで、周恩来、康生、王力はそれぞれ和解の努力を試みた。周恩来は「もうすでに人が死んでいるなら、（誰に責任があるかを）あまり追及しないほうがいい」と言い、康生も「とりあえず、誰が死に値するとか、誰が犬死にしたとか追及するのはやめたまえ」と、同じようなことを言った。王力はただ「革命の過程で人が死ぬのはしかたない」と言っただけだった。[75]

中央文革小組が、法と秩序派の地方司令官の活動を制限する必要があるのは明らかだった。さもないと自分たちの支持者が大打撃を受けるだろう。中央文革小組はまた、解放軍内に自分たちの影響力を拡大しようとしていた。一九六六年二月の「部隊文芸工作座談会紀要」の準備のとき江青に協力してくれた劉志堅は、文革の開始以来とってきた「路線の誤り」を自己批判したのち、一九六七年一月四日に辞任を余儀なくされ、総政治部副主任の地位を中央文革小組の筋金入りの活動家、関鋒にゆずった。[76]全軍中央文革小組は一九六七年一月十一日にすっかり改編され、名目だけの組長として徐向前元帥をトップに据えたが、実際に支配していたのは新任「顧問」の江青で、関鋒を副組長に据えたのも江青だった。[77]解放軍総政治部主任の蕭華は徐向前元帥の第一副官に任命されたが、彼もまた就任後八日で中央文革小組の攻撃を受け、姿を消した。[78]

毛沢東と江青は『解放軍報』の運営に一風変わった方法で個人的影響力を拡大した。記者見習いとして最近この新聞で働くようになった李訥と七人の仲間が、編集長の胡痴《こち》から「奪権」したのである。李訥は外部の「大衆組織」を介入させないことに同意し、その褒美として、李訥の自称「革命造反突撃隊」はすぐに軍事委員会から、この新聞の公式「大衆監督組」として承認された。林彪は組員への祝いの手紙にこう書いた。「私は諸君を固く支持する。〝乱〟を恐れるな。秩序は乱の果てにしかないのだから」[79]

文革の始まったころ江青と林彪は手を組んで、おおいにたがいの利益を図った。だが奪権が始まり、中央文革小組が解放軍内部に足場を求めだすと、二人の関心と目的は別方向へ向かう。しかし目下のところ、二人にはまだ共通の敵がいた。地方の奪権とそのもたらす波紋によって、守旧派と文民急進派のあいだに危機と緊張が高まった。一九六七年二月、中央文革小組と軍事委員会および国務院の最長老たちが中南海で激突し、緊張が一気に爆発した。

# *11* 老将たちの最後のふんばり

文革中、毛沢東が高級幹部の殺害を命じた形跡はいっさいないようだ。スターリンとちがって、毛はそういう最終的解決で身を守る必要を感じなかった。その代わり、かつての戦友たちの運命は中央文革小組や紅衛兵の手にゆだねられ、彼らのなすがままに放置された。それでかつての盟友が辱められようが、拷問されようが、傷つこうが、ついには死に至らしめられようが、意に介さなかった。革命とはそういうもの、というわけだ。劉少奇ほかの政治局常務委員が中南海の自宅でつるし上げられても無頓着だったのはそのせいだが、もしかすると毛は、国民がこういうお偉方の失脚する姿を見て溜飲を下げると踏んで、ほくそ笑んでいたのかもしれない。

周恩来は党の長老への乱暴について紅衛兵をいさめ、[1]個人的に中央、地方の幹部を守ろうとした——賀龍元帥はサスペンス映画さながらに、北京郊外の西山にかくまわれた。[2]だがやがて中南海で起きた狼藉からわかるように、周恩来の力にも限界があった。一九六七年一月十六日の写真では、文革最初の犠牲者——彭真、陸定一、羅瑞卿、楊尚昆——が首に札をぶらさげ、頭を下げて公衆の前で辱められている。[3]一月二十二日、煤炭工業部部長の張霖之《ちょうりんし》が訊問中に死んだ。[4]同じころ、中央軍事委員会国防工業委員会副主任／中央委員の趙爾陸《ちょうじりく》が似たような状況で死んだ。[5]ついに周恩来と国務院の同僚たちは三十人の政府高官を庇護、休養のため中南海へ避難させることにし――ただし、そういう考え方自体がすでに問題を起こしていた――その名簿を作った。また地方の指導者たちについても、比較的安全な首都へ移すべき人々の名簿ができた。毛沢東は二つの名簿に同意したが、地方ではすでに拘束された幹部もいたので、全員が保護できたわけではない(6)。

副総理までが攻撃にさらされ、国務院の業務に支障が出てきた。一九六七年一月八日、周恩来は中南海の造反派に、中央は譚震林《たんしんりん》、陳毅、李富春、李先念の四副総理を引きずり出すのを許さないと伝えたが(7)、一月二十四日には陳毅元帥が外交部造反派の組織した大衆集会で自己批判を強いられ(8)、ほかの副総理たちも攻撃された。周恩来は財政部の上級職員との会話で、いま起きていることが「非常に不安」で「納得できない」ともらした。老幹部に三角帽をかぶせるのは「ブルジョワ的、封建的だ。もし諸君が政権を担当していて、若い世代が諸君をあんなふうに扱うとしたら、それでいいのかね?(9)」

同僚を守ろうとする周恩来の力がいかに微力だったかを物語るのが、一九六七年一月に起きた陶鋳の失脚事件だ。これがひいては老将たちの最後の戦いを早めることになった。「二月逆流」と呼ばれるこの戦いを、林彪はのちに「十一中全会以後の最も深刻な反党事件」と決めつけたが(10)、これは曖昧な隠喩だったものが明解な日常語に翻訳されたできごとであり、一九六七年二月中旬に中南海で開かれた二度の会議の混乱のなかで、中国の軍部・政界最高峰リーダーの一部が、文革事業全体に対して分別の観点から疑問を投げかけた事件だった。

## 陶鋳事件

陶鋳が落下傘人事で中南局第一書記から中央指導部のトップに就任して以来、一九六六年の後半をつうじ、周恩来はさまざまな個人や施設を守り、国家の均衡を保つ努力をつづけるうえで、陶鋳の力に大きく頼ってきた。[11] 周恩来本人に手を触れられないことを知っていた中央文革小組は、敵意を陶鋳に向けた。陶鋳は康生と同じく、公式には「顧問」として中央文革小組の一員だったにもかかわらず、彼らの「仲間」と見なされたことがない。何度も衝突があり、陶鋳はくだらぬ嘲弄や深刻な批判にさらされ、怒りのこみあげることもあった。[12] 一九六六年十一月二十七日、江青の意を受けた関鋒は、陶鋳が劉鄧路線を支持し、毛主席の「司令部を砲撃せよ」という呼びかけに反対したことなど、陶鋳が中央に着任してから犯した七つの罪を詳細に述べた報告書を提出した。江青はこれを毛沢東にまわした。[13] 翌日の大きな会議で、江青はあてつけがましく主席の親しい戦友の名簿から陶鋳の名前をはずした。[14]

関鋒報告への毛沢東の反応はわかっていない。そもそも陶鋳の失脚に毛の果たした役割自体がいまだに曖昧なままだ。毛は陶鋳の作る文書にあまり満足せぬまま、それを承認していたと言われている。前にも述べたが、周恩来の経験則によれば、提出された文書に「とても良い」〔很好〕と上書きしないかぎり、主席は何か不満を抱いているということになる。[15] あるインサイダーの印象では、毛の目には、陶鋳があたかも平時のごとく職務をこなしていると映ったらしい。これは毛が最も望まないことだった。[16] このときの毛の矛盾した行動がもたらした誤解によって、二月逆流が引き起こされたとも考えられる。[17]人はそれぞれに異なる解釈で、「主席にぴったりついて行こうとする」ものだ。

大きな会議で陶鋳が初めて本格的な攻撃を受けたのは十二月六日だった。林彪主宰のこの政治局拡大会議で、王力ら中央文革小組員が陶鋳の言葉尻をとらえて、陶鋳は生産を理由に革命を抑圧していると非難した。[18]だが陶鋳を悩ませていたのは、中南局で陶鋳の部下だった王任重（元副主任）の身の安全に関わることだった。王任重は毛に個人的にそそのかされて中央文革小組の副組長の一人にまつりあげられていたにもかかわらず、すでに彼らと衝突していた。陶鋳は、長いこと毛のお気に入りの側近だった王任重の任を解き、広東省でゆっくり休ませてやってほしいとたびたび毛に働きかけた。だが、毛が最終的に出した結論は、王任重の運命を政治局と中央文革小組の決定にゆだねるというものだった。[19]

十二月二十六日、毛沢東の誕生日の祝宴で中央文革小組がもりあがっていたとき、陶鋳のことが話題になった様子はない。[20]十二月二十七日と二十八日、周恩来は毛の指示により、王任重の処遇を決める会議を開いた。[21]ところが中央文革小組指導部は関鋒の告発状に沿って、いきなり陶鋳への攻撃を再開した。政治局委員たちは一人として陶鋳を弁護しようとせず、李富春だけが陶鋳を古巣の中南局へ戻せばいいと、まぬけな提案をした。[22]

毛沢東の行動が混乱してくるのはこのころからだ。十二月二十九日、毛はみずから招集した政治局常務委員会で、中央（つまり毛自身）の許可を得ずに陶鋳を攻撃したと江青を批判し、[23]陶鋳が北京へ来てからの仕事を讃えた。会議のあと、毛は陶鋳と個人的に一時間ほど雑談し、江青は偏屈で狭量なやつだから、何を言われようと気にするなと言った。また陶鋳には田舎風の仕事のしかたをやめ、思ったことをすぐ口にしないよう、もっと謙虚で慎重になるよう忠告した。そのあと二人は陶鋳が二、三カ月地方をまわって、文革の進み具合を視察する必要について話し合い、毛は陶鋳に、批判してもいいが黒焦げにしてはいけない省リーダーの名簿を与えた。陶鋳は嬉々として帰宅し、妻に毛主席が自分を守ってくれた、自分の問題は結局たいしたことにならなかったと語った。このときのことを妻はのちに「黄昏の最後の輝き」――臨終の前に意識が一瞬よみがえった――と回想する[24]。

たしかにそのとおりだった。翌晩遅く、中南局の紅衛兵がハンストをちらつかせて脅迫しながら、陶鋳に面会を求めた。表向きの目的は王任重を捕まえることだったが、本音は国家の指導者に対してなんたる無礼な態度をとるのかと、陶鋳を怒らせることなのは明らかだった。事態がいよいよ紛糾し、陶鋳を守るために衛兵が駆けつけると、紅衛兵は陶鋳が大衆を武力で弾圧したと責めた[25]。この騒ぎを引き継いで、一月四日に陳伯達と江青がとどめを刺した。二人は中南局紅衛兵に対し、王任重を守ろうとした陶鋳は「中国最大の保皇派」だと告発した[26]。たちまち「打倒、陶鋳」のポスターがいたるところにわいて出た[27]。この告発で驚くのは、党四位のリーダーが批判されたのもさることながら、毛沢東とあれほど近かった王任重が、まるで何の問題もないかのごとく中央文革小組の標的にされたことだ[28]。

同じ日、おそらくは中央文革小組の誣告に耳を傾けたと思われる毛沢東からの問いに答えて、周恩来は、陶鋳が王任重を引きずり出そうとした大衆を弾圧したという嫌疑を否定した。そして陶鋳の態度にはたしかに問題があったかもしれないと認めた――これはおそらく紅衛兵に対する陶鋳の粗野なふるまいのことを指すのだろう。しかし毛の態度が曖昧だったため、周恩来は一月五日早朝、陶鋳に電話し、ここ一両日は家から出ないよう警告した。案の定、一月八日になって中南海の造反派は劉少奇、鄧小平とともに陶鋳も捕らえる権利を要求しはじめた[29]。

同じく一月八日、毛沢東は（紅衛兵集会へのメッセージのなかで）、陶鋳の問題は「非常に重大」だと述べた。陶鋳は「非常に不正直」だ。しかし問題解決は大衆にまかされた。さらに毛は陶鋳など個人的にほとんど知らないとでも言うかのごとく、鄧小平の推薦で陶鋳を中央へ異動させたことを責め、集会が首尾よく陶鋳を引きずり出せるように幸運を祈った[30]。同じ日、毛は旧中央宣伝部を引き継いだ「中央宣伝小組」の長だった陶鋳の後継者として王力を指名した[31]。一月九日に王力の初記者会見が行なわれたが、その演説内容は主として陶鋳への攻撃だった[32]。つづいて一月十二日には戚本禹が中央弁公庁の造反派への演説で鄧小平と陶鋳を攻撃した[33]。一月二十日ころになると、陶鋳に公式文書がまわってこなくなり、電話が外され、自宅への供給電力量も下げられた[34]。

まさに中央文革小組が陶鋳に勝利したかに思えたとき、毛沢東はふたたび態度を豹変させる。初めのうち、毛はたんに中央文革小組のやり口にいらだちを表明しているだけのように思えた。二月三日の夜、陳伯達、葉剣英、江青、王力との会合で、毛は中央文革小組の公式地位について、これが事実上、中央書記処に代わる党の組織であると述べながらも、文革小組には「民主集中制」が欠けていると批判した。毛の関心は明らかに文革小組の内部運営よりも、自分との関係のほうにあった。毛は文革小組から不定期にしか報告を受けていなかったし、文革小組がどのように、どのくらいの頻度で政治局常務委員会に報告するかについて正式決定されたことは一度もない。毛によれば、めいめいが自分勝手に報告し、康生も、陳伯達も、江青も、みな自分の話をするばかりで、組織として報告したことがない[35]。

毛沢東がいらつくのもわからないではない。たしかに毛は「乱」を好んだが、従順で円滑な官僚仕事も嫌いではなかった。残念ながら、中央文革小組はかつて鄧小平が統率していた中央書記処のような、ボスの意志に打てば響くがごとく反応する細やかな組織体ではない。中央文革小組の官僚的すそ野はふくれあがっていたけれど、毛が自分への忠誠心を基準に選んだ指導部はルンペン過激派の寄せ集めのままだし、その手足となる歩兵はやはり同じような基準で、国家を円滑に運営するよりは天下を揺さぶる目的のみで中央文革小組指導部が選んだ「規格外の寄せ集め」だ。気の小さい陳伯達は、気性が荒くて横柄な江青に頭が上がらず、康生は毛主席にぴったりついていくにはどうしたら一番いいか、確証がつかめるまで意見を保留する。張春橋はいまだに上海にかかりきりで、のちに演じたような支配的役割を担うに至っていない。これでは毛がいらつくのもうなずける。

　しかし毛沢東が官僚機構としての中央文革小組に不満だという兆候が見えたとしても、それだけでは党の老幹部が中央文革小組に立ち向かう充分な後押しにはならない。そのためには、中央文革小組の行動に対して老幹部の抱く不快感を毛が共有してくれる必要がある。それはちょうど一週間後の二月十日に起きた。この日、毛は林彪、周恩来、陳伯達、康生、李富春、葉剣英、江青、王力を集めた会合で、陳伯達と江青を攻撃した。王力によると、毛は一月四日の陳伯達と江青の陶鋳攻撃の記録を初めて読み――ある情報源によれば、そんなことはまずあり得ないという[36]――激怒した。そして陳伯達が陶鋳「打倒を呼びかけ」たのは大きな逸脱だと責めた。政治局常務委員は誰一人として、他の委員をそのように「打倒」する権利はない。「きみと私は長いことうまくやってきた。きみの人柄がどうこうというんじゃない」。だが束の間の安堵をくつがえすかのように毛は言った。「これまで（劉少奇と私の関係に関して、きみはもっぱら日和見主義をきめこんできた」。そして文革の始まったころ鄧小平を批判したときを彷彿させる言葉づかいでこう言った。「きみのことは長年知っているが、きみは自分が個人的にまきぞえにならないかぎり、私に近づこうとしなかった」。陳伯達はその場で自己批判したがったが、毛は許さなかった。会議のあと陳伯達はすっかり落ち込み、周恩来の介在がなければ、ほんとうに自殺しかねないほどだった[37]。

つぎに毛沢東は江青に向かってこう言った。「お前はご大層な目標のわりにはたいした能力もなく、野心ばかり大きくて才能がほとんどない。お前はみんなを見下している」。他の中央文革小組メンバーが不適切な行動をとったことはない。「(陶鋳の打倒は)お前たち二人だけで仕組んだものだ。他の誰も関わっていない!」　毛はまた、直接にではないものの、林彪までも批判したらしい。毛は林彪をふりむくとこう言った。「以前とさっぱり変わっていないじゃないか。報告は私にとどかない。ものごとが私に隠されている。唯一の例外は総理だ。なにか重要なことがあると、総理はいつも報告してくる」。会議の終わりに、毛は文革小組に陳伯達と江青の批判集会を開くべきだと言ったが、こうつけ加えた。「陳伯達と江青の問題」はけっして外部で討論してはならない。二人は中央文革小組内部だけで批判すること。そのために張春橋と姚文元を上海からただちに呼び戻すことになった[38]。

陶鋳について書いた中国人伝記作家の一人はこんな議論を展開している。毛沢東は陶鋳の失脚を望んでいなかったが、周恩来を補佐するために陶鋳のように有能な人材が必要だった[39]。毛が中央文革小組から報告がとどかないと不満を述べていることから推察するに、陶鋳の失脚は毛が事態の進行を知らなかったため起きたのだろう。陳伯達と江青が非難されたのは一部始終を知った毛が激怒したからだが、文革小組の権威を傷つけないために、(陶鋳失脚の)決定をくつがえそうとしなかった。しかしこの議論は、中央文革小組の活動、陶鋳事件が表面化するまでに長い醸成期間がかけられていること、毛の行動パターンなどの文脈全体から考えると、検証に耐ええなくなる。

中央文革小組のリーダーたちは、あの押しつけがましい江青ですら、自分たちの権力の源がどこにあるか、つねに知っていた。毛沢東が周恩来を攻撃してはならないと言えば、彼らはそれに従った。であれば、毛の暗黙の了解なしに二カ月もかけて陶鋳攻撃を展開するとは考えにくい。もし十二月末の時点で毛が陶鋳を守りたいと思っていたなら、どうして文革小組は攻撃をつづけたのだろう。と言うより、なぜ毛は文革小組に対し個人的に、これ以上の陶鋳攻撃は許さないと言わなかったのだろう。なぜ一月四日から五日の夜、陶鋳を守るよう、周恩来にはっきりした示唆を与えなかったのだろう。ほかの状況下で、毛は自分が大切に思っている側近が紅衛兵にしめあげられているとわかると、ただちにその部下の自宅へ駆けつけて、みずから安否を確かめている。[40] 中南海の陶鋳の家は毛の家にごく近い。なのに一月五日の夜、毛は陶鋳の家へ駆けつけて彼を安心させてやろうとはしなかった。それどころか、そもそも陶鋳を北京へ連れてきたのは自分なのに、責任などないふりをした。こうした証拠から考えるに、毛は陶鋳攻撃を充分承知しており、彼を救おうと思えば救えたはずなのに、そうしなかった。ということは、毛が中央文革小組の攻撃を暗黙に支持していたと同時に、貴重な同志をもう一人、浅薄な根拠のもとに破滅に追いこむことへの責めを逃れたい気持ちがあったにちがいない。毛は否認権を確保したかった。[41]

毛沢東が江青をこきおろしたのにはもう一つ理由があったようだ。江青は毛の忠実な追随者で、毛の死後は毛の学生を自称している。だが中央文革小組が文革のエンジンになるにつれ、この意志強固な女性はしだいに自信をつけ、政界の重要人物になっていった。女性に対して家父長的態度をとる毛は、そういう江青におのれの分をわきまえろと言いたかった。しょせん、この女は自分の妻にすぎないではないか。[42]

江青は毛沢東のメッセージを理解した。その結果、毛のあからさまな怒りの前に中央文革小組が攻撃をゆるめ、それにより毛の否認権は強まった。春になると、文革小組はさまざまな機会に、とくに陶鋳の粛清に関して、江青と陳伯達の役割を減じようと試みている。北京で大きな文革回顧展が開かれたとき、中央文革小組から主催者へ、開会前の最初の指示は、一月四日前後のできごとをめぐる展示の変更だった。戚本禹は、陳伯達の引用の削除を求め、「観客に陶鋳を引きずり出したのは革命大衆だと思わせる」ことが必要だと主張している。陳伯達自身も江青と張春橋に後押しされて、「彼を引きずり出したのは大衆で、我々はそれを支持しただけだ」と説明した(43)。

陶鋳のあっという間の出世と失脚については、毛沢東がかつて一九六五年から六六年にかけて複数の高級幹部の失脚をもくろんだときと比べてみると、もう一つの説明が可能だ。毛は陶鋳を中央へ異動させることで、北京の上層部とつながりのある有力な地方リーダーを、その権力基盤となる土地（伝統的に中央政府に反対する陣営の駆け込み寺となってきた地域）から切り離した(44)。これは偶然だろうか？　もしそうだとすれば、幸運な偶然だ。

## 二月逆流

陶鋳事件に関して毛沢東の動機が何だったにせよ、毛が陳伯達と江青を叱責したことは、まだ健在だった老幹部らにとってかなりの励ましになったことはまちがいあるまい。毛本人がそれを承知していたのは確かだ(45)。おそらく毛は上層部に反文革気運のあるのをよく知ったうえで、最も敵対的な人物をいぶり出そうとしたのだろう。だが、毛が陳伯達と江青の罪を内部機密にとどめておきたいとはっきり言ったのに、二月十日のこの同じ政治局常務委員会拡大会議の閉会にあたって、今後のこうした会議に陳毅、譚震林、徐向前、李先念、謝富治ら数人を追加で参加させるよう命じたのは何とも解せない(46)。

ともあれ李富春は（そうせよと言われたかどうかは別として）、ただちに自宅へ譚震林、陳毅元帥、李先念などの政治局委員数人を招いて会議を開き、毛沢東の（江、陳への）批判内容を明らかにした(47)。こうして陳伯達と江青の誤りは中央文革小組内部でのみ議論するようにという毛沢東の命令は無視される結果になり、老幹部たちから中央文革小組へ正面攻撃が始まった。のちに張春橋が「二月逆流」と名づけたこの争いは(48)、二月十一日と十六日の二度にわたって開かれた、周恩来主宰の中央碰頭会で起きた。

中国人歴史家の一致した見方では、老幹部をつき動かしたのは、白熱した議論から見えてきた三つの問題だった。（一）党のリーダーシップは上海のように不要になるのか？（二）上級幹部は全員失脚するのか？（三）解放軍の安定は維持できるのか(49)？　それから十年以上たって、七十六歳になった譚震林は『人民日報』にこう語っている。「これはみな根本的性格を持つ問題だった。いわゆる〝大革命〟運動の過程で起きた問題だ。一言で言うなら、最終ターゲットは誰なのか（究極的に誰の天命を革《あらため》るのか）、その実行を信頼してまかせられるのは誰なのか、ということだ。大問題だよ、これは(50)」

二月十一日の会議は「革命に力を入れ、生産を促す」ことについて話し合う予定だったが(51)、たちまちテーブルの片側に座った中央文革小組と、その向かい側に座る元帥や副総理とのあいだの言い争いになった。文革小組側は陳伯達、康生、王力しか出席しておらず、分が悪かった(52)。軍事委員会秘書長として解放軍の日常業務を司る葉剣英元帥は、陳伯達を（そしてその延長として、陳が組長をつとめる中央文革小組を）責めたてた。「お前たちは党を攪乱し、政府を攪乱し、工場や農村を攪乱し」「それでもなお足りないのか、軍まで攪乱しようとしている。こんなことをして、いったいどういうつもりだ」。つづいて徐向前が陳伯達を攻撃した。「軍はプロレタリア独裁の支柱だ。だがお前たちのやり方を見ていると、そんな支柱は要らないみたいだな。我々の誰も救うに値しないと言いたいのかね？なにが望みだ？　蒯大富（清華大学紅衛兵リーダー）みたいなやつに軍を指揮させたいのか？」こで康生が陳伯達の弁護にわりこんだ。「軍はあなたのものではありませんぞ、徐向前」。しかし葉剣英がふたたび攻撃した。

この上海の奪権と上海公社への名称変更――これは国家体制に関わる大問題なのに、政治局で議論されなかった。承認なしに名称を変えるとは、いったい何をもくろんでいるんだ？……我々（老幹部）は本も新聞も読まないから、何がパリ・コミューンの原則かわからない。その原則とはいったい何なのか説明してくれ。党の指導なしに革命ができるのかね？　軍は必要ないのかね？[53]

陳伯達はすっかり萎縮して、葉剣英の発言のあとでは「きまり悪くてならない」と口走った。口論のつづくなか、議論が議題を離れてしまったからと、周恩来は閉会を宣言した。席を立ちながら陳毅が葉剣英にささやいた。「剣公、あなたはほんとうに勇敢ですな」[54]

だが、はたして勇敢だったのか。葉剣英は毛沢東の考えがうすうすわかっていたのではなかろうか？なぜなら翌二月十二日、毛の求めで上海から戻った張春橋と姚文元は空港からその足で毛の居宅へ向かい、「上海公社」の名称を変更するよう言い渡されたからだ。それとも、毛は名称のような、どうでもいい譲歩をして元帥らをなだめようとしたのだろうか？　いずれにせよ、これは自由奔放な中央文革小組急進派にとって明らかに挫折だった。二日後、毛沢東の命じたとおり、陳伯達と江青の批判が行なわれることになって、文革小組内部の軋轢がこれに加わった。[55] この進展について老幹部たちがどのくらい知っていたかは不明だが、二月十六日に改めて「革命に力を入れ、生産を促す」話し合いのために、周恩来が二回目の中央碰頭会を招集したところ、元帥や副総理たちはすっかり喧嘩腰で、周恩来の開会宣言を待つのももどかしく、論戦が始まった。[56]

大躍進時代に毛沢東の農業政策の行政主任だった副総理の譚震林が、失脚した上海のリーダーで、一九五〇年代初めに譚震林が華東局にいたころ知己だった陳丕顕を守るよう、さっそく張春橋に要求した。張春橋がこれは大衆と討論しなければならない事案だと答えると、譚震林は爆発した。「大衆だと？　いつだって大衆、大衆だ。党にだってまだ指導力はある！（お前は）党の指導を望まず、明けても暮れても大衆の自己解放、自己教育、自己革命の話ばかりしている。いったいこれは何だ？形而上学じゃないか[57]」

張春橋が上海では党組織が崩壊して、今のところ科長以上の幹部はみな無力だと説明すると、譚震林はいよいよ興奮してこう言った。

お前たちの目的は老幹部の粛清だ。一人ずつ打倒して、誰もいなくなるまでつづけるつもりだろう……「黒五類」について：（お前たちの一部は）やつらを代弁する。だが高級幹部の子弟はどうなんだ。（お前たちの）誰も、彼らを代弁してやらないのはなぜなんだ？　高級幹部の息子を見ると、お前たちは捕まえる。これが反動的血統論でなくして、いったい何だ？　反動的血統論に対して反動的血統論で戦うようなものだ。まさに形而上学じゃないか……現代の造反派について：彼らはみな地主、富農、資本家の子弟じゃないのか？　この蒯大富ってやつは、いったい何者だ？　反革命がやつの正体だ……党の歴史上のすべての闘争のなかで、これはどれよりもはるかに残酷だ(58)。

譚震林はとくに江青に対して厳しかった。江青はこの日も病気を理由に欠席していたが、譚震林は江青が自分を反革命と面罵したと告発した。江青の盟友で公安部部長の謝富治が江青と中央文革小組は譚震林を守っていると抗議すると、譚震林は鼻息荒くこう言った。「私は江青なんぞに守ってもらいたくない！　私は党のために働いているんだ。江青のためじゃない！(59)」

この時点で、むかっ腹を立てた譚震林は書類をまとめて上着を着、今にも席を立とうとしながらこう言った。「もし最初からこんなことになるのがわかっていたら、私は革命に加わったりしないし、共産党にも入党していない。六十五歳まで生きるんじゃなかった。この四十一年、毛主席に従ってくるんじゃなかった(60)」。周恩来は譚震林の退席を許さなかった。陳毅が譚震林に言った。「行くな！　戦わなきゃだめだ(61)」

対決は三時間つづき、もはや腹いせと化した舌戦のなかで老幹部たちの発言はつづいたが、とくに陳毅が参戦して吐いた一言は、毛沢東にとって最も敵対的で個人攻撃に近いものだった。

こういう連中は政権をとると修正主義をやった。延安のころ劉少奇、鄧小平、彭真、それに薄一波、劉瀾濤《りゅうらんとう》、安子文などは、毛沢東思想を最も熱烈に擁護していた。彼らは毛主席に逆らったことがなく、（じつは）毛主席に会ったことすらなかった。毛主席に逆らい、その結果批判されたのは我々だ。総理は批判されなかったか？　毛主席に逆らったのが誰か、歴史が証明しなかったか？　これは未来がふたたび証明してくれるだろう。スターリンはフルシチョフに後を譲り、フルシチョフは政権をとると修正主義をやったのではなかったか？[62]

このとき周恩来が陳毅の言葉をさえぎり、こう言った。「だからこそ我々は文化大革命をやり、劉少奇と鄧小平（の正体）を暴露した！[63]」

周恩来は国務院と解放軍の戦友を支持しなかった。これは重要な意味を持つ。彼らは周恩来が四十年苦楽をともにし、三つの基本問題について周と完全に意見の一致する人々だった。[64] 中国では公の周恩来像には心からの敬意が払われるのがふつうだ。だが周の揺らぎのあるこのスタンスへの批判は、中国にも広く存在する。[65] もし周恩来が、老幹部の団結という希有の機会をとらえて元帥や副総理たちに味方し、文革の恐怖と混乱を取り去るべく、いろいろな提案をして毛沢東に圧力をかけていれば、どんな影響力を発揮できたか、今の私たちには想像をめぐらすことしかできない。周恩来はその労をとるリスクを避けたのだった。

## 毛沢東の反撃

午後七時、周恩来は時間切れを宣言し、討論は「次回にまわされる」ことになった。[66] 席を立ちながら張春橋は王力と姚文元をかたわらに呼び寄せ、会議中にとったメモをつきあわせて内容の一致を確認すると、張春橋を先頭に三人は釣魚台の国賓館十一号楼の江青のもとへ報告に向かった。報告を受けた江青は、当然な反応だが、ただちに毛沢東へ知らせなければいけないと言った。その夜十時から真夜中にかけて、毛は人民大会堂の「北京の間」で三人と会い（江青は同行しないほうが賢明と考えて遠慮した）、会議の一部始終について報告を受けた。王力によると、初めのうち毛はたいして深刻にとらえていなかったようで、笑いすらもらした。ところが前述の陳毅の言葉を聞くと、表情がいきなり変わった。(67)

中央文革小組の三人組は期待どおりライバルの機先を制し――周恩来はこの重大な瞬間に、彼らしくもなく報告が遅れた――毛が老幹部に腹を立てるように仕組まれた報告をすることができた。かつて大躍進時代の一九五九年の廬山会議と同じように、毛は自分が発動した大衆運動の大混乱によって生じた行き過ぎを糺そうとしていたが、そういうときに運動を批判されると、毛はそれを個人攻撃ととらえた。(68) いずれにせよ、元帥や副総理は毛が中央文革小組の誤りを批判してくれるかもしれないという期待を裏切られた。中央文革小組の活動の何をつつかれても、毛はそれを文革そのものの否定ととらえて、批判を容認できなかった。(69) 最後の手段として、譚震林は林彪に手紙を書き、中央文革小組を批判した。だが林彪は、譚副総理の考えはこのように混乱し、かつてなく低落しているという意見を添えて、その手紙を毛にまわしただけだった。(70)

たぶん老幹部の共有する怒りが自分に向けられる危険を避けるためだろうか、毛沢東は二月十八日の夕刻、周恩来から提出された「幹部には正しく対処しなければならない」という題の『紅旗』社説草稿を肯定的なコメント（「きみの意見に同意する」）とともに承認した。社説は、実権派幹部は全員悪者で、「打倒」されるべき人間だという誤った認識を持つ人たちに批判的な内容だった。周恩来はこれを内輪、とくに陳毅にリークし、そののち社説は『紅旗』に載る一週間前に『人民日報』に発表された。[71] しかし、じつのところ毛は激怒し、怒りを煮えたぎらせていた。二月十九日深夜、毛は周恩来、葉群（林彪代理）、康生（中央文革小組代表）、李富春、葉剣英、李先念、謝富治を呼び、この事実上の政治局会議と言える席で猛烈に反撃した。[72]

中央文革小組は十一中全会で採択された路線を実行してきた。その誤りは一、二パーセントか、せいぜい三パーセントで、九十七パーセントは正しい。もし誰かが中央文革小組に反対するなら、私は断固としてその人に反対する！　文化大革命を否定しようとしても、そうはいかない！　葉群同志、林彪に彼だって安全じゃないと伝えなさい。奪権しようとしている者がいるから、用心したほうがいい。もしこの文化大革命が失敗したら、私は林彪と二人で北京を離れて井崗山へ戻り、ゲリラ戦を戦う。諸君は江青と陳伯達がダメだと言うが、それなら陳毅、きみを中央文革小組の組長にしてやるから、陳伯達と江青を逮捕して処刑したらいい！　康生を流刑にしたらいい！　私も引き下がる。そうしたら王明（モスクワで訓練を受け、一九三〇年代末から一九四〇年代初めに毛沢東と指導者の地位を争って負けたライバル）に頼んで主席になってもらえ。[73]

あとになって康生は王力に言った。「私は長年主席と一緒だったが、主席があんなに怒ったのは見たことがない」。会議は夜明けまでつづき、周恩来は毛沢東をなだめようと、事態の収拾がつかなくなったことを自己批判した。最後に毛が譚震林、陳毅、徐向前に「自己批判のための蟄居」を命じ、周恩来は陳毅を、李富春と謝富治は譚震林を、葉剣英、李先念、謝富治は徐向前をそれぞれ工作するよう命じた[74]。

　二月二十五日から三月十八日まで七回にわたって開かれた周恩来主宰の政治局委員による批判会議では、陳毅、譚震林、徐向前に「工作」するよう毛沢東に個別に指名された委員だけでなく、中央文革小組メンバーからも厳しい圧力が加わった。王力に言わせると、「誰もが三人を批判した。自分の立場を示すためだけにそうした……同志もいた[75]」。これらの会議での告発が断片的にリークされて、紅衛兵の怒りがたくみに操作、誘導されていった。康生は、懐仁堂での衝突は十一中全会以来、最も重大な反党事件だと主張し、江青は「老幹部をではなく、一握りの叛徒やスパイを守ろうとする」試みだと言い、陳伯達は「プロレタリア独裁の転覆」をもくろむものだと言った[76]。

　周恩来の提案で、懐仁堂会議の場にいなかったが老幹部批判に加わりたい者のために、張春橋、姚文元、王力のメモをもとに公式に準ずる議事録が作られた[77]。それから数カ月にわたり、周恩来は副総理たちを守るために全力を尽くした。彼らを今すぐ「引きずり出す」必要はない。「毛主席だって劉少奇を二十年間観察したうえで、初めて（彼を批判する）大字報を書いた」のだから[78]。こういう発言が、中央当局は運動全体の速度を遅らせようとしていると誤解されないように、中央文革小組は――最近の毛沢東の発言を引用して、しかしそれが毛のものだとはっきりとは言わずに――公の場で、「頂点に始まって底辺にまで、いたるところに反革命復古のきざしがある」と言いはじめた[79]。これとは矛盾するようだが、彼らはこの「逆流」勢力を誇大にとらえないよう警告し、この主張をやわらげようとした。戚本禹は北京紅衛兵に「過大評価するな」と言い、王力は『人民日報』職員に「たいしたことではない」と説明した[80]。

## 聯合行動委員会

同情心からか、あるいはこのほうがありそうなことだが、警戒心からか、毛沢東は「二月逆流」のリーダーたちを全面的に打倒しようとしなかった。最も目立つ発言をした者だけを糾弾することで、老幹部たちが自分に対して団結する危険を慎重に避けたのだ。そして四月二十二日に、三カ月前に逮捕されていた「首都紅衛兵聯合行動委員会」(聯動)メンバーの釈放を命じた。[81] この紅衛兵組織は高級幹部の子弟だけからなる。彼らはある日突然、文革のターゲットが通常の被疑者ではなく自分たちの両親だと気づいて団結した。一月十六日、毛は副総理/公安部長の謝富治に、この組織について「階級闘争」の観点から語った。[82] 翌日、謝富治は公安幹部会議で、この組織は「反革命分子」の率いる「反動組織」だと糾弾した。[83]「反革命」「二月逆流」の衝突のとき、副総理の李先念は謝富治に、「十七、八歳の小僧っ子」がどうしたら「反革命」になれるのだと説明を求めた。李先念によれば、彼らが中国全土で自白を強要されているという。

李先念の言葉はあまり正直ではない。聯動メンバーは一筋縄で行く連中ではなかった。その「綱領」は――他の紅衛兵によれば、一九六七年に聯動が作ったという、おそらく一部偽造の、興味深い文書――「マルクス・レーニン主義と一九六〇年以前の毛沢東思想」に忠誠を誓い、「中共中央委員会の二人の主席《ママ》と数人の委員の左傾機会主義路線を断固として、全面的に、徹底的に、きれいさっぱり粉砕する」よう要求している。[84] 一月第一週、聯動メンバーとして知られる、あるいは疑われた百三十九人が逮捕されて、北京第一監獄に入れられた。罪状は公共の場に「江青を油炒めにしろ!」「陳伯達打倒！」「劉少奇万歳！」「老革命家をほしいままに捕らえるのに反対する」などの「反動的スローガン」を掲げたことのほか、無頼行為や公安部を六回も「襲撃」しようとしたことなどが含まれていた。江青は聶元梓、蒯大富などの紅衛兵リーダーに、聯動は「地主、富農、反動、悪人、右派」と同じだと述べながらも、「大半は正しい道へ戻ってくるだろう」と希望をつないだ(85)。

こうして四月になり、毛沢東は彼らにチャンスを与え、学校へ戻り、行儀よくするよう言い含めた。党中央や政府単位に働く一般幹部の少なからぬ人々が、この慈悲深さに驚いた。聯動の最も堕落したメンバーに「酒酔い、夜の出歩き、完全な頽廃」をつづけさせれば、世間の風当たりがもっと強くなると説明する役目は戚本禹にまわってきた。「閉じこめるのではだめだ……世間に聯動とは何かを知らせなくては。悪いやつらだから反対せよと言うだけでは、彼らに同情する人が出るかもしれない(86)」

だが、毛沢東が慈悲を示した真の動機はおそらく、高級幹部の子弟を痛めつければ、確実にその両親たちの堪忍袋の尾が切れると恐れたからだろう。四月三十日の夜、毛は「団結会」と称して周恩来と、「二月逆流」で主役を演じた幹部たちを自宅へ招いた。招かれたのは陳毅、葉剣英、聶栄臻《じょうえいしん》、徐向前の四元帥、李富春、譚震林、李先念の三副総理のほか、余秋里《よしゅうり》と谷牧の二人のトップ経済官僚だった。この二人はこれまで何度も会議に招かれ、その都度、本来の議題が討論されることなく終わってがっかりしていた。毛はこの人々に天安門楼上でメーデーの花火を観覧することを許した。その列席者名簿が出まわれば、彼らの姿がたとえ逆効果をもたらしたとしても、まだ外部の闇に葬られたのではないことがわかるだろうと知ってのうえでの招待だ。その日、天安門楼上に立ったある欧米人によれば、陳毅元帥は「まるで幽霊のようで、身体はやせ衰え、手首は枝のように細く、かつて剛健だったこの人が縮こまって灰色に見えた(87)」。陳毅の姿は、かつて不滅の指導力を誇った中国共産党の現状を物語るものだった。

# 12 武漢事件

一九六七年夏、中国はのちに毛沢東の言う「全面内戦」状態に陥った。始まったころはこん棒や刃物の戦いだったものが、やがて銃砲の応酬になった。[1] 毛によれば、「いたるところで人々は二派に分かれて戦った。どの工場、学校、省、県も二派に分かれ、部でも同じように、外交部が二派に分かれた……外交部は収拾がつかなくなっていた……一九六七年の七、八月は手のほどこしようがなかった。天下が乱れに乱れた」[2]。林彪が一九六七年半ばに言ったように、「文化大革命は武化大革命になった！」のである。[3]

前年十二月の誕生日の祝宴で内戦を歓迎すると言ったものの、今や毛沢東は（というより周恩来は）無政府状態の危機に対処せねばならなくなった。[4] そうこうするうち、最も危険な事件が華中で起きた。それは解放軍と中央文革小組の過激な同盟関係のはらむ崩壊の可能性を具現化する事件だった。

## 華中の緊張

武漢三鎮（武昌、漢口、漢陽）は揚子江とその支流の漢江をはさむ湖北省の省都で、華中の最重要工業都市である。[5] 全国第五位の人口集中地域で（一九六七年には人口約二百五十万人）、揚子江の上海と重慶、鉄道の北京と広東の中継地点となる交通の戦略的要所だ。

武漢にはまた湖北省、河南省を統轄する武漢軍区司令部がある。一九六七年の軍区司令官は三つ星将軍（上将）の陳再道《ちんさいどう》だった。紅衛兵の告発によると、陳再道は軍内で好色漢として知られ、一九六三年に武漢軍区の党常務委員会が彼の「問題あるライフスタイル」について会議を開いたことがあるという。[6] しかし湖北人の陳再道は自分が「無学で粗野」だからこそ、労働者階級を真に代表するのだとうそぶくのを好んだ。[7] おそらくこの自画像が、事件全体をつうじて彼の態度を決めた要因なのだろう。

武漢には革命の歴史がある。中国二千年の王朝の歴史をくつがえした一九一一年の辛亥革命のきっかけとなる最初の蜂起（武昌起義）が起きたのもここだし、一九六六年七月には毛沢東が揚子江を泳いで文革神話を作った。その日、毛とともに泳いだ湖北省第一書記の王任重はのちに毛の求めで北京に招かれて中央文革小組の副組長になり、その有利な地位を利用して故郷の部下たちに変わりやすい文革の動向について情報を流し、故郷をさまざまな政治的危険から守ってやった。[8] しかし十月末に王任重が文革小組を解任され、翌年初めに陶鋳が失脚すると、湖北省委は首都とのつながりを失った。

一九六六年秋、武漢市には高度に派閥化した二つの紅衛兵組織があった。最初にできたのは主として「良い」階級出身者からなる組織、もう一つの「毛沢東思想紅衛兵」（通称「二司」）はもっと広範にメンバーを集めて、より大胆に市当局と対峙した。その攻撃的な活動に労働者が刺激されて学生と連帯し、自治組織を作った。十一月九日には「工人司令部」が成立し、急進派や「保守派」、さまざまな労働者組織がつぎつぎとできた。[9]

一九六七年一月の武漢には、宗旨を異にするさまざまな紅衛兵グループが五十四あったと言われ[10]――思想的違いより派閥連衡――省委も市委も士気が落ちていた。労働者・学生の造反派は奪権をめざして「武漢革命造反総司令部」の結成をはかったが、権力と縄張りをめぐって互いを「トロツキスト」呼ばわりし、同盟はうまくいかなかった[11]。武漢の造反組織はやがて三つに落ちついた。市最大の学生組織「鋼二司」、四十八万人強を集めた「鋼工総部」、おもに武漢鉄鋼公司と第一冶金部建設公司の労働者からなる「鋼九一三」で、この三つはのちに合同して「武漢鋼三」になる。

混乱が深まると陳再道の部隊は銀行、刑務所、穀物貯蔵所などのほか、湖北放送局を含む重要インフラを掌握した。解放軍は表面上、「左派革命大衆を支える」という所定の役割を果たしていた。武漢のみならず全国どこでも問題だったのは、誰が左派で、誰が抑圧すべき敵か、レーニン流にもっと殺風景な言い方をすれば「誰が？　誰を？」ということだ。

陳再道と武漢軍区政治委員の鍾漢華《しょうかんか》は二月の大半を北京で開かれた軍事委員会会議に出席していた。陳再道はこのときの毛沢東と周恩来の助言を聞き逃さなかった。毛は司令官らに、造反派の活動には合理的に対処してあまり譲歩しないよう、もしそれでうまく行かなければ強硬路線に切り替えて、軍への攻撃の背後にいる悪い分子が誰なのか摘発するよう言った。何よりも生産が気がかりな周恩来は、陳再道と鍾漢華に「季節は人を待ってくれない。きちんと生産をあげないと、食べるものがなくなる」と語った[12]。中央文革小組ですら武漢の造反派に軍を攻撃しないよう警告していたこともあって、武漢の二人は毛と周の助言を、自分たちに秩序回復の白紙手形が与えられたものと解釈した。そこで陳再道は大量検挙を行ない、絶えず圧力を加えた結果、「鋼工総部」の指導的活動家二千から三千人を逮捕して組織の非合法化に成功し、三月いっぱいかけて主要な急進派学生組織をつぶした[13]。

陳再道はまた、二月十一日に軍事委員会が出した七条命令によって、地区司令部の政治と兵站の円滑な運営を妨げる造反組織の非合法化と解体を行なう権限が自分に与えられたと考え、軍内に不穏のきざしがあると、容赦なく弾圧した。(14) 二月二十一日午前一時、陳再道の副官、楊秀山《ようしゅうさん》(武漢軍区副司令)の率いる五個大隊〔営〕強の部隊が漢口の高級歩兵学校を急襲し、そこを根城にしていた造反組織二つを解体、逮捕した。たとえ一個中隊〔連〕でも、軍を動かすには中央軍事委員会の許可がいるのだから、この行動は軍事委員会の支持を得ていると楊秀山は言った。職員、学生の九割以上が「紅色造反司令部」に加わっていた空軍レーダー学校へは、さらに大規模な三個連隊〔団〕が投入された。湖南省にある信陽歩兵学校や空軍〇〇五部隊など、武漢軍区に属する十数カ所の部隊で逮捕が行なわれた。(15)

おもに幹部や積極分子からなる保守的な大衆組織が強くなった。陳再道は周恩来の指示と毛沢東のスローガンを利用して、事実上の新しい省政府である「革命に力を入れ生産を促す弁公室」を設立した。毛が考えていたのは、こういう新しい組織を解放軍、造反派、老幹部の「三結合」で結束させることだったが、武漢では造反派が消され、老幹部が従来の役割のまま居座った。三月末、陳再道は(たぶん皮肉まじりに)こう宣言した。「我々は反革命逆流を粉砕するのに成功した。今やプロレタリア革命家は大連合を作り、右派グループは崩壊し、一握りの野心家に奪われていた実権が回復されつつある。武漢の文革はすばらしい進展を見せている」(16)

そのころ北京では新しい判断が示されていた。四月六日に出された軍事委員会の十条命令を、多くの人は解放軍攻撃への新たなシーズン開幕ととらえた。陳再道はこの「四・六命令」による百八十度の方針転換に仰天した。これは軍の指針だった社説『革命の小勇将に正しく対処しよう』を真っ向から否定するもので、武漢はこの二つの文書に直撃に近い影響をうけた都市の一つだった。[17] 造反派学生は派閥争いを棚上げして復活、結束し、街頭に出て、陳再道を「二月逆流」の残党と告発し、「武漢の譚震林」と呼んだ。軍事訓練隊は大学から追い出され、有力紙の事務所は占拠された。陳再道と鐘漢華は軍事委員会拡大会議に出席するため三月末に北京へ戻り、中央文革小組に面会を申し入れて、四月十九日に会談が持たれた。二人は武漢の状況について、文革小組が武漢に放った通信員から得る情報よりも正確なところを説明したかった。

二人は目的を達したが、その満足も束の間に終わった。二人は武漢軍区が路線の誤りを犯したという疑惑を晴らし、中央文革小組は武漢の造反派に解放軍を攻撃しないよう説得すると約束した。ところが運悪く、武漢の保守派が許可なくそのニュースを発表してしまったため、ふたたび江青が陳再道に敵対しはじめた。中央文革小組は関与をとりさげ、四月十九日の会談議事録のすべてのコピーを没収してしまった。軍事委員会の会議参加者のうち、陳再道と鐘漢華だけがメーデーの式典まで滞在するよう招待されなかった。武漢の状況はいよいよ混乱し、不安定になった。江青＝陳再道協定が公式に確認されていないので、保守派、造反派ともに北京の中央文革小組は自分たちの味方だと主張した。[18]

## 百万雄師

両派とも多くの組織を集めて同盟を作り上げていた。五月半ば、保守派は五十三のグループを糾合して連絡事務所を設け、六月三日には司令部を作って、より緊密にまとまった。この複合型の組織は自称百二十万人のメンバーがいることから「百万雄師」と名づけられ、おもに党――武漢の党員の八十五パーセントが加盟していたという――や政府、労働組合、青年組織の幹部やヒラ会員のほか、高齢労働者、民兵、積極分子などからなる。労働者の一部は、一月に武漢市人民武装部が作った「紅色人民武装隊」に加わり、百万雄師の戦闘部隊として活躍した。百万雄師を支持する学生のエリート部分はもっぱら情報・宣伝活動を担当した。彼らは北京の「聯合行動委員会」の武漢版とでもいうべき「特別行動委員会」（特動）に所属する高級幹部や軍幹部の子女だった。

陳再道は回想録のなかで百万雄師の創設に自分が関わったことを否定し、当時はこの組織のリーダーの名前も顔も知らなかったと述べている。[19] だが、百万雄師のリーダーが武漢市委書記処書記／副市長の王克文《おうこくぶん》、副官は武漢市委組織部部長の辛甫《しんほ》であることを考えれば、これはまずありえない話だ。[20] 陳再道は、解放軍の将兵多数が百万雄師の政治的立場に「自発的に」共感していったとも述べているが、このほうがよほど信憑性がある。[21] これをもとに考えると――かりに長期間、北京にいた陳再道本人が関与していないとしても――軍区は百万雄師の結成と運営を直接支援したにちがいない。[22]

いっぽう百万雄師の側はこう言う。武漢軍区はこれまで一般的に正しい「左派支持」の方向性を保ち、中央の指示に従って行動してきた。だから軍区指導部の粛清を求めるのは正しくない。また、省委・市委指導部もこれまで十七年にわたって基本的に正しい路線をとってきたし、党幹部はおおむね良い同志だ。だから彼らを打倒せよという要求には正当性がない。[23] つまり百万雄師は、少なくとも湖北省に関するかぎりではあるが、文革の必要性を否定している。

対する造反派はライバルほど緊密な組織を作ることができず、また派閥間の相違を解消することもできなかったが、五月初めになってようやく「鋼工総部」と「鋼二司」の二つの合同司令本部ができあがり、いくつかの空軍部隊の支援を得るのにも成功した。五月中、彼ら急進派は座りこみや大規模なハンストを行なって、しだいに譲歩を勝ちとりはじめた。二つの司令本部の意見の相違は、表向きは武漢軍区がほんとうに左派を支持してきたかという点をめぐるものだったが、実際は一九六六年以前の政治・社会秩序によって大きく得してきた者と、そうでない者との争いだった。

五月末、最初の死者が出た。六月初めには百万雄師が、造反派に占拠されたビルや、ときには地域全体を「解放」しようとして、大きな衝突が日常的に起きるようになり、さらに多くの死者が出た。戦いの武器は短刀や槍だった――こうした戦いは、六月六日に毛沢東の示唆で通令「中発（一九六七）一七八号」が出され、武器ではなく言葉による闘争が奨励され、武闘や恣意的な逮捕が禁じられたにもかかわらず、行なわれた。[24]（こういう通令が出されたということは、国内に広がる危機の深刻さや、中央にそれを牽制する能力が失われていたことを物語る。解放軍の歴史家の言葉を借りるなら、「通令」は「紙屑」にすぎなかった[25]）。六月二十四日――この日、中央はふたたび、実権を担当している側に「街頭デモをしない、武闘しない、逮捕をしない、鉄道、道路、水運の妨害をしない、道路にバリケードを作らない、武器を盗まない、銃撃しないよう」命ずる告知を出したが[26]――百万雄師は造反派労働者の本部を急襲して奪還し、抵抗した二十五人を殺害した。

戦いを駆り立てたのは思想や派閥のきずなだったとはいえ、一部には雇われ戦闘員がいて、人殺しのために現金をもらった十代の青年もいる。十七歳になる武漢の中学生はつぎのように証言した。

昨日の朝、ぼくがまだ朝食もとらないうちに、「百万雄師」は一万人以上を集めていた。ボスは武漢木綿工場の李という人だ。江漢公園の集会で李は言った。「今日のおもな目的は武漢三鎮地区の〝牛鬼蛇神、暴行略奪三昧の民衆楽園〟のやつらを皆殺しにし、〝民衆楽園〟を閉鎖することだ」。この知らせを聞いて、ぼくは隣人二人と六渡橋へ駆けつけた。到着後、三角刮刀で子どもを五人殺した。そのとき紅武兵が「九一三」のメンバー三十六人を殺すのを見た。殺し終えると、紅武兵は手早く死体を片づけた。「紅武兵打倒」と叫ぶ者と出くわしたら、そいつを殺すことになっていた。女の同志がいて、短刀で子どもを何人も殺していた。ぼくは五人殺した（一人は腹を、二番目、三番目、五番目は背中を、四番目は首を刺した）。八、九歳の子ばかりだった。小さな子を殺すと一人につき二十元もらえる。「戦闘隊」隊員を殺せば五十元、紅武兵に造反する者を殺せば一人につき五十元だった。人を殺すと、（武漢木綿工場で）紅武兵のボスからお金をもらう。人を殺すのに使った武器は、江漢公園で訓練のときに紅武兵からもらった[27]。

中国の一部で殺人に報奨が支払われていることは毛沢東自身が語っている。毛の故郷、湖南省の「一部では戦闘に行くと日当三元がもらえ、別のところでは百元もらえる。さらに別の所では人を殺すと百元もらえた。殺しそこねても百元もらえた[28]」。北京周辺の農村地区では、地元軍を攻撃するために作られた傭兵隊に加わった農民には、ほうびとして穀物や「労働点数」のほか、現金が支払われた[29]。

六月末に百万雄師が勝利すると、中央文革小組は武漢の仲間が危機に瀕していると警戒感を強めた。六月二十六日、中央文革小組と（やはり江青の支配下にある）解放軍文革小組は陳再道に電報を打って暴力をやめるよう求めると同時に、まもなく両派の代表を北京へ呼んで、中央文革小組が詳しい状況調査をすると伝えた。両派は北京での審査に向けて準備を始め、武漢は不気味に静まりかえった。

武漢軍区に言わせれば、百万雄師には人民の支持があり、武力を使ったのは挑発されたときだけなのに、造反派は三百四十二人の解放軍兵士を攻撃し、二百六十四人を負傷させた。負傷者のなかには重篤な者も数人いる。だが、造反派の統計では四月末から六月末までに百七十四件の武力衝突があり（すべて保守派の責任とされた）、七万人が参加し、死者百五十八人、重傷千六十人を出した[30]。別の造反派の統計では、五月の死傷者は「七千人を越え」、六月四日以降の戦闘で七百四十四人の造反派が殺され、八千九百人が負傷した[31]。文革後、軍の歴史家が示した数値では、六月四日から三十日までに死者百八人、負傷者二千七百七十四人となっている[32]。どちらがほんとうの数値であるにせよ、工業生産高と生産性が激減したのはまちがいなく、日用品の不足が目立ってきた[33]。

## 毛沢東、武漢へ

七月初め、陳再道は周恩来に電話して、大衆組織と軍区がそれぞれ代表団を選び、説明の準備をして北京行きを待っていると伝えた。周恩来は指示を待つよう答えた。七月六日、七日、九日、毛沢東は一連の中央会議を開き、南方への視察旅行を提案した。安全を懸念する同僚からの助言にもかかわらず、毛は武漢を日程に入れ、おまけに揚子江で水泳をする予定まで組んだ[34]。出発の前夜、毛は解放軍上級将校の集まりで演説し、そのころまでには誰もが耳にタコのできるほど聞かされたにちがいない一節をくりかえした。

　騒ぎを恐れるな。騒ぎは大きければ大きいほど、長くつづけばつづくほど良い。騒ぎがくりかえされながらつづいてこそ結果が出て、物事がはっきりする。どれほどひどい騒ぎになっても恐れるな。恐れれば恐れるほど、妖怪がたくさん出てくる。だが戦いを始めてもいけない。いつ戦いを始めても、良いことはない。全国を覆うような大乱は起きるまい。（だが）膿疱や細菌は、どこにあろうと必ずいつか破裂するものだ。(35)

毛沢東は武漢が今にも破裂しそうな「膿疱」であることを知っていたのだろう。林彪によれば、毛は「下からの報告や電報すべてを注意深く読み、下層の状況をはっきりと理解していた。紅衛兵の出す文書はすべて自分で読んだ(36)」。であれば、毛は深刻な衝突のことも知っていたにちがいない。周恩来の言うように「状況はたいへん複雑で、大衆の敵愾心はたいへん強い。これはたいへん良い混乱現象」だった(37)。七月十日、周恩来は陳再道に電話し、このたいへん複雑な状況を解決するために、予定されている派閥間交渉は北京でなく武漢で行なうと伝えたが、毛ないしは自分がまもなく武漢へ行くことは伏せた。

周恩来は七月十四日午前二時半に空軍機で北京を発ち、武漢へ向かった。同行したのは副総参謀長で海軍第一政治委員の李作鵬。武漢の緊張した状況は、中央指導者の身の安全という重大問題の対処法に直接影響した。毛沢東が来ることは陳再道と鐘漢華以外には知らされなかったらしく、しかもその二人ですら、毛の滞在を知ったのは到着の数日後だった。毛が長江を泳いで有名になった一九六六年の夏と違って、主席の安全に責任を持つのはもはや湖北軍区第一独立師団（通称八二〇一部隊）ではなかった。八二〇一部隊の前身は湖北省全域に駐屯する一万五千人以上の将兵からなる人民武装警察の公安部隊で、武漢に警衛団二個連隊があったが、百万雄師を支持したため地元の派閥争いに深く巻きこまれ、この点で中央の目には百パーセント信頼できる部隊ではなかった。だから毛の警護にあたったのは空軍の分遣隊で、作戦部長が北京から周恩来に同行してきた。当初は武漢軍区空軍司令官の傅伝作《ふでんさく》少将が責任将校をつとめるはずだったが、傅伝作は賀龍元帥（一九六六年のいわゆる「二月クーデター」未遂事件の嫌疑をかけられて、このとき審査中だった）とつながりがあったため、やはり信頼性が疑われた。というわけで、武漢で周恩来を迎えたのは地元の空軍副司令官、劉豊《りゅうほう》少将だった。劉豊は鄧小平の第二野戦軍で戦った古参で、空軍司令官の呉法憲の命令で特別機を迎えたのだった。

周恩来は到着するとただちに空軍司令部へ向かい、陳再道と鍾漢華を呼んだ。その日一日かけて周恩来は多数の軍指導者と協議したほか、正午に重慶から空路到着した謝富治、王力、空軍政治委員の余立金《よりつきん》中将、北京の紅衛兵数名とも会った。謝富治のグループは毛沢東の指示で雲南、貴州、四川の派閥抗争を鎮めるために、すでに一月近く旅をしていた。周恩来が公安部部長の謝富治を呼んだのは、毛の安全面を協議するというより――この件は周恩来の監督のもと、総参謀長代理の楊成武にまかされていた(38)――武漢の軍との交渉を円滑に進めるためだった。謝富治が湖北省出身で、現役時代の人脈があったからだ。

毛沢東は汪東興（中央警衛局局長／中央弁公庁主任）、楊成武とともに専用列車に乗って鄭州経由で到着し、周恩来はその夜、毛と合流した。毛が宿泊先の東湖賓館に着く前、周恩来は賓館スタッフの派閥信条が主席の安全を脅かさないかどうかチェックした(39)。毛が無事に賓館に落ち着いたあと、周恩来のおもな仕事は武漢に平和をもたらすことだった。だが謝富治と王力の行動のせいで、その作業はきわめて難しくなった。

王力は文革後、それを謝富治が毛沢東の到着した日の夜遅く「へまをやった」せいだったと責めている。「謝富治が街へ出て大字報を読みたいと言い張ったので、重慶から一緒に来た我々は彼と出かけた。（武漢軍区の案内人も劉豊もいなかった。劉豊は総理と一緒に主席を迎えに出ていた）。我々は群衆に見つかってしまった。たちまち楽隊が音楽を奏で、爆竹を鳴らし、両方の派閥が急いで歓迎の垂れ幕を掲げた」(40)

重慶視察団は造反派の牙城である湖北大学を訪ね、「毛主席の派遣した親愛なる代表団」が武漢問題の解決にやって来たという知らせに喜んだ造反派は、翌日、大規模なデモで応えた。彼らは敵方の支配地区を行進して、「百万雄師の匪賊を解体せよ」と叫んだ。街頭のスピーカーが「黒い工総部を粉砕し、反革命を鎮圧せよ」と吠え返した。両派は衝突し、造反派が潰走した。死者十人、重傷者三十七人、負傷者八十人が出た(41)。

謝富治と王力が真夜中の不始末を周恩来に報告しても、周恩来は動揺しなかった。すでに東湖賓館になぜ灯がついているのかと問い合わせがあった。人々はおそらくここに謝富治と王力の中央代表団が滞在していると思うだろう。そうすれば毛沢東もここに滞在していることがばれにくい、と周恩来は考えた。周のこの結論と、七月十八日の早すぎる出発は、文革の主要ターゲットにされたことへの「保守派」政・軍機関の怒りの深さを周恩来が甘くみていたこと、また、武漢の緊張状態を制御する軍司令官の力を過大評価していたことを物語る(42)。これは重大な手抜かりだった。

周恩来はただひたすら、武漢軍区指導部が誤りを認め、それを糺すのに同意するよう説得しようとした。陳再道らははっきりと、武漢問題の解決は大衆組織二団体と軍区それぞれの申し立てを根拠に行なうという印象を持たされていたのだが、じつは北京の裁定はすでに決まっており、毛沢東が武漢に来てから周恩来、謝富治、王力と話し合って、それを確認した。この裁定はおおむね四点からなる。（一）武漢軍区は「左派を支持する」過程で「一般的方向性の誤り」を犯した。（二）鋼工総部を非合法化、解体するという軍区の決定は公に破棄する。（三）軍区は、これまで「牛鬼蛇神」とされてきた「武漢鋼三」がじつは「革命的」であることを公表する。（四）百万雄師は「保守組織」であることを公表する。[43]

七月十五日から十八日の毎午後、周恩来は謝富治、王力、そして何度かはその他の中央幹部らとともに会議を開き、武漢軍区党委から委員二十数人が出席して、うち数人が作業報告をした。会議は毎回大荒れとなった。陳再道は、左派を支持しなかったと責められると、自分は「三支両軍」を実行したと主張した。また（解放軍寄りの）八条命令に従ったのだと言って、林彪の（造反派寄りの）十条命令を実行しなかったと責められた。毛沢東の認可した矛盾が露呈したわけだ。会議の終わりに周恩来は事実上、武漢軍区の説明を却下し、仕事を改革するには何をせねばならないか伝えた。しかし周恩来の権威をもってすら、陳再道と鍾漢華に自己批判を書かせることができないことがはっきりすると、七月十八日の夜、周恩来は彼らを毛沢東に会わせることにした。

この席では周恩来が服従を強いる中央代表として、「悪い警官」という彼らしくもない役柄を演じたのに対し、毛沢東は人好きのする「良い警官」を演じた。武漢の状況はそれほど悪くない。なぜ労働者が二派に分かれて戦わねばならないのか？　武漢軍区が誤った路線をとったからといって、ほんとうのところ、それにどんな意味がある？　十時頃、会見が終わるころになって、陳再道と鍾漢華は自分たちが誤っていようといまいと、告白書を書かねばならないことを理解した。周恩来はこうして武漢危機が回避されたことに満足して、十一時に北京へ発った。

その夜、すでに遅くなっていたにもかかわらず、謝富治は視察団一行を連れて造反派本部の一つである武漢水利電力学院へでかけ、まもなく武漢軍区が譲歩することを触れ回った。それまで数日間、謝富治と王力はあちこちの造反派司令部を訪れたばかりか、百万雄師の司令部にまででかけており、そこで保守派に詰め寄られ、ただならぬ騒ぎを起こしていた。人々は毛主席と周総理が来ていることを知らなかったから、どこでも謝富治と王力が中央代表だと思った。謝富治のほうが年上だったが、人々の目に主役と映ったのは王力だった。十八日から十九日の夜、喜んだ造反派によって交渉決着のニュースが街中に広まると、中央の二人は祝福されるか、それを無理強いした人間としてつるし上げられるかどちらかだった。十九日朝、造反派は前夜の二人の演説の録音テープを拡声器で街中に流した。陳再道はこの演説が武漢事件を引き起こすきっかけになったと責めている。

同じ朝、陳再道と鐘漢華は武漢軍区司令部で党常務委員会に自己批判を提出した。午後になると二人は師団レベル以上の将校三百人を集めた会議に出席し、謝富治と王力が演説した。謝富治は武漢軍区が「百八十度の大転換」を行なわなければならないと話し、これだけでも悪かったのに、王力はもっと聴衆を怒らせた。一見非常に腰の低い調子だったものの、王力は出席していた上級将校を文革の何たるかがわからない「小学生なみ」の低能だとけなし、文革の性格や過程について延々と講義をはじめた。「いま、（文革の）おもな矛盾は党内・軍内の一握りの走資派に集中している」という王力の言葉は、将軍たちの逆鱗に触れた(44)

## 武漢事件

七月十九日の夜十一時に王力が演説を終えるころ、武漢軍区司令部の正門は怒れる兵士たちのグループによって封鎖された。彼らは王力に水利電力学院で話したことの意味を説明せよと迫った。自己批判を書いたことで陳再道を「投降主義」と呼ぶ者もいた。王力は裏口から逃れ、護衛つきで東湖賓館へ戻った。夜中ころ、不満を抱く兵士に、トラック数十輌で乗りつけた百万雄師支持者が加わり、王力は軍区司令部へ戻って、抗議の人々に説明してほしいと請われたが、王力はデモなどたいした意味がないと、その要請を断った。七月二十日に起きたことからして、その判断は明らかにまちがっていた。

二十日早朝、周恩来の到着以来、東湖賓館に移り住んでいた陳再道は、ぶらぶらと謝富治の部屋へ向かい、武漢の状況をどうしたらいいか話し合おうとした。席につくかつかないうちに、主に旧幹部からなる百万雄師の二百人が謝富治の部屋になだれこみ、王力に会わせろと要求した。王力が見つかってはまずいと思った謝富治と陳再道は、彼らを急いで外へ出し、みんなで草地に座って話し合いをはじめた。謝富治がその午後みんなの質問に答えると約束したので、彼らは早々に賓館を後にした。

陳再道の後日談によれば、このとき王力は部屋で縮み上がっていたが、安全だとわかると草地の謝富治と陳再道に加わった。ちょうどそのとき、数百人の将兵がなだれこんできて、「投降主義」の陳再道を拳固やライフルの柄で殴り、足蹴にした。謝富治は乱暴されず、王力は部屋へ逃げ帰った。陳再道の衛視が殴打をやめるよう、ようやく説得すると、彼らは室内に上がりこんで王力を武漢軍区司令部へ連行した。(45)

毛沢東は近くにいたのにその存在を反乱軍に気づかれなかった。謝富治がこの知らせを毛に伝えると、主席はただちに王力を探し出すよう陳再道に命じた。怪我をして使い物にならない陳再道の代わりに鐘漢華が孔慶徳《こうけいとく》副司令官と武漢軍区副政治委員の葉明《ようめい》とともに、この任にあたった。

楊成武が周恩来に電話で事件を知らせると、周恩来はその日のうちに武漢へ行くから、それまで毛主席の安全のみに集中するよう命じた。みな陳再道がクーデターを起こすかもしれないと思い、林彪は毛にただちに武漢を発って上海へ向かうよう促す手紙を書き、江青の裏書きをもらって解放軍総後勤部長の邱会作《きゅうかいさく》に託した。在京指導部の脳裏にあったのは、最終的に清朝の滅亡をもたらした一九一一年の武漢事件ばかりではなく、一九三六年の西安で蒋介石総統が部下の将軍たちに逮捕された事件だった。蒋介石はやがて無条件で放免されたものの、西安事件は総統の大戦略に大きな変化をもたらすことになった。中央文革小組が、そして林彪が今日手にしている権勢は毛の一存に左右される。だから主席が文革政策を劇的に変えざるを得ないような状況に陥ることは歓迎できなかった(46)。

毛沢東は、負傷した陳再道が脅威をもたらす危険などほとんどないことをよく知っていた。それより揚子江で水泳ができなくなったことのほうが不満だった。しかし何より癪なのは事件全体のみっともなさだった。革命の勝利者にして党の指導者毛沢東。中国の数百万国民からの追従に慣れきったこの毛沢東が、どさくさにまぎれて逃げなければならない。自分の発動した事件のせいで、兵士暴徒や党幹部から安全を脅かされているからだ。だが往年のゲリラ戦士である毛は、たとえ大嫌いな飛行機で逃げなければならないとしても、プライドより慎重さを優先せねばならないことを知っていた。七月二十一日午前二時、毛は空軍戦闘機に守られて上海へ飛び立った。それでも毛は表向きはけろっとして、いかにも毛らしく、急の出立を部下のせいにした。「王力が挑発したから彼らは決起したんだ。周恩来が争議の調停に来たが、死ぬほど恐がって、私をすぐに上海へ逃がそうとした」。周恩来は七月二十日の午後遅く武漢へ着くと、毛に一刻も早く武漢を離れるよう急かせる人々の輪に加わった。周恩来は武漢空港ではなく、市街から六十四キロ離れた山坡空軍基地に着陸を余儀なくされて、自身の安全も保証されていないことを知り、事態の緊急性を理解したにちがいない(47)。事実、保守派からは「周

恩来がどんなに偉く、どんなに位が高かろうが、馬から引きずり下ろしてやる」という叫びが聞こえていた。(48)

　主席を送り出すと、周恩来は王力の救出にとりかかった。不運な王力は武漢軍区司令部へ連れて行かれ、さんざん殴られて片脚を折られ、命さえ危うかった。謝富治が軍区構内までやって来たものの、脅かされて追い返された。鐘漢華は中へ入れてもらえたが、王力を放免してくれと頼んでも拒否された。しかし食事時間中に孔慶徳と葉明が王力を武漢軍区の主力駐屯部隊である第二九師団（別名、解放軍八一九九部隊）へ移すのに成功した。陳再道はのちにこのときのことを、なかなか表情豊かな語彙で語っている。それによると、第二九師団の師団長が王力救出の真の貢献者として政治資本を蓄えようともくろんだせいで、救出作戦が台無しにされたという。この師団長は百万雄師に取り囲まれていると言って王力を「放屁失禁するほど〔屁滾尿流〕ふるえあがらせ」、別の隠れ場所へ移した。そして周恩来のよこした第一独立師団の師団長から王力の行方を訊ねられても、居所を教えなかった。やがて王力は武漢空軍副司令官の劉豊に発見され、空軍司令部へ移された。七月二十二日早朝、王力と謝富治は山坡空軍基地へともなわれ、周恩来に見送られて北京へ飛び立った。そのあと周恩来は武漢空港へ急ぎ、孔慶徳と葉明に、軍区構内はもはや安全でないので第二九師団司令部から指揮するようにと言って、武漢軍区の指揮権を二人に託した。

　七月二十二日午後四時五十五分、謝富治と王力は首都へ「栄光の帰還」を果たした。北京空港へ着陸した二人は周恩来と陳伯達、康生、江青に迎えられた——周恩来は謝富治と王力の飛行機に旋回を命じ、自分が先に着陸した。(49)その夜、林彪の主宰で会議が開かれ、周恩来と中央文革小組が出席して謝富治の報告を聞いた。この席で「七・二〇事件」は「反革命暴乱」と位置づけられることに決まった。[50]七月二十三日午前三時、周恩来は中央を代表して書き上げた電報を武漢軍区へ送った。電報は陳再道、鐘漢華、傅伝作、劉豊、第一独立師団の師団長と政治委員のほか六人の将校に、ただちに北京へ来て会議に加わるよう命じていた。のちに陳再道は、この電報を見て、「吉と出ても凶と出ても、いずれにせよ逃げられない」と思ったと述べている。七月二十四日早朝、劉豊の空軍部隊は十二人の将校を乗せて北京へ飛び立った。陳再道はこう回想する。「満天の星月夜だった。警護兵の銃剣が見えた。歩くたびに剣先が月の光にぎらっと光る。それが劉豊から我々への〝待遇〟だった。まったくもって耐えがたかった[51]」

陳再道の一行が北京で受けた「待遇」もこれよりましとは言えず、周恩来が北京紅衛兵から彼らを守ろうと手を尽くしても、一行は軍の管理する京西賓館で事実上の拘禁状態にあった。七月二十五日の午後、天安門広場で謝富治と王力の帰還を祝う百万人集会が開かれ、いまだ上海にいる毛沢東本人を除き、党、解放軍、中央文革小組の精鋭が全員出席した。林彪が出席を決意したことは重要だ。彼が解放軍の将軍たちに背を向けて、中央文革小組と白日のもと、同盟したことを意味するからだ。これはまた林彪が不服従を容認しないという宣言でもあった。彼は北京、武漢、成都の三軍区は自分の言うことを聞いたためしがないとこぼしている。[52]

七月二十六日、政治局常務委員会は京西賓館で周恩来の主宰により、武漢の将校たちに対して、のちに陳再道の言う六、七時間つづく「マラソン」批判闘争集会を開いた。出席者は首都の政治局、軍事委員会、中央文革小組の上級幹部などで、告発の主役をつとめるのは謝富治と呉法憲だった。かりに陳再道が自分の立場から申し開きができると思ったとしても、その希望はたちまち崩れ去った。これはどう見ても人民裁判で、裁定はすでに前日、毛沢東が下していた。江青に前もって焚きつけられた呉法憲は陳再道をどなりつけ、ビンタをくれさえした。ここで陳毅と譚震林が退席した。反革命暴乱の背後には徐向前がいたと呉法憲が告発し、徐向前はそれを否定して退席した。休憩時間には当番兵までが武漢グループを殴った。周恩来は呉法憲と当番兵をいさめたが、その場をおさめて陳再道ら「同志」をしっかり守ろうとはしなかったようだ。いずれにせよ毛は武漢へ向かう前に、すでに彼らを標的と決めていた[53]。会議の途中、陳再道は康生に同じ年長の者のよしみで被疑者に同情し、着席を許可してくれないかと頼んでみたが、康生はすげなくつきはなし、革命への過去の貢献によって、あるいは主席から「同志」と呼んでもらったからといって厚遇されると思うなと警告した[54]。

七月二十七日、軍事委員会は陳再道と鐘漢華を解任して、陳の代わりに瀋陽軍区副司令官の曾思玉《そうしぎょく》中将を、鐘の代わりには三階級昇進して武漢軍区政治委員になった劉豊を当てた。武漢市人民武装部は第一五空挺軍が交替し、湖北省軍区第一独立師団は武装解除されて武漢地区外にある労働改造収容所へ移され、将兵は婉曲に「政治訓練および整頓」と呼ばれるものを課せられることになった。第一五空挺軍は司令部と、それまで第一、二、三、五連隊〔団〕だった部隊を、第二九師団は第四、六連隊〔団〕を統轄することになった。こうして百万雄師は崩壊した。造反派は連日、「第二の武漢解放」を祝う集会を開いた。武漢事件は終わったが殺人は続いた。翌月には湖北省の百万雄師メンバーや支持者と目された十八万四千人以上が殴られたり殺されたりした。武漢では六万六千人が負傷し、六百人以上が死んだ[55]。一九六八年五月になってもまだ、軍事委員会と中央文革小組は武漢の造反派に武器略奪をやめるよう求めている[56]。

## 「左派を武装せよ」

武漢事件は中国の政・軍既存組織のメンバーが文革に対して起こした最大級の叛乱で、もし陳再道が本気で百万雄師と生死をともにしていたら、この夏をつうじて国内のあちこちで「内戦」が起きていたかもしれない。現にある中国歴史家は、「事実上、中国の全都市で武力衝突が起きており、ほぼ例外はなかったと言っていい」と述べている(57)。

一九六七年の夏に、とりわけ労働者のあいだで暴力事件が増加したのは、中央指導部の、とくに江青の挑発的発言に原因がある。武漢事件の翌晩、江青は河南造反派との会話のなかでこう言った。「私の記憶では、河南省のある革命組織がこんなスローガンを掲げている。『文で攻め、武で防衛せよ！』〔文攻武衛〕。これは正しい！」公式記録によれば、江青の言葉はただちに「熱烈な拍手」で迎えられたという(58)。数日後、「江青同志が『武で防衛せよ』は正しいと言った」ことが知られてくると、すでに張りつめた緊張のなかにあった河南省では本格的な銃撃戦がはじまった。どの陣営も自分たちは自己「防衛」しているだけだと言い張った。七月最終週に起きた鄭州煙草工場と開封化学肥料工場の武力衝突では三十七人が死に、二百九十人が負傷し、三百人が「戦争捕虜」になり、捕虜のうち二人がのちに生き埋めにされた(59)。

文革後の中国歴史家は、この抗争の夏について多くの責めを江青に負わせるが、毛沢東自身が火付け役を果たしたことを強調しようとしない(60)。毛は七月十八日に、周恩来、謝富治、王力、陳再道、鐘漢華に向かって、「なぜ我々は労働者や学生を武装できないのか？」とたずねた。そうした行動をとるべきかどうか本格的な賛否の討論の始まらないうちに、その機先を制して毛はつづけた。「私は彼らを武装させるべきだと思う！」[61] 七月三十一日に上海で、張春橋は労働者の武装自衛軍設立の許可を求める公式要請を毛に提出した。毛は肯定的な返事とともに、この要請を林彪、周恩来、中央文革小組にまわして意見を求めた。八月末、「左派を組織し、武装する」ことを目的とする市武装団とでも言うべき団体の憲章が、上海市革命委員会に回覧された。[62] 毛から江青への八月四日付けの手紙で、毛は解放軍将校団の四分の三が右派支持であると踏み、この事実から、左派を武装する必要が切迫していると結論している。[63]「武器奪取問題はけっして深刻なことではない」。毛はまた大衆独裁、公安機関や司法の奪権につながる運動、法的常態としての人民法廷の創設などを呼びかけた。ここではっきりわかるのは、武漢事件に対する毛の最初の反応が、解放軍の叛乱を恐れて引き下がるのではなく、左派の強化だったことだ。毛の手紙は江青によって政治局常務委員会拡大会議に回覧され、出席者全員がそれを実行するためにコピーした。その後、広東省では大規模な武力奪権が起き、収容所の囚人までもが銃を握りはじめた。[64]

　王力は江青の後援で武漢の「左派の武装」を監督する任務に就いた。江青への八月六日付けの手紙で、王力は百万雄師から押収した武器を急進派に与える案を支持している。[65] 周恩来は否応なしに新政策を支持し、八月七日には河南省代表団に対して、「真の左派」が武器を要求するのは「理解できるし、必然」で、彼らに武器を提供することは、「われらの最高統帥の指示」に従った行動だと述べた。[66] その同じ日に毛沢東は、湖南省で省革命委員会準備小組の指導のもとに「大衆的性格の革命武装軍」を設立することに肯定的な中央文件を承認した。[67] その二日後に開かれた中央指導部と解放軍将校の非公開会議で、林彪は自身の個人的関心は別として、「我々は毛主席の指示に従って左派を武装し、武器を左派大衆に配らなければならない」と述べた。[68] 八月十日、毛は江西省革命委員会準備小組に「条件の熟した地区の」革命大衆を武装するよう呼びかける中央文件を承認した。[69]

八月十三日、康生は「左派を武装せよ」のスローガンを引用し、その三日後、康生と関鋒は、イスラム教徒の多い寧夏回族自治区の呉忠地区へ「左派支援」のために入ろうとした解放軍部隊を、地元の「保守派大衆組織」に対して「手ぬるすぎる」、「原則がない」と責めた。解放軍は断固として地元の「左派」を支持し、「必要なら彼らに自衛のための武器を提供する」べきなのだった。

八月二十八日午前五時、周恩来が扁桃炎をこじらせてしばらく執務できなかったあいだに、康生は蘭州軍区の提出した寧夏への行動計画を承認した。蘭州ではイスラム教二派閥の争いがいよいよ深刻化して青銅峡県が機能マヒに陥ったため――他のすべての手段が徒労に終わったならば――解放軍が民間人に発砲して事態の解決をはかるという計画である。こうして起きた流血事件を、康生はただちに地元の「資本主義の道を歩む党内の実権派」のせいにし、「双方の死者」に哀悼の意を表すると同時に、死者数の合計が「四百人以上」という根拠のないうわさを否定した。事件から三週間後、康生は青銅峡「問題」の解決は毛沢東と林彪の承認を経ていると言って自分を守ったが、その承認が事件の前だったのか、後だったのかについては不明のままだ。この事件における康生の関与について調べた中央当局による文革後の公式調査では、解放軍の発砲で「大衆」百一人が死に、百三十三人が負傷したことがわかった。寧夏でまとめられた公式の歴史では、この事件は「大衆」二派閥の争いで、解放軍は百四人を射殺し、両派のうち一派のメンバー百三十三人が負傷したとされている。[70]

上層部がこのように焚きつけていたのでは、冷静な対処や妥協の提案に対し、全国で誰も聞く耳持たなかったとしても不思議はない。北京で限定的に発行されたあるニュース簡報は、八月をつうじて

全国で毎日平均二十から三十件の武装衝突があったことを伝えている。(71)

## 武闘、全国へ波及

比較的豊かな沿海部、浙江省の省都、杭州は毛沢東が北京の官僚主義の退屈さを逃れてしばしば保養に来るところだが、ここでも武漢と同じく、おなじみの二派の「司令部」の対立が軍に波及した。空軍、および中央の制御する第二〇軍は中央文革小組の後押しする「革命造反総指揮部」を支持し、杭州軍分区、民兵、海軍は「浙江省紅色風暴司令部」を支持した。一九六七年夏、市街や工場での衝突のニュースが外国特派員にもれた。七月の中央文件は農民が都市への攻撃を扇動されて、鉄道や水運を止めたと報じている。八月第二週には「造反派」が武器や白二十七万発の弾薬で武装して、解放軍の武器庫二カ所を「解放」した。(72)

港湾都市、温州でも大きな衝突が起きた。（温州軍分区の支持する）「温州革命造反聯合総指揮部」は市の中心街商業地区二万平米ほどを焼いた容疑を問われて華蓋山に隠れていたが、八月十三日、解放軍の二部隊が彼らを攻撃しようとして、たがいに相手を造反派とまちがえ、また地元の同盟軍がたがいに銃撃して、七人が死んだ。

一九六七年九月に毛沢東は短期の視察の途中、杭州のライバル派閥を団結させようとしたが、彼らは聞く耳を持たなかった。武漢の百万雄師とちがって「紅暴派」は中央が「省聯総」支持を表明しても崩壊せず、派閥抗争は文革が終わるまでつづいた。一九七五年になって他地区から一万人の兵士が杭州の工場へ投入されて抗争の鎮圧をはかった。

中国の主要工業中心地のなかでもとりわけ深刻な事態に陥ったのは重慶だった。この地区に兵器工場が集中していて、武闘派へほぼ無制限とも言える武器の供給源になったことがおもな理由だ。一九七〇年に党中央が行なった事後調査によると、ある建築現場では、たった一度の戦闘だけで、一万人近くが「およそ手に入るあらゆる種類の通常兵器を使い」、「千人近い階級兄弟の死傷者を出し、巨額の国家資産を破壊した」。[73] 揚子江河畔の朝天門港地区の戦いでは戦車や移動砲や対空砲まで動員され、地区一帯が一面更地になるほどの激戦になった。重慶では一九六七年八月に砲弾およそ一万発が炸裂し、戦場を逃れた難民が省都の成都だけでも十八万人以上おしよせた。[74] 揚子江上流の水運は六週間以上にわたって停止した。[75]

湖南省では七月に、派閥抗争のために漣源鋼鉄公司の生産が六週間止まった。この戦いは死者六人、負傷者六十八人を出し、十九万元の経済損失が推定される。[76] 大慶油田では労働者が地元の印刷工場や鉄道駅を略奪した。[77] 八月には鞍山鋼鉄公司の生産が混乱し、中央当局が軍事管制を敷いた。広州国際空港では八月十日に、五十四人の日本人が敵対派閥どうしの銃撃戦に巻きこまれ、パニックに陥った旅客機パイロットが機を銃火にさらすよりは予定時間より早く離陸するリスクのほうをとったため、旅客はそのまま地上に置き去りにされてしまった。[78] 中南海へ送られてきた直訴状からは、一般人の絶望に近い悲鳴が聞こえてくる。たとえば危険な感染性病原体バクテリア、有毒植物サンプル、放射性物質、毒ガス、有毒物質など危険物質を保管している研究施設が武闘の過程で攻撃され、なかには（山東省、安徽省、江蘇省にある）ハンセン病コロニーの住人たちが造反組織に加わり、奪権に参加する権利を要求したといわれる例もある。[79]

上海柴油機《ディーゼルエンジン》公司では二派の大衆組織の武闘で死者十八人、負傷者九百八十三人を出し、うち百二十一人が不治の障害を負った（勝ったのは王洪文の率いる派閥）。設備の損害は三百五十万元と推定され、生産は二カ月止まり、その間の営業損失はさらに百七十五万元にのぼった。一九六七年から六九年の負傷者治療費はおよそ十二万元と見積もられている[80]。

このような混乱状況にあっても官僚制度は依然として機能していた。もしまったく知らずに武闘に巻きこまれたと証明できれば、負傷を通常の疾病として医療を受けることが可能で、その人が雇用されていたとすれば、病欠と同じ規定により補償申請できる。もし武闘を防ぎ、党の長期・短期政策を宣伝するためにのみ武闘に参加したことが証明できれば、負傷は労災と分類されることが可能だった。逆に何らかの程度で武闘に責任があるとされた場合は、医療費は支給されず、回復までの休職期間の給料は支払われない[81]。

だが良い制度はかならず食い物にされる。六月以降、江蘇、浙江、安徽、江西、四川の武闘があまりに激しくなったため、人々は上海へ脱出しはじめた。「上海へ行けば食べるものがある。泊まるところがある。おまけに一銭もかからない。革命経験交流は無料だ」といううわさが立ったからだ。七月半ばになると、上海当局の推計では市内に一万五千人以上の難民がいた。内訳は武漢と無錫からそれぞれ三千人。およそ六千人は上海出身だが内陸部へ送られた労働者。七月、市民の問い合わせや苦情をうけつける市の「接待站」には毎日平均二千三百五十五人が訪れ、月の後半になると、「武闘」への懸念からその数は激増した。八月末、苦情件数は一日四千件に跳ね上がった。その三割は市外の状況を心配する上海市民以外の人々からのものだった。八月になると、外部からの流入人口がいきなり増えたために、緊急医療にあたる市内の病院に大きな負担がかかるようになり、市は特別通知を出した。この通知は非上海市民が緊急医療措置を受けられる条件を明確にすると同時に、治療費を払えないという理由だけで診療拒否されることがないことをほのめかしている。どうしても現金が欲しい病院や診療所は、急患を処理するために市から臨時借り入れをするようになった。(82)

北京も動乱をまぬがれることはできなかった。四月二十日に謝富治を頭に北京市革命委員会ができたが、ふつうの人にとっての法と秩序状態はほとんど回復できなかった。とくに一部の大工場や学園キャンパスでは、ライバルの政治綱領や出身階級よりは人格をめぐって起きる派閥分裂から生れる「武闘」がほぼ日常の風景になっていた。北京大学では、聶元梓のますます高圧的で独裁的になる指導スタイルに昔の同志たちが反発、離反した。(83)全市の大学紅衛兵組織が連合して、「天」と「地」、二つのライバル同盟組織に分かれた。「天派」は北京航空学院の「紅旗戦闘隊」が中心だったためそう呼ばれ、北京大学（聶元梓の「新北大公社」）や清華大学（蒯大富の「井崗山兵団」）など有名校の有力紅衛兵組織が所属している。「地派」は北京地質学院「東方紅公社」に因む通称で、北京師範大学の「井崗山公社」など多くの学校を糾合してできた組織だが、「天派」と比べるといささか格落ちする学校が多い。(84)五月にまとめられた公式数字では、四月三十日から五月九日の十日間に百三十三件を下らない「武闘」が起きていて、延べ六万から七万人が巻きこまれ、うち千四百人が負傷した。六月末の公式推定では革命委員会ができて以来、延べ数千件の「武闘」が起きたという。北京の三郊外の状況は「一触即発」だった。(85)

首都周辺ばかりでなく、人口密集地なら全国どこでもあり得たことだが、文字どおり一触即発という意味で、吉林省の省都、長春の場合はあまりに極端だった。ここでは夏のあいだ、地質調査機関を根城とする二つの「革命大衆組織」が、核兵器の設計・開発というとんでもない実験を試みていた。この二つの組織はいずれも、原始的な「汚い爆弾《ダーティ・ボム》」を設計、実験しようと競った（ただし、実際に人間相手に使われたことはない）。この町の「地質学院毛沢東思想戦闘兵団」は制御された条件下で実験を行ない、一九六七年八月六日の午前一時十五分と十二時三十五分の二回、「放射性自衛弾」の核爆発実験に成功した。事後に出された声明では、これを先制使用しないと明言している。それから一週間もたたない八月十一日の午後九時五分から二十分のあいだに、やはり制御された条件下に――今度は長春鉄道保線区の東部警備区で――「長春公社」が「放射性自衛地雷」という同様の装置二発の爆発実験に成功した。(86)

こうした全国的な武闘と産業の混乱の結果として、李富春が主任をつとめる国務院の担当集団は一九六七年十月、銑鉄の前月の全国一日当たり平均生産量が一万二千トン落ちた、つまり五カ年計画目標値を二十六パーセント下回ったと中央へ報告した。一九六七年第三四半期の国家産業目標は五割しか達成できなかった。国務院はしかたなく、国際市場で穀物の購入に使うつもりでよけておいた四千万ドルを、圧延鋼材十万トン、くず鉄三十万トン、化学工業原料の輸入のために使うことにした。(87)

# 13 五・一六陰謀

文革の十年には全国的、局地的に無数の政治戦略、運動内部の運動、特別作戦が実施に移されているが、「五・一六反革命陰謀」捜査ほど奇妙なものはない。中央規律検査委員会のある幹部によれば、この捜査は全国一千万の人々に及んだ。(1) 王力はこの「陰謀」の黒幕として最初に告発された一人だが、彼は一九八一年に、この捜査が三百万人を迫害したと言い、さらに一九八三年にはその数字を上方修正して、推定三百五十万人が逮捕されるに至ったと言っている。(2) 北京の党歴史家たちは現在、この捜査が摘発、粛清しようとした階級の敵なるものが、じつは存在しなかったという点で一致している。(3) そもそも、この陰謀自体が存在しなかった。

中共の歴史家は「五・一六陰謀」の始まりを、一九六七年夏の北京で生れた紅衛兵組織「首都紅衛兵五・一六兵団」だとする。(4) 北京外語学院と北京鉄鋼学院の学生わずか数十名からなるこの組織は、一九六七年五月十七日に一年遅れで公表された中共の「五・一六通知」(一九六六)を、もう一人の「大走資派」周恩来の失脚が近いという合図ととらえた。こうして一九六七年初夏、学生たちは「二月の黒い風の黒幕、周恩来を引きずり出せ」「周恩来のような人々の急所は〝五・一六通知〟への裏切りだ」「ブルジョワ司令部を徹底的に打倒せよ! 周恩来の責任を問え!」、「周恩来は毛沢東思想の恥ずべき裏切り者だ！」などと題したビラをひそかに配り、街頭に大字報を掲げた。(5)一九六七年八月、中央文革小組は五・一六兵団に非合法秘密組織の烙印を押した。陳伯達は、この兵団は周恩来を標的にすることによって「じつは中央をねらった陰謀組織だから、打倒せねばならない」と述べた。(6)

数日にわたる一斉検挙で兵団が「打倒」されると、中央当局の関心はこの組織から離れて、(7)事件の「黒幕」と「五・一六反革命分子」による全国的陰謀の摘発に移り、捜査は雪だるま式にふくれあがった。九月二十三日発行の中央文件「中発（一九六七）三〇六号」は、これら「黒幕」と「反革命分子」には共通項があると述べている。「（彼らの）陰謀は右から、あるいは〝左〟から、あるいは両方向同時に行なわれ、毛主席のプロレタリア司令部を破壊し、解放軍を破壊し、革命委員会などの新生事物を破壊しはじめた(8)」

国家と社会のあらゆる部門に触手をのばし、深く食いこむ、終わりなき邪悪なこのネットワークについて、やがて細かい手配書が出回りはじめた。軍総参謀長代理の楊成武はこう語ったという。「〝五・一六〟は非常に大きな組織で先鋒隊が八つほどあり、そのうち〝三軍無産階級派〟と対峙する集団はそれほど人数が多くない。農林、金融通商、対外貿易、大学、軍、中学、専門学校、華僑対策などあらゆる部門に連絡所がある(9)」。一九六八年には当の楊成武が「五・一六」の「黒幕」として告発されてしまうが、(10)一九六七年夏の終わりころ、捜査の標的は中央文革小組の若手メンバーだった。きっかけは八月二十三日の北京イギリス代表部襲撃事件だ。

## 国際関係へ飛び火

そもそも文革はソ連「修正主義」がさっぱり革命的でなく、アメリカ「帝国主義」に対抗できていないという毛沢東の前提から出発しているのだから、国内の動乱が国際関係に飛び火したとしてもおかしくない。北京市のソ連大使館のある通りが「反修路」と改名されたことは、紅衛兵の国粋主義のごく穏やかな一例にすぎない。中国の在外公館の大使は一人を除いて全員が、職員は三分の二が本国へ召還され、文革に参加させられた。(11) 海外に住む中国人は、多くの場合みずからの挑発的行動のせいで、滞在先の市民や警察といざこざを起こしている。

モスクワでは一九六七年一月に赤の広場にあるレーニン廟に花を捧げようとした中国人留学生がソ連警察と衝突した。二月にはソ連「市民」がモスクワの中国大使館の一部を破壊し、これに対し北京の紅衛兵はソ連大使館を包囲した――当時の中ソ関係さながらの意趣返し合戦だ。パリではソ連大使館にデモをかけようとした中国人留学生が、これを押しとどめようとしたパリ警察と衝突し、その報復として北京に住むフランス人の商業顧問夫妻が車から引きずり出されて六時間も群衆から罵声を浴びるはめになった。六月には北京駐在インド大使館の、中国語のできる第二、第三書記官が国外退去処分になり、帰国のさいに北京空港で紅衛兵に殴打されている。紅衛兵は朝鮮の共産党リーダー、金日成すら容赦せず、「デブの修正主義分子」と呼んだ。ビルマやインドネシアでは中国人が殴られたり殺されたりし、インドネシアでは数千人の中国人が本国送還になった。一九六七年九月末ころの中国は、世界の三十カ国を越す国々とさまざまな紛争を起こしていた。(12) 北京駐在ロイター通信のアンソニー・グレー特派員は、そのころの中国をこんなふうに描写している。

一九六六年六月から（一九六七年）八月にかけて、十一の外国代表部がデモの標的になった。今ではおなじみになったパターンだが、政治デモがいよいよ過激になりつつある世界ではあまり類を見ない独特のデモだ……デモに見舞われてからしばらくたった今、大使館の壁は大字報に埋もれ、窓を割られ、壁は塗りたくられたまま。ソ連とインドネシアの大使館は一部焼け落ちた。北京のデモが世界のどこことも違う点は、その規模と鉄の規律である……

まずやって来るのは大字報貼りと道路塗装屋だ。彼らはふつう、大きなデモの前夜遅く現れて、大使館の敷地を囲む壁にびっしり大字報を貼り、敷地前の道路を塗りたくる。ときたまいくつかの集団が、何かの「イズム」を批判するスローガンを叫びながらデモ行進していく。翌朝、通学年齢の紅衛兵や学生の列が毛沢東の肖像やスローガンを書いたプラカード、同じスローガンを書いた色とりどりの紙の小旗を掲げて流れはじめる。

問題の大使館付近の道路脇にテント張りの仮設トイレが作られ……茶や饅頭を売る屋台が出る。やがて勤務を終えた工場労働者や農民の姿が加わりはじめる。

全員がきちんと隊列を組み、隊列の脇を進む幹部がスローガンの書かれた一枚の紙を読み上げると、みな次々と唱和する……叫び声とともにこぶしと紙の小旗が揺れる。大使館の門の前で人《ひと》形《がた》が焼かれる。私は過去数カ月のあいだにブレジネフとコスイギン、ハロルド・ウィルソン（イギリス首相）、ガンジー夫人（インド首相）、スハルト将軍、ネウィン将軍（ビルマ大統領）、モンゴルのツェデンバルが、こうして煙となって北京の空へ上っていくのを目撃した。

ほんとうに怒りのこもる抗議の場合、高度に効率的な組織者が三日間にわたり百万人のデモ隊に大使館の門の前を歩かせることもある。[13]

グレー特派員は結局この記事を社に送れずじまいだった。ちょうど記事を書き終えようとしたころ、英中闘争の人質になってしまったからだ。

## イギリス代表部焼き討ち事件

中国と一部の外国との関係には独特のものがあり、そうした関係から文革中にさまざまな爆発が誘発され、深刻な事態を招くことがあった。[14] ソ連との思想的決裂や、一九六二年のインドとの国境紛争もそうだが、インドネシアでは一九六五年の反共大虐殺により、全土で大量の中国人が犠牲になった。イギリスとの紛争の種は、どう見ても中国領土に属する植民地、香港の存在だった。香港の問題の一つは、世界のどこでもそうだったが、文革の始まったころ在外中国人のだれもが感じたたまらない焦燥感、つまりブルジョワの国で本国より快適な暮らしをしながらも、共産主義への忠誠心にかけては故国の不運な同胞といささかも変わらないという思いを表現しなければ、という気持ちから起きた。[15]

イギリス本国では中国人のこの焦燥感は八月二十九日に、ロンドンの中国大使館員とロンドン警察の揉み合いというぶざまな形をとったが、そのあと、自分たちが植民地の悪の花園に汚染されていないことを証明したい香港の共産党員や左派が、これよりはるかに深刻な事件を起こした。周恩来はこういう行動を是認しなかったが、それを止めることはできなかった。[16] 一九六七年五月以降、香港の労働組合はストを呼びかけ、爆弾テロで五人が死に、国境地帯では中国民兵の襲撃事件が頻発して、五人の香港警察官が死んだ。そのころ北京駐在イギリス人外交官のレイ・ホイットニーは、上海イギリス領事の職を辞して帰国するハーウィット氏のために北京から応援に派遣された。北京の代理公使ドナルド・ホプソンに宛てた長い手紙で、ハーウィットは五月二十四日に妻と三人の子どもとともに上海を離れるまでの数週間のできごとを伝えるとともに、最後の日のことをこう語っている。

空港へは迂回ルートがとられたが、ずいぶん手前から信号がスムーズに変わるので、あらかじめ手配されていたと思われる。空港にいる群衆と最初に出会ったのは軍の検問所だった。彼らは車体をどんどん叩き、運転手を乱暴にひっぱり出そうとした。ホイットニー氏と私が車を下りて罵声を浴び、さらに書面で抗議を受けたあと、私たちは先へ進むのを許された。空港ビルは大群衆と、彼らを運んできたバスやトラックで十重二十重に取り囲まれていた。ポーランド総領事のクシソポルスキ氏とヴァン・ルーズブルック氏（ベルギー人銀行家）の姿を見つけて嬉しかった。二人は進み出ると私たちの赤ちゃんを一人ずつ預かってくれた。妻と長女は群衆のあいだを抜けて飛行機へ向かった——怒鳴られたり小突かれたりしたが、最悪の扱いだけはまぬがれた。ホイットニー氏と私は罵声やこぶしの列をくぐり抜けて飛行機にたどりついたが、群衆はタラップまで埋めつくしていた。私たちはもみくちゃになり、こぶしや旗の柄で小突かれたりした。上着は破け、ネクタイの結び目が引っ張られて固く締まってしまったため、あとでスプーンを使ってほどかねばならなかった。私たちはすさまじい騒音と敵意のなかを重い荷物を運ばねばならず、何度も足を止めた。ようやく搭乗できたものの、スチュワーデスは飲み物の提供を拒み、フライトのあいだ中、拡声器ががなりたて、香港のイギリス当局がいかに悪辣であるかというお説教をさんざんふるまわれた(17)。

七月十九日、香港の法廷は暴動に関係したとして中国人記者一人に二年の禁固刑を言い渡した。するとただちに報復としてロイターのグレー記者は自宅軟禁になった。一カ月後、第一回天安門集会の一周年記念日に紅衛兵がグレーの自宅に侵入し、グレーを殴り、飼い猫を殺し、家中ひっかきまわしてグレーを小部屋に閉じこめた(18)。香港当局が共産党系の新聞三紙を虚偽の煽動的記事を掲載した疑いで閉鎖し、スタッフ数人を検挙すると、中国は八月二十日に北京駐在イギリス代理公使ホプソンに公式抗議を申し入れ、四十八時間以内に新聞社の閉鎖を解除し、逮捕したスタッフを釈放せよと要求した。ホプソンは本国のジョージ・ブラウン外相に、八月二十二日の最終期限が切れたときのことをこう説明している。

夜になると外の群衆は急に数を増した（中国の公式発表では一万人）。おとなしく秩序正しく、きちんと列を作っていたが、その背後ではドラマの準備が進んでいた。サーチライトと拡声器が私たちの建物に向けられ、門からの通路にプロセニアム〔劇場の舞台と客席のあいだにあるアーチ状の部分〕に似たものが作られた。演説、朗読、歌などが演じられ、お祭じみた雰囲気だった。この観衆がのちにグランド・フィナーレで俳優の役を果たすことを私たちは知らなかった……館内では全員一緒に事務所ホールで、ご婦人方の用意してくれた缶詰のソーセージと豆、クラレットワインにビスケットとチーズという夕食をとった。食後、私は一階（アメリカで言う二階）に行ってブリッジをし、仕事のない職員は『法の汚れた手』〔邦題：『新泥棒株式会社』〕というまことに適切な題の、ピーター・セラーズ主演の映画を見た……

午後十時三十分、ちょうど私が「スリー・ノートランプ」を宣言したとき、外の群衆の喚声が聞こえた。門からの通路を見下ろす窓に駆け寄ると、群衆が立ち上がって、門の前で三列縦隊に腕を組んで入口を守っている兵士たちに向かって怒濤のように襲いかかるのが見えた。このものすごい光景は私の記憶に焼きついて離れない……トランプをしていた者も、映画を見ていた者も（婦人五人を含む合計二十三人が）一階の安全区域に到る場所へ急いだ……

外では群衆が窓ガラスを割ったが、窓格子とベニヤの鎧戸が侵入を持ちこたえてくれた……するると暴徒は窓の下でワラを燃やしはじめた。私たちはガラスの割れ目から水をかけたが、部屋に煙が充満しはじめた……煙で呼吸が苦しくなり、あちこちに炎が上がるのが見えた。やがて暴徒が壁を破って侵入してくるだろうこと、またこのままでは生きながら焼け死ぬことがはっきりしたので、私は非常出口を開けるよう命じた……暴徒は勝どきをあげて私たちを迎え、持っているものすべてを使って、私たちを料理する仕事にとりかかった。このとき時刻は午後十一時十分。攻撃が始まってから四十分とたっていない。

そのときから私たちはばらばらになった。例外は二人の女性で、そばから離れるなと言いつかった一人か二人の男性がともに行動した。私たちは髪をひっぱられ、ネクタイを締めあげられて半分窒息しそうになりながら、蹴られたり頭を竹の棒で殴られたりした。これがどのくらい続いたのかわからないが、気づいてみると敷地の通用門のそばに何とか自分の足で立っていた。ただし、そのときはどこにいるのかよくわからなかった……

事務所にいた職員も多かれ少なかれ私と似たような目にあっていた。あちこち歩かされたり、ひざまずかされて屈辱的な姿を写真に撮られたりする者もいた。全員が殴られたり蹴られたりし、女性たちも暴徒のいやらしい指先で下劣な興味の的にされるのをまぬがれなかった。腕時計をしていた者はほとんどが時計を奪われ、シャツやズボンや女性の下着は引き裂かれた。これが紅衛兵の公徳心である……やがて職員の大半は軍隊や私服警官に救い出されて、私もそうだったが、交番に難を逃れた……

事務所は破壊されつくしていたが、金庫室は無事だった。公用車は大型トラックと、国際用地にある車庫に保管してあった緊急用バスを除き、すべて破壊された。私の自宅は略奪されて、私服を含め中身すべてが破壊されていた。前もって事務所の安全区域に保管しておいた女王陛下のサイン入り写真は、ちょっと焦げただけで無事だった。[19]

これほどの目に会いながらも、ホプソンは外交断絶を発動することなく、本国もこのスタンスに同意した。だが八月三十日、ブラウン外相は陳毅外相に「外交関係はこのままにするにしろ、両国ともしばらくのあいだ互いの首都から代表部と職員を引き揚げてはどうだろうか」と打診の手紙を書いた。[20]そのころ紅衛兵から日常的に攻撃されていた陳毅はこれに答えていない。イギリスは香港から追い出される可能性を考えはじめた。一九六九年三月二十八日になっても、当時のマイケル・スチュアート外相は「香港に関する閣僚委員会」に対し、「現在の条件下では、新界の租借権が切れる一九九七年まで香港にとどまれるかどうかわからないという前提により」官僚の書いた省庁間回覧用調査をまわしている。[21]だがその年の後半になって文革の動員局面が下火に向かうにつれ、イギリスの外交官のあ

いだでは香港の未来について冷静な意見が聞かれるようになった。(22)

## 左派の天下

武漢事件に加え、息つくひまもなく起きたイギリス代表部焼き討ち事件は政局の転換点だった。(23)この事件に周恩来は激怒し、疲労で弱っていたためイギリス代表部への最後通告を承認してしまったことを自己批判したと伝えられる。(24)しかし勝利の美酒に酔ったとはいえ、左派の天下は長続きしなかった。中国外交部は前ジャカルタ代理公使の姚登山《ようとうさん》に短期間のっとられた。姚登山は四月にインドネシア政府から「ペルソナ・ノングラータ」を宣告されて国外退去となり、帰国のときは母国から「赤い外交戦士」の称号をもらい、ヒーローとして迎えられた。(25)関鋒と戚本禹は八月四日に姚登山と話したとき、外交部のあり方にひどく批判的だった。姚登山によれば、戚本禹は外交部内の「支配的イデオロギー」が「終わりなき懸念」に支配され、たえず「あれこれ心配ばかりしている」と批判した。関鋒も——姚登山の会話記録を信じるとすれば——戚本禹と同じ意見だった。

外交部内に支配的なイデオロギーは、闘争を恐れず、指針となるような毛主席の思想ではなく、恐れの思想だ。恐れるものなど何があろうか？　いいか、来る日も来る日も資本主義諸国の新聞は我々を罵りつづけるが、わが国の新聞はこの十年、これを反映しようとしないばかりか、反撃すらせずにいる！　なぜだ？　彼らの思想が恐れの思想だからだ。彼らは何を恐れているのか？　両国の友好関係に影響をおよぼさないかと恐れているのだ。(26)

姚登山および外交部「造反派」との八月七日の会話で、王力は負けず劣らず批判的姿勢をあらわにし、うさん臭い外交部「官僚」を全部追い出して、いきの良い「二十歳前後の人」と取り替えたらどうかと提案した。[27] そして、毛沢東が個人的に許可したから陳毅を名指しで攻撃してよいと保証した。[28] おそらくそれより重要なことだが、王力は外交部「造反派」の部内老幹部に対する革命行動がまだまだ甘いと、造反派を挑発した。

君たちは一月に奪権した。だがどのくらい奪権できたのか？　君たちの監督権限はどのくらい大きい？　そもそも君たちは監督できるか？　部党委の指導部は動かなかったのか？　革命は指導部をとり除かなかったのか？　指導部をそのままにして良いのなら、大革命とはいったい何のことだ？　なぜ君たちは指導部をとり除けないのか？……人事にも監督が必要だ。幹部の路線は政治路線を保証する。であれば、幹部を選ぶなら革命派を選ばねばならず、保守派を選んではだめだ。不正な幹部を選ぶことを避けるために、君たちはもっと監督権限を使わねばならない……私の見るところ、君たちはきちんと奪権していない……なぜ君たちはそんなにお上品なんだ？　これは革命だぞ……なぜ造反派は文書を読んではいけないのか？……なぜ毛主席に反対する者だけが文書を読めるのか？　冗談じゃない。[29]

王力の言葉はとりわけ、中国の外交セクターを紅衛兵が掌握することへの抵抗を無視してよいという、ある種のゴーサインと受けとられた。姚登山は八月十五日に対外貿易部の「造反派」が組織した大衆集会でこう述べている。「(われわれを批判する者は)われわれ紅衛兵が外交をやれないというつもりか？　そんなことはない！(拍手、スローガン唱和)。同志諸君、私はこう思う。王力同志が言ったことの重要な精神は、われわれが革命を徹底的にやらねばならないということ、徹底的に革命を堅持しなければならないということだ！」[30]

王力演説は、とくに香港の状況が危機の頂点に達しようとしているこのとき、外交部内に急進思想の再燃を煽ったようだ。こういう結果は予測できたものの、王力はのちにイギリス代表部焼き討ち事件を紅衛兵ではなく、暴徒のせいだとしている。[31]当時、周恩来はこの襲撃を「アナキズム」の表れと呼び、外交部の過激傾向はおもに姚登山のせいだと考えていた。

彼ら(造反派)は外国大使館に直接電報を打ち、その結果、電報は送り返されてきた。姚登山はどこへでも出かけて行って報告を書き、問題を起こす……中央が「劉・鄧・陶(鋳)打倒」というスローガンを掲げると、姚は「劉・鄧・陳(毅)打倒」というスローガンを掲げた……きみは局長レベルの幹部として、どうしたらそんなスローガンが出せるのか？　誰がそんな許可を出したのか？[32]

しかし、イギリス代表部焼き討ちの先鋒隊は外語学院の急進派や他の紅衛兵組織だったらしく、王力と違って、姚登山は文革後に名誉回復を果たしている。[33]

責任が誰にあったにせよ、代表部襲撃の二日後、内戦の夏が頂点に達したころ、周恩来はよく知る外国の賓客にみずからの絶望の深さを明かしている。八月二十五日夜、アメリカの黒人歴史学者、W・

E・B・デュボアの未亡人、シャーリー・グレアムを迎えて、周恩来は彼女にこっそり打ち明けた。「中国の革命全体がしばらくのあいだ敗北を喫するでしょう。私たちはすべてを失うかもしれない。だが、しかたない。もし私たちが負けても、みなさんたちアフリカ人は私たちの誤りから学び、あなた方独自の毛沢東思想を発展させ、よりよく実現する方法を学ぶことでしょう。だとすれば、私たちも最終的には勝利するわけだ[34]」。しかしながら、周恩来は今まさに、生涯しばしば経験した劇的カムバックの一つにとりかかろうとしていた。その手段は、「五・一六陰謀」なるものへの弾圧だった。

## 王力、失脚

八月二十五日払暁、周恩来は毛沢東の滞在する上海から空路戻ったばかりの楊成武とさしで話し合い、イギリス代表部事件――「大きな禍が降りかかった」――後の北京の状況について、自分の評価をおおまかに説明した。「あまりにも多くの事件が起きた。それを説明する方法を見出さないかぎり、この先なにが起こるか、誰にもわからない。こんなことが続くなら、最後はどうなることか？[35]」周恩来の結論は、毛に立場を明らかにしてもらい、指示を出し、決定するよう頼むほかないということだった。楊成武はただちに上海へとって返し、毛に最新情勢を伝えた。毛はその夜、二、三時間しか寝なかったという。そして看護婦に翌朝一番で楊成武を呼ぶよう命じた。毛は楊成武にこう言った。王力、関鋒、戚本禹は「文化大革命を台無しにする悪いやつだ。このことは総理以外の誰にも言うな。三人が逮捕されるのを見届けろ。この件は総理にまかせる」。楊成武が出発する直前、毛は指令を少しだけ変更し、今のところ戚本禹は見逃すよう総理に伝えなさいと言い渡した。八月二十六日正午、楊成武は北京に戻って周恩来に報告した[36]。

周恩来は一刻も無駄にしなかった。周が最初にしたことの一つは、楊成武に北戴河へ行って林彪に報告するよう命じることだった[37]。「総理以外の誰にも言うな」という毛の指示に違反すると楊成武が心配すると、周は、林彪は副主席なのだし、「これほど重大なことを彼に伝えないのは良くない。主席に聞かれたら、私の考えだと言えばいい」と言った[38]。周恩来には巨大なプレッシャーがかかった。そのため心労が頂点に達し、八月二十七日の未明に重い狭心症の発作を起こし、それから三十六時間のあいだ仕事に戻れなかった[39]。

八月二十八日になって、王力は何か良からぬことが身辺に迫っているのに気づいた。江青と康生のあいだで交わされる会話の端々から推し量るに、毛沢東の直接命令で自分の過去に対する極秘捜査が始まっているらしく、その「結果」、王力は共産党ではなく国民党員、ソ連のスパイで、姻戚を含む一族全員が「故物の巣窟」であることが「わかった」という。当然ながら関鋒の過去についても同じような捜査が同時進行していて、結論も似たようなものと考えたほうが良かった。八月三十日、王力と関鋒は、周恩来の主宰する中央碰頭会で十一時間の長きにわたり、捜査の「結果」を突きつけられた（周恩来は毛沢東からの命令執行を一任されていた）。こういう場合、昔からの慣例として、「結果」を提示するのは被疑者の直属の上司だ。つまり王力の「誤り」を長々と陳述したのは康生、関鋒について説明したのは陳伯達だった。文革の開始以来やはり慣習となったことだが、江青は両人の「誤り」について自由に発言できることになっていた。林彪が北戴河にいて会議を欠席し、彼の妻で連絡将校の葉群も「病気」で欠席したこの碰頭会は、王力と関鋒に「自己批判を書かせ」、釣魚台に自宅拘禁することで決着を見た[40]。

王力と関鋒（そしてのちに戚本禹）のそもそも何が告発されたのか、内容――があったとして――はほとんど知られていない。だがその一つは、イギリス代表部焼き討ちにいたる外交部の混乱を作った責任をめぐるものだった。八月七日の王力発言の記録を読んだ毛沢東は、「大、大、大毒草」と評した(41)。

## 人民解放軍では

毛沢東が第二の問題としたのは「軍内のひとつまみを引きずり出せ」というスローガンだった。八月初め、毛は一九六七年の年初以来、軍指導部に対してときどき使われてきたこの標語の「策略」としての妥当性について考え直しはじめた。このスローガンは紅軍創立四十周年記念日に当たる八月一日の『紅旗』社説の中心テーマだった。この社説は林杰が起草し、関鋒が校正し、陳伯達の承認を受けた――王力によれば、陳伯達は「とても良い」と評価したという。ところが、この社説草稿は掲載前に周恩来や康生に提出されておらず、江青も事前に読んでいない(42)。ましてや毛や林彪が読んだとは考えにくい。

当時のある説によると、毛沢東が最初にこの言葉に疑念を抱いたのは、上海柴油《ディーゼル》工場の戦いを収めた未編集のニュース映画を見ていたときだった。画面に「軍内のひとつまみを引きずり出せ」という標語が二度出てきたの見て、毛はこの標語は誤りだと指摘し、スローガンの入ったコマを削除するよう命じた。その後、「当時、上海に駐在していた中央のリーダーたちは、主席の指示どおり、この命令が北京の林彪副主席、周恩来総理、陳伯達同志に伝わるよう手配した(43)」

八月十一日、北京の中央指導部のもとに、毛沢東が「軍内のひとつまみを引きずり出せ」という表現は「策略として妥当」でないと表明したという知らせが届いた。[44] 同じ日の夜、陳伯達は北京のおもな紅衛兵組織リーダーとの会合で、このスローガンは適切な文脈で理解されなければならず、濫用してはならないと説明した。[45] その四日後、八月十五日から十六日にかけての夜、周恩来は同じ顔ぶれを含む大学紅衛兵リーダーに、このスローガンは今後使ってはならないと伝えた。[46] それから数日間、つぎつぎと開かれる会議ごとに、中央指導部は同じ警告をくりかえした。八月二十九日夜には王力本人が中央文革小組スタッフとの会議でこう言った。「軍内のひとつまみを捕まえろと唱える者たちがいるが、彼らは状況を読み違えている。軍内部の問題は軍自身が解決できるはずだ。解放軍は毛主席の指導と林彪同志の指揮のもとにあるのだから、軍内のひとつまみを捕まえる必要はない」[47]。王力は時流に乗り遅れまいとがんばったのだろう。だが、気づいてみれば、彼が乗っていたのは刑場行きの荷車だった。

この時点で王力と関鋒に向けられた追加告発はいずれもきわめて根拠薄弱だ。たとえば王力がKGBのスパイだという嫌疑は、モスクワ訪問のときに王力がユーリ・アンドロポフと会話したという事実、そしてアンドロポフが一九六七年にKGB長官になったという事実に依拠しているが、その会見の当時、アンドロポフはソ連共産党中央委で各国共産党との連絡担当部長をしていたから、二人が会ったとしても何の不思議もない。王力と関鋒はまた中央文革小組の同輩、とくに陳伯達、康生、江青に反対したという容疑もかけられた。[48]

戚本禹は九月四日に毛沢東へ手紙を書いて自分が王力や関鋒とはちがうと述べ、二人が左傾した「盲動」に流れ、「たいへん深刻な誤り」を犯したと告発した。たとえば二人は中国の状況をまったく誤ってとらえ、本来なら逆の意味にとらえなければならないのに、「全国的な資本主義の復古」の兆しがあると解釈した。また「革命大衆の闘争」のもたらした結果について、肯定的な面を見ようとしなかった。二人はまた解放軍についても誤った判断をし、新聞を使って「軍内のひとつまみ」を逮捕せよとけしかけた。最後に、二人は「何事にも疑いを投げかけ」、「その気になるといつでも毛主席の司令部の指導をないがしろにした」。二人の誤りは最終的に「個人主義、膨らんだエゴ、自分の意見へのあまりに高い評価に根ざしており、自分たちが誰より革命的だと思いこみ、自分と異なる意見を受け入れることができなかった」ことに起因する。戚本禹の手紙にはもちろん定番の義務的な自虐的自己批判も書かれていたが、ここに毛はこんなコメントを書きこんだ。「多少の誤りを犯すのは良いことだ。考えるための多くの糧を与えてくれ、やがて誤りを糺すことができるからである」[49]

とうとう中央弁公庁は当事者全員に、一九六七年十月八日午前零時をもって、王力と関鋒は信頼できる文革派とみなされないことを公式に伝え、これ以後、二人にはいかなる公式通達も連絡されなくなった[50]。十月十六日、北京衛戍区は二人を公式に拘束し、北京郊外西山の別荘へ軟禁処分にした[51]。

左派を屈伏させ、将軍たちをなだめるための毛沢東の断固とした行動は、王力と関鋒を権力から外すだけにとどまらなかった。二人と関係のある、そして／あるいは「極左傾向」のある下位の幹部たちもスケープゴートとしてつぎつぎと失脚させられた。「五・一六」集団の中核「分子」の顔ぶれを見ると、そのほぼ全員が一九六六年の春以降、異例の昇進をとげ、党の学術、情報／宣伝セクターにかつてない権勢をふるった人々だったという意味で、まぎれもない文革急進派紳士録である。ここにあがったのは、北京では穆欣（中央文革小組員／『光明日報』編集長）、林杰（中央文革小組職員／『紅旗』副編集長）、周景芳《しゅうけいほう》（北京革命委員会総秘書）、趙易亜《ちょうえきあ》（『解放軍報』編集長）などだ。中国科学院哲学社会科学部で最も知られた三人の「左派」、潘梓年《ばんしねん》、林聿時《りんいつじ》、呉伝啓《ごでんけい》は中国内陸部の田舎にしばらく隠れていたのち逮捕され、五・一六分子として告発された。このように圧倒的に「知識人」が占める逮捕者リストに例外的に、しかし最も目立つ中心的存在として加えられたのが外交部局長の姚登山だった。彼は一九六七年八月のイギリス代表部焼き討ち事件にからめてスケープゴートにされた。ある時点で周恩来は姚登山について謎めいた発言をしている。姚登山は「加入する必要がないと言って、（会員）登録表に記入しなかった。あの男は〝五・一六〟（分子）そのものだ[52]」

## 王乃英事件

だが「五・一六陰謀」のとりわけ「陰険な」性質を何より物語るのは、その中心人物とされた人々すらもが陰謀の存在自体を知らなかったことだ。被疑者を自分の犯した「罪」の性質について「正しい」理解に到達させるには、訊問者が断固たる覚悟で、慎重に計算した「説得」を何度も加える必要があった。山のような一件書類のなかでも、ある有名人「五・一六分子」——林杰の妻、王乃英《おうないえい》——の記録がこのことを明らかにしてくれる。

王乃英は夫が重大なトラブルに巻きこまれ、自分にできることはほとんどないと悟ったとき、（夫、林杰が副編集長をしていた）『紅旗』編集部に大字報を貼り出して明確な説明を求めた。「もし林杰同志がほんとうに党中央、毛主席、プロレタリア革命路線に反対したのなら、（私は）夫ときっぱり縁を切り、みなさんと一緒に積極的に彼を批判し、彼が音を上げるまで闘争し、けっして翻心させたりしない」。だが「林杰同志がどうしているか」すぐに教えてほしい。「林杰に会わせてほしい！[53]」九月七日には王乃英自身が在宅逮捕され、夫を告発するよう求められた[54]。
逮捕から三年以上にわたり、王乃英は自分の日々の行動、関連意見など、およそ訊問者の興味を引きそうなことなら委細もらさず事細かに書きつづり、一九七〇年十二月にようやく告白書を書いて罪を認めるよう求められた。最初に書いた（手書きの）認罪書は最も内実のあるもので、その末尾にはこう書かれている。

私は五・一六反革命の頭目、周景芳らに追随し、一連の五・一六反革命犯罪活動に関わりましたが、党中央が一九六七年八月に五・一六反革命陰謀集団を暴露するまで、五・一六という反革命組織のことを知らず、反革命綱領、計画、メンバーについても知りませんでした。その一味に加わったこともありません。（ですから）私は自分が五・一六反革命陰謀集団の中核分子であると告白しようがありません。

王乃英
一九七〇年十二月十日[55]

もちろんこの王乃英の告白は審査を合格しなかった。それから二十四時間に何が起きたかわからないが、翌日、王乃英は新しい（手書きの）告白書を書いた。その末尾はつぎのようになっている。

……私が五・一六反革命の中核分子であることを示す莫大な数の暴露資料がたしかにあり、膨大な捜査と調査によって、これらの資料が信頼できるものであることが証明されました。

五・一六反革命核心メンバー　王乃英[56]
一九七〇年十二月十一日

そしてさらに二十四時間後、おそらくこれはただの形式らしいが——というのも、「五・一六反革命の中核分子」という限定的、具体的すぎる肩書では、反革命とその罰則をめぐる関連法や政令に当てはまらないので——王乃英はとうとう第三の、そして最後の告白書を書いた。

私は自分の有罪を認め、自分が五・一六反革命活動で有罪の現行反革命分子であることを認めます。私はこれらを党と広範な革命大衆に対して認め、この罪を罰してもらいたいと思います。これからは真摯に前非を悔い改め、悪をやめて善をなし、徹底的に自己改造して新しい人間になります。

現行反革命分子　王乃英[57]
一九七〇年十二月十二日

だが王乃英は少なくとも生き延びた。もっと不運だった人々もいる。

王乃英のような人に五・一六陰謀の存在そのもの、そしてそれへの直接関与を認めさせるのがむずかしいことから、そもそもこの陰謀自体が存在しなかったのではないかと考える人たちを説得するために、党中央は権威ある「中発」をつぎつぎと流した。「五・一六反革命集団などそもそも存在しなかったと唱える人がいる。彼らは五・一六への捜査に反対し、果ては判決を覆せと主張する。これは完全に誤りだ(58)」

第一陣の「黒幕」が逮捕されたとき、急進派の反応は怒りや絶望から完全な理解不能まで、王乃英が夫、林杰を逮捕されたときの反応とぴったり相似形をしている。王力や関鋒と親しく、ときどき『紅旗』に執筆していたある人物は、九月三日に『解放軍報』論説委員の一人が王力、関鋒とともに粛清されて、毛沢東と江青の二十七歳の娘、李訥が新しい編集長になったと聞いて、「毛主席は血迷ったか?」と声をあげ、さらにこう言った。「こんなことがうまくいくものか。数人を犠牲にして矛盾が緩和されるなどと思うな。それに、この人たちが何をしたかすら明確にできていないじゃないか……闘争されている人たちでさえ、自分たちが犯した(とされている)罪が何なのかわかっていないんだぞ!」中央民族学院のある党書記は、関鋒の同僚である林杰の逮捕にこう反応した。「ろくでなしどもめ〔他媽的混蛋〕!数日前にはまだ革命的左派だったのに、今は反革命だと? これが政治的でっちあげじゃなくて何だ!(59)」

## 周恩来を守る

毛沢東がもしも、イギリス代表部焼き討ち事件のあと、急進派の罪を「でっちあげ」、軍内のひとつまみを「引きずり出す」必要があると思ったのだとすると、毛は、「内戦」のさなかに国を機能させつづけるのに不可欠な人材と考えた周恩来を守る必要に焦点をしぼって、反五・一六運動を認めさせようとしたのかもしれない。九月五日、江青は安徽省代表団に向けた「重大演説」でこう述べた——この演説は録音されて、十月に中央弁公庁から「学習用」として全国に配布された。「〝五・一六〟

反革命組織は〝極左〟的外見を持ち、その目標を総理に反対することに集中させている」[60]。まもなく大きな粛清が始まり、中国全土で直截、暗黙を問わず、「極左」あるいは／そして「反周（恩来）」と見なされた者には誰でも、党によってこの怪しげな造反集団の名が包括的レッテルとして貼られるようになった。

周恩来が特別なきずなを持つ機関、すなわち外交部では、

この（五・一六）組織のメンバーあるいはシンパを「暴き出す」運動は一九六九年一月に始まり、一九七〇年に頂点に達した。一九七〇年春、外交部の「階級隊列の純潔化」〔清理階級隊伍〕運動を指揮する軍代表の馬文波《ばぶんぱ》は周恩来に、部内職員二千人のうち五・一六分子が千人以上発見されたと報告した。多くの部門で、職員の五割から七割が反革命秘密組織に属していると指摘された……保守派にとって、この運動は宿敵と昔の悶着に決着をつける機会だった。そこでは個人的な恩讐が主役を果たした。[61]

「五・一六反革命分子」として告発された人々の名簿は文革全期間をつうじて、絶えず膨らみつづけた。一九八〇年代に出版された中共の公式史によれば、結局「数百万人にのぼる無辜の幹部、大衆」が告発された。[62]一九六八年二月、毛沢東のかつての戦友を告発する証拠を提供していた戚本禹が逮捕された。（この逮捕は当初秘密にされており、友人や同僚は戚本禹に何が起きたかいぶかったが、やがて第九回党大会の準備を手伝うために党中央が上海へ派遣したのだというわさが、あっという間に広まった）[63]。三月、総参謀長代理の楊成武、空軍政治委員の余立金、北京衛戍区司令官の傅崇碧が

解任、逮捕され、（軍総政治部の前主任、蕭華《しょうか》とともに）五・一六集団と関係があったことにされた。一九六八年末、党中央は陳伯達を長とする特別班をつくり、五・一六集団のメンバーおよび「黒幕」と目された人々を捜査することになった。(64) 一九六八年以後、「五・一六反革命陰謀」の捜査がどうなったかは、事情を最もよく知る中国の歴史家にとってすら謎のままだ。その一人がこう書いている。「動機は何だったのか？　目的は何だったのか？　筆者は現在、分析や判断の基礎とすべき事実情報を充分に持っていない」。(65) 一九七〇年代になると、五・一六分子の追及は追及側にとってすらきわめて混沌としてきて、たとえば一九七〇年晩夏に開かれた九期二中全会が終わると、かつての捜査主任だった陳伯達が「黒幕」にされてしまった。

## 地方では

「五・一六分子」狩りの激しさは地域によってかなり異なる。近年出版されるようになった各省の公式史には、その違いがある程度反映されている。そうした編年史の一つ、たとえば江蘇省史によると、江蘇省では「五・一六分子」狩りが一九六八年以後、「一連の運動」のなかで「最も激しく」行なわれ、省全体で十三万人以上の「五・一六分子」が狩り出され、あまりにひどい待遇に、そのうち六千人以上が死んだり、生涯にわたり不自由な身体にされたりした。(66) しかし河南省、チベット自治区、遼寧省などで編まれた省史では「陰謀」にあまり関心が払われていない。広西省はおそらく、「五・一六」というレッテルが、「右から」だろうが「左から」だろうが、あるいは「双方向から同時に行なわれた陰謀」だろうが、時の指導部の標的にされた物、人すべてに対して万遍なく使われた代表的な地域だろう。一九七〇から七一年にかけて、広西省指導部は一九六七年と六八年に起きた一見無関係な一連の事件すべてが、じつは五・一六陰謀だったと断定した。その事件とはたとえば『広西日報』占拠事件にはじまり、ベトナム向け軍事物資の窃盗、ある解放軍主力部隊の省外転出への抗議運動、いわゆる「黒い戯曲」、『南疆烈火《なんきょうれっか》』の上演から、果てはこの地方文化圏における「黒い集会、黒い戯曲」への弾圧手抜きにいたるまで、さまざまだ[67]。

一九七一年二月、党中央は新たに（周恩来に直接報告する）「五・一六」中央専案連合小組を創設し、今や全国に広がる巨大な捜査網を監督することになった[68]。この組織のメンバーや権限――その日常業務の大半は小組副主任で公安部革命委員会主任の李震《りしん》少将が指揮していた――が発表されると同時に、党中央は小組の「政策」定義に関して、林彪と周恩来から新しい引用を多数発表した。たとえば林彪はこんなことを言ったとされている。「軍は独裁の道具である。我々は〝五・一六〟（分子）を深く探り、一人たりとも逃亡を許してはならない」。周恩来の引用とされる発言の一つは、この捜査に対して上層から強力な反対があることを示唆している。「我々は〝五・一六〟陰謀の（捜査）範囲をあまり拡大しないよう警告する通知（一九七〇年三月二十七日）を出した。すると彼らはそれにしがみついて、本件全体をとりやめるべきだと言いはじめた……だが今回、我々は何があろうと、とことんこれを追及する」[69]。資料ではここで周恩来の言う謎の「彼ら」とは誰か、明らかにされていない。この謎は、一九七三年十月二十二日に李震少将が公安部ビル地下の暖房ダクトのなかで死んでいるのが見つかって、いよいよ深まった。最初は殺人事件として王洪文の指揮で大捜査がはじまった。最終的な捜査結果は、李震が「陰謀」首謀者との「非合法な関係」が露顕するのを恐れて自殺したということになった――だが王洪文は最後までこの判定に納得せず、容疑を認めようとしなかった[70]。

五・一六分子狩りは李震の死からまもなく終息した。(71)一九六七年八月以降の極左の敗北で周恩来は救われた。だがその一年前に打倒された党リーダーたちは救われることなく、また革命委員会制度の拡大によって多少の和解はできたものの、内乱の勢いは衰えることがなかった。

公式に「毛主席の後継者」に指名された。1969年以後、毛沢東は林彪に対してしだいに警戒心を抱くようになり、林彪は1971年9月、モンゴルの飛行機墜落事故で不可解な死を遂げた。

**林立果**　りんりつか　Lin Liguo（1945–1971）　林彪の息子。1971年に毛沢東暗殺を企てたとされている。両親とともにモンゴルの飛行機墜落事故で死亡。

会主任など指導的経済官僚で、1956 年の第 8 回党大会で政治局委員、1966 年の 8 期 11 中全会で拡大政治局常務委員になったが、第 9 回党大会では政治局から外された。1967 年の「二月逆流」で重大な役割を果たした。

**劉英俊**　りゅうえいしゅん　Liu Yingjun（1945–1966）　解放軍兵士。6 人の子供を轢くまいとして起こした交通事故で命を落とした。毛主席の「好学生」として文革期の英雄だった。

**劉志堅**　りゅうしけん　Liu Zhijian（1912–2006）　解放軍中将。文革初期に解放軍総政治部副主任。1966 年 5 月、中央文革小組副組長に就任。1967 年初めに粛清された。

**劉錫五**　りゅうしゃくご　Liu Xiwu（1904–1970）　中央監察委員会副書記。文革期に「61 人叛徒事件」の一人として粛清。

**劉少奇**　りゅうしょうき　Liu Shaoqi（1898–1969）　党副主席、国家主席。8 期 11 中全会で失脚し、「資本主義の道を歩む党内最大の実権派」として粛清された。8 期 12 中全会で党永久除名処分に。最高位の文革犠牲者として中央専案審査小組の管理下に置かれ、充分な医療を受けられず、肉体的虐待を受けて 1969 年 11 月に死去。1980 年に完全復権。

**劉仁**　りゅうじん　Liu Ren（1909–1973）　8 期中央候補委員、北京市副市長、北京市委第二書記。文革初期に彭真とともに粛清され、1968 年 1 月に正式逮捕されて獄死。

**劉寧一**　りゅうねいいつ　Liu Ningyi（1907–1994）　文革前は全国総工会主席。その後、人民政治協商会議副秘書長として台頭し、のちに同会議常務委員。

**劉瀾濤**　りゅうらんとう　Liu Lantao（1910–1997）　中央書記処候補書記、党西北局第一書記。文革期に「61 人叛徒事件」の一人として粛清された。

**林彪**　りんぴょう　Lin Biao（1907–1971）　解放軍元帥、党副主席、国務院副総理、国防部部長、中央軍事委員会副主席。8 期 11 中全会で、毛沢東の強力な主張により、失脚した劉少奇に代わって党ランク第二位に。そもそも受け身の性格で、勢力拡大を図ろうとはせず、毛沢東に対して政治的に挑もうとしなかった。第 9 回党大会で採用された党規約で

**羅瑞卿**　らずいけい　Luo Ruiqing（1906–1978）　解放軍大将、解放軍総参謀長、中央書記処書記、国務院副総理。文革初期に「毛沢東思想の突出」に反対し、林彪から奪権しようとした罪で粛清、投獄された。1976年、毛沢東の死後に復権。

**陸定一**　りくていいつ　Lu Dingyi（1906–1997）　政治局候補委員、中央書記処書記、国務院副総理、文化部部長、中央宣伝部部長。1966年5月、「彭羅陸楊集団」の一人として粛清。投獄生活を耐え抜き、毛沢東の死後、1976年に復権。

**陸平**　りくへい　Lu Ping（1914–2002）　反右派運動のころ、1957年に北京大学学長に就任し、1966年半ばの大学当局への第一波攻撃のときにその地位を失う。1975年から1982年、第7機械工業部副部長として政権復帰。

**李作鵬**　りさくほう　Li Zuopeng（1914–）　解放軍中将。林彪とのつながりで軍経歴を築いた。1967年、海軍第一政治委員。9期1中全会で政治局入り。林彪事件の直後に逮捕された。

**李雪峰**　りせつほう　Li Xuefeng（1907–2002）　中央書記処書記、党華北局第一書記。1966年6月、失脚した彭真の後継として北京市委第一書記に就任。8期11中全会で政治局候補委員。1968年、河北省革命委員会主任。1970年末に失脚、1982年復権。

**李先念**　りせんねん　Li Xiannian（1909–1992）　文革前は指導的経済官僚として国務院副総理、財政部部長を勤め、1956年に政治局入りした。文革中は経済官僚として周恩来を補佐し、生き延びた。文革後、第11、12回党大会後に政治局常務委員に選ばれ、1983年から1988年まで国家主席。

**李徳生**　りとくせい　Li Desheng（1916–）　解放軍少将。南京軍区副司令官（1968–1970）、解放軍総政治部主任（1970–71）、北京軍区司令官（1971–73）、瀋陽軍区司令官（1973–75）を歴任。第9回党大会で政治局委員、第10回党大会で政治局常務委員。文革後の第11回、12回党大会でふたたび政治局入りしたが、常務委員になることはなかった。

**李訥**　りとつ　Li Ne（1943–）　毛沢東と江青の娘。

**李富春**　りふしゅん　Li Fuchun（1900–1975）　文革前は国家計画委員

スターリン、アドルフ・ヒトラーとならび、20世紀最大の暴君の一人として歴史上に位置づけられることになるかもしれない。

**葉群** ようぐん Ye Qun（1917–1971） 林彪夫人。中央専案審査小組で夫の代理を勤める。9期1中全会で政治局委員に選出された。息子のいわゆる毛沢東暗殺計画に巻き込まれ、夫、息子とともにモンゴルの飛行機墜落事故で死亡。

**葉剣英** ようけんえい Ye Jianying（1897–1986） 中央委員、解放軍元帥、中央軍事委員会秘書長。8期11中全会で政治局委員に選出され、10期で政治局常務委員になった。文革期を通じて権力を持ちつづけ、毛沢東の死直後の「四人組」の逮捕を実質的に指揮した。健康上の理由で1980年代初めに引退。

**楊尚昆** ようしょうこん Yang Shangkun（1907–1998） 中央書記処候補書記、中央弁公庁主任（1965年11月まで）。毛沢東の居室を盗聴した疑いで「彭羅陸楊」集団の一員として1966年5月に粛清された。毛沢東の死後復権。1988年、国家主席。

**楊成武** ようせいぶ Yang Chengwu（1914–2004） 8期中央候補委員、解放軍上将、副総参謀長。1966年の羅瑞卿の失脚後、後継として総参謀長代理に就任。周恩来によれば、文革初期に毛沢東の身辺の安全確保に貢献した。中央専案審査小組員。1968年3月、余立金、傅崇碧とともに粛清された。

**姚登山** ようとうさん Yao Dengshan（1918–1998） 外交官。赴任地インドネシアから追放されて故国で英雄扱いされた。短期間だが外交部の造反リーダーとして陳毅外相と対立した。イギリス代表部焼き討ち事件を背後で画策したと言われる。

**姚文元** ようぶんげん Yao Wenyuan（1931–2005） 上海の過激な文芸批評家、弁論家。『新編歴史劇「海瑞罷官」を評す』を書き、これが文革の導火線になったと言われている。中央文革小組の最年少メンバー。1969年から政治局委員。1976年、毛沢東の死後、「四人組」の一人として逮捕され、1981年に懲役20年の判決を受けた。

**余立金** よりつきん Yu Lijin（1913–1978） 解放軍中将、空軍政治委員。1968年3月、楊成武、傅崇碧とともに失脚。

宣伝部部長に就任。8 期 11 中全会で政治局第 4 位にランク。中央文革小組および中央専案審査小組顧問。1967 年初めに粛清されて中南海に自宅軟禁。中央専案審査小組の拘束下に癌で死去。1978 年に復権。

**薄一波**　はくいっぱ　Bo Yibo（1908–2007）　政治局候補委員、国務院副総理、国家経済委員会主任。文革期に「61 人叛徒事件」の一員として粛清され、毛沢東の死後に政権へ復帰。

**万里**　ばんり　Wan Li（1916–）　北京市副市長。1966 年 10 月に粛清され、1973 年に復権した。

**傅崇碧**　ふすうへき　Fu Chongbi（1916–2003）　解放軍少将、北京衛戍区司令官。1968 年 3 月、楊成武、余立金とともに粛清された。

**彭小蒙**　ほうしょうもう　Peng Xiaomeng（1948–）　北京大学付属中学生徒で紅衛兵。1966 年 8 月に毛沢東が書いた「清華大学付属中学紅衛兵への手紙」の中で、名指しで称賛された。

**彭真**　ほうしん　Peng Zhen（1902–1997）　有力な中央書記処書記、北京市市長、北京市委第一書記、党中央で文化を担当する「五人小組」の長。1966 年 5 月、「彭羅陸楊」集団の一員として粛清された。とくに「真実の前に人は平等」発言（おそらくは毛沢東への言及）が仇となった。10 年獄中にあり、1976 年の毛沢東の死後、復権。

**彭徳懐**　ほうとくかい　Peng Dehuai（1898–1974）　率直な発言をする国防部部長、政治局委員。1959 年に毛沢東と「大躍進」を暗に批判したことで粛清された。1966 年末に四川省から北京へ呼び戻されて逮捕され、獄死。1978 年に復権。

**毛遠新**　もうえんしん　Mao Yuanxin（1939 ? –）　毛沢東の弟の毛沢民（1943 年に刑死）の息子。母が再婚すると毛遠新は中南海に移り、毛家の一員として育った。遼寧省革命委員会副主任、瀋陽軍区政治委員を勤めたのち、1975 年に毛沢東と政治局の連絡員になる。

**毛沢東**　もうたくとう　Mao Zedong（1893–1976）　中国共産党創始者の一人。1943 年から 1976 年に死去するまで党主席。機敏で無慈悲で予測しがたい政治家。文革発動のころ、党機関紙は「修正主義と戦い、修正主義を防ぐ」〔反修防修〕試みと報じたが、毛の後継者たちは現在、文革を「毛沢東の政治的生涯のなかで最大の誤り」としている。ヨシフ・

**陳錫聯**　ちんしゃくれん　Chen Xilian（1915–1998）　解放軍上将。解放軍砲兵司令官（1950–1959）。瀋陽軍区司令官（1959–1973）。北京軍区司令官（1973–1980）。1975年、国務院副総理。9期、10期、11期政治局委員。1980年に「二つのすべて派」、別名「小四人組」（陳錫聯、紀登奎、王東興、呉徳）が失脚したとき、党および政府の役職を追われた。

**陳少敏**　ちんしょうびん　Chen Shaomin（1902–1977）　8期中央委員。8期12中全会に出席した59人の中央委員／候補委員のうちただ一人、劉少奇の党永久追放に反対した。9期中央委員には選出されなかった。

**陳伯達**　ちんはくたつ　Chen Boda（1904–1989）　政治局候補委員、『紅旗』編集長、毛沢東の筆杆子の一人。1966年5月、中央文革小組組長に就任。8期11中全会で政治局常務委員に昇進。中央専案審査小組員。第9回党大会後、党内の公式ランク第4位。1970年に失脚したのち林彪一派として追訴された。1988年まで獄中にあった。

**陳丕顕**　ちんひけん　Chen Pixian (1916–1995)　1965年4月、急死した柯慶施の後任として上海市委第一書記に就任。1967年の張春橋の上海奪権で失脚したが、1975年に上海市革命委員会副主任として復帰。文革後は湖北省第一書記、中央書記処書記、11期中央委員など多数の職務を歴任。

**田家英**　でんかえい　Tian Jiaying（1922–1966）　毛沢東の個人秘書。1966年5月、「毛沢東の著書を改竄した」と責められて自殺した。

**鄧小平**　とうしょうへい　Deng Xiaoping（1904–1997）　党総書記、国務院副総理。1966年10月、「資本主義の道を歩む党内第二の実権派」として粛清された。追放先の江西省ではトラクター工場で働いていたが、1973年に公式に復帰。しかし毛沢東に疎まれて1976年にふたたび失脚。毛沢東の死後は党随一の実力者として、党を文革路線から転換させる原動力になった。

**鄧拓**　とうたく　Deng Tuo（1912–1966）　北京市委書記処書記。諧謔的評論を得意とする優れた書き手で、文革の最初期に攻撃を受けた。1966年5月に自殺。

**陶鋳**　とうちゅう　Tao Zhu（1908–1969）　8期中央委員、国務院副総理、党中南局第一書記。文革初期に北京へ移り、陸定一の後継者として中央

**譚震林**　たんしんりん　Tan Zhenlin（1902–1983）　政治局委員、国務院副総理。1966–67 年冬に「走資派」として粛清された。「二月逆流」で重大な役割を果たした。1973 年復権。

**張玉鳳**　ちょうぎょくほう　Zhang Yufeng（1944–）　毛沢東のお気に入りだった晩年の生活秘書。

**張春橋**　ちょうしゅんきょう　Zhang Chunqiao（1917–2005）　上海市の党機関紙編集長、宣伝部上級幹部。毛沢東の側近、中央文革小組副組長として知られるようになった。1969 年、政治局委員。1976 年に「四人組」の一人として逮捕されたときは、上海市革命委員会主任、国務院副総理だった。1981 年に執行猶予 2 年つきの死刑判決を受けた。

**張平化**　ちょうへいか　Zhang Pinghua（1907–2001）　8 期中央候補委員、党中南局メンバー。1966 年夏、中央宣伝部常務副部長に就任、数カ月後に失脚。1971 年、山西省革命委員会副主任。1976 年、毛沢東の死後、復権。

**陳雲**　ちんうん　Chen Yun（1905–1995）　1930 年代から政治局委員。中華人民共和国成立以来ずっと経済担当の高級幹部だったが、1962 年に毛沢東が左傾路線に復帰してから政治の現役を退く。文革期は中央委員以外すべての役職を解かれていたが、1978 年に政治局常務委員に復帰した。

**陳永貴**　ちんえいき　Chen Yonggui（1914–1986）　山西省昔陽県大寨大隊党支部書記。大寨は文革初期に「農業は大寨に学べ」のスローガンでモデル農村となった村。1970 年代半ばに政治局委員になり、出世の頂点に達する。1980 年に引退を許された。

**陳毅**　ちんき　Chen Yi（1901–1972）　政治局委員、国務院副総理、外交部部長。文革期に陳毅のキャリアはとくに「二月逆流」の結果、下降に向かったが、解放軍元帥として毛沢東の庇護を受け、政治局委員の地位を保つことができた。癌で死去。

**陳再道**　ちんさいどう　Chen Zaidao（1909–1993）　武漢軍区司令官。1967 年夏の「武漢事件」に関与し、保守派大衆組織が陳の指揮下にある将兵とともに、中央からの特使を監禁した。陳は獄に下ったが 1971 年の林彪事件後まもなく釈放された。

して、急進派から批判された。

**朱徳**　しゅとく　Zhu De（1886–1976）　1928年に毛沢東と組んで以来、党が軍に優越するのであって、その逆ではないという毛の教えを守り、終生変わらぬ忠実な将軍として仕えた。1955年に任命された十大元帥の中でも年長で、名目上、9期政治局委員、10期政治局常務委員として文革を生き残ることができた。毛沢東の死のわずか2カ月前に89歳で死去。

**聶栄臻**　じょうえいしん　Nie Rongzhen（1899–1992）　1955年より解放軍十大元帥の一人。中国の防衛産業の責任者として核兵器やロケット計画を手がけた。1966年の8期11中全会で政治局委員に選ばれたが、第9回党大会で政治局から外され、政権へ復帰したのは文革後だった。

**聶元梓**　じょうげんし　Nie Yuanzi（1921–）　北京大学哲学科の党総支部書記。有力な紅衛兵指導者で、第9回党大会で中央候補委員になったが、その後失脚。1983年に懲役17年の判決を受けた。2005年に回顧録を出版。

**徐向前**　じょこうぜん　Xu Xiangqian（1901–1990）　解放軍十大元帥の一人。1966年の8期11中全会で政治局委員になったが、おそらく1967年の「二月逆流」に多少関わったことと、健康状態のせいで第9回党大会では再選されなかった。

**戚本禹**　せきほんう　Qi Benyu（1931–）　中央弁公庁職員。1966年5月、毛沢東の秘書だった田家英の後継者に。中央文革小組および中央専案審査小組員。1968年1月に「極左分子」として逮捕、粛清された。現在は上海で引退生活を送っている。

**曹軼欧**　そういつおう　Cao Yiou（1903–1989）　康生夫人。1966年春、夫に北京大学へ派遣され、大学指導部への反抗を煽動した。

**曹荻秋**　そうてきしゅう　Cao Diqu（1909–1976）　上海市委上級幹部で文革前夜は上海市市長。1967年の張春橋による上海市奪権で失脚。

**譚厚蘭**　たんこうらん　Tan Houlan（1940–1982）　北京師範大学学生。中央文革小組と緊密につながる同大学の紅衛兵組織「井崗山公社」の創立者／指導者の一人として全国に知られた。1968年以後、逮捕され、獄中にて癌で死去。

**胡耀邦**　こようほう　Hu Yaobang（1915–1989）　1957年、共産主義青年団第一書記。文革初期には陝西省党委第一書記で、他の党幹部と同様失脚したが、1975年に中国科学院指導部に加わり政権復帰、鄧小平の新政策起草を助けた。1980年、華国鋒の後継として党主席に就任。1982年に制度の変更により総書記になる。1987年1月、民主化を求める学生デモの責任を問われて総書記の地位は趙紫陽に譲ったが、政治局委員の地位は保った。1989年4月15日死去。その死が「北京の春」と呼ばれる新たな学生デモのきっかけになった。

**呉冷西**　ごれいせい　Wu Lengxi（1919–2002）　文革の開始期に新華社社長、『人民日報』編集長として報道の頂点にいた。北京市市長の彭真を中心とする「文化革命五人小組」の一員。この「小組」の解散は文革最初の大粛清の一部だった。1975年にヒラの幹部として復活し、1982年に（国務院組織部内）広播電視部部長に就任。

**謝富治**　しゃふじ　Xie Fuzhi（1909–1972）　8期中央委員、国務院副総理、公安部部長。中央専案審査小組員として無数の上級党員の粛清に深く関わった。8期11中全会で政治局候補委員、9期1中全会で政治局委員。癌で死去し、手厚く葬られたが、のち1980年に文革時の役割を告発されて党から死後除籍された。

**周恩来**　しゅうおんらい　Zhou Enlai（1898–1976）　国務院総理。党内ランク第3位。魅力的で冷酷な周恩来は国務院の定例閣議ばかりでなく、中央文革小組や中央専案審査小組の定例会議も主宰していた。数千の幹部指導者の審問や粛清に関わった。1976年、癌で死去。

**周仲英**　しゅうちゅうえい　Zhou Zhongying（1902–1991）　国家経済委員会副主任。文革期に「61人叛徒事件」の一人として粛清された。

**周揚**　しゅうよう　Zhou Yang（1908–1989）　中央宣伝部副部長。文革前の文学界を監督する厳格な人物。彭真の「五人小組」の一員として失脚した最初の高級幹部の一人。文革後、同じ副部長の職に復帰し、中央委員になった。晩年は（党の基準からすれば）リベラルに変身した。

**朱成昭**　しゅせいしょう　Zhu Chengzhao（1942–1998）　北京地質学院学生。北京で最も重要な紅衛兵組織「首都紅衛兵第三司令部」の創立者だが、今ではほとんど忘れられている。1967年に中央文革小組と対立

のいわゆる毛沢東暗殺計画に加わった者は一人もいないことが明らかになった。拘禁下に生涯を終えた。

**高仰雲**　こうぎょううん　Gao Yangyun（1905–1968）　河北省人民政治協商会議副主席、天津南開大学党委第一書記。文革期に「61人叛徒事件」の一員として粛清された。

**江青**　こうせい　Jiang Qing（1914–1991）　毛沢東夫人。中央文革小組副組長（事実上リーダー）。中央専案審査小組員。9期1中全会で政治局委員。1976年、毛の死後、張春橋、姚文元、王洪文とともに「四人組」の一人として逮捕された。いわゆる革命京劇の導入に果たした役割は有名。死刑判決を減刑されて服役中に病院で自殺した。

**康生**　こうせい　Kang Sheng（1898–1975）　政治局候補委員、中央書記処書記。1966年5月に中央専案審査小組の指導メンバー、中央文革小組顧問に就任。8期11中全会で政治局常務委員に昇進。第9回党大会以後は公式党内ランク第5位。膀胱癌で死去。死後、党籍を剥奪され、文革中に数百人の党指導幹部を迫害した責任を問われた。

**呉晗**　ごがん　Wu Han（1909–1969）　有名な歴史家で北京市副市長。文革最初の標的にされ、2年半にわたる際限のない「闘争」集会、肉体的虐待、獄中での迫害により惨死した。

**胡喬木**　こきょうぼく　Hu Qiaomu（1912–1992）　党中央書記処候補書記、『毛沢東撰集』編纂者、毛沢東の筆杆子の一人。文革初期に健康上の理由で半ば現役を退いた。1975年に政権へ復帰。

**伍修権**　ごしゅうけん　Wu Xiuquan（1908–1997）　8期中央委員、中央対外連絡部副部長。文革初期に紅衛兵から攻撃され、1968年に入獄、1974年に釈放後、復権。

**呉徳**　ごとく　Wu De（1913–1995）　8期中央候補委員。1966年に吉林省から異動して北京市委第二書記、市長代理に。1968年の8期12中全会で中央委員に選出された。1972年、謝富治に代わって北京市革命委員会主任に就任。毛沢東の死後、鄧小平と衝突して失脚。

**呉法憲**　ごほうけん　Wu Faxian（1915–2004）　解放軍中将。林彪とのつながりで軍経歴を築く。文革初期に空軍司令官に就任。9期1中全会で政治局委員。「林彪事件」後まもなく逮捕された。

投獄され、毛の暗殺を図ったと誣告された。意図的で劣悪な誤治療により死期を早めたのはほぼ確実。

**韓愛晶**　かんあいしょう　Han Aijing（1946–）　北京航空学院学生。中央文革小組と緊密につながる大学紅衛兵組織「北航紅旗戦闘隊」の創立者／指導者として全国に知られるようになった。1983年に懲役15年の判決を受ける。

**関鋒**　かんほう　Guan Feng（1919–2005）『紅旗』副編集長、中国古典哲学に造詣が深い。中央文革小組および中央専案審査小組員。1967年8月に「極左」として粛清されて15年以上投獄され、晩年は北京で引退生活を送った。

**紀登奎**　きとうけい　Ji Dengkui（1923–1988）　第9回党大会でいきなり政治局候補委員、第10回党大会で政治局委員になった。おそらく毛沢東の旅行先で主席の目にとまったためだろう。毛の後継候補だったが、選ばれたのは華国鋒だった。1977年の第11回党大会で政治局に再選されたものの、1980年には鄧小平の「すべて派」粛清ですべての役職を失った。

**邱会作**　きゅうかいさく　Qiu Huizuo（1914–2002）　解放軍中将。林彪とのつながりで軍経歴を築いた。1968年、解放軍総後勤部部長。9期1中全会で政治局入り。林彪「事件」直後に逮捕された。

**牛皖平**　ぎゅうかんへい　Niu Wanping（1947–）　北京大学付属中学生徒。「保守派」紅衛兵組織「聯合行動委員会」創立者の一人。

**宮小吉**　きゅうしょうきつ　Gong Xiaoji（1950–）　北京大学付属中学生徒。「保守派」紅衛兵組織「聯合行動委員会」創立者の一人。

**許世友**　きょせいゆう　Xu Shiyou（1906–1985）　解放軍上将。文革期のほとんどを南京軍区司令官として過ごした。毛沢東の忠実な信奉者で、第9回党大会から第11回党大会まで政治局委員だったが、林彪事件後の粛清には巻き込まれなかった。

**黄永勝**　こうえいしょう　Huang Yongsheng（1910–1983）　広州軍区司令官。1968年に楊成武が失脚すると、その地位を継いで解放軍総参謀長に。林彪の墜落死ののち、林に忠実だった4人の将軍の一人として粛清されるが、1980–81年にこの4人に対して行なわれた裁判では、林彪

**汪東興**　おうとうこう　Wang Dongxing（1916–）　毛沢東の警衛長。1965 年 11 月、楊尚昆の後継として中央弁公庁主任に就任。中央専案審査小組員。9 期 1 中全会で政治局候補委員に選出され、その後、党副主席まで堅実に出世階段を登りつめた。「四人組」の逮捕を実行。1978 年に鄧小平と衝突し、1980 年代初めには半ば引退を余儀なくされた。

**王任重**　おうにんじゅう　Wang Renzhong（1917–1992）　8 期中央候補委員、党中南局第二書記。1966 年夏、中央文革小組副組長に就任。1967 年初め、「走資派」として粛清、批判された。毛沢東の死後、1976 年に政権復帰。

**王力**　おうりき　Wang Li（1922–1996）　中央対外連絡部副部長、政治局の筆杆子。1966 年に中央文革小組員。武漢事件で保守派に拉致された。1967 年 8 月、「極左分子」として粛清され、15 年間収監された。

**蒯大富**　かいだいふ　Kuai Dafu（1945–）　清華大学学生。中央文革小組と緊密につながる大学紅衛兵組織「井崗山兵団」の創立者・指導者として全国に知られた。1983 年に懲役 17 年の判決を受けた。現在は深圳で事業をしていると伝えられる。

**郭沫若**　かくまつじゃく　Guo Moruo（1892–1978）　20 世紀中国屈指の文化人で、中国科学院院長など中華人民共和国の数々の文化的要職に就いたほか、党の委託により外交任務に当たった。ソ連との窓口組織である「世界和平理事会」もその一つ。毛沢東と詩の交換をする仲だったが、来るべき文革の嵐を予感して 1966 年に自分の作品をすべて自己批判した。

**柯慶施**　かけいし　Ke Qingshi（1902–1965）　政治局委員、国務院副総理、上海市市長。毛沢東の左派盟友。

**華国鋒**　かこくほう　Hua Guofeng（1921–）　文革開始期には湖南省副省長。異例のスピード出世をとげた。1969 年の第 9 回党大会で中央委員に選ばれ、1973 年に政治局委員、1976 年に周恩来の後継として総理に、毛沢東の後継として党主席に選ばれた。1978 年以降は徐々に勢力を弱め、1981 年には半ば引退状態。

**賀龍**　がりゅう　He Long（1896–1969）　政治局委員、国務院副総理、中央軍事委員会副主席、解放軍元帥。文革開始のころ毛沢東と衝突して

## 〔人名表〕

役職はとくに記さないかぎり、文革の始まったころのもの。略歴の参考にしたのは、盛平主編『中国共産党人名大辞典』（北京、中国国際広播出版社、1991）、『中国共産党歴史大辞典』（北京、中央党校出版社、1991）、『歴届中共中央委員会人名辞典』（北京、中共党史出版社、1992）、『読報手冊』（版元不明、1969）など。

**安子文**　あんしぶん　An Ziwen（1909–1980）　8期中央委員、中央組織部部長。文革期に「61人叛徒事件」（日中戦争前夜の1936年に国民党地区で投獄されていた共産党幹部61人が偽装転向して釈放されたとされる事件）の一員として粛清された。

**閻紅彦**　えんこうげん　Yan Hongyan（1909–1967）　解放軍上将。雲南省委第一書記。文革最初期に自殺した高級幹部の一人。1979年に名誉回復。

**王光美**　おうこうび　Wang Guangmei（1921–2006）　劉少奇夫人。中央弁公庁職員。夫ともども粛清され、獄中で文革を生き延びた。1978年11期3中全会のあと釈放され、復権。

**王洪文**　おうこうぶん　Wang Hongwen（1932–1992）　上海第17綿紡績工場の保安員から身を起こし、文革期の「造反」労働者リーダーとして名を馳せた。1969年に中央委員となり、1970年代初めに毛沢東の後継者候補として養成されていた。1976年に「四人組」の一人として逮捕されたときは党副主席。1981年に終身刑の判決を受けた。

**王震**　おうしん　Wang Zhen（1908–1993）　解放軍上将。1950年代半ばころ解放軍鉄道兵司令官。1956年、国家農墾部部長。同年、中央委員に就任。1975年に国務院副総理として再浮上し、1977年に政治局委員になって10年間この地位にいた。1988年、国家副主席。

**王大賓**　おうだいひん　Wang Dabin（1946–）　北京地質学院学生。同校の紅衛兵組織「東方紅公社」のリーダーとして全国に知られた。1969年以後に逮捕され、彭徳懐らを迫害した罪で1983年に懲役9年の判決を受けた。現在は事業をしていると伝えられる。

所星火兵団、1968）p.18
64　金春明、黄裕冲、常恵民『「文革」時期怪事怪語』p.313
65　金春明『「文化大革命」史稿』p.324
66　劉定漢編『当代江蘇簡史』（北京、当代中国出版社、1999）p.235。非公式の情報源はそれよりはるかに大きな数字を見積もっており、省都の南京だけで27万人の「五・一六分子」が逮捕されたとしている。黒雁男（ペンネーム）『十年動乱』（北京、国際文化出版公司、1988）p.198
67　『広西文革大事年表』p.154
68　国防大学『文化大革命』第2巻 pp.512–513
69　1971年2月28日付け、手書きの記録（著者蔵）
70　『中国人民公安史稿』（北京、警官教育出版社、1997）pp.343–344
71　金春明、黄裕冲、常恵民『「文革」時期怪事怪語』p.314

36　張子申『戦将与統帥——楊成武在毛沢東麾下的四十八年』（瀋陽、遼寧人民出版社、2000）pp.373–376
37　『王力反思録』下巻p.1014によると、「林彪は北京がいよいよ混沌としてくるのに気づくと、汽車に乗って北京を離れた」
38　張子申『戦将与統帥』p.378
39　程華『周恩来和他的秘書們』pp.525–556。金冲及『周恩来伝』下巻p.972
40　『王力反思録』上巻pp.212–220
41　『周恩来年譜』第3巻p.183
42　『王力反思録』下巻p.1015。『周恩来年譜』第3巻p.175。『動態報』第111期（1967.8.26）
43　『百舸争流』（北京、財貿紅色造反派）第144期（1967.10.9）。7月下旬の上海で、毛沢東は上海市前指導部の陳丕顕や曹荻秋が大衆集会で批判されるテレビニュースを見た。大規模な人数にアピールし、「教育する」手段としてのテレビ集会にとても興奮した毛は、北京に戻ったら北京のテレビも上海のテレビに倣うよう奨めようと言った：同書
44　『王力反思録』下巻p.1014
45　『文革簡訊』第414期（1967.8.14）
46　『動態報』第111期（1967.8.26）
47　『財貿斗批改通訊』（上海、貿易領域「斗批改」聯絡站）第4期（1967.9.6）
48　『王力反思録』上巻pp.212–220
49　『建国以来毛沢東文稿』第12巻p.412
50　『換新天』（北京、第八機械工業部）第18期（1967.10.16）p.8
51　『王力反思録』上巻p.11
52　「総理関於清査‘五・一六’的指示（摘録）」1970.11.9
53　『動態』第141期（1967.9.5）
54　王乃英「一日到七日我都做了些什麼？」〔1967年8月1日から7日まで私は何をしたか〕1967.9.15付け、15頁の手書き告白書（シェーンハルス蔵）
55　王乃英「認罪書」1970.12.10
56　同上1970.12.11
57　同上1970.12.12
58　「中発（1970）20」（1970.3.27）：国防大学『「文化大革命」』第2巻p.420所収
59　民族研究所井崗山兵団編『潘梓年、呉伝啓、林聿時、洪濤、王恩宇反党集団的滔天罪行大字報材料匯編』（北京、1967）p.7
60　河北省革命委員会政治部『毛主席最新指示若干重要文献』p.636。雲南省革命委員会『無産階級文化大革命文件匯編』第1巻pp.554–555
61　Barbara Barnouin and Yu Changgen, *Ten Years of Turbulence: The Chinese Cultural Revolution* (London: Kegan Paul International, 1993), p.198
62　王年一『大動乱的年代』p.273
63　『関於反革命集団重要成員傅崇蘭等建立第二套班子』〔傅崇蘭その他の反革命集団の重要メンバーがいかに第二班を作ったかについて〕（北京、学部紅衛兵総隊革命歴史

16　程華『周恩来和他的秘書們』pp.248–249

17　FCO 21/33, Confidential draft, Registry no. FCI/14, Public Record Office, Kew（以下PRO）。PROで発見した資料を提供してくれたDalena Wrightに感謝する。

18　Grey, *Hostage in Peking*, pp.83–108; "Quarterly Chronicle and Documentation" *CQ*, (October–December 1967), 221–223

19　ホプソン氏からブラウン氏へ、「北京イギリス代表部焼き討ち」について：Mr. Hopson to Mr. Brown, "The Burning of the British Office in Peking," Confidential, September 8, 1967, FC 1/14, FCO 21/34, PRO参照。このファイルにはイギリス人事件当事者全員の報告も含まれている。代表部主任／外交参事官Percy Cradockの報告は、大部分が著書*Experiences of China*, pp.58–71に再録されている。

20　8月31日に香港へ送られた親展書簡のコピー（TELNO 1801, FCO 21/84, PRO）参照。9月1日にストックホルムのイギリス大使館でタイプされた同じ書簡のコピーが、スウェーデン外務省公文書館（ストックホルム）にある。

21　Top secret, K (69)1, FCO 40/160, PRO

22　たとえばMichael Wilfordの草案についてのJames Murrayの極秘扱い個人見解（1969.11.17）参照（FCO 40/160,PRO）

23　Cradock, *Experiences of China*, p.72

24　Barnouin and Yu, *Chinese Foreign Policy during the Cultural Revolution*, p.71

25　Ibid., pp.72–73

26　『動態』第121期（1967.8.12）

27　首都紅代会北京第二外国語学院紅衛兵編『九評王力』（北京、1967）pp.22–26

28　Wang Li, "Insider's Account of the Cultural Revolution," pp.77–79。王力『現場歴史』pp.47–65

29　Barnouin and Yu, *Chinese Foreign Policy during the Cultural Revolution*, pp.155–159に引用。金戈「在外交部‘奪権’前后」：安建設『周恩来的最后歳月』pp.230–234も参照

30『動態』第111期（1967.8.26）。姚登山はまもなく周恩来に自分が王力の発言を「誤解した」と認めざるを得なくなった。『文革通訊』（天津？ 新華坊）第58期（1967.9.23）

31　王力『現場歴史』pp.52–53

32　Gurtov, "The Foreign Ministry and Foreign Affairs in the Cultural Revolution," p.348。金戈「在外交部‘奪権’前后」pp.235, 239も参照

33　Barnouin and Yu, *Chinese Foreign Policy during the Cultural Revolution*, pp.26–27。王力が復帰を試みて果たせなかった経緯について西側の報告としては、Patrick E. Tyler, "A Ghost of Maoist Fervor Lives on in Disgrace," *New York Times*, April 10, 1996

34　グレアムがこの話をシドニー・リッテンバーグにした。だがリッテンバーグがこの発言を周恩来の秘書の一人に確認しようとしたところ、それはグレアムの「夢物語」でしょうと一蹴された。Rittenberg and Bennett, *The Man Who Stayed Behind*, pp.381–382。周恩来＝グレアム会談の確認材料としては、中華人民共和国外交部外交史研究室編『周恩来外交活動大事記：1949–1975』（北京、世界知識出版社、1993）p.515

35　王力「歴史将宣告我無罪」p.21

勲『心路——良知的命運』（北京、新華出版社、2004）参照。楊勲とともに捕らえられた弟の楊炳章は、12月の大字報で聶元梓のことを「政治的売女」と呼んだ（Walder, "Factional Conflict"）。1980年代になって楊炳章はハーバード大学で歴史学博士号をとった。彼の自伝は『従北大到哈佛』（北京、作家出版社、1998）

84　Hong Yung Lee, *Politics of Chinese Cultural Revolution*, pp.204–243

85　「北京市'文化大革命'大事記（1965–1967）」pp.44–46

86　長春公社503戦闘隊編『長春無産階級文化大革命大事記（1965.11–1968.3）』全2巻（長春、1968）下巻 pp.152–155

87　馬斉彬等編『中国共産党執政四十年』p.303

## ●13章

1　『王力反思録』上巻 p.386に引用

2　同上下巻 p.1023

3　金春明、黄裕冲、常恵民『「文革」時期怪事怪語』p.313

4　同上 p.101。Yan Jiaqi and Gao Gao, *Turbulent Decade*, p.252。王年一『大動乱的年代』pp.271–272。金春明『「文化大革命」史稿』（成都、四川人民出版社、1995）p.323。席宣、金春明『「文化大革命」簡史』p.223

5　王年一『大動乱的年代』p.272

6　『動態報』（北京、金融貿易聯絡站）第105期（1967.8.19）

7　卜偉華「北京紅衛兵運動大事記」p.60

8　雲南省革命委員会『無産階級文化大革命文件匯編』第1巻 p.542

9　『動態』第154期（1967.9.20）

10　「総理関於清査'五・一六'的指示（摘録）」1970.11.4、手書きコピー（フェアバンク・センター図書館蔵）

11　Barbara Barnouin and Yu Changgen, *Chinese Foreign Policy during the Cultural Revolution* (London: Kegan Paul International, 1998), pp.12–13

12　"Quarterly Chronicle and Documentation," *CQ*, no.30 (April–June 1967), 240–249。　同 no.31 (July–September 1967), 212–223。同 no.32 (October–December 1967), 221–227。さらに詳しくはBarnouin and Yu, *Chinese Foreign Policy during the Cultural Revolution*参照。古い研究だが検討に値するものとして、Melvin Gurtov, "The Foreign Ministry and Foreign Affairs in the Chinese Cultural Revolution," in Thomas W. Robinson, ed., *The Cultural Revoluion in China* (Berkeley: University of California Press, 1971), pp.313–366がある。

13　Anthony Grey, *Hostage in Peking* (London: Michael Joseph, 1970), pp.96–97

14　文革中の中国外交部について内部者の証言としては、Ma Jisen, *The Cultural Revolution in the Foreign Ministry of China* (Hong Kong: Chinese University Press, 2004) 参照。1967年8月の事件については pp.191–220

15　中国人外交官のパニックの原因となったのは、大使館員は革命される必要があるという1966年9月9日の毛沢東発言だった。Barnouin and Yu, *Chinese Foreign Policy during the Cultural Revolution*, pp.12–13

58 『中央首長関於河南問題的指示及赴京匯報紀要匯編』p.50
59 『徹底否定「文化大革命」講話』（北京、中国人民解放軍政治学院出版社、1985）p.149
60 Michael Schoenhals, "Why Don't We Arm the Left? : Mao's Culpability for the Cultural Revolution's 'Great Chaos' of 1967," *CQ*, no.182 (June 2005), 277–300
61 『王力反思録』上巻 p.251、下巻 p.1012
62 上海民兵闘争史資料組編『上海民兵闘争史資料』第 17 期（1980.12）pp.3–4
63 『王力反思録』上巻 p.1012
64 Wang Li, "Insider's Account of the Cultural Revolution," pp.75–76。周恩来は 7 月 18 日の毛沢東発言を外へ出さなかった。毛から江青への手紙は『建国以来毛沢東文稿』第 12 巻に収録されていない。
65 王力『歴史将宣告我無罪』pp.13, 72
66 『接待通訊』（上海、上海市革命委員会接待弁公室）第 53 期（1967.8.29）
67 雲南省革命委員会『無産階級文化大革命文件匯編』第 1 巻 p.429
68 林彪「聴取曽思玉、劉富同志匯報時的挿話以及聴匯報后的指示」p.1。謄写版刷り、匿名の会議記録コピー（フェアバンク・センター図書館蔵）
69 雲南省革命委員会『無産階級文化大革命文件匯編』第 1 巻 p.435
70 清華大学井崗山通訊社（北京）、個人の記録、第 756 期（1967.10.26）p.2。『当代中国的寧夏』（北京、中国社会科学出版社、1990）pp.157–158, 799。『東方紅』第 66 期（1967.9.26）pp.6–8。王年一『大動乱的年代』p.268。仲侃『康生評伝』（北京、紅旗出版社、1982）p.410。中共中央文献研究室『三中全会以来重要文献匯編』第 1 巻 p.689
71 『要聞簡報』（北京、政治与法律研究所）第 47–60 期（1967.8）
72 同上、第 47 期（1967.8.14）
73 『中央弁的毛沢東思想学習班四川班革命大批判発言』全 21 巻（版元記載なし、1970）第 21 巻 p.15
74 同上第 7 巻 p.12
75 『重慶市志』（成都、四川大学出版社、1992）第 1 巻 p.410
76 金春明、黄裕冲、常恵民『「文革」時期怪事怪語』p.196
77 『大慶市志』（南京、南京人民出版社、1988）p.25
78 『要聞簡報』第 47 期（1967.8.14）
79 雲南省革命委員会『無産階級文化大革命文件匯編』第 1 巻 pp.477–479
80 上海ディーゼルの造反組織「聯司」と王洪文の「工総司」との抗争については、Perry and Li, *Proletarian Power*, pp.132–141 参照
81 『接待通訊』第 37 期（1967.7.10）。こういう規則が作られたのは、上海革命委員会接待組が「一般人」は「内戦」そのものだけでなく、負傷者の治療、医療費、その他の切迫した家庭問題についても心配していることに気づいたからだった。同第 15 期（1967.5.17）
82 前掲書第40期（1967.7.16）。第49期（1967.8.14）。第55期（1967.9.1）。第59期（1967.9.15）
83 Andrew G. Walder, "Factional Conflict at Beijing University, 1966–1968"：手稿（フェアバンク・センター図書館蔵）。Walder の言う聶元梓の政敵の一人の自伝としては、楊

tion," p.71。李可、郝生章『「文化大革命」中的人民解放軍』p.49。Wang Shaoguang, *Failure of Charisma*, pp.152–153によれば、王力の演説は午後4時から11時まで続いた。ここで王力が中心人物になった一つの理由は、毛沢東が考えていた武漢問題の解決法を、王力が自分と謝富治に重慶から同行してきた北京の紅衛兵にもらしたからだった。当然予測できるように紅衛兵はそれを地元の造反派にもらし、地元はその案が王力のものだと思った。

45　陳再道『浩劫中的一幕』pp.79–85。Wang Shaoguang, *Failure of Charisma*, pp.154–155。謝富治が譴責をまぬがれたことについて、陳再道は謝富治が湖北人であることと、その地位の高さに帰しているが、王力は、百万雄師に対する謝富治の演説が王力と比べて穏やかだったからだと述べている。

46　林彪の大本営からの視点については、張雲生『毛家湾紀実』pp.124–132参照。北京の過激派にとって状況が切迫していたことは、7月21日に清華大学紅衛兵の発表した武漢からの3通の電報に見ることができる。『動態』第102期（1967.7.21）

47　毛沢東の逃亡については権延赤『微行』pp.97–101, 106–111参照。この叙述（p.108）は、そのころ政治局委員が飛行機を使うとき実施されていた入念な方法を詳述している。たとえば毛沢東も林彪も周恩来に報告しなければ飛ぶことができなかった。Wang Li, "Insider's Account of the Cultural Revolution," pp.72–73も参照。引用はLi Zhisui, *The Private Life of Chairman Mao*, p.492

48　『動態』第103期（1967.7.22）

49　Wang Li, "Insider's Account of the Cultural Revolution," p.73。周恩来はおそらく自分が武漢へ行っていたことを隠そうとしたのだろう。危機をますますあおることになるからだ。"Quarterly Chronicle and Documentation," *CQ*, no.32 (October–December 1967), 185

50　文革後の王力によれば、毛沢東は武漢事件を反革命クーデターではなく、自分を人質にとって中央に圧力をかけ、武漢問題についての方針を変えさせようとしただけだったと考えていたという。Wang Li, "Insider's Account of the Cultural Revolution," p.72

51　『周恩来年譜』第3巻pp.171–172。陳再道『浩劫中的一幕』pp.99–103, 112

52　王力は、自分と謝富治がオープンカーで天安門広場をめぐるという案を打ち消すことができたと言っている。Wang Li, "Insider's Account of the Cultural Revolution," p.73。西安事件後、蔣介石の首都南京への「凱旋」、およびその後の政策転換についてはLloyd E. Eastman, *The Abortive Revolution: China under Nationalist Rule, 1927–1937* (Cambridge, Mass.: Council on East Asian Studies, Harvard University, 1990), pp.269–270参照

53　陳再道『浩劫中的一幕』p.58

54　周恩来は武漢の一行が北京紅衛兵に「引きずり出される」ことのないように守った。『建国以来毛沢東文稿』第12巻pp.383–384。『周恩来年譜』第3巻p.173。陳再道『浩劫中的一幕』pp.119–126

55　王年一『大動乱的年代』pp.264–266。Wang Shaoguang, *Failure of Charisma*, pp.159–160

56　馬斉彬等『中国共産党執政四十年』p.308

57　王年一『大動乱的年代』p.260

で毛に随行した参謀長代理は、この旅行について7月13日午後の会議で告げられたという。ただし『周恩来年譜』にはそのような会議の記載はない。ただちに出発するという決定が7月13日になされたのであれば、王力が言うように、その夜、周恩来が謝富治に電話して、「緊急任務」として翌日武漢へ行くよう告げたことの説明がつく：Wang Li, "Insider's Account of the Cultural Revolution," p.67

35 『毛沢東思想万歳』（上海？ 1968？）p.319

36 『動態』第125期（1967.8.17）。武漢事件の報道について、『人民日報』、『紅旗』、『解放軍報』、新華社通信の記者たちのコメントは、同紙第100期（1967.7.19）を参照

37 鋼工総「五湖四海」戦闘兵団編『震撼全国的日日夜夜』（武漢、華中紡織工学院、1967）p.3

38 権延赤『微行』p.46。毛沢東警護のための解放軍細心の陸海空部隊配備については、同書p.42参照

39 Wang Li, "Insider's Account of the Cultural Revolution," pp.67–68。陳再道『浩劫中的一幕』pp.54–57, 65–66; Wang Shaoguang, *Failure of Charisma*, p.149。この時期のさまざまな資料には細部に食い違いが多い。陳再道の本では、周恩来が7月10日の電話で、毛沢東が水泳をしに来るかもしれないと伝えたという。王力の記述では周恩来はそのようなことを言わなかったとされている。Wang Shaoguang, *Failure of Charisma* でも、周恩来は言わなかったとしている。『周恩来年譜』第3巻pp.168–169では、周恩来が軍区に伝えたのは交渉の場所を変えることだけだったとしている。陳再道の記述は疑わしい。なぜなら陳は空港へ周恩来を迎えるよう言われていないからだ。これは解明不能ではあるが重要な点だ。つまり周恩来が陳再道をどの程度信用していたかを示すからだ。陳再道の本ではまた、周恩来が派閥色の強い東湖賓館職員に、長いこと掃除していなかった客室を掃除させるのに成功したと書かれている。王力は周恩来が百万雄師支持の職員を造反派職員と入れ換えたとしている。毛沢東の到着日についても食い違いがある。中共湖北省委党史資料征編委員会編『毛沢東在湖北』（北京、中共党史出版社、1993）p.337、陳再道（『浩劫中的一幕』p.57）、楊成武（権延赤『微行』p.59）によれば毛の到着は7月14日で、権延赤『微行』p.50では、専用列車が同じ日の午前3時に北京を発車したとされている。しかし王力（"Insider's Account of the Cultural Revolution," p.68）は毛の到着を7月15日としている。北京から武漢までふつうの特急で18時間かかるから、出発の決断が7月13日の午後だったとしても、毛の特別列車は7月14日の夜には到着できたはずである。

40 Wang Li, "Insider's Account of the Cultural Revolution," p.68

41 Wang Shaoguang, *Failure of Charisma*, pp.149–150

42 王力によれば、周恩来は当初、7月15日に北京へ戻る予定だったが、謝富治と王力の一行が武漢に対する中央の政策に無知だったため滞在を延ばした。Wang Li, "Insider's Account of the Cultural Revolution," pp.68–69

43 同上。これらの点についてもっと詳しくは、Wang Shaoguang, *Failure of Charisma*, p.151参照

44 陳再道『浩劫中的一幕』pp.74–79。Wang Li, "Insider's Account of the Cultural Revolu-

7 『中央首長関於河南問題的指示及赴京匯報紀要匯編』p.119 に引用された康生の言葉。
8 たとえば 1966 年 8 月末に湖北省と武漢市の党委が北京の紅衛兵から攻撃を受けたとき、王任重は北京からライバル紅衛兵組織を送って湖北の党委を守った。Wang Shaoguang, *Failure of Charisma*, pp.76–82
9 同上 pp.84–94
10 "Quarterly Chronicle and Documentation," *CQ*, no.30 (April–June 1967), 217
11 Wang Shaoguang, *Failure of Charisma*, pp.114–119
12 陳再道『浩劫中的一幕』pp.29–33
13 Wang Shaoguang, *Failure of Charisma*, pp.121–124
14 軍事委員会命令は、国防大学『「文化大革命」』上巻 pp.290–291 に収録
15 武漢鋼二司編『千刀万剮陳再道』上巻 pp.1–7
16 Wang Shaoguang, *Failure of Charisma*, pp.125–128
17 陳再道『浩劫中的一幕』pp.38–39
18 同上 pp.40–45。Wang Shaoguang, *Failure of Charisma*, pp.128–132。陳再道によれば、彼は 4 月 16 日から 19 日のあいだのどこかの時点で周恩来に会談を手配・主宰してくれないかと相談した。だが周恩来は 4 月 14 日に広東へ出かけてしまった。周は 4 月 19 日に空路北京へ戻ったが、その日、ほかに何かをしたという記録はない。『周恩来年譜』第 3 巻 pp.145–146
19 陳再道『浩劫中的一幕』第 3 部
20 『文革風雲』（上海、上海工業学院紅衛兵革命委員会）1967 年第 11 期 p.10
21 陳再道『浩劫中的一幕』第 3 部
22 王年一『大動乱的年代』p.260
23 武漢鋼二司『千刀万剮陳再道』上巻 pp.1–7
24 国防大学『「文化大革命」』上巻 p.492
25 王年一『大動乱的年代』p.221
26 国防大学『「文化大革命」』上巻 pp.496–497
27 毛沢東思想紅衛兵武漢地区革命造反司令部編『用献血和生命保衛毛主席』（武漢、1967）p.37。この戦闘で主役をつとめたグループの一つを紅武兵という。だからその蔑称「打倒黒武兵」と叫ぶ者は敵方にほかならない。
28 『偉大的教導、光輝的真理——毛主席視察華北、中南和華東地区』（南昌、江西日報社井崗山紅旗火炬、1967）p.23
29 『無産階級文化大革命中学習文件特輯』（北京、北京地質学院革命委員会資料組、1967）pp.82–84
30 Wang Shaoguang, *Failure of Charisma*, pp.133–149
31 『文革風雲』1967 年第 11 期 pp.4, 10
32 王年一『大動乱的年代』p.260
33 Wang Shaoguang, *Failure of Charisma*, p.149
34 『周恩来年譜』第 3 巻 pp.168–169。別の資料によると、毛沢東の武漢行きの決断は 7 月 13 日まで明かされなかった可能性がある。権延赤の『微行』によれば、武漢ま

いて、そんなことは言っていないと抗議したが、(康生とともにこのテキストを確定した)周恩来は陳毅が実際にそう発言したとして、削除を拒否した。Wang Li, "Insider's Account of the Cultural Revolution," p.53

78 北京玻璃総廠紅衛聯絡站『中央首長講話』第3巻 p.172

79 『建国以来毛沢東文稿』第12巻 p.247

80 北京玻璃総廠紅衛聯絡站『中央首長講話』第3巻 pp.43, 110

81 1月25日に100人以上の「老」紅衛兵(1966年8月18日の第1回天安門広場大集会以前に紅衛兵に加わった者)が逮捕された。馬斉彬等『中国共産党執政四十年』p.285

82 北京航空学院「紅旗」『無産階級文化大革命首長講話匯輯』p.219

83 同上

84 紅衛兵上海司令部『砸爛「聯動」』pp.125–126

85 北京玻璃総廠紅衛聯絡站『中央首長講話』第4巻 p.216

86 「陳伯達、戚本禹同志4月30日凌晨接見聯合接待室全体人員時的講話」、原本(版元、出版期日記載なし、シェーンハルス蔵)

87 席宣、金春明『「文化大革命」簡史』p.158。Rittenberg and Bennett, *The Man Who Stayed Behind*, p.376

## ●12章

1 席宣、金春明『「文化大革命」簡史』p.167

2 毛沢東は1970年12月18日にアメリカ人ジャーナリストのエドガー・スノー(毛とは1930年代半ば以来の知己)と朝食をとったとき、英語と中国語で「all-round civil war、全面内戦」と言った。『建国以来毛沢東文稿』第13巻 p.163。スノーの著書には、この朝食のときの発言について記載はない。Edgar Snow, *The Long Revolution* (London: Hutchinson, 1973), pp.167–176

3 張雲生『毛家湾紀実』p.108

4 周恩来が1967年で一番忙しかったのは1月だったようだ。突然始まった奪権のせいである。各月の件数がすべてわかっているわけではないが、周は1月、責任者の軍民幹部と88回、大衆組織と114回会っている。その後数カ月は大衆組織と月平均30回弱会うにとどまったが、8月になると50回に急増した。『周恩来年譜』第3巻 pp.120, 132, 142, 159, 184

5 この事件で主役をつとめた人々の役柄については、本人、他人によるさまざまな著述がある。① 陳再道『浩劫中的一幕』。② 陳再道「武漢'七二〇事件'始末」:国防大学『「文化大革命」』上巻 pp.508–525所収。③ 王力『現場歴史』pp.38–46:この著書で王力はもっぱら陳再道の描いた王力像の誤りを糺そうとしている。④ Wang Li, "Insider's Account of the Cultural Revolution"。⑤ 権延赤『微行——楊成武在1967』(広州、広東旅游出版社、1997)。最近出版され、最も権威のあるとされる周恩来の伝記——⑥ 金冲及『周恩来伝』——は、奇妙なことに武漢事件に言及していない。英語の最も重要な第二次資料としては、⑦ Wang Shaoguang, *Failure of Charisma* があげられる。

6 武漢鋼二司編『千刀万剮陳再道』全2巻(武漢、1967)上巻 p.28

戚本禹は招かれなかった。二人と関係のない議題だったからだ。
53　王年一『大動乱的年代』p.208
54　同上
55　王力『現場歴史』p.30
56　Wang Li, "Insider's Account of the Cultural Revolution," p.44。『王力反思録』下巻 p.977。『周恩来年譜』第 3 巻 pp.126–127
57　中共中央文献研究室編『「文革」十年資料選編』全 3 巻（北京、1981）第 1 巻 p.183
58　同上 pp.183–185。Song Yongyi, Wu Tong, and Zhou Zehao, eds., "The Debate between the Blood Lineage Theory and Yu Luoke's 'On Family Background' during the Cultural Revolution," *Contemporary Chinese Thought*, 35, no.4 (Summer 2004) も参照
59　中共中央文献研究室『「文革」十年資料選編』第 1 巻 p.184
60　北京財貿学院編『在中共八届十二中全会上毛主席、林副主席、周総理的重要講話』（北京、貿易学院、1969 年 4 月）p.35 に引用。譚震林の発言とされるものは議事録には載っていないが、12 中全会の周恩来演説に引用がある。
61　中共中央文献研究室『「文革」十年資料選編』第 1 巻 p.184
62　同上 pp.184–185
63　同上 p.185
64　王年一『大動乱的年代』pp.211–215
65　周延「和‘大鬧懐仁堂’的戦友們」pp.39–41
66　周恩来は王力に、会議の次第をただちに文書にまとめ、政治局の他の委員および欠席した中央文革小組メンバーに伝えるよう命じた。王力は「2 月 16 日懐仁堂会議」と題する草稿をまとめ、これは周恩来と康生が数回手を入れたのち印刷に付された。
67　『王力反思録』第 1 巻 p.242、第 2 巻 pp.980–981
68　この指摘は、Harding, "The Chinese State in Crisis," pp.209–210 に記載
69　席宣、金春明『「文化大革命」簡史』p.153
70　国防大学『「文化大革命」』上巻 p.294
71　『建国以来毛沢東文稿』第 12 巻 pp.233–234。陳毅はこの社説に対して、「すばらしい！こうでなくては」と反応した。『王力反思録』下巻 p.982
72　王年一『大動乱的年代』p.216。『周恩来年譜』第 3 巻 p.129
73　王年一『大動乱的年代』p.216。この発言は『建国以来毛沢東文稿』第 12 巻には載っていない。編者の所収基準に沿わないためである。（原文の記録の存在は毛沢東本人が認めている）
74　『王力反思録』下巻 p.983
75　Wang Li, "Insider's Account of the Cultural Revolution," p.53
76　王年一『大動乱的年代』pp.216–217。周恩来は 3 月 21 日に 7 回の会議の模様を毛沢東に報告した。『周恩来年譜』第 3 巻 p.139。毛沢東はその前に汪東興から暫定的報告を受けていた。Wang Li, "Insider's Account of the Cultural Revolution," p.54
77　とくに記さないかぎり、本文に引用したものの翻訳はすべてこの仮議事録からとった。このあと陳毅は、自分が毛沢東をフルシチョフと比較して直接批判した一節につ

28　毛沢東と王任重の関係については、章重『東湖情深——毛沢東与王任重十三年的交往』（北京、中共党史出版社、2004）参照
29　『周恩来年譜』第 3 巻 p.110。『筆祭陶鋳』pp.580–582
30　『毛沢東思想万歳』（上海？ 1968 ？）p.282。毛沢東が陶鋳をどのくらい知っていたかについては、*Origins*, 2: 141, 144, 156–159, 304; 3: 44–45, 419 参照
31　『大公報』1989 年 1 月 3–7 日 p.2 所収の王力インタビュー：葉永烈「王力病中答客問」参照。英訳（"Wang Li Who Is Ill Answers His Guest's Questions"）は Joint Publications Research Service, CAR-89-011, Springfield, Va., February 7, 1989, p.4 に所収
32　国防大学『「文化大革命」』上巻 pp.240–241
33　馬斉彬等編『中国共産党執政四十年』p.284
34　『筆祭陶鋳』pp.591–592
35　Wang Li, "Insider's Account of the Cultural Revolution," pp.40–41
36　陳伯達の息子の観点は、陳暁農『陳伯達最后口述回憶』p.326 参照
37　同上 p.327
38　王力『現場歴史』pp.29–30
39　権延赤『陶鋳在「文化大革命」中』p.191。権延赤は、陶鋳が毛沢東と近かったので、毛は陶鋳をそばに置きたくなかったと言う。毛に近かった多くのひとが失脚している。
40　その側近とは元政治秘書の胡喬木のことである。毛沢東の動きがあまりに速かったので、幹部たちは自宅訪問の段取りをするひまがなく、毛が胡喬木の家へ着いたとき、胡喬木は留守だった：「王力談毛沢東」手稿（1995）p.58（フェアバンク・センター図書館蔵）
41　これも陳伯達の息子の意見。それによると、毛沢東はある政治局常務委員がこういうやり方で破滅させられたことに対する老幹部たちの苦情に影響されたという。陳暁農『陳伯達最后口述回憶』p.326
42　江青の強烈な性格に対する毛沢東の態度については、Terrill, *Madame Mao*, pp.137–138 参照
43　北京玻璃総廠紅衛兵聯絡站『中央首長講話』第 4 巻 p.54
44　代表的な例としては、1920 年代初めの孫文がいる。〔陶鋳は中央へ来る前は広東省の実力者。孫文の基盤も広東省〕
45　席宣、金春明『「文化大革命」簡史』p.148
46　同上。『王力反思録』下巻 p.974
47　『王力反思録』下巻 p.974
48　『動態』第 62 期（1967.5.28）
49　国防大学『七十年』pp.551–552。周延「和'大鬧懐仁堂'的戦友們」pp.36–38。席宣、金春明『「文化大革命」簡史』p.152
50　譚震林インタビュー（1978.11.29）：紀希晨『史無前例的年代——一位「人民日報」老記者的筆記』全 2 巻（北京、人民日報出版社、2001）上巻 p.256 に引用
51　席宣、金春明『「文化大革命」簡史』p.148
52　江青は仮病をつかい、張春橋と姚文元はまだ上海から到着していなかった。関鋒と

10　同上 p.313。林彪発言は 1968 年 10 月の 8 期 12 中全会での演説

11　この時期、周恩来が陶鋳とたびたび協議を重ねたことは『周恩来年譜』第 3 巻に詳しい。陶鋳の活動を否定的叙述としては、『陶鋳反革命修正主義言論匯編』参照

12　江青らの挑発に憤懣やるかたない陶鋳が、彼らしくもなく妻にうっぷんをぶちまけた話としては、『筆祭陶鋳』（北京、人民出版社、1990）pp.586–589 参照。王力によれば、陶鋳を政治局常務委員にしようと根まわししたのは江青だったという。陳伯達では鄧小平に対処しきれないと踏んだからだが、その後江青は具体的な諸問題をめぐり、陶鋳と仲違いした：『王力反思録』下巻 pp.657–673

13　馬斉彬等『中国共産党執政四十年』p.280

14　『筆祭陶鋳』p.575

15　本書第 1 章参照

16　『王力反思録』下巻 pp.657–673

17　一つには一次資料の不足のせいで、二月逆流の諸局面について多くの異なる見解がある。このことを、ある優秀な中国の党歴史家は率直に認めている。周延「和‘大鬧懐仁堂’的戦友們」：安建設『周恩来的最后歳月』p.35 所収

18　席宣、金春明『「文化大革命」簡史』p.125

19　権延赤『陶鋳在「文化大革命」中』pp.201–204。王任重の失脚が湖北の政治におよぼした影響については、Wang Shaoguang, *Failure of Charisma*, p.83 参照

20　王力によれば、祝宴のとき毛沢東がたまたま陶鋳の言葉の一節を引いたことがあったという。しかし王力が回顧録を執筆した時点で、陶鋳の粛清に毛沢東が積極的な役割を果たしたという証拠を示すのは賢明ではなかったはずだ。王力『現場歴史』pp.100–104

21　このときの討論は事実上無意味だった。王任重はすでに造反派によって 12 月 25 日に広州から武漢へ連行されており、1967 年が明けると、武漢でたてつづけに大きな糾弾集会が 3 回開かれた。Wang Shaoguang, *Failure of Charisma*, pp.93–94

22　『筆祭陶鋳』pp.576–578

23　同上 p.578。『周恩来年譜』第 3 巻 p.105

24　『筆祭陶鋳』pp.578–579。鄭恵、石仲泉、張宏儒編『中華人民共和国国史全鑑（1949–1995）』全 6 巻（北京、団結出版社、1996）第 4 巻 p.3847。このとき毛沢東は陶鋳を北京から出して、身柄を守ってやろうとしたという説もある：権延赤『陶鋳在「文化大革命」中』p.191

25　『筆祭陶鋳』pp.579–580

26　王力によると、会議を組織したのは江青で、陳伯達は開会直前になって自分が演説することになっていることを知ったという：王力『現場歴史』p.148。康生もその場にいたが、彼が陶鋳を弾劾したという記録はない。陳伯達はのちに、その前夜に大量の睡眠薬を飲んだため意識が朦朧としていて、江青の言葉を、毛沢東が陶鋳攻撃の許可を与えたと勘違いしたと述べている。「これまでで最も愚かな行為だった。私は江青の尻馬に乗ってしまった」：陳暁農『陳伯達最后口述回憶』pp.324–325

27　『周恩来年譜』第 3 巻 p.107。馬斉彬等編『中国共産党執政四十年』p.283

66　王年一『大動乱的年代』p.203
67　同上 pp.202–203。すでに 1966 年 9 月、毛沢東は新疆には慎重な扱いが必要だと納得せざるを得なかった。『建国以来毛沢東文稿』第 12 巻 pp.122–123。1967 年 1 月 27 日、周恩来は新疆の造反派に対し、中央は新疆軍区の文革が終わったと判断したことを伝えた。『周恩来年譜』第 3 巻 pp.117–118, 120
68　『建国以来毛沢東文稿』第 12 巻 p.305。雲南省革命委員会『無産階級文化大革命文件匯編』第 1 巻 pp.317–324
69　陳再道『浩劫中的一幕——武漢七二〇事件親歴記』（北京、解放軍出版社、1989）p.38
70　張雲生『毛家湾紀実』pp.105–108。『王力反思録』下巻 p.994 も参照
71　*CCP Documents*, pp.407–411。『建国以来毛沢東文稿』第 12 巻 pp.306–309
72　同上 pp.310–313
73　解放軍が人民を慈しむよう厳命されたその同じ日、劉少奇は造反派からさらなる辱めを受けた。今後は自分で炊事・洗濯すること、自分でトイレ掃除すること、労働・休憩時間表の変更を言い渡されたのである。陳東林、杜蒲『共和国史記』第 3 巻 p.238
74　『江青同志講話選編』（北京、人民出版社、1968）p.49
75　『中央関於処理内蒙問題的決定和中央負責同志講話匯編』全 2 巻（呼和浩特、1967）下巻 p.67
76　馬斉彬等編『中国共産党執政四十年』p.283
77　同上 p.284。江青の就任は 1966 年 11 月末に告知されていた。同上 p.280
78　席宣、金春明『「文化大革命」簡史』p.144
79　園丁「肖力与‘解放軍報’奪権風暴」:『百年潮』1999 年第 2 期 pp.42–54

## ●11 章

1　『周恩来年譜』第 3 巻 pp.119, 121
2　同上 pp.114, 124。「サスペンス映画」まがいの賀龍の逃亡劇については、所国心『1967 年的 78 天——「二月逆流」紀実』（長沙、湖南文芸出版社、1986）pp.39–41 参照：英訳は *Chinese Law and Government*, 22 no.1 (Spring 1989), 38–40 に所収
3　“Quarterly Chronicle and Documentation,” *CQ*, no.30 (April–June 1967), 210
4　張霖之はまず 1966 年 12 月 14 日に江青から彭真の仲間だと弾劾され、12 月 19 日に視察旅行から戻ったところを逮捕された。訊問にかけられて 50 回も拷問され、激しい殴打にあった。享年 58 歳。馬斉彬等編『中国共産党執政四十年』p.281。周恩来の尽力で事件は再審にかけられ、張霖之は 1970 年に名誉回復した：*Selected Works of Zhou Enlai*, 2: 475–476
5　『周恩来年譜』第 3 巻 pp.116, 123
6　席宣、金春明『「文化大革命」簡史』pp.146–147
7　『周恩来年譜』第 3 巻 p.110
8　清華大学「過大江」『陳毅検査大会記録』: 5 頁の謄写刷り、1967.1.31（シェーンハルス蔵）
9　王年一『大動乱的年代』p.214 に引用

pp.200–205 参照
42　*CCP Documents*, pp.237–241, 243–245, 247–269, 273–276, 281–291
43　"Quarterly Chronicle and Documentation" (April–June 1967), 215
44　国防大学『「文化大革命」』上巻 p.361
45　*CCP Documents*, pp.351–360
46　国防大学党史党建政治工作教研室『中国共産党七十年大事簡介』（北京、国防大学出版社、1991）p.550〔以下 国防大学『七十年』〕
47　Alastair Iain Johnston, "Party Rectification in the PLA, 1983–87," *CQ*, no.112 (December 1987), 591–630
48　*CCP Documents*, pp.383–387, 415–419
49　広東軍区司令官の黄永勝が広東省軍事管制委員会主任に任命され、南京軍区副司令官の銭鈞が安徽省軍区をまかされた。前掲書 pp.389–395
50　同上 pp.389–395, 431–438
51　同上 pp.457–459
52　W. Woody, *The Cultural Revolution in Inner Mongolia: Extracts from an Unpublished History* (Stockholm: Center for Pacific Asia Studies, Stockholm University, 1993), p.iii。「フホホト三司」の元メンバーのインタビュー（シェーンハルス、1991.12）
53　『中央首長関於河南問題的指示及赴京匯報紀要匯編』p.72
54　『当代中国的四川』（北京、当代中国出版社、1997）pp.192–193。逮捕を認める軍事委員会からの電報は『文革簡訊』第 67 期（1967.2.22）に所収
55　『反到底通訊』（上海、交通大学）第 12 期（1967.5.2）
56　『建国以来毛沢東文稿』第 12 巻 pp.314–315。紅衛兵によるある調査では、四川省の人口の 10 ～ 15%を逮捕するという秘密の目標値があったという。『東方紅』（成都、北京工業大学）号外、第 2 期（1967.7.2）参照
57　どんな命令が「戦いの前夜まで秘密にされていて、そのとき初めて口頭で（兵士に）伝えられたか」を示唆する記述としては、『建国以来毛沢東文稿』第 12 巻 pp.222–223 がある。
58　北京玻璃総廠紅衛兵聯絡站『中央首長講話』第 3 巻 p.214
59　金春明、黄裕冲、常恵民『「文革」時期怪事怪語』（北京、求実出版社、1989）p.273
60　Harding, "The Chinese State in Crisis," p.149
61　王年一『大動乱的年代』p.204
62　中共青海省委組織部、中共青海省委党史研究室、青海省档案局編『中国共産党青海省組織史資料』（西寧、1995）p.124
63　同じことが 1989 年 6 月の天安門事件で撃たれたデモ隊員にも起きた。
64　北京玻璃総廠紅衛兵聯絡站『中央首長講話』第 3 巻 p.215。この事件の直後、軍事委員会は当事者部隊に対し、「諸君は正しいことをした、よく戦った」とねぎらいの言葉をかけた。王年一『大動乱的年代』p.204
65　趙永夫の例は左派に同様の荒っぽい手法をとろうとする高級幹部の反面教師になった。*CCP Documents*, pp.383–387, 408, 411

14 Ibid., pp.233–236, 319–324, 341–345
15 Ibid., pp.377–378, 429–430
16 Ibid., pp.271–272, 379–381, 277–279
17 Ibid., pp.299–302
18 Ibid., pp.311–314
19 Ibid., pp.303–306。契約工が急に北京へなだれこんだこと、その短期的影響について外国人の観察としては、David Milton and Nancy Milton, *The Wind Will Not Subside* (New York: Pantheon, 1976), pp.186–190 参照
20 *CCP Documents*, pp.369–375
21 1967 年 1 月に上海近郊の農民が書いた 35 項にのぼる苦情については、"Quarterly Chronicle and Documentation," *CQ*, no.30 (April–June 1967), 207–209 の引用を参照。都市住民と比べたときの農民の困窮については、文革開始のころ北京に住んでいたイギリス人共産党員の叙述がある：Gordon, *Freedom Is a Word*, p.78
22 *CCP Documents*, pp.329–333, 347–350
23 『中央軍委拡大会議精神』（鄭州、河南二七公社鄭州革命職工聯絡委員会文教衛生分会、1967）p.3
24 『学習文件』（版元記載なし、1967）pp.31–35。国家統計局綜合司『全国各省、自治区、直轄市歴史統計資料匯編』p.10
25 6 月までに全国の中央経営炭田 68 カ所に軍事管制が導入された。『無産階級文化大革命資料（六）』第 2 巻 p.265
26 『学習文件』p.31
27 *CCP Documents*, pp.335–338, 361–363
28 Ibid., pp.307–310, 365–368
29 陳識金『将軍巻進漩渦』pp.1–4, 12–14
30 王年一『大動乱的年代』p.194。『建国以来毛沢東文稿』第 12 巻 pp.197–199
31 『無産階級文化大革命文件匯集』（版元記載なし、1967）pp.93–94
32 Schoenhals, *China's Cultural Revolution*, pp.52–53
33 国防大学『「文化大革命」』上巻 pp.132–133。張雲生『毛家湾紀実』pp.42–43
34 張雲生『毛家湾紀実』p.76
35 江波、黎青編『林彪 1959 年以后』（成都、四川人民出版社、1993）pp.171–187。『建国以来毛沢東文稿』第 12 巻 pp.190–206
36 国防大学『「文化大革命」』上巻 p.262
37 『中央首長関於河南問題的指示及赴京匯報紀要匯編』（鄭州、中国人民解放軍駐鄭部隊支左聯合弁公室、1967）p.112
38 葛楚民「徐向前在‘文革’中的二三事」：『百年潮』2001 年第 11 期 p.40
39 『大海航行靠舵手』（版元、出版期日記載なし）p.110
40 『建国以来毛沢東文稿』第 12 巻 pp.218–219
41 *CCP Documents*, pp.258–259, 262。革命委員会成立における人民解放軍の役割については Jürgen Domes, *The Internal Politics of China, 1949–1972* (London: Hurst, 1973),

203–204 に所収
58 『建国以来毛沢東文稿』第 12 巻 pp.186–187。毛沢東が上海のできごとに大きな関心を抱いたと思われるその他の兆候は、同書 pp.185, 188–189 を参照
59 Wang Li, "Insider's Account of the Cultural Revolution," pp.35–36
60 『一月風暴叢刊』第 5–6 期（1968 年 1–2 月）p.45。この電報は 1967 年 1 月 12 日の『人民日報』に掲載された。
61 王年一『大動乱的年代』p.178
62 『文革簡訊』第 16 期（1967.1.28）
63 『上海「文化大革命」史話』上巻 p.260。『一月風暴叢刊』第 5–6 期（1968 年 1–2 月）50 も参照。こちらでは決定のなされた会議の日付が 1 月 19 日ではなく、1 月 23 日になっている。
64 『上海「文化大革命」史話』上巻 pp.262–263
65 李右平『闘争与生活』第 5 巻 pp.35–36
66 同上 p.36
67 『王力反思録』下巻 p.764
68 Schram, *Mao Tse-tung Unrehearsed*, p.278
69 『上海「文化大革命」史話』上巻 p.263
70 『当代中国的上海』下巻 pp.389–390。党中央が上海市革命委員会の成立を公式に批准するよう要請したのは 1970 年 1 月 23 日になってからで、これは 1970 年 3 月 28 日に批准された。『中国共産党上海市組織史資料（1920.8–1987.10）』（上海、上海人民出版社、1991）p.520

## ● 10 章

1 『文革簡訊』第 39 期（1967.2.9）
2 青海省革命委員会は 8 月 12 日、内蒙古革命委員会は 11 月 1 日、天津市革命委員会は 12 月 6 日（いずれも 1967 年）に成立した。革命委員会の結成、その創始者についての時系列的叙述は、席宣・金春明『「文化大革命」簡史』（北京、中共党史出版社、1996）pp.183–186 参照
3 アルバニア訪中団と毛沢東の会話のメモは著者蔵の中国日記第 10 号に所収。
4 『建国以来毛沢東文稿』第 12 巻 pp.179–182
5 張向凌編『黒竜江四十年』（哈爾浜、黒竜江人民出版社、1986）pp.345–355
6 『王力反思録』下巻 pp.750–753
7 馬斉彬等編『中国共産党執政四十年』pp.277, 285
8 浙江師範学院『無産階級文化大革命部分資料匯編（三）』第 3 巻 p.143
9 北京玻璃総廠紅衛兵聯絡站『中央首長講話』第 2 巻 p.109
10 北京航空学院「紅旗」『無産階級文化大革命首長講話匯輯』p.254
11 北京玻璃総廠紅衛兵聯絡站『中央首長講話』第 4 巻 p.192
12 *CCP Documents*, pp.225–229
13 Ibid., pp.231–232

36 Perry and Li, *Proletarian Power*, pp.12–14
37 Ibid., pp.74–82
38 「北京市‘文化大革命’大事記（1965–1967）」:『北京党史資料通訊』p.17
39 Perry and Li, *Proletarian Power*, pp.86–89。『上海「文化大革命」史話』上巻 pp.209–222
40 『上海「文化大革命」史話』上巻 pp.214–216, 224–225。CCP CC Party History Research Centre, ed., *History of the Chinese Communist Party–A Chronology of Events (1919–1990)* (Beijing: Foreign Languages Press, 1991), p.334
41 CCP CC Party History Research Centre, ed., *History of the Chinese Communist Party*, p.334。『当代中国的上海』全2巻（北京、当代中国出版社、1993）上巻 p.259 によれば、赤衛隊の負傷者は 91 人しかいなかったとされているが、これはいささか少ないように思える。
42 陳識金『将軍巻進漩渦』（南京、江蘇文芸出版社、1987）pp.1–4, 12–14
43 『陳丕顕回憶録』pp.116–119。これを読むと、陳丕顕は病気にもかかわらず、地元の行事にまめに参加している。陳は 11 中全会には欠席したが、葉群から電話をもらったあと主治医を連れて、林彪のさしむけた特別機で北京に向かい、10 月の工作会議に出席した。陳の北京滞在中、江青は彼を味方につけようと働きかけた。同書 pp.72–115
44 『上海「文化大革命」史話』上巻 pp.224–225。『周恩来年譜』第 3 巻 p.106
45 『陳丕顕回憶録』pp.119–120
46 王力『現場歴史』p.101
47 『上海「文化大革命」史話』上巻 pp.226–227。陳丕顕の上海市委機関紙『解放日報』では 1 月 6 日に奪権が行なわれ、この日は新聞が発行されなかった。
48 北京航空学院「紅旗」『無産階級文化大革命首長講話匯輯』p.117
49 徐景賢『十年一夢』p.25。江青の軍服へのこだわりについては、『陳丕顕回憶録』pp.45, 79 参照
50 『上海「文化大革命」史話』上巻 pp.236–237
51 徐景賢『十年一夢』pp.22, 36
52 陳丕顕の記憶では、このエピソードは1月12日の集会でのことだったとされている。結局、たがいに歩み寄って、陳は軍服の着用を許されたが、襟章と帽章をつけるのは禁止された。『陳丕顕回憶録』pp.136–138
53 『上海「文化大革命」史話』上巻 pp.237–238
54 同上 p.239
55 『当代中国的上海』上巻 p.279
56 郭鎮之「中国電視大事記（1955–1978）」:『新聞研究資料』1989 年第 46 期 pp.178–179。徐景賢は『十年一夢』p.35 で、テレビのカメラマンに、もし集会が荒れて暴力沙汰になったらレンズをほかに向け、外国の外交官や寄港中の外国船の船員などの目に触れて、悪い印象を残すようなことがないように言い渡したという。
57 この通知は、“Quarterly Chronicle and Documentation,” *CQ*, no.30 (April–June 1967),

21　各部がたどった運命については『王力反思録』下巻 pp.766–776 参照
22　『中国共産党組織史資料』第 15 巻 pp.504, 518–525, 534–536, 539, 540, 543, 555
23　『文革簡訊』第 113 期（1967.3.20）
24　王秀珍『我的第二次掲発和交待』（上海、上海市区、県、局党員負責幹部会議秘書組、1976.11）p.13 に引用（シェーンハルス蔵）
25　『建国以来毛沢東文稿』第 12 巻 p.574。五七幹校については、Yue and Wakeman, *To the Storm*, pp.251–273; Yang Jiang, *A Cadre School Life: Six Chapters* (Hong Kong: Joint Publishing, 1982) 参照
26　Schram, *The Political Thought of Mao Tse-Tung*, p.209 に引用
27　『王力反思録』下巻 p.852。官職ポストとそれにともなう役得をめぐって争奪戦をくりひろげる北京の解放軍将校の話としては、Mu Aiping, *Vermilion Gate* 参照
28　周恩来は全国から来た紅衛兵を前に、紅衛兵が文革「だけに集中できる」のはあと 4 カ月だと演説した：北京市化学工業局機関紅色宣伝站『無産階級文化大革命資料』第 4 巻 p.3。不思議なことに、集会のあと各省へ戻った紅衛兵代表は故郷の紅衛兵に、文革は「まだまだ続く。この戦いは少なくとも来年の夏休みまで続く」と語っている：北京経済学院無産階級革命造反団『無産階級文化大革命参考資料』第 3 巻 p.11
29　『高挙毛沢東思想偉大紅旗』p.73。12 月 5 日の政治局常任委員会会議での周恩来演説。
30　『毛沢東思想万歳』p.282。上海の文革について最も詳細な最近の文献としては、Perry and Li, *Proletarian Power* がある。本稿は多くをこの文献に依拠した。その他の重要な学術分析としては Andrew G. Walder, *Chang Ch'un-ch'iao and Shanghai's January Revolution* (Ann Arbor: Center for Chinese Studies, University of Michigan, 1978); Lynn T. White III, *Policies of Chaos: The Organizational Causes of Violence in China's Cultural Revolution* (Princeton: Princeton University Press, 1989)。犠牲者側の証言としては鄭念『上海の長い夜』参照。上海で英語教師をしていた外国人の肯定的証言としては Hunter, *Shanghai Journal*、それよりはるかに叙述は粗いが Sophia Knight, *Window on Shanghai: Letters from China, 1965–1967* (London: Andre Deutsch, 1967) も参照
31　毛沢東の「優等生」、林彪は毛のアナロジーを拡大解釈して、文革における幹部のあり方を説明してみせた。それによると、一番良い幹部は苦もなく「対岸に泳ぎつく」。平凡な幹部は「なんとか浮いていようと必死の努力をするが、結局は溺れてしまう」。最悪なのは（驚くには当たらないが）そもそも水に入ろうとしない者」だという。北京玻璃総廠紅衛兵連絡站『中央首長講話』第 1 巻 p.258
32　王年一『大動乱的年代』p.164。『一月風暴叢刊』（上海、工総司）第 5–6 期（1968 年 1–2 月）p.67。徐景賢『十年一夢』p.7
33　北京の紅衛兵の影響についての当事者証言、および上海市委がこの運動を制御しようといかに虚しい努力を続けたかについては、『陳丕顕回憶録』pp.65–72、また Ye Ting-xing, *A Leaf in the Bitter Wind*, pp.70–86、武漢で北京紅衛兵の果たした役割については、Wang Shaoguang, *Failure of Carisma*, pp.76–82 参照
34　これが Perry and Li, *Proletarian Power* の大きなテーマ
35　『上海「文化大革命」史話』上巻 pp.175–182

想している。徐景賢『十年一夢』（香港、時代国際出版有限公司、2004）pp.6–8。王力によれば、このとき毛沢東は「全国的、全面的に展開する階級闘争」を祝って乾杯したという。王力『現場歴史：文化大革命紀事』（香港、牛津大学出版社、1993）pp.100–110。なぜ康生が招かれなかったかについて王力の説明は、Wang Li, "Insider's Account of the Cultural Revolution," p.32 参照

2 『建国以来毛沢東文稿』第 12 巻 p.176。国防大学『「文化大革命」』第 1 巻 pp.196–203。"Carry the Great Proletarian Cultural Revolution Through to the End," *Peking Review*, no.1 (January 1, 1967), 8–15。1967 年 1 月 18 日、北京のイギリス代理大使事務所は隔週発行の報告書「Internal Press Themes」で、この社説は「これから賑やかな 12 カ月を迎えると予測している」と述べた。Robert L. Jarman, ed., *China Political Reports 1961–1970*, vol.3: *1965–1970* (Chippenham: Archive Editions, 2003), p.252

3 李富春の地位ははっきりしない。

4 4 月 21 日、東北局書記処の数人が最後の権威をふりしぼって、担当地域への影響力を行使しようとした。しかし彼らの出した「東北局書記処の三つの意見」はただちに批判された。この軋轢の結果は 8 月 6 日の東北局の解散につながったが、このときの中央からの通達は地方局の解散について現存する唯一の公式命令である。

5 雲南省革命委員会編『無産階級文化大革命文件匯編』全 2 巻（昆明、1969）下巻 p.801

6 北京航空学院「紅旗」『無産階級文化大革命首長講話匯輯』p.136。周恩来は中央文革小組を新しい事実上の国家指導部に組みこむことによって自陣営に囲いこもうとして、2 月初めに陳伯達と江青へ手紙を書き、国務院と中央文革小組とがほぼ毎日会合を持つ制度を提案した。この手紙を見た毛沢東は、「この文書は役立たずだ。周恩来に戻せ」と言って、提案を却下した。『周恩来年譜』第 3 巻 p.122

7 *Origins*, 2: 59–63

8 『毛沢東思想万歳』（上海？ 1968 ？）p.263

9 『王力反思録』下巻 p.769

10 Li Zhisui, *The Private Life of Chairman Mao*, p.573。毛沢東の主治医によれば、周恩来は「きわめてエネルギッシュで、長時間働き、ほとんど睡眠をとらず、党と国家の事業を運営していた」

11 『毛沢東思想万歳』p.116

12 『中国共産党組織史資料』第 15 巻 pp.166–167, 561

13 同上 pp.164, 560

14 『毛沢東思想万歳』p.282

15 同上 p.285

16 『周総理在軍級幹部会議上的講話』:『学習文件』（版元記載なし、1967）p.13

17 粮食部が作製、回覧した記録原本の翻訳、p.1（シェーンハルス蔵）

18 『周恩来年譜』第 3 巻 p.113（毛沢東について）、pp.116, 117, 118（周恩来について）

19 『王宝富的罪悪言行』（南京、1967）p.1

20 『万山紅遍』（北京、東城区百貨商店管理弁公室）1967 年第 1 期 p.20。肖望東は 1966 年 6 月に陸定一を継いで文化部部長代理に就任していた。

44　郝可偉「28専案的発起過程」1970.3.23。手書きの告白書、北京（シェーンハルス蔵）
45　同上
46　高文華「'老頭造反隊' 操縦的 '五一六' 反革命陰謀集団的罪行」1971.1.22–3.11。手書きの釈明書、北京（シェーンハルス蔵）
47　『劉少奇是中国的赫魯暁夫』〔劉少奇は中国のフルシチョフ〕（北京、1966）pp.4–26。毛沢東が古典の引用を好むことはつとに知られており、文革中も *Idiom Explained*〔『毛沢東選集：成語解釈』〕や *Literary Quotations in Mao Zedong's Selected Works*〔『「毛沢東選集」中的成語典故』〕のような小冊子が編まれている。ここの引用について、編者は――毛沢東がどこから引用したかわからなかったため――出典を清代の浪漫小説『紅楼夢』の68章としているが、実は明代の官能小説『金瓶梅』25章が正しい。
48　『打倒鄧小平』（北京、1967）pp.26–28
49　『陶鋳反革命修正主義言論匯編』p.230
50　Deng Rong, *Deng Xiaoping and the Cultural Revolution*, p.30
51　賈蘭勛「貼身衛士憶少奇蒙難」pp.16–18
52　賈蘭勛「貼身衛士憶少奇蒙難（続）」:『百年潮』2000年第2期 pp.18–19
53　図們、孔弟『共和国最大冤案』pp.47–48
54　貴州無産階級革命造反総指揮部（改訂版）『打倒劉少奇、打倒鄧小平（専輯）』（1967.4）p.161
55　「摘自郝可偉交待材料」〔郝可偉の告白抜粋〕1970.6.10、p.2、手書きの告白書、北京（シェーンハルス蔵）
56　『毛沢東思想万歳（続二）』（北京、中国人民大学、1967）p.15
57　『動態』第73期（1967.6.11）。『文革簡訊』第280期（1967.6.8）も参照
58　于光遠『文革中的我』（上海、上海遠東出版社、1996）pp.27–28
59　この大字報の英訳は *Contemporary Chinese Thought*, 33, no.1 (Fall 2001), 27–29 参照
60　Schoenhals, *China's Cultural Revolution*, pp.155–162
61　首都部分大専院校中等専業学校毛沢東思想学習班『天翻地覆慨而慷――無産階級文化大革命大事記』p.77
62　首都紅衛兵第三司令部北京郵電学院「東方紅」公社冲鋒隊『北京市無産階級文化大革命大事記（1965.9–1967.1）』p.34
63　『文革簡訊』号外、第9期（1967.2.4）
64　『参考消息』1966.11.15
65　『動態』第124期（1967.8.16）
66　『東方紅報』（北京、北京地質学院東方紅公社）1967.8.29
67　書簡 261 A 5.10.66/Nr 7 HP 1（ストックホルム、スウェーデン外務省公文書館）

## ●9章

1　陳伯達の回想。中国人記者が陳に取材したものが、王年一『大動乱的年代』（鄭州、河南人民出版社、1988）p.164に引用された。姚文元と親しかった徐景賢は、12月27日に姚文元からかかった長距離電話で、会話の最後にこの乾杯のことを聞いたと回

れた。ここに引用した一節は p.109（シェーンハルス蔵）

24 逄先知、金冲及『毛沢東伝』下巻 p.1451

25 毛沢東演説の英訳は Schoenhals, *China's Cultural Revolution*, pp.5–9 に所収

26 『林彪文選』第 2 巻 p.343

27 「王関戚反党集団与公安部某些負責人在陳里寧反革命案件中扮演了什麼角色？」〔陳里寧の反革命事件で、王関戚の反党集団と公安部の責任者数人が果たした役割は何か？〕（9 頁の謄写版原稿）p.4（シェーンハルス蔵）。『天津新文芸』（天津、市級文芸系統常務委員会）、タブロイド紙、第 18 期（1968.3）p.2

28 譚宗級等編『十年后的評説——「文化大革命」史論集』（北京、中共党史資料出版社、1987）p.54

29 『参考消息』1966 年 12 月 3、12、21 日

30 『人民日報』社説（1966.11.10）。英訳は *Survey of China Mainland Press*, no.3825 (1966.11.22) に所収

31 たとえば『周恩来年譜』第 3 巻 pp.63–64, 105。*Selected Works of Zhou Enlai*, 2: 479–480。周延「共和国総理心中的‘抓革命、促生産’」：安建設編『周恩来的最后歳月（1966–1976）』（北京、中央文献出版社、1995）pp.68–84 に所収。ある文献によると、周恩来は 1966 年 11 月から死ぬまで心臓の薬を 1 日 4 回飲んでいた。「不整脈、息切れ、失神の発作に見舞われていた」からで、11 月には「紅衛兵に囲まれて 22 時間ぶっとおしで怒号を浴びたあと心臓発作を起こした」：Han Suyin, *Eldest Son* (New York: Kodansha, 1994), pp.327–329。『周恩来年譜』には 1966 年 11 月のほぼ毎日の行動が記録されている。ハン・スーインの本には 1967 年 2 月 2 日に周恩来が心臓病と診断されたことが記されているが、発作については記載がない。『周恩来年譜』第 3 巻 p.122

32 譚宗級等編『十年后的評説』p.43

33 I Peking vid årsskiftet〔年初の北京〕：北京のスウェーデン大使館よりストックホルムのスウェーデン外務省への書簡（1967.1.7、ストックホルム、スウェーデン外務省公文書館）

34 Perry and Li, *Proletarian Power*, pp.32–36。王年一『大動乱的年代』p.128。『王力反思録』下巻 pp.653–654。『上海「文化大革命」史話』第 1 巻 pp.137–159

35 王年一『大動乱的年代』pp.129–131。『王力反思録』下巻 pp.654–655。『上海「文化大革命」史話』第 1 巻 pp.160–172

36 王年一『大動乱的年代』p.134

37 同上 pp.135–136

38 同上 pp.138–139

39 北京紅色業余文芸工作者革命造反総部編『無産階級文化大革命資料』全 6 巻（北京、1967）第 6 巻 p.23

40 同上 p.22

41 国防大学『「文化大革命」』上巻 pp.182–183

42 同上 pp.114, 189–190

43 南開大学「八・一八」紅色造反団編『歴史的鉄証』（天津、1967）pp.134–135

58 『東風』（北京、第八機械工業部聯合文書弁公室）第 20–23 期（1968.7.10）
59 遇羅文「北京大興県慘案調査」:宋永毅編『文革大屠殺』（香港、開放雑誌社、2003）p.16

## ●8章

1 *The Complete Works of Chuang Tzu*, trans. Burton Watson (New York: Columbia University Press, 1968), p.29
2 『毛沢東思想万歳（1960–1967）』p.167
3 上海市公安局革命造反聯合指揮部政治部造反隊『徹底掲露市公安局旧党組御用工具——旧文革弁公室的滔天罪行』第 2 巻 p.26
4 北京市化学工業局機関紅色宣伝站『無産階級文化大革命資料』第 3 巻 p.224
5 『林彪同志有関無産階級文化大革命的指示』（北京、中国科学院、1967）p.53
6 『王力反思録』下巻 p.625
7 1980 年の 11 期 5 中全会で中央委はブルジョワ反動路線なるものが実在しなかったという理由で、この言葉を公式に廃止した。中共中央文献研究室編『三中全会以来重要文献匯編』全 2 巻（北京、人民出版社、1982）上巻 p.502
8 『王力反思録』下巻 p.624
9 北京市化学工業局機関紅色宣伝站『無産階級文化大革命資料』第 4 巻 p.34
10 『周恩来年譜』第 3 巻 pp.73–75。王年一『大動乱的年代』p.101。多くの点で、この会議は 11 中全会直後の 8 月 13–17 日に開かれた短期の中央工作会議に直接連なる。
11 『毛沢東思想万歳』p.275
12 『建国以来毛沢東文稿』第 12 巻 pp.140–142
13 『無産階級文化大革命中的両条路線——陳伯達 1966 年 10 月 16 日在中央工作会議上的講話』（北京、中共中央弁公庁秘書局、〔1966〕）
14 『人民日報文化革命動態』（北京、『人民日報』）第 64 期（1966.11.1）
15 同上、第 79 期（1966.11.22）
16 人民出版社資料室『批判資料』第 3 巻 pp.721–732
17 河北北京師範学院「闘争生活」編輯部『無産階級文化大革命資料匯編』pp.684–687
18 人民出版社資料室『批判資料』第 3 巻 pp.733–743
19 『陶鋳反革命修正主義言論匯編』（北京、毛沢東思想哲学社会科学部紅衛兵聯隊、1967 年 5 月）p.142
20 『建国以来毛沢東文稿』第 12 巻 p.141
21 1950 年代末の読者数は 40 万人で、その数は増えつつあった。新華社社長の朱穆之によれば、1974 年の印刷部数は 700 万部で、1 部につき 10 人の読者が想定される。Helmut Opletal, *Die Informationspolitik der Volksrepublik China*〔中華人民共和国の情報政策〕(Bochum: Brockmeyer, 1981), pp.98–99 参照
22 『参考消息』第 3028 期（1966.10.26）
23 劉少奇と鄧小平の自己批判書の序文と本文は、林彪の 1966 年 5 月 18 日の政治局講話と 10 月 25 日の工作会議講話、10 月 16 日の陳伯達報告に付随して発行された。この冊子は解放軍総政治部から標題なしの 141 頁の刊行物として 1967 年 2 月に再版さ

38 「北京市‘文化大革命’大事記（1965–1967）」p.26
39 Perry and Li, *Proletarian Power*, p.11
40 Wang Shaoguang, *Failure of Charisma*, p.72
41 国防大学『「文化大革命」』上巻 p.91。Schoenhals, *China's Cultural Revolution*, pp.48–49 も参照。
42 北京市化学工業局機関紅色宣伝站『無産階級文化大革命資料』第 2 巻 p.192
43 王年一『大動乱的年代』p.69
44 Zhai Zhenghua, *Red Flower of China*, p.92
45 王鑑「‘文化大革命’時期北京普教情況」p.23
46 Wang Youqin, "Student Attacks against Teachers," pp.1, 20–22
47 Liao Yiwu, "The Public Toilet Manager," *Paris Review*, no.174 (Summer 2005), 186–187
48 Wang Youqin, "Student Attacks against Teachers," p.3。紅衛兵運動についての本や記事はほぼすべて蛮行の例を載せているが、この記事はとりわけ残忍で、第一次証言がこと細かに描写されている。
49 北京鋼鉄学院革命造反戦闘兵団鉄 66 南下分隊編『批判譚力夫講話選輯』（広州、1966）p.30
50 Yang, *Spider Eaters*, p.138
51 少し年上で性的に大胆な女紅衛兵なら、そういうことは平気だった。それを身をもって学んだ男たちもいる。1966 年 10 月、解放軍元帥の娘がリーダーをつとめる中央戯劇学院紅衛兵が档案の公開を要求して公文書館の警備員とにらみあいになったとき、「女の不良分子」が警備員 2 人の睾丸を彼らの「未来の世代が危機にさらされる」ほど強く握り、「痛さのあまり、2 人の顔から豆粒ほどの大きさの汗がしたたり落ちた」。警備員は紅衛兵による档案の略奪を阻止できなかった。中央戯劇学院紅色造反団編『掲開中央戯劇学院「毛沢東主義戦闘団」殴打誣蔑人民解放軍的内幕』（北京、1967）pp.4, 9–10
52 Yang, *Spider Eaters*, p.38
53 趙啓正編『幹部人事工作手冊』（上海、上海人民出版社、1986）p.239
54 「五類分子」とは、文革前からすでに「地主、富農、反革命、不良分子、右派」いずれかの汚名を着せられた者をさす。Michael Schoenhals, *Talk About a Revolution: Red Guards, Government Cadres, and the Language of Political Discourse*, Working Paper Series on Language and Politics in Modern China No.1 (Bloomington: East Asian Studies Center, Indiana University, 1993) 参照
55 これよりははるかに小規模だが、その悲劇性については勝るとも劣らない暴力が雲南省の少数民族の村で起きた。これについては Erik Mueggler, *The Age of Wild Ghosts: Memory, Violence, and Place in Southwest China* (Berkeley: University of California Press, 2001), pp.258–264 参照
56 首都大専院校紅衛兵代表大会政法公社編『中央負責同志関於無産階級文化大革命的講話（1966.11–12 月）』（北京、1967）p.253
57 北京玻璃総廠紅衛兵連絡站『中央首長講話』第 1 巻 p.8

1960), pp.38–42 参照
19　5 月の政治局拡大会議で周恩来は、毛沢東以前に中共の舵取りをしていた先達の 1 人、瞿秋白の遺灰を北京の西にある八宝山革命公墓から除去すべきだという主張に賛同したばかりでなく、太平天国の軍事指導者の 1 人、李秀成の蘇州忠王府を壊そうと呼びかけた。周恩来によれば、2 人とも「恥知らずの」裏切り者だからということだった。青海八・一八革命造反派聯合委員会宣伝組編『資料選編』p.13 参照。ところが、浙江にある国民党の蒋介石総統一族の墳墓が紅衛兵によって荒らされたと知るや、周恩来はただちに省指導部に墓の修復を命じた。それればかりか、周恩来は修復した墓の写真を撮らせ、章士釗を通じて香港経由で蒋介石本人に送った。楊親華「1978 年前海峡両岸謀和足迹実録」:『炎黄春秋』1997 年第 8 期 p.23。中共は蒋介石とのあいだに、いまだ何らかの未来の接触を期待していたわけだ。
20　佛山市档案局編『佛山市大事記（1949–1989）』（佛山、1991）p.116
21　Thurston, *Enemies of the People*, p.101。Jung Chang, *Wild Swans*, p.292
22　鄒華享、施金炎『中国近現代図書館事業大事記』pp.212–231
23　四中革命師生「通令——関於駆逐四類分子的五項命令」(1966.8.24)。周恩来が 5 月、首都工作組に代わってこのアイデアを毛沢東に提出したところ、主席は、それでは問題を下方に移すにすぎないという理由で拒否した。北京大学文化革命委員会資料組編『無産階級文化大革命参考資料』（北京、1967）第 3 巻 p.7。『中華人民共和国組織法則選編』（北京、経済科学出版社、1985）pp.204–205。「首都紅衛兵糾察隊西城分隊指揮部第七号通例」(1966.9.9)。北京玻璃総廠紅衛兵連絡站『中央首長講話』第 1 巻 p.249。『周恩来年譜』第 3 巻 p.33
24　たとえば中央調査部、宣伝部、外交部、建築材料工業部、最高人民法院など
25　北京大学文化革命委員会資料組『無産階級文化大革命参考資料』第 3 巻 p.7。『中華人民共和国組織法則選編』pp.204–205
26　北京大学文化革命委員会資料組『無産階級文化大革命参考資料』第 3 巻 p.7。紅衛兵上海司令部（紅上司）編『砸爛「聯動」』（上海、1967）pp.31–33
27　『文革簡訊』第 14 期（1967.1.26）
28　河北北京師範学院「闘争生活」編輯部『無産階級文化大革命資料匯編』pp.146–147
29　北京市革命委員会第二学習班党委「関於李琴瑶問題的復査匯報材料」1972.4.26
30　「北京市‘文化大革命’大事記（1965–1967）」p.24
31　王年一『大動乱的年代』p.100
32　「北京市‘文化大革命’大事記（1965–1967）」p.48
33　河北北京師範学院「闘争生活」編輯部『無産階級文化大革命資料匯編』p.546
34　陳東林、杜蒲編『共和国史記』全 4 巻（長春、吉林人民出版社、1996）第 3 巻 p.165
35　唐少杰『一葉知秋——清華大学 1968 年「百日大武闘」』（香港、中文大学出版社、2003）pp.51–53
36　Wang Youqin, "Student Attacks against Teachers," pp.2–3; Gao Yuan, *Born Red*, pp.50–60; Ling, *Red Guard*, pp.18–21
37　王鑑「‘文化大革命’時期北京普教情況」:『北京教育志叢刊』1991 年第 4 期 p.23

*Death in Shanghai*, pp.69–95 参照。董竹君『我的一個世紀』（北京、三聯書店、1997）pp.448–461 も参照

4　王年一『大動乱的年代』p.71

5　Elizabeth J. Perry and Li Xun, *Proletarian Power: Shanghai in the Cultural Revolution* (Boulder: Westview, 1997), p.12。この中で著者らは、この数字が中国銀行に納入された分だけで、おそらく押収されたもののごく一部にすぎないだろうと指摘している。武漢の数字については、Wang Shaoguang, *Failure of Charisma*, p.72 参照

6　王年一『大動乱的年代』p.71

7　Nien Cheng, *Life and Death in Shanghai*, pp.504–513

8　紅代会新北大附中井崗山兵団総部編『大字報選』（北京、1967）p.23 に引用。押収した金銭は真の紅衛兵活動に使ってよいという発言は、1967 年 3 月に党中央が確認している。国防大学『「文化大革命」』上巻 p.362

9　中国日記第 10 号（著者蔵）

10　章家で起きた事件について詳しくは、娘の章含之が書いた『風雨情、憶父親、憶主席、憶冠華』（上海、上海文芸出版社、1994）pp.51–56 参照（冠華は夫の喬冠華）。父親の毛沢東への貢献については p.45。毛から周恩来への命令については『建国以来毛沢東文稿』第 12 巻 pp.116–117。毛と章士釗との関係については、路海江・賀明洲編『毛沢東和他同時代的人』（鄭州、河南人民出版社、1992）pp.356–361 も参照。毛から章士釗に宛てた手紙のうち 3 通は『毛沢東書信選集』（北京、人民出版社、1983）pp.559–561, 601–603 に所収。毛沢東の 70 歳の誕生日については *Origins*, 3: 635, n.128 参照。周恩来の動きについては『周恩来年譜』第 3 巻 pp.53–54、*Selected Works of Zhou Enlai*, 2 vols. (Beijing: Foreign Languages Press, 1981, 1989), 2: 470–471 参照。章士釗は 1925 年に段祺瑞の軍閥政府で教育総長だったころ、2 度も学生に家を略奪されている。Howard L. Boorman, ed., *Biographical Dictionary of Republican China*, 5 vols. (New York: Columbia University Press, 1967–1979), 1: 107

11　『学習資料』（北京、清華大学井崗山通訊社）第 857 期（1967.12.6）

12　文化財を壊す紅衛兵の写真は、楊克林『文化大革命博物館』上巻 pp.152–165 参照

13　『周恩来年譜』第 3 巻 pp.50, 52, 54, 57, 70, 91

14　北京経済学院無産階級革命造反団等編『無産階級文化大革命参考資料』第 4 巻 pp.9–10

15　Thurston, *Enemies of the People*, pp.102–103。王年一『大動乱的年代』pp.118–119

16　全国徹底搗毀孔家店樹立毛沢東思想絶対権威革命造反連絡站編『高挙毛沢東思想偉大紅旗、徹底清算尊孔復古的反革命罪行――曲阜県貧下中農用階級闘争血泪史痛斥孔老二的徒子徒孫』（版元記載なし、〔1966〕）p.13

17　王乃英『較系統的掲発材料』1968.1.13、p.25、手稿（シェーンハルス蔵）

18　武訓の生涯を描いた伝記映画『武訓伝』の批判キャンペーンの一環として、1951 年に調査団が武訓の生地を訪れたが、墓を暴こうとはしなかった。しかしこのときの聞き取り調査を根拠に武訓は悪人、封建的、反人民的と結論された。Theodore H. E. Chen, *Thought Reform of the Chinese Intellectuals* (Hong Kong: Hong Kong University Press,

52 Neale Hunter, *Shanghai Journal: An Eyewitness Account of the Cultural Revolution* (Boston: Beacon, 1971), p.107
53 Rae Yang, *Spider Eaters: A Memoir* (Berkeley: University of California Press, 1997), p.131
54 中国日記第1号（著者蔵）。毛沢東バッジ購入のような単純そのものの行為にも多くのタブーがあった。たとえば「買」という動詞を使ってはならず、「敬請」（謹んで〜をお願いします）と言わねばならなかった。「敬意」を欠くという理由で値切ることはほぼ禁じられた。中国共産党創設者の1人である陳独秀の3番目の孫娘、陳禎慶が文革初期に毛沢東バッジを買おうとしたとき、値段（6毛）が高すぎると口走ってしまったため、その場で「現行反革命」と非難された。「上訪通訊」編輯室編『春風化雨集』全2巻（北京、群衆出版社、1981）上巻 p.453
55 李右平『闘争与生活』全5巻（版元、出版期日記載なし）第5巻 p.30
56 王和美インタビュー（シェーンハルス、ストックホルム、1977.12.12）
57 金磊「発生在1966–1976年的特大自然災害」:『当代中国史研究』1997年第4期 p.76
58 新師大文革籌委会『曹荻秋言論集』上巻 p.4
59 首都大専院校紅衛兵代表大会政法公社編『中央負責同志関於無産階級文化大革命的講話（8月–10月）』（北京、1967）p.22
60 総后勤部機関『無産階級文化大革命万歳』（北京、1967）第1巻 pp.55, 148–149
61 『通牒』1966.8.24
62 『命令』（ビラ、期日はほとんど判読不能。シェーンハルス蔵）
63 『告全市同学書』1966.9.13
64 『呼吁!! 特号』1966.8.23
65 『周恩来年譜』第2巻 p.53
66 『参考消息』1966.8.31
67 鄒華享、施金炎編『中国近現代図書館事業大事記』（長沙、湖南人民出版社、1988）p.208
68 "Quarterly Chronicle and Documentation" *CQ*,(October–December 1966), 180
69 『参考消息』1966.9.16（傍線は筆者）
70 Schoenhals, *China's Cultural Revolution*, pp.221–222
71 河北北京師範学院「闘争生活」編輯部『無産階級文化大革命資料匯編』p.480
72 Zhai Zhenhua, *Red Flower of China*, p.92。武漢での似たような活動については、Wang Shaoguang, *Failure of Charisma*, p.71 参照
73 Rittenberg and Bennett, *The Man Who Stayed Behind*, pp.319–322

## ●7章

1 略奪の予防措置として、居民委員会の提案で資産所有者みずからが破壊行動に出ることもあった。『致全体革家書』（羊坊店一区居委会「公開信」）1966.8.29（シェーンハルス蔵）
2 「北京市‘文化大革命’大事記（1965–1967）」p.26。紅衛兵による北京の略奪体験談としては、Zhai Zhenhua, *Red Flower of China*, pp.92–100 参照
3 王年一『大動乱的年代』p.71。上海の略奪犠牲者の話としては、Nien Cheng, *Life and*

31 『批判劉鄧路線新代表陶鋳大会発言』（北京、1967）pp.59–60。席次の隣り合う二人の指導者は並んで写真を撮るのが習慣だった。11中全会で鄧小平は第6位、康生は第7位にランクされている。この写真をめぐるドジで宣伝部副部長がクビになった。

32 『王力反思禄』下巻 p.709

33 同上 p.622–623

34 『林彪文選』第2巻 p.378。『中央負責同志関於無産階級文化大革命講話（続編）』（版元記載なし、1967）p.54。北京の紅衛兵集会の写真は、楊克林『文化大革命博物館』上巻 pp.84–101 参照。不快きわまる北京への旅行の一例については、Ye Ting-xing, *A Leaf in the Bitter Wind*, pp.93–98 参照

35 『北京市接待来京串連的革命師生和紅衛兵工作総結』（北京、1967）pp.1–3

36 呂鴻「我任紅衛兵接待総站站長的日子」:『炎黄春秋』1998年12期 pp.44–45。北京に四つある鉄道駅のうち一つは紅衛兵専用駅、もう一つは紅衛兵を優先する駅として使われた。"Quarterly Chronicle and Documentation," *CQ*, no.28 (October–December 1966), 185 参照

37 Ling, *Red Guard*, pp.155–157。地方からの紅衛兵が1000万人で、滞在期間が1週間を越えないという甘い計算の場合でも、食費だけで1億5000万元かかる。地方の紅衛兵の世話係になったある上級将校の話として、その将校の娘の書いた Mu Aiping, *Vermilion Gate*, pp.338–340 を参照

38 『林彪文選』第2巻 p.375

39 Ling, *Red Guard*, pp.157, 163

40 集会は8月18日、31日、9月15日、10月1日、18日、11月3日、10–11日、25–26日に開かれた。于輝『紅衛兵秘録』p.393。（毛沢東の言う謁見者総数は正しくない）

41 Schoenhals, *China's Cultural Revolution*, pp.148–149

42 Ibid., pp.166–169

43 王力「歴史将宣告我無罪」（手稿、北京、1993）p.7

44 『毛沢東思想万歳』p.278

45 ケルアック『路上』の中国語簡訳は、傑克・凱魯亜克『在路上』（北京、作家出版社、1962）。このころを回想した、わかりやすく情報量の多いアンソロジーとしては、劉濤編『大串連』（北京、知識出版社、1993）がある。

46 延安と文革については、David E. Apter and Tony Saich, *Revolutionary Discourse in Mao's Republic* (Cambridge, Mass.: Harvard University Press, 1994) 参照

47 中共広州市党史研究室編『中共広州党史大事記』（広州、広東人民出版社、1991）p.286

48 丹増編『当代西蔵簡史』（北京、当代中国出版社、1996）pp.270–271。『中共西蔵党史大事記』（拉《ラ》薩《サ》、西蔵人民出版社、1995）p.179

49 北京市化学工業局機関紅色宣伝站『無産階級文化大革命資料』第3巻 p.76。北京の東郊外にある工人体育場に隣接する北京工人体育館は1961年に建てられ、15000人を収容できる。

50 『毛沢東思想万歳』p.277

51 『上海「文化大革命」史話』上巻 p.81

14 某へのインタビュー（シェーンハルス、1992.4.8、マサチューセッツ州ケンブリッジ）。Schram, *Mao Tse-tung Unrehearsed*, p.260
15 Zhai Zhenhua, *Red Flower of China*, pp.64–66
16 某へのインタビュー（シェーンハルス、1992.4.8、マサチューセッツ州ケンブリッジ）
17 最初の三つの大字報は『紅旗』1966 年第 11 期に掲載され、その後、国防大学『「文化大革命」』上巻 pp.63–65 に転載された。あまり知られていない第四の（最後の）大字報は、『紅衛兵報』（北京、1966.9.28）に掲載された。
18 北京の初期紅衛兵運動についての鋭い分析としては、Andrew G. Walder, "Beijing Red Guard Factionalism: Social Interpretations Reconsidered," *Journal of Asian Studies*, 61, no.2 (May 2002), 437–471 および idem, "Tan Lifu: A 'Reactionary' Red Guard in Historical Perspective," *CQ*, no.180 (December 2004), 965–989 を参照
19 毛沢東のこの発言は王力の証言から。このメモは『「文革」漫談』所収の程前、第二号「中央文革小組的一項建議」に引用されている。
20 *Quotations from Chairman Mao Tse-tung* (Peking: Foreign Languages Press, 1966), p.288。『毛主席語録』（北京、1966）p.249
21 『毛沢東思想万歳（1958–59）』（版元、出版期日記載なし）p.86
22 『陳伯達同志部分著作伝輯』（版元、出版期日記載なし）下巻 pp.46–47。Chen Po-ta, "Grow Up Braving Storm and Stress," *Peking Review*, no.35 (August 26, 1966), 10–11
23 Zhai Zhenhua, *Red Flower of China*, pp.84–87。近年出る文革回想記はみなそうだが、こういう描写はその間に起きたいろいろな事情によって脚色された可能性がある。
24 "Quarterly Chronicle and Documentation," *CQ*, no.28 (October–December 1966), pp.177–178
25 『建国以来毛沢東文稿』第 12 巻 p.107
26 このときの写真は本書写真ページの写真 1、および楊克林『文化大革命博物館』上巻 p.88 を参照。宋彬彬は北京師範大学付属中学の生徒で、のちに MIT で地質学博士号をとり、マサチューセッツ州で働く。彼女の父はそのころ党東北局第一書記で、11 中全会で政治局候補委員に選ばれた宋任窮。腕章や他の用途に使われる赤い布があまりに浪費されたため、国務院は 1967 年 2 月に使用を制限しようとした。*CCP Documents of the Great Proletarian Cultural Revolution, 1966–1967* (Hong Kong: Union Research Institute, 1968)（以下 *CCP Documents*）pp.339–340
27 Zhai Zhenhua, *Red Flower of China*, pp.88–89。Rittenberg and Bennett, *The Man Who Stayed Behind*, pp.317–319 も参照
28 上海市公安局革命造反聯合指揮部政治部造反隊編『徹底揭露市公安局旧党組御用工具——旧文革弁公室的滔天罪行』（上海、1967）下巻 p.16
29 『建国以来毛沢東文稿』第 12 巻 p.133。Li Zhisui, *The Private Life of Chairman Mao*, p.92 も参照。主治医の李志綏は、こういうとき主席は「群衆と群衆からの称賛が嬉しくて、最後まで集会に参加するエネルギーが持つが、そのあと風邪をひくことが多かった」と書いている。
30 Li Zhisui, *The Private Life of Chairman Mao*, p.471

ley: University of California Press, 1982)；Anne F. Thurston, *A Chinese Odyssey* (New York: Scribners, 1991)；idem, *Enemies of the People* (New York: Knopf, 1987)；Jonathan Unger, *Education under Mao* (New York: Columbia University Press, 1982)；Andrew G. Walder, "The Communist Party and the Red Guards: Beijing 1966"（1997 年 1 月、Center for Chinese Studies, University of California, Berkeley で開かれた学会、「Turning Points: 1919 and 1989」で発表された論文）；王友琴『文革受難者』（香港、開放雑誌出版社、2004）；idem, "Student Attacks against Teachers: The Revolution of 1966"（1996 年 7 月、香港理工大学で開かれた学会「The Cultural Revolution in Retrospect」で発表された論文）；Ye Ting-xing, *A Leaf in the Bitter Wind* (Toronto: Doubleday, 2002)；Yue and Wakeman, *To the Storm*〔邦訳：楽黛雲（ユエ・ダイユン）、カロリン・ウェイクマン『チャイナ・オデッセイ――激動と迫害の嵐を生きぬいて』丸山昇監訳、岩波書店、1995〕；Zhai Zhenhua, *Red Flower of China*；Zhu Xiao Di, *Thirty Years in a Red House* (Amherst: University of Massachusetts Press, 1998)。またフィクションとしては、Chen Jo-hsi, *The Execution of Mayor Yin and Other Stories from the Great Proletarian Cultural Revolution* (Bloomington: Indiana University Press, 1978)〔中文：陳若曦『尹縣長』〕；Dai Sijie, *Balzac et la Petite Tailleuse chinoise* (Paris: Gallimard, 2000)、英訳：Ina Rilke, *Balzac and the Little Chinese Seamstress* (London: Chatto & Windus, 2001)〔戴思杰『バルザックと小さな中国のお針子』〕；Anchee Min, *Becoming Madame Mao* (Boston: Houghton Mifflin, 2000)〔邦訳：アンチー・ミン『マダム毛沢東――江青という生き方』矢倉尚子訳、集英社、2005〕；Lulu Wang, *The Lily Theater* (New York: Doubleday, 2000)〔邦訳：ルル・ワン（王露露）『睡蓮の教室』鴻巣友季子訳、新潮社、2006〕などを参照

2　著者の一人が会ったきわめて信頼できる情報源からの証言

3『毛沢東思想万歳』p.269

4　国防大学『「文化大革命」』上巻 pp.71–72

5『毛沢東思想万歳』p.262

6　首都紅衛兵第三司令部北京郵電学院「東方紅」公社冲鋒隊編『北京市無産階級文化大革命大事記（1965.9–1967.1）』（北京、1967）p.22

7『彭真関於四清運動的六篇講話』（北京、中共北京市委弁公室、1966）p.6

8　北京航空学院「紅旗」『無産階級文化大革命首長講話匯輯』p.372

9　曹軼欧を中学に派遣して毛沢東への支持を煽ることについて、党指導部の大半は腑に落ちず、毛は常軌を逸していると思ったにちがいない。現に大学での動員努力は 5 月半ばに始まったのに、毛が中学の運動を支持したのは 8 月初めになってからだった。

10　于輝『紅衛兵秘録』（北京、団結出版社、1993）pp.8–9：英訳は Gong Xiaoxia, "Repressive Movements and the Politics of Victimization," pp.142–143 に所収

11　無題の紅衛兵大字報（シェーンハルス蔵）

12　南京、武漢、西安、江蘇、青海、山東、浙江、河南、貴州、四川、広西、江西ではもっと重要な解任劇が起きていた。それについては "Quarterly Chronicle and Documentation," *CQ*, no.27 (July–September 1966), 214 参照

13　Zhai Zhenhua, *Red Flower of China*, pp.61–62

一節を入れたか、どちらかであろう。

## ●6章

1　紅衛兵運動については英語（および他のヨーロッパ語）だけでも相当数の文献がある。元紅衛兵の回想録は多く、それより少ないものの犠牲者たちも回想録を出しており、学者による分析もある。たとえば Gordon A. Bennett and Ronald N. Montaperto, *Red Guard: The Political Biography of Dai Hsiao-ai* (London: Allen & Unwin, 1971)〔邦訳：ゴードン・ベネット、ロナルド・モンタペルト『紅衛兵だった私——戴小艾の政治的伝記』山田侑平訳、日中出版、1978〕；Anita Chan, *Children of Mao* (Seattle: University of Washington Press, 1985)〔中文：陳佩華『毛主席的孩子們——紅衛兵一代的成長和経歴』台北、桂冠図書、1997〕；Jung Chang, *Wild Swans* (New York: Simon & Schuster, 1991)〔邦訳：ユン・チアン『ワイルド・スワン』土屋京子訳、講談社、1993〕；Nien Cheng, *Life and Death in Shanghai* (New York: Grove, 1986)〔邦訳：鄭念『上海の長い夜』篠原成子、吉本晋一郎訳、原書房、1988〕；Feng Jicai, *Voices from the Whirlwind* (New York: Pantheon, 1991)〔中文：馮驥才『一百個人的十年』香江出版公司、1987〕；Gao Anhua, *To the Edge of the Sky* (London: Penguin, 2001)；Gao Yuan, *Born Red*；Gong Xiaoxia, "Repressive Movements and the Politics of Victimization" (Ph.D. diss., Harvard University, 1995)；Harry Harding, "The Chinese State in Crisis," in Roderick MacFarquhar, ed., *The Politics of China: Second Edition, The Eras of Mao and Deng* (New York: Cambridge University Press, 1997), pp.148–247；William Hinton, *Hundred Day War: The Cultural Revolution at Tsinghua University* (New York: Monthly Review Press, 1972)〔邦訳：ウィリアム・ヒントン『百日戦争——清華大学の文化大革命』春名徹訳、平凡社、1976〕；Hua Linshan, *Les Années rouges* (Paris: Seuil, 1987)；Julia Kwong, *Cultural Revolution in China's Schools, May 1966–April 1969* (Stanford: Hoover Institution Press, 1988)；Hong Yung Lee, *The Politics of the Chinese Cultural Revolution*；Liang and Shapiro, *Son of the Revolution*〔邦訳：梁恒、ジュディス・シャピロ『中国の冬——私が生きた文革の日々』田畑光永訳、サイマル出版会、1984〕；Ken Ling, *Red Guard: From Schoolboy to "Little General" in Mao's China* (London: Macdonald, 1972)；Liu Hong, *Startling Moon* (London: Review, 2001)；Ruth Earnshaw Lo and Katharine S. Kinderman, *In the Eye of the Typhoon* (New York: Harcourt Brace Jovanovich, 1980)；Ma Bo, *Blood Red Sunset* (New York: Viking, 1995)；Anchee Min, *Red Azalea* (New York: Pantheon, 1994)〔邦訳：アンチー・ミン『レッドアザレア』木原悦子訳、集英社、1994〕；Mu Aiping, *Vermilion Gate* (London: Abacus, 2002)；Nee, *The Cultural Revolution at Peking University*；Sidney Rittenberg and Amanda Bennett, *The Man Who Stayed Behind* (New York: Simon & Schuster, 1993)〔邦訳：シドニー・リッテンバーグ、アマンダ・ベネット『毛沢東に魅せられたアメリカ人』金連縁訳、筑摩書房、1997〕；Stanley Rosen, *Red Guard Factionalism and the Cultural Revolution in Guangzhou (Canton)* (Boulder: Westview, 1982)；James R. Ross, *Caught in a Tornado* (Boston: Northeastern University Press, 1994)；Michael Schoenhals, ed., *China's Cultural Revolution, 1966–1969:* Not *a Dinner Party* (Armonk, N.Y.: M. E. Sharpe, 1996)；Susan L. Shirk, *Competitive Comrades* (Berke-

pp.398–399

56　この当時、孔原の上級情報幹部としての地位は西側の中国専門家に知られていなかった。Donald W. Klein and Anne B. Clark, *Biographic Dictionary of Chinese Communism, 1921–1965*, 2 vols. (Cambridge, Mass.: Harvard University Press, 1971), 1: 456–458 では、彼を「中華人民共和国建国以来、最も重要な外国貿易専門家の一人」とのみ記されており、「北京を訪れる外国賓客の接待や交渉に頻繁に登場する」と注記されている。

57　王力インタビュー（シェーンハルス、北京、1995.5）

58　『文革簡訊』（北京、政治与法律研究所）第 38 期（1967.2.8）

59　『周恩来年譜』第 3 巻 p.138

60　李可、郝生章『「文化大革命」中的人民解放軍』（北京、中共党史資料出版社、1989）p.351

61　*Chinese Communist Who's Who*, 2 vols. (Taipei: Institute of International Relations, 1971), 2:69

62　『高挙毛沢東思想偉大紅旗』p.34

63　王年一『大動乱的年代』p.62

64　林彪事務所前職員の談話記録（著者蔵）p.4

65　『王力反思録』下巻 p.941

66　林彪事務所前職員の談話記録（著者蔵）p.10

67　国防大学『「文化大革命」』上巻 p.26

68　北京市化学工業局機関紅色宣伝站『無産階級文化大革命資料』第 1 巻 p.33

69　Kenneth Lieberthal, *Governing China* (New York: Norton, 1995), p.190

70　Michael Schoenhals, "New Texts: Speeches at Ninth National Congress of the Chinese Communist Party," *Stockholm Journal of East Asian Studies*, 2 (1990), 96

71　楊銀禄「江青的'女皇'生活（二）」:『百年潮』1998 年第 6 期 pp.65–66。楊銀禄「初見江青——我給江青当秘書（一）」: 同誌 1998 年第 5 期 p.56

72　北京工業学院運動弁公室編『大字報選編』（北京、1976）第 2 巻 p.16

73　穆欣『劫后長憶』p.368

74　Wang Li, "An Insider's Account of the Cultural Revolution," pp.40–41

75　穆欣「関於'中央文革小組'的一些情況」:『中共党史資料』1999 年第 69 輯 pp.86, 88

76　『周恩来年譜』第 3 巻 p.183

77　Hong Yung Lee, *The Politics of the Chinese Cultural Revolution* (Berkeley: University of California Press, 1978), pp.4–5

78　王乃英「交待」〔告白〕1970.9.1 手稿 p.10（シェーンハルス蔵）

79　中全会の最終コミュニケの準備責任者だった康生は、8 月 5 日に提出した第一稿に、「中全会はわが国を代表して劉少奇同志が発表した声明を熱烈に支持する」という一節を入れていた。これは毛沢東に削除された。この声明とは、劉少奇が 7 月 22 日に述べた、アメリカと戦う北ベトナムへの支持の約束のこと（本章の注 1 参照）。『建国以来毛沢東文稿』第 12 巻 pp.94–97 参照。これを準備していたとき、康生は劉少奇の最終的な運命に確信が持てなかったか、あるいは毛沢東の意向を確かめるためにこの

27 *Decision of the Central Committee of the Chinese Communist Party concerning the Great Proletarian Cultural Revolution* (Peking: Foreign Languages Press, 1966)（以下 *Decision on the CR*）, p.1
28 Gao Yuan, *Born Red*, p.86
29 *Decision on the CR*, p.5。本文傍線は著者。
30 同上 pp.4–5
31 同上 p.42
32 『紅日照天山——関於新疆問題中共中央文件及中央首長的講話匯編』（烏魯木斉、新疆紅二司「新疆紅衛兵報」編輯部、1968）p.1
33 北京市化学工業局機関紅色宣伝站『無産階級文化大革命資料』第3巻 p.226
34 陳雲の1963–1976年の行動（『陳雲年譜』第2巻所収分）を見直すと役に立つ。
35 王年一インタビュー（シェーンハルス、北京、1993.1.20）
36 『周恩来年譜』第3巻 p.46
37 鄧小平の得票には毛沢東自身の票も含まれていると思われるが、鄧がこれほどの支持を得たのは、出席した中央委員たちが、1956年の第8回党大会の予備会議で、鄧小平の公平さと能力に対して、毛沢東が最大級の賛辞をささげたことを覚えていたためだろう。この党大会で鄧小平は党総書記に選出された。石仲泉等編『中共八大史』（北京、人民出版社、1998）p.137
38 『王力反思録』下巻 p.617
39 同上 pp.667–668
40 『中国共産党組織史資料』第9巻 p.63、第10巻 pp.68–69
41 王宗柏「張際春」:『中共党史人物伝』第23巻（1985年版）pp.337–338
42 『中国共産党組織史資料』第10巻 p.69
43 上海市革命委員会接待組編『学習資料』第18期（1967.12.19）
44 『中国共産党組織史資料』第9巻 p.61、第10巻 pp.70–71
45 『動態』第140期（1967.9.3）
46 聶元梓インタビュー（シェーンハルス、1994.7.17）。『聶元梓回憶録』（香港、時代国際出版有限公司、2005）pp.95–106
47 『中国共産党組織史資料』第10巻 p.70
48 北京航空学院「紅旗」編『無産階級文化大革命首長講話匯輯（1967.1）』（北京、1967）p.81
49 陸永棣、劉子健「方方」:『中共党史人物伝』第11巻（1983年版）pp.367–368所収。王錫堂「張経武」: 前掲書第49巻（1991年版）p.358
50 『中国共産党組織史資料』第10巻 p.72
51 『王力反思録』下巻 p.621
52 『内部参考』（北京、第一機械工業部）第89期（1967.5.24）。毛沢東の不興を買った王稼祥の外交政策観点については、*Origins*, 3: 269–273 参照
53 徐則浩『王稼祥伝』p.568では、劉寧一の任命は1966年6月27日になっている。
54 『王力反思録』上巻 pp.228–235
55 蘭州軍区政治部組織部編『組織工作文件匯編第二輯：党務工作部分』（蘭州、1980）

沢東と劉少奇のあいだに周恩来と林彪（議長役らしい）が座っている：楊克林編『文化大革命博物館』全2巻（香港、東方出版社、天地図書、1995）上巻 pp.210–211
5 「プロレタリア文化大革命」という術語は過去数カ月、「文化革命」「文化大革命」「社会主義文化大革命」と併用されてきた。
6 馬斉彬等編『中国共産党執政四十年』p.273
7 廖蓋隆『新中国編年史』p.276
8 『胡喬木談中共党史』（北京、人民出版社、1999）p.135
9 紅衛兵宛ての毛沢東の手紙の英訳は Stuart Schram, ed., *Mao Tse-tung Unrehearsed* (Harmondsworth: Penguin, 1974), pp.260–261 に所収。この本の最初のページに載った毛沢東の肉筆の写真は、逄先知、金冲及『毛沢東伝』下巻 p.1435 から。この手紙で毛沢東は北京大学付属中学紅衛兵組織「紅旗戦闘小組」も讃えている。清華大学の大字報は、国防大学『「文化大革命」』上巻 pp.63–65 に所収
10 北京市化学工業局機関紅色宣伝站編『無産階級文化大革命資料』第2巻 p.29
11 紅代会北京建築工業学院八一戦闘団編『堅決把劉少奇揪回北京建工学院斗倒斗臭』（北京、1967）p.40
12 黄峥『劉少奇的最後歳月』pp.69–70。『劉少奇年譜』下巻 pp.647–648。建築工業学院での劉少奇の演説の英訳は、*Collected Works of Liu Shao-ch'i, 1958–1967* (Hong Kong: Union Research Institute, 1968), pp.331–355 に所収
13 王年一『大動乱的年代』p.52
14 同上 pp.52–53
15 穆欣『劫后長憶』p.56
16 王年一『大動乱的年代』pp.52–53
17 『建国以来毛沢東文稿』第12巻 p.93
18 王年一『大動乱的年代』pp.54–55。国防大学『「文化大革命」』上巻 p.70
19 毛沢東の大字報はあまりにも即座に内容がもれたため、北京の紅衛兵だったある人物はそれが8月5日に全国放送されたと記憶違いをしていた：Zhai Zhenhua, *Red Flower of China*, p.71。だが毛は12月25日に、これが新年の新聞論説に引用されるのを拒んでいる。『建国以来毛沢東文稿』第12巻 p.176
20 王年一『大動乱的年代』p.55。謝富治は解放前夜に第二野戦軍で鄧小平直属の部下だったが、この席で、解放後の鄧小平は「変わった」と発言している。
21 『周恩来年譜』第2巻 p.46。周恩来はこのとき、毛沢東が呼んだらいつでも知らせるよう当直秘書に命じていた。
22 北京玻璃総廠紅衛兵連絡站『中央首長講話』第4巻 pp.273–274
23 王年一手稿 p.86
24 図們、孔弟『共和国最大冤案』（北京、法律出版社、1993）pp.22–25。雷英夫についての牛大勇の手稿 p.11（シェーンハルス蔵）。出版された文献：程華『周恩来和他的秘書們』（北京、中国広播電視出版社、1992）では、この情報が削除されている。
25 王年一『大動乱的年代』p.58
26 『建国以来毛沢東文稿』第12巻 p.81

馬斉彬等編『中国共産党執政四十年』p.272。『劉少奇年譜』下巻 p.646。蘇東海、方孔木『中華人民共和国風雲実録』上巻 p.1059

81 穆欣「関於工作組存廃問題」pp.642–645

82 『毛沢東思想万歳（1960–1967）』p.165

83 権延赤『陶鋳在「文化大革命」中』p.100

84 穆欣「関於工作組存廃問題」p.644

85 同上 p.646。北京市化学工業局機関紅色宣伝站編『無産階級文化大革命資料』第 1 巻 p.63–64

86 同上、第 2 巻 p.22

87 それから一月もたたないうちに、陳伯達と康生の示唆により毛沢東は、李雪峰が華北局第一書記に戻り、兼任していた北京市第一書記の職務を当時の第二書記だった呉徳に譲ることに同意した（呉徳は文革全期間をつうじてこの地位を維持した）。12 月 16 日、李雪峰は華北局に対してこの 50 日の自分の指導について自己批判した。この演説は毛沢東に承認されたうえ、自己批判の見本として配布された。『建国以来毛沢東文稿』第 12 巻 pp.103–104, 177–179

88 人民出版社資料室『批判資料』第 3 巻 p.702

89 同上 p.706

90 Li Zhisui, *The Private Life of Chairman Mao*, pp.469–470

91 8 月 7 日に毛沢東は解放軍総政治部に、軍の士官学校や教育施設へ派遣されていた工作組の撤退を命じる電報を打たせた。馬斉彬等編『中国共産党執政四十年』p.274

92 少なくとも中国ではメンシェビキがボルシェビキを敗ったわけだ。

## ●5 章

1 この新聞（『参考消息』）は外電しか載せないが、厳選した翻訳記事と巧みな見出しを使い、国内向けの宣伝ツールとして効果的に機能させる手法が開発された。（19 世紀中国の改良派ならこういう手法を「洋為中用」〔＝西洋の技術を中国のために役立てる〕と呼んだだろう）。当然ながら見出しの大半を占めるのはいつも毛沢東だったが、劉少奇もよく登場した。例えば 1966 年 4 月 3 日の一面トップ記事は「『共産党員の修養を論ず』こそ力の源泉」という見出しにスイスのレーニン主義新聞の記事抜粋を引用し、劉少奇の著書を讃えている。劉に言及する記事が最後に登場したのは 7 月 27 日のことで、アメリカと戦う北ベトナムを支持する劉のメッセージ（22 日に天安門広場で読み上げられたもの）について、「西側は劉主席の声明をきわめて重要ととらえている」という見出しを掲げた。

2 8 期 2 中全会以後の「正常な」全体会議（中全会）の平均出席者数は 165.5 人だった。1966 年と同じように首脳部の首がとぶと事前にわかっていた 1959 年の 8 期 8 中全会だけは 149 人だった。10 中全会から 11 中全会開催までに委員は 3 人しか死亡していないから、出席者数の下落は死亡が原因ではない。

3 劉濤：上海機械学院革命委員会紅色挺進軍『捨得一身剮』第 1 巻 p.35

4 中央委員会と向き合ってテーブルについた政治局常務委員会が写った写真には、毛

61　穆欣『劫后長憶——十年動乱紀事』（香港、新天出版社、1997）pp.376–378
62　程前、第二号「中央文革小組的一項建議」:『「文革」漫談』所収。
63　『陳丕顕反党反社会主義罪行材料摘編』（上海、1967）p.36
64　李近川「回憶中央文革記者站」:『百年潮』2002年第5期p.12–17。Michael Schoenhals（沈邁克）「信息、決策和中国的‘文化大革命’」: *Paper Collection: International Senior Forum on Contemporary History of China: Contemporary China and Its Outside World* (Beijing: Contemporary China Research Institute, 2004), pp.40–56所収
65　武漢は湖北省の省都。湖北政法史志編選委員会編『湖北政法大事記:1838–1986』（武漢、湖北政法史志編選委員会、1987）p.112–113。James T. Myers, Jürgen Domes, and Erik von Groeling, eds., *Chinese Politics: Documents and Analysis*, 4 vols. (Columbia: University of South Carolina Press, 1986), 1: 250–255も参照。王任重はこの機会を利用して、湖北省党委に対する自分の権限を毛沢東に示すために、「右派」学生への反撃を命じた。毛沢東は別に反対しなかった。Wang Shaoguang, *Failure of Charisma*, p.59
66　"Quarterly Chronicle and Documentaion," *CQ*, no.28 (October–December, 1966), 149–152参照
67　『参考消息』（1966.7.26）。『人民日報』は7月26日に毛沢東の長江遊泳を報じた。毛沢東の故郷である湖南省の省都、長沙では遊泳の記事が無料で配布され、それをもらおうと長蛇の列ができた。Liang Heng and Judith Shapiro, *Son of the Revolution* (New York: Knopf, 1983), p.43
68　穆欣『劫后長憶』p.146
69　別荘には続き番号がふられているが、「外国賓客の慣習を尊重して」「不吉な」数字すなわち1、4、13は省かれている。だから本書の記述には16、17、18号賓館が登場することがある。樹軍編『釣魚台歴史档案』（北京、中共中央党校出版社、1999）p.130参照
70　穆欣「関於工作組存廃問題」: 張化、蘇采青編『回首文革』下巻p.643。権延赤『陶鋳在「文化大革命」中』p.99
71　郵電部文化革命弁公室編『郵電部文化大革命大事記』（北京、1966）pp.10–11。張承先「‘文化大革命’初期的北大工作組」p.33
72　黄崢「劉少奇与‘文革’初期的工作組事件」p.256
73　同上p.257
74　『周恩来年譜』第3巻p.41
75　『周恩来年譜』には何の記載もない。
76　『劉少奇年譜』下巻p.645–646。馬斉彬等編『中国共産党執政四十年』p.272
77　『周恩来年譜』第3巻p.41–42
78　『王力反思録』下巻p.611
79　黄崢『劉少奇的最后歳月』p.68
80　会談は4つ続けて行なわれたようだ。7月24日：①劉少奇の報告会、出席者不明②政治局常務委員会および中央文革小組を接見。③7月25日：共産党地方指導者と中央文革小組。④7月26日：中央文革小組全員。黄崢『劉少奇的最后歳月』参照。

44　同上 p.5
45　人民出版社資料室『批判資料』第3巻 p.694
46　上海機械学院革命委員会‘紅色挺進軍’『捨得一身剮』第1巻 p.27
47　黄峥「劉少奇与‘文革’初期的工作組事件」:「党的文献」編輯部編『中共党史重大事件述実』（北京、人民出版社、1993）p.256
48　『建国以来毛沢東文稿』第12巻 p.69
49　Wang Li, "An Insider's Account of the Cultural Revolution: Wang Li's Memoirs," *Chinese Law and Government*, 27, no.6 (November–December, 1994), 15
50　周恩来は劉少奇主宰の会議のうち、7月1、2、4、5、7日に出席した。『周恩来年譜』第3巻 pp.39, 40
51　廖時禹「1966年毛沢東下榻滴水洞」: 中共湘潭市委党史資料征集弁公室編『毛沢東与湘潭』（北京、中共党史出版社、1993）p.346
52　羅点点『羅総長蒙難紀実』p.207
53　Qian Mu（銭穆）: Silas H. L. Wu, *Communication and Imperial Control in China: Evolution of the Palace Memorial System, 1693–1735* (Cambridge, Mass.: Harvard University Press, 1970), p.6 に引用
54　Frederic Wakeman Jr., *Spymaster: Dai Li and the Chinese Secret Service* (Berkeley: University of California Press, 2003), p.5
55　中国共産党の「耳目」ネットワークについては、羅瑞卿「在全国経済保衛工作会議上的総結報告」:『公安保衛工作』第18期（1950.6.1）p.4–24 参照
56　Michael Schoenhals, "Elite Information in China," *Problems of Communism*, 34 (September–October, 1985), 65–71
57　中共中央文献研究室編『陳雲年譜（1905–1995）』全3巻（北京、中央文献出版社、2000）（以下『陳雲年譜』）第3巻 p.145 参照。『内部参考』の読者はみな政策について各自意見が異なるため、記事に不満を抱くこともあった。鄧小平は『内部参考』が大字報そっくりだと思っていた。「ここに書かれていることは意味があるが、同時に無意味だ。『内部参考』の報告は信用できるが、信用する必要はない」。毛沢東は1962年に、『内部参考』は「農村の‘包産到戸’制度について資料をやたらに」発行しすぎると批判し、発行者の「方向」に疑問を呈した:『毛沢東思想万歳』（上海？1968？）p.38。その2年後、彭真は同じ資料について、これこそ「冷静な促進派の傾向性」の表明だとして『内部参考』を讃えている:北京日報文化革命運動弁公室編大躍進の絶頂期の『彭真対旧「北京日報」工作的黒指示』（北京、1967）p.7。「冷静な促進派」という言葉は、大躍進の絶頂期の毛沢東が作った造語。各自の個人的見解が何であれ、中国共産党指導部の全員が『内部参考』を定期的に読み続けていたことに変わりはない。
58　城建局水泥成品廠工人革命造反隊編『打倒反革命修正主義分子陳丕顕』（上海、1967）第1巻 p.21
59　『毛沢東思想万歳（1958–59）』（版元記載なし、出版期日記載なし）p.158
60　穆欣『弁「光明日報」十年自述』p.290

14 『清華大学大字報選編』第 25 期（1966.7.28）p.19
15 同上、第 27 期（1966.8.16）pp.23–26
16 『大字報選』第 6 期（？：表紙なし）（1966.7）p.38
17 同上 p.32
18 『清華大学大字報選編』第？期（表紙なし）（1966.8）pp.21–23
19 同上 p.25
20 同上 p.21
21 『社会主義文化大革命大字報選編』（北京、市委機関）第 95 期（1966.6.2）p.1
22 同上 p.3
23 大字報編輯組編『高教部文化大革命大字報選輯』第 13 期（1966）p.35
24 『無産階級文化大革命大字報選編』（北京、国家科委機関、1968）第 9 期 p.9
25 北京市革命委員会第二学習班党委「関於対王某某的問題復査情況」1973（シェーンハルス蔵）
26 『劉少奇年譜』下巻 p.640。『大字報選』1966 年第 2 期 p.23。文革期に中央当局が出したこの種の無数の公式指示のうち、「八条」ははっきりした原本が存在しない点で例外的。このあと数週間、この指示を実行した上級、中級幹部はみな手元にある版をもとに自分の解釈で動いていた。ただし機密性と統制が重視されたのは確かである。
27 卜偉華「北京紅衛兵運動大事記」:『北京党史研究』1994 年第 1 期 p.56
28 清華大学井崗山紅衛兵宣伝隊編『清華大学蒯大富同学大字報選』（貴陽、1967）p.41
29 同上 p.4
30 『広西文革大事年表』（南寧、広西人民出版社、1990）p.2
31 清華大学井崗山兵団大字報編委会編『打倒反革命修正主義分子薄一波』（北京、1967）p.4
32 人民出版社資料室編『批判資料——中国「赫魯暁夫」〔フルシチョフ〕劉少奇反革命修正主義言論集』全 3 巻（北京、1968）第 3 巻 p.679
33 北京大学文化革命委員会宣伝組編『北京大学無産階級文化大革命運動簡介』p.7
34 Yue Daiyun and Carolyn Wakeman, *To the Storm* (Berkeley: University of California Press, 1985), pp.156–160
35 *Selected Works of Mao Tse-tung*, 4 vols. (Peking: Foreign Languages Press, 1965), 1: 28.
36 人民出版社資料室『批判資料』第 3 巻 pp.664–665
37 『劉少奇年譜』下巻 p.642。黄峥『劉少奇的最後歳月』p.67
38 『大字報選』特別号、第 2 期（1966.8.1）p.52
39 同上 p.64
40 北京市化学工業局機関紅色宣伝站編『無産階級文化大革命資料』全 4 巻（北京、1966）第 1 巻 p.21
41 『大字報選』特別号、第 2 期（1966.8.1）p.58
42 『劉少奇年譜』下巻 pp.644–645
43 『毛沢東思想的光輝照耀着中央広播事業局』（北京、中央広播事業局「無産階級革命派聯合総部」、1968）pp.4–6

chaps. 15 and 18 参照
65 「北京市‘文化大革命’大事記（1965–1967）」p.9
66 『周恩来年譜』第3巻 p.34
67 同上
68 黄崢『劉少奇的最後歳月』pp.131–132
69 同上 p.65
70 『周恩来年譜』第3巻 p.34
71 黄崢『劉少奇的最後歳月』p.131
72 国防大学『「文化大革命」』上巻 pp.39, 41
73 黄崢『劉少奇的最後歳月』p.66
74 中共中央文献研究室編『劉少奇年譜（1898–1969）』全2巻（北京、中央文献出版社、1996）下巻 p.641
75 前掲書。黄崢『劉少奇的最後歳月』p.132
76 廖蓋隆『新中国編年史』p.271
77 権延赤『陶鋳在「文化大革命」中』（北京、中央党校出版社、1991）pp.78, 81
78 『劉少奇年譜』下巻 p.642

## ●4章

1 張承先「‘文化大革命’初期的北大工作組」:『中共党史資料』第70輯（1999.6）p.17
2 1972年にイギリスのグラナダ・テレビが王光美の「裁判」記録を土台に *The Subject of Struggle* というテレビドラマを制作した。王光美を演じたのは上海生れの女優、周采芹。彼女の父は有名な京劇俳優の周信芳で、文革前に上海で海瑞を演じた。Tsai Chin, *Daughter of Shanghai* (New York, St. Martin's, 1988), pp.163–169
3 程超、魏皓奔編『浙江「文革」紀事』（杭州、『浙江方志』編輯部、1989）p.3
4 Wang Shaoguang, *Failure of Charisma: The Cultural Revolution in Wuhan* (Hong Kong: Oxford University Press, 1995), pp.54–59
5 『大字報選』（北京、北京大学）特別号、第2期（1966.8.1）p.40
6 中国人民大学新人大公社、毛沢東思想紅衛兵編『反革命修正主義分子郭影秋反党反社会主義反毛沢東思想的罪行』第1巻 pp.113, 122
7 革命造反総部真理戦闘隊編『郵電部機関文化大革命運動史料』（北京、1967）p.3
8 新師大文革籌委会編『在無産階級文化大革命中曹荻秋言論集』（上海、1966）第1巻 pp.1, 27
9 『上海「文化大革命」史話』上巻 pp.35–37
10 『周恩来年譜』第3巻 p.47。北京経済学院無産階級革命造反団等編『無産階級文化大革命参考資料』全4巻（北京、1967）第4巻『訪』
11 Gao Yuan, *Born Red: A Chronicle of the Cultural Revolution* (Stanford: Stanford University Press, 1987), p.48. Zhai Zhenhua, *Red Flower of China* (New York: Soho, 1992), p.71
12 『大字報選』第17期（1966.8.8）p.12
13 同上、第8期（1966.7.2）pp.70–71

39 『新北大』第 20 期（1966.11.5）

40 『毛沢東思想万歳（1960–1967）』p.174

41 当時、中国史を勉強していたフランス人留学生マリアンヌ・バスティドの言葉は、Nee, *The Cultural Revolution at Peking University*, p.58 に引用されている。

42 1990 年代に中国駐在ＥＵ大使を勤めたエンディミオン・ウィルキンソン博士とマクファーカーとの通信（2005 年 10 月）

43 『徹底批判修正主義幼児教育路線教材匯編』（北京、北京幼師革命造反团、1967）p.16

44 北京小学校、陳玉華校長の発言：『春雷』（北京、首都八一学校革命造反聯合司令部）号外（1967）p.28 に引用

45 国防大学『「文化大革命」』上巻 pp.44–45。『毛沢東思想万歳（1960–1967）』p.162。国家統計局綜合司編『全国各省、自治区、直轄市歴史統計資料匯編：1949–1989』（北京、中国統計出版社、1990）p.37

46 廖蓋隆『新中国編年史』p.271

47 Lennart Petri, *Sverige i stora världen: Minnen och reflexioner från 40 års diplomattjänst*〔大世界のスウェーデン：外交生活 40 年回顧〕(Stockholm: Atlantis, 1996), pp.356–357

48 D. W. Fokkema, *Report from Peking* (London: Hurst, 1971), p.6

49 スウェーデン外務省文書館（ストックホルム）所蔵の書簡原本

50 Percy Cradock, *Experiences of China* (London: John Murray, 1994) p.48

51 Fokkema, *Report from Peking*, p.8

52 『傅崇碧回憶録』p.175–183

53 『参考消息』1966.6.24

54 Eric Gordon, *Freedom Is a Word* (London: Hodder & Stoughton, 1971), p.69

55 『人民日報』1966.6.4

56 遇羅克「日記摘抄」：張鳴、楽群編『「文化大革命」中的名人之思』（北京、中央民族学院出版社、1993）p.337。劉仁は彭真の部下で、北京市党委第二書記。

57 「白区」幹部とは、抗日戦のころ国民党または日本軍の支配下にある地域で工作していた共産党員のこと。延安のような共産党支配地区にいた者は「蘇区」幹部と呼ばれ、この二つのグループ間には革命後、権益の配分をめぐって反目があった。*Origins*, 1: 334–335, n.59 参照。

58 高文華「補充我和劉少奇在中南海密謀的罪行」：対外貿易部に提出された宣誓書（1971.2.12）p.3（著者蔵）

59 劉平平、劉源、劉亭亭「勝利的鮮花献給您——懐念我們的爸爸劉少奇」：周明編『歴史在這里沈思』第 1 巻 pp.2–3 所収

60 Deng Rong, *Deng Xiaoping and the Cultural Revolution*, p.11

61 黄峥『劉少奇的最后歳月』p.66

62 『中国共産党組織史資料』第 14 巻 pp.996–997

63 同上 p.1132

64 薄一波『若干重大決策与事件的回顧』全 2 巻（北京、中共中央党校出版社、1991、1993）下巻 p.1125。「社会主義教育運動」（別名「四清運動」）については、*Origins*, 3:

この栄誉は中国科学院哲学社会科学学部（現在の中国社会科学院の前身）の二人の上級幹部のものである。二人はこの二日前、当時、党華北局の上級幹部を兼任していた学部長を攻撃した。この学部は、その名称から科学院の下部単位にすぎないように思えるが、実は党宣伝部直属の組織でもあった。『中国共産党組織史資料』第 15 巻 p.168 参照

21　彭珮雲は 1998 年に国務委員、国家計画生育委員会主任として訪米した。

22　大字報のテキストは国防大学『「文化大革命」』上巻 pp.30–31

23　前掲書 p.30 に引用。大字報の書き手たちが宋碩の演説のこういう部分を引用したということから、北京市党委の混乱がすでに広く知られていたと推測できる。

24　北京大学文化革命委員会宣伝組編『北京大学無産階級文化大革命運動簡介』（北京、1966）第 2、第 3 部 p.2

25　林浩基「北大第一張大字報是怎樣出籠的」: 周明編『歴史在這里沈思』全 6 巻（第 1–3 巻：北京、華夏出版社、1986；第 4–6 巻：太原、北岳文芸出版社、1989）第 2 巻 p.32

26　シェーンハルスによる聶元梓インタビュー（1994.7.17、北京）

27　王年一『大動乱的年代』p.18。河北北京師範学院『闘争生活』編輯部編『無産階級文化大革命資料匯編』（北京、1967）p.667。周恩来が政府から人を派遣したことが、のちに一人の留学生の怪しげな証言のもとになった可能性がある。この留学生は、5 月 25 日の夜に周恩来本人が大字報を読みにひそかに大学を訪れ、すでに評判の悪いその大字報に怒りをつのらせたという話を伝えている：Sirin Phathanothai with James Peck, *The Dragon's Pearl* (New York: Simon & Schuster, 1994), p.221。著者のパタノタイはタイの政治家の娘で中国に長く住み、このころ北京大学の留学生だった。周恩来は中国で彼女の親代わりをしていた。

28　王年一『大動乱的年代』p.29

29　艾群「乱世狂女——聶元梓」: 陽木編『「文革」闖将封神榜』（北京、団結出版社、1993）p.44。"Eyewitness of the Great Proletarian Cultural Revolution," *CQ*, no.28 (October–December 1966), p.2 には、当時北京に住んでいたある匿名の「外国人専門家」の証言として、「（大字報は）その夜に破り捨てられた」とされている。

30　『清華大学大字報選編』第 33 期（1966.9.12）

31　前掲書 第 29 期（1966.9.6）p.25

32　Roderick MacFarquhar, ed., *The Hundred Flowers Campaign and the Chinese Intellectuals* (New York: Praeger, 1960) 参照

33　康生は他の政治局常務委員に大字報の写しを送らなかった。これは明らかに規則違反。『周恩来年譜』第 3 巻 p.32 参照

34　『建国以来毛沢東文稿』第 12 巻 p.62。印紅標「文革的 '第一張馬列主義大字報'」p.43

35　『周恩来年譜』第 3 巻 p.33

36　李雪峰「我所知道的 '文革' 発動内情」p.616

37　黄峥『劉少奇的最后歳月』（北京、中央文献出版社、1996）p.64

38　この「評論員」の記事は国防大学『「文化大革命」』上巻 pp.36–37 に所収されている。英訳は *Peking Review*, no.37 (September 9, 1966), 21–22

1948–1966（初稿）』（北京、出版期日記載なし）p.33

6　『解放軍報』1966.4.18。二月提綱は「建設なくして徹底的な真の破壊は達成できない」と強調した。まるで正反対の主張である。

7　「工農兵群衆参加学術批判是劃時代的大事」:『紅旗』1966 年第 6 期 pp.20–22

8　「中国日記」第 3 号（著者蔵）

9　北京大学当局は 1980 年代に大学名の英語表記を「Beijing University」ではなく「Peking University」とすることに決めた。

10　北大党史校史研究室党史組「康生、曹軼欧与‘第一張大字報’」:『百年潮』2001 年第 9 期 p.33。曹軼欧の調査チームには高等教育部副部長もいた。メンバーのうち 3 人はジャーナリストで、そのうち 2 人は陳伯達の『紅旗』、1 人は『光明日報』社員。この調査チームは北京大学のほか清華大学、中国人民大学、北京師範大学にも入った。穆欣「‘全国第一張大字報’出籠経過」:『中共党史資料』第 75 輯（2000.9）p.166

11　中国人民大学新人大公社、毛沢東思想紅衛兵編『反革命修正主義分子郭影秋反党反社会主義反毛沢東思想的罪行』（北京、1967）上巻 p.76

12　*Origins*, 3: 637, n. 154。高皋、厳家祺『「文化大革命」十年史 1966–1976』（天津、天津人民出版社、1986）p.19、英訳：trans. by D. W. Y. Kwok, *Turbulent Decade: A History of the Cultural Revolution* (Honolulu: University of Hawaii Press, 1996), pp.39–40。Hao Ping, "Reassessing the Starting Point of the Cultural Revolution," *China Review International*, 3, no. 1 (Spring 1996), 71–74

13　シェーンハルスによる聶元梓インタビュー（1994.7.17、北京）

14　毛毛『我的父親鄧小平‘文革’歳月』（北京、中央文献出版社、2000）p.16、英訳：trans. by Deng Rong, *Deng Xiaoping and the Cultural Revolution: A Daughter Recalls the Critical Years* (Beijing: Foreign Languages Press, 2002), p.11

15　北大党史校史研究室党史組「康生、曹軼欧与‘第一張大字報’」p.36

16　聶元梓が入手した情報源の幾つかについては、Victor Nee, *The Cultural Revolution at Peking University* (New York: Monthly Review Press, 1969), p.53 参照。

17　穆欣「‘全国第一張大字報’出籠経過」p.168

18　こういう大字報が生れたのは延安だった。延安では共産党がニュースや意見発表のための即席システムとして使い、百花斉放時代には党批判派が、大躍進時代には生産促進のために党が利用した。David Jim-tat Poon, "*Tatzepao*: Its History and Significance as Communication Medium," in Godwin C. Chu, ed., *Popular Media in China: Shaping New Cultural Patterns* (Honolulu: East-West Center, University of Hawaii, 1978), pp.184–221 参照

19　シェーンハルスによる聶元梓インタビュー（1994.7.17、北京）

20　このエピソード全体に関する北京大学の学者の綿密な研究としては、印紅標「文革的‘第一張馬列主義大字報’」:『二十一世紀』（隔月刊）第 36 期（1996 年 8 月号）pp.37–45 参照。国防大学『「文化大革命」』上巻 pp.32–36 も参照。『人民日報』6 月 2 日付け、大字報についての評論記事の出だしには、「聶元梓同志の」としか書かれていない：前掲書 p.36。通常、この大字報が文革最初の大字報と呼ばれているが、実は

76　北京玻璃総廠紅衛兵連絡站『中央首長講話』第 1 巻 p.72
77　『周恩来年譜』第 3 巻 pp.33
78　同上 p.32
79　Michael Schoenhals, “A Question of Loyalty: China’s Public Security Forces in 1967”（1997 年 3 月 14 日にシカゴで開かれたアジア研究協会年次総会で発表された論文）
80　『傅崇碧回憶録』（北京、中共党史出版社、1999）pp.175–183。中共北京市委組織部、中共北京市委党史資料征集委員会、北京市档案局編『中国共産党北京市組織史資料』（北京、人民出版社、1992）pp.783–789
81　譚錚『中国人民志願軍人物録』（北京、中共党史出版社、1992）pp.263–264, 653
82　『北京軍区機関無産階級革命派掲発批判資産階級野心家、陰謀家、反革命両面派楊成武、余立金、傅崇碧罪行的材料』（北京、1968）p.17
83　于桑「人民大会堂窓戸玻璃槍撃事件偵破記」：祝春林編『歴史瞬間』（北京、群衆出版社、1999）第 1 巻 pp.259–267 所収
84　北京市革命委員会第二学習班党委「関於劉雲峰問題的復査匯報材料」（1972.4.27）p.6。北京市革命委員会は 1970 年にこの事件の再審を行ない、二人の男に死刑を言い渡した。
85　王年一「関於賀龍冤案的一些資料」：『党史研究資料』1992 年第 4 期 p.3
86　北京財貿学院編『在中共八届十二中全会上毛主席、林副主席、周総理的重要講話』（北京、1969）p.35
87　浙江師範学院「紅東海」戦闘隊編『無産階級文化大革命部分資料匯編（三）』（台州、1967）pp.283
88　『傅崇碧回憶録』p.180
89　許世友将軍の 1981 年の回想に記された、1965–66 年の冬に杭州で毛沢東と交わした会話を参照：王年一「関於賀龍冤案的一些資料」p.3 に引用あり。
90　『動態』（北京、清華大学井崗山第三動態組）第 74 期（1967.6.13）p.1。『無産階級文化大革命資料（六）』全 2 巻（北京、1967）上巻 p.329
91　徐則浩『王稼祥伝』（北京、当代中国出版社、1996）p.571。『王力反思録』下巻 p.728
92　北京玻璃総廠紅衛兵連絡站『中央首長講話』第 4 巻 p.68
93　1966 年秋、中国の学生が「プロレタリアとブルジョワ階級」の革命方式を比較した表を作った。それによると、プロレタリア的「方式」とは「大衆運動、嵐のような〔轟轟烈烈〕、非常なる‘混乱’」。これに対しブルジョワ的「方式」は「大衆運動をひっそりと侘しく〔冷冷清清〕、非常に‘秩序ある’ものにする」

## ●3 章

1　国防大学『「文化大革命」』上巻 p.55
2　「中国日記」第 18 号（著者蔵）
3　「中国日記」第 1 号（著者蔵）
4　「中国日記」第 2 号（著者蔵）
5　人民日報無産階級革命派、首都新聞批判連絡站編『新聞戦線両条路線闘争大事記

毛主席を守り、少奇、恩来、小平、林彪ら同志を守れ。彼らに反対しようとする者は誰であれ、断固としてこれと戦って倒し、徹底的に一掃せよ！」。『打倒譚震林材料匯編』（上海、1967）上巻 p.6、『関於譚震林問題的初歩綜合材料』（北京、1967）第 2 巻 p.17 参照

70 秘密主義のリーダーに「ぴったりついていく」という概念は、イアン・カーショーの伝記作品、Ian Kershaw, *Hitler*, 2 vols. (London: Allen Lane, 1998, 2000) から拝借した。カーショーの本の主題になっているこの問題はクメール・ルージュにも当てはまる。人々はポルポトの意を汲もうと必死になった。ポルポトの一側近はこう言う。「彼があることをほのめかすと、我々はそれが何を意味するのか自分たちで考えなくてはならない……（この間接性ゆえに）彼が何を求めているのか推量するのがとても難しいことがある。だから我々はとても用心深くなった。彼の真意を誤解しはしないかと懸念してばかりいたからだ」: Philip Short, *Pol Pot: Anatomy of a Nightmare* (New York: Henry Holt, 2005), p.338

71 毛沢東の妄想症については主治医が証言している。李志綏『毛沢東の私生活』参照

72 青海八・一八『資料選編』pp.2–13。彭真はクーデターなど、企てるどころか、考えたこともないと言って告発を退け、自分と陸定一、羅瑞卿のあいだに不正常な関係があると言うなら証拠を出せと中央委員会に挑んだ：王年一『大動乱的年代』pp.16–18

73 Jung Chang and Jon Halliday, *Mao: The Unknown Story* (London: Jonathan Cape, 2005) p.528。著者らは彭真が 1966 年 2 月に四川の彭徳懐をこっそり訪ねたと断定し、二人の男が毛沢東の暴走を止めるために解放軍を使う可能性について語りあったと示唆している。話としてはおもしろいが、著者らがその根拠としている中国の文献——師東兵『最初的抗争——彭真在文化大革命前夕』（北京、中共中央党校出版社、1993）——が説得力を欠くため、話の価値を落としている。師東兵の本のなかで交わされる彭真と彭徳懐の会話全体の出典が明らかにされていない。中国共産党文書館の責任者が彭真の生涯のうち 1949 年以後の年譜を公表してくれれば、何らかの補強証拠が現れるかもしれない。これと別に、原北京市委機関毛沢東思想紅旗兵団編『彭真罪悪史（1925–1966）』（北京、1967）という編年史があり、1966 年 2 月のほぼ毎日の記録が載っている。それによると、彭真は 2 月 20 日から 28 日まで四川を訪れているが、彭真が彭徳懐と会ったという記載はなく、李井泉と会ったことしか記されていない。『打倒李井泉』（重慶、1967）という文献には、彭真の四川訪問について、何をしたか、誰と会ったか、何を話したかなどきわめて詳細に記録されている。これによれば、彭真は「2 月下旬」に四川に到着し、3 月 6 日に北京へ戻った。彭徳懐との面談は記載されていない。『打倒李井泉』の版元はたいへんな情報通と言わねばならないが、政治的恣意に流されていることを差し引いても、もし二人の彭が会ったことを知っていたら、彭真の「黒い」ホストによる「黒い」陰謀がもう一つ存在したことについて、大喜びで書き記したにちがいない。

74 『周恩来年譜』第 3 巻 pp.31–32

75 同上

姚文元の記事について張春橋から事前に説明を受けた唯一の人物だった。鄧拓と張春橋は抗日戦争中、同じ新聞で働いたことがあるからだ。中国の共産主義システムで重要な役割を果たす人的きずな（「関係」）を反映した奇妙な実例である。『上海「文化大革命」史話』上巻 p.17

51　Cheek, *Propaganda and Culture in Mao's China*, pp.292–293

52　李雪峰の華北局第一書記としての地位は以前からやや異例なものだった。華北局の管轄地域は、李より地位の高い政治局委員の彭真や内モンゴルのウランフ（政治局候補委員）が長をつとめる省レベルの自治体を二つ含んでいたからだ。内蒙古烏蘭夫研究会編『烏蘭夫年譜』上下巻（北京、中共党史出版社、1996）下巻 pp.9–12

53　『紅旗戦報』（北京、中共市委政策研究室）第 5 期（1967.1.21）

54　陳暁農編纂『陳伯達最后口述回憶』（香港、陽光環球出版香港有限公司、2005）p.268。陳伯達が康生のほうが適任だと言っても、周恩来は康生は不適格だからと受け入れなかった。おそらく毛沢東が康生はその秘密公安任務ゆえに人々の反感を買うと考えたせいだろう。

55　『建国以来毛沢東文稿』第 12 巻 pp.64–65, 80–84。王年一『大動乱的年代』p.56。中央文革小組は七月中旬に毛沢東が北京に戻ると、劇的に重要性を増した。小組の内部構成、運営方法などについては本書第 5 章を参照

56　対外文委井崗山革命造反連絡站編『打倒反革命修正主義分子李昌』（北京、1967）p.49

57　上海機械学院革命委員会「紅色挺進軍」編『捨得一身剐、敢把皇帝拉下馬』〔八つ裂きを恐れぬ者こそが、皇帝を馬から引きずり下ろす〕全 8 巻（上海、1967）第 1 巻 p.67

58　"Quarterly Chronicle and Documentation," *China Quarterly*（以下 *CQ*）, no.27 (July–September 1966) 192 に引用

59　中共中央統戦部革命造反団、紅五月兵団材料組編『中国赫魯暁夫劉少奇在統一戦線方面的反革命修正主義言論選編』（北京、1967）p.120

60　政協全国委員会機関、衛東革命戦闘隊、東方紅戦闘団、紅衛兵造反派編『徹底摧毀十七年来政協工作中的劉鄧反革命修正主義路線』p.71

61　同上 p.67

62　同上 p.68

63　『解放軍報』1966.6.7

64　穆欣『弁「光明日報」十年自述』p.283

65　王年一『大動乱的年代』p.10

66　国防大学『「文化大革命」』上巻 p.4

67　北京玻璃総廠紅衛兵連絡站編『中央首長講話』全 4 巻（北京、1967）第 4 巻 p.273

68　『内部資料』（北京、清華大学井崗山作戦部）1967 年第 173 期 p.1

69　中共北京市委党校資料室編『康生言論選編』全 3 巻（北京、1979）第 3 巻 p.82。政治局会議の出席者で、毛沢東が発していた微妙な信号をまったく読めなかったのが、国務院で日常的に農林・水産・気象を担当していた副総理の譚震林だった。6 月 7 日に会議の「精神」を水産部の党幹部に伝えるにあたって、譚は次のように呼びかけて演説をしめくくった。「行動しよう、同志諸君！　決然と勇敢に前進し、党中央を守り、

28　青海八・一八『資料選編』p.11
29　政協全国委員会機関、衛東革命戦闘隊、東方紅戦闘団、紅衛兵造反派編『徹底摧毀十七年来政協工作中的劉鄧反革命修正主義路線』p.67
30　穆欣『弁「光明日報」十年自述』p.287
31　青海八・一八『資料選編』pp.4,6。林彪の演説原稿起草に康生が関わったことについては、陳暁農編『陳伯達遺稿——獄中自述及其他』（香港、天地図書、1998）p.93参照
32　穆欣『弁「光明日報」十年自述』p.287
33　『参考消息』1966.6.21
34　"Report on the Problem of Lo Jui-ch'ing's Mistakes," pp.287–314 参照
35　声明の本文は、国防大学『「文化大革命」』上巻 pp.24–25 参照
36　王明はコミンテルンの後援を受け、1930 年代末には毛沢東のライバルだった。自分の意志でモスクワに亡命した。修正主義的目的から中国共産党を支配しようとするソ連共産党のたくらみを象徴する人物。
37　李雪峰「我所知道的」p.611
38　中共上海市委弁公庁革命造反隊編『劉少奇在各地散布的修正主義言論匯編』（上海、1967）pp.210–211
39　国防大学『「文化大革命」』上巻 p.3（強調は著者）
40　青海八・一八『資料選編』pp.10–11
41　大字報編輯組編『教育部文化大革命大字報撰輯』（版元、出版期日記載なし）1966.11.21、p.131
42　商業部機関紅色造反団、北京商学院紅反軍編『姚依林反党反社会主義反毛沢東思想罪行』（北京、1967）p.58
43　Public Record Office, Kew, FO 371/1869/80。北京駐在イギリス代理大使ドナルド・ホプソンからロンドンの外務省への機密電報、No.422 (repeated for distribution as No.425), "Campaign against anti-Party elements," June 4, 1966
44　黄瑶「羅瑞卿伝略（下）」p.186
45　黄瑶「羅瑞卿」：中共党史人物研究会編『中共党史人物伝』全 60 巻（西安、陝西人民出版社、1980–1996）第 46 巻（1991 刊）p.65 所収
46　陳清泉、宋広渭「冤案不平拒不出獄的陸定一」：『炎黄春秋』2000 年第 6 期 p.26
47　「北京市'文化大革命'大事記（1965–1967）」：中共北京市委党史資料征集委員会『北京党史資料通訊』増刊第 17 期（1987.5）p.23。中共中央組織部、中共中央党史研究室、中央档案館編『中国共産党組織史資料（1921–1997）』全 19 巻（北京、中共党史出版社、2000）第 10 巻 p.134
48　『内蒙古自治区大事記』（フホホト、内蒙古人民出版社、1988）pp.100–101
49　「劉少奇同志同烏蘭夫同志談話記録」1966.7.2（文革期のフォトコピー、フェアバンク・センター図書館蔵）
50　Timothy Cheek, *Propaganda and Culture in Mao's China: Deng Tuo and the Intelligentsia* (Oxford, Clarendon Press, 1997), pp.236–237, 279–283。鄧拓は北京市委委員のなかで、

*Factionalism in Chinese Communist Politics*, pp.279–280を、彭真がかつて劉少奇の忠実な支持者だったことについては、同書pp.86, 129, 143–146を参照

7　劉少奇が帰国後最初に滞在したのは昆明だった。劉の衛士がのちに回想したところによると、昆明で劉少奇は妻の王光美に「外交部の連中はこのまま北京へ帰して、私たちは北京へ戻る前に一週間休むように中央が望んでいる」と言った。しかしろくに休む間もなく、劉少奇は毛沢東から緊急電話を受け、ただちに杭州へ飛んで政治局常務委員会拡大会議に出席するよう求められた。賈蘭勛「貼身衛士憶少奇蒙難」:『百年潮』2000年第1期pp.9–10所収

8　李雪峰「我所知道的」pp.607–609

9　『参考消息』1966.5.3

10　中国科学院革命歴史研究所近代革命史研究所編『劉少奇反革命修正主義言論匯編』（北京、1967）p.183

11　国防大学『「文化大革命」』上巻p.25

12　青海八·一八革命造反派聯合委員会宣伝組編『資料選編——中央首長講話専輯』（西寧、1967）p.12

13　同上p.7

14　『反革命修正主義分子陸定一在文教方面的罪行』（北京、斗彭羅陸楊反革命修正主義集団籌備処、1967）p.5

15　文革後に広く受け入れられている説によれば、この事件の真相はかなり異なる。その顛末はもっとこみ入った時系列になっており、中国公安はすでに1962年ごろから厳慰冰をマークしていたという。北京政法学院革命委員会資料組編『形形色色的案件』（北京、1968）pp.18–33参照

16　Xiao Han and Mia Turner, *789 jizhongying*〔集中営789〕(Brampton, Ont.: Mirror Books, 1998), pp.12–30

17　王年一『大動乱的年代』p.19

18　国防大学『「文化大革命」』上巻p.25

19　葉子龍（温衛東整理）『葉子龍回憶録／葉子龍口述』（北京、中央文献出版社、2000）p.225

20　『紅鷹』（北京、1967.9.14）p.2

21　『楊尚昆日記』上巻p.716。『葉子龍回憶録』pp.223–231。シェーンハルスによる蘇紹智インタビュー（1992.4）。蘇紹智は文革が始まったころ『人民日報』理論部員。

22　『参閲材料』（版元記載なし、1976）第10冊p.18

23　王年一手稿p.84

24　同上。首都部分大専院校中等専業学校毛沢東思想学習班編『天翻地復慨而慷——無産階級文化大革命大事記』改訂版（北京、1967）p.23

25　『高挙毛沢東思想偉大紅旗』（版元記載なし、1967.4）p.21

26　金冲及『周恩来伝』p.883

27　1966年6月10日。蘇東海、方孔木編『中華人民共和国風雲実録』上下巻（石家荘、河北人民出版社、1994）上巻p.1054

方もできる。毛は少し前に彭徳懐と親しく昼食をともにし、彼に北京を離れて南西部のポストに赴任するよう説き伏せようとした。姚文元が論文で彭徳懐に言及すれば、和解の幻想を断つことになる。彭徳懐を北京から放逐しようという毛の遠回しの意図については、*Origins*, 3: 441–443 参照

62　国防大学『「文化大革命」』上巻 pp.5–6

63　鄭謙「従‘評新編歴史劇＜海瑞罷官＞’到‘二月提綱’」：程敏『浩劫初起』p.166 所収

64　穆欣『弁「光明日報」十年自述（1957–1967）』（北京、中共党史出版社、1994）pp.245–247

65　河北省革命委員会政治部編『毛主席最新指示若干重要文献』（保定、1968）pp.1057–58

66　王力『王力反思録——王力遺稿』全2巻（香港、北星出版社、2001）（以下『王力反思録』）下巻 pp.1051–52

67　王年一手稿 pp.50–52

68　*Shanghae Almanac for 1853 and Miscellany* (Shanghai: “Herald” Office, 1852)

69　国防大学『参考資料』第24巻 pp.604–610

70　龔育之「‘二月提綱’和東湖之行」：張化、蘇菜青編『回首文革』上巻 p.300 所収

71　国防大学『「文化大革命」』上巻 p.9。陳丕顕によると、彭真は2月10日に、江青に届けるようという指示とともに、草稿レジメを陳に手渡したという：『陳丕顕回憶録』p.48

## ●2章

1　『毛主席林副主席関於報刊宣伝的指示』（版元記載なし、1970）pp.303–308。李雪峰「我所知道的」p.606 によれば、毛沢東は『人民日報』を、「諸君は半マルクス・レーニン主義者、半三民主義者にすぎない。自分がマルクス・レーニン主義者かどうか、決めるのは諸君自身だ」と批判したという。

2　金冲及編『周恩来伝（1949–1976）』上下巻（北京、中央文献出版社、1998）下巻 p.879。毛沢東が彭真を敵視したわけがもう一つあると言われる。ただし彭真のほうはそれが原因で攻撃されたと気づいていなかったようだ。会議前の数週間、中国指導部は第23回ソ連共産党大会に代表団を派遣すべきかどうか討論を重ねていた。このとき彭真ただ一人が代表団派遣に積極的だったが、毛沢東は結局この件を却下した：呉冷西『十年論戦』下巻 pp.933–939

3　国防大学『「文化大革命」』上巻 pp.10–11

4　毛沢東思想の定式化における陳伯達の役割については Raymond F. Wylie, *The Emergence of Maoism: Mao Tse-tung, Ch’en Po-ta, and the Search for Chinese Theory, 1935–1945* (Stanford: Stanford University Press, 1980) の分析を参照。陳伯達はマルクスの『資本論』は第1章から先を読んだことがないと認めている：『王力反思録』下巻 p.702

5　国防大学『「文化大革命」』上巻 p.12

6　これらのできごとの時系列的経過と、そこから生じた問題については Jing Huang,

国経済史（1949–1999）』全 2 巻（北京、中国経済出版社、1999）上巻 p.680。本書第 18 章も参照。「三線建設」の評価については、Barry Naughton, "Industrial Policy during the Cultural Revolution: Military Preparation, Decentralization, and Leaps Forward" in William Joseph, Christine P. W. Wong, and David Zweig, eds., *New Perspectives on the Cultural Revolution* (Cambridge, Mass.: Council on East Asain Studies, Harvard University, 1991), pp.153–181 参照。

48　毛沢東と林彪以外の政治局常務委員が議事についてあらかじめ知らされていたかどうかについて、中国の資料には異なる見解がある。たとえば王年一手稿 pp.87–88 と黄瑶『三次大難不死的』pp.285, 288。羅瑞卿未亡人（の証言を子供の一人が報告したところ）によれば、上海へやって来た劉少奇が賀龍に、いったいこれは何の会議なのかとたずねたところ、賀龍元帥は劉少奇が知らないなら私が知るわけがないと答えたという：趙建平、李孝純、康筱豊『風雲中的共和国大将羅瑞卿』（北京、作家出版社、1997）p.321

49　王年一手稿 p.381

50　黄瑶『三次大難不死的』p.288。廖蓋隆編『新中国編年史（1949–1989）』（北京、人民出版社、1989）p.251

51　羅瑞卿への出頭要請と審査について、またそれによって、毛沢東がこの件に関わっていないかのような偽善的態度をとったことがはからずも暴露されたことについては、『陳丕顕回憶録』pp.37–42 参照。

52　黄瑶『三次大難不死的』pp.290–291

53　張広華「因反対‘突出政治’被迫害至死的肖向栄」:『炎黄春秋』1997 年第 10 期 p.22 所収

54　こういう感情は黄瑶『三次大難不死的』p.285 にほの見える。

55　同上 pp.292–293。王年一手稿 p.94

56　政協全国委員会機関、衛東革命戦闘隊、東方紅戦闘団、紅衛兵造反派編『徹底摧毀十七年来政協工作中的劉鄧反革命修正主義路線』（北京、1967）p.66

57　李雪峰「我所知道的‘文革’発動内情」:張化·蘇菜青編『回首文革』全 2 巻（北京、中共党史出版社、2000）下巻 p.607 所収

58　王年一手稿 p.94。黄瑶『三次大難不死的』pp.301–311。羅瑞卿の粛清が、羅の周辺の親しい人々にいかに速やかに影響を及ぼしたかについては、王仲方『煉獄』（北京、群衆出版社、2004）参照

59　"Report on the Problem of Lo Jui-ch'ing's Mistakes"

60　国防大学党史建政工教研室編『「文化大革命」研究資料』全 3 巻（北京、1988）（以下 国防大学『「文化大革命」』）上巻 p.6

61　李雲蓀「読呉晗問題的定性一文有感」〔「呉晗問題の性格」を読んでの感想〕:『炎黄春秋』1998 年第 5 期 p.79 所収。一説によると、張春橋と姚文元は呉晗の文章の真の問題が「罷免」だと知っていた。だが姚がそう言わなかったのは、主席の威信をひどく傷つけるからだという：『陳丕顕回憶録』p.44。別の可能性としては、彭徳懐の事件はまだ決着していないことを、毛沢東が彭徳懐に知らせたくなかったからという見

（以下『解放軍将領伝』）第 7 巻 p.258

31　王年一『大動乱的年代』（手稿）（以下、王年一手稿）pp.86–87（フェアバンク・センター図書館蔵）。これは『大動乱的年代』（鄭州、河南人民出版社、1988）の改訂版

32　その他の証人は海軍政治部主任の張秀川中将、総参謀部作戦部副部長で周恩来の前軍事顧問の雷英夫少将。黄瑶『三次大難不死的』pp.266–273。「羅瑞卿伝略（下）」:『中共党史資料』（1991 年第 37 輯）p.179 所収

33　『解放軍将領伝』第 7 巻 pp.260–261。黄瑶『三次大難不死的』p.275 は、中央弁公庁主任と軍事委員会弁公庁主任が同時に解任された偶然の一致を指摘している。

34　馬斉彬等編『中国共産党執政四十年（1949–1989）』改訂版（北京、中共党史資料出版社、1991）p.262

35　『解放軍将領伝』第 7 巻 p.261

36　黄瑶『三次大難不死的』p.280。林彪から羅瑞卿への最後の言葉は歯痛の抑え方だった。

37　同上 p.276

38　官偉勛『我所知道的葉群』（北京、中国文学出版社、1993）p.54。張雲生『毛家湾紀実——林彪秘書回憶録』（北京、春秋出版社、1988）p.252。林彪にはこんな詩がある。「髪不同青心同熱／生不同衾死同穴（髪の色は違っても、心は同じように熱い／生れは違っても、死ぬときはともに死にたい）」英訳は Frederick C. Teiwes and Warren Sun, *The Tragedy of Lin Biao: Riding the Tiger during the Cultural Revolution, 1966–1971* (London: Hurst, 1996), p.15

39　王年一手稿 pp.85–86

40　羅点点「羅総長蒙難紀実」:程敏編『浩劫初起』〔大災禍の始まり〕（北京、団結出版社、1993）p.210

41　黄瑶『三次大難不死的』p.280。張雲生『毛家湾』随所

42　羅瑞卿はつぎの 4 点をあげたとされている。(1) 誰でも好むと好まざるとにかかわらず、いつかは政治の舞台を去らねばならない。この点は林主任も同じだ。(2) 林主任の健康管理については、あなた（葉群）におまかせするしかない。(3) 今後、林主任は軍事にあまり煩わされてはいけない。そういうことは他の人たちにまかせるべきだ。(4) いったん羅瑞卿に一切をまかせたなら、彼を充分尊敬し、諸事に自由裁量させるべきだ：王年一手稿 p.91。また *Chinese Law and Government*, 4, nos. 3–4 (Fall–Winter 1971–72), 287–314 所収の "Report on the Problems of Lo Jui-ch'ing's Mistakes"（中国語原文は「中央工作小組関於羅瑞卿錯誤問題的報告」1966.4.30）も参照

43　黄瑶『三次大難不死的』pp.284–285

44　こういう観点は、Jing Huang, *Factionalism in Chinese Communist Politics* (New York: Cambridge University Press, 2000), pp.283–284 に指摘されている。

45　毛沢東「反対折衷主義的問題」:『毛沢東思想万歳（1960–1967）』（版元、出版期日不明）p.149 所収

46　同上 p.151 所収、毛沢東「関於羅瑞卿的談話」

47　この計画（三線建設）は 1964 年から 1980 年まで続いた。武力編『中華人民共和

11 『反革命修正主義分子范瑾的罪行——補充材料之一』（北京、北京日報文化革命運動弁公室、1967）p.18
12 程前『「文革」漫談』、手稿（北京、出版期日不明）、item no. 1：ハーバード大学ジョン・K・フェアバンク・センター東アジア研究所図書館蔵、コピー（以下フェアバンク・センター図書館）
13 彭真がこの決断を下せたのは、鄧小平が中国南西部へ視察旅行に出ていて、彭真が中央書記処と宣伝部の臨時責任者をしていたからだった。
14 上海では11月25日に陳丕顕が記事の由来を羅瑞卿に話し、この知らせを翌朝の朝食のとき周恩来に伝えることになった（『陳丕顕回憶録』p.34）。
15 彭真がこの印象的な発言をしたのは、1965年9月23日の文化局長会議の席だったようだ。『彭真文選（1941–1990）』（北京、人民出版社、1991）pp.355–357
16 『陳丕顕回憶録』p.36
17 浙江省毛沢東思想研究中心、中共浙江省委党史研究室編『毛沢東与浙江』（北京、中共党史出版社、1993）pp.165–169
18 安建設「‘文革’時期毛沢東七次南巡考述」：『党的文献』2005年第1期pp.24–30、2005年第2期pp.44–49所収
19 楊尚昆は自分の解任が迫っていることを10月29日に周恩来、鄧小平、彭真から知らされた——「けっして忘れられない日」、と楊は日記に記している。楊がいかに重要人物だったか、この決定がいかに重要だったかを測る目安になる：『楊尚昆日記』全2巻（北京、中央文献出版社、2001）
20 Kenneth Lieberthal, with the assistance of James Tong and Sai-cheung Yeung, *Central Documents and Politburo Politics in China*, Michigan Papers in Chinese Studies No. 33 (Ann Arbor: Center for Chinese Studies, University of Michigan, 1978) および Michael Schoenhals, *CCP Central Documents from the Cultural Revolution: Index to an Incomplete Data Base* (Stockholm: Center for Pacific Asia Studies, Stockholm University, 1993), pp.vi–xiii 参照
21 *Origins*, 3: 447–448
22 『楊尚昆日記』下巻 pp.682–686
23 汪東興が中央弁公庁主任のポストに就きたがらなかったことについては、Li zhisui, *The Private Life of Chairman Mao*, (New York: Random House, 1994), pp.433–434 参照。8341部隊の張耀祠団長と楊徳中政治委員が汪東興に直接報告していた。
24 『汪東興公開毛沢東私生活』（香港、名流出版社、1997）pp.60–61
25 Li zhisui, *The Private Life of Chairman Mao*, (New York: Random House, 1994), p.94
26 本章本文でのちに触れる林彪から毛沢東への密書参照
27 鄧小平はこの重要組織（中央軍事委員会）に、毛沢東以外に文官として参加を許された唯一の委員だった。
28 国防大学党史党建政工教研室編『中共党史教学参考資料』全24巻（北京：国防大学、1979–1986）（以下、国防大学『参考資料』）第24巻、pp.554–557
29 黄瑶『三次大難不死的羅瑞卿大将』（北京、中共党史出版社、1994）pp.238–246
30 「星火燎原」編輯部編『解放軍将領伝』全14巻（北京、解放軍出版社、1984–1995）

Shanghai from 1919 to 1949," pp.1–34 および Richard Gaulton, "Political Mobilization in Shanghai, 1949–1951," pp.35–65 参照。いずれも Christopher Howe, ed., *Shanghai: Revolution and Development in an Asian Metropolis* (Cambridge: Cambridge University Press, 1981) に所収

2 Ross Terrill, *Madame Mao: The White-Boned Demon*, rev. ed. (Stanford: Stanford University Press, 1999), pp.56–59, 130–137, 195–198, 219–226。〔中国語訳：張寧ほか訳『江青全伝』（石家庄、河北人民出版社、1994）〕。江青が政治介入を禁じられた正確な期間ははっきりしない。

3 Li Zhisui, *The Private Life of Chairman Mao*, pp.93–94, 103–105, 311, 356–364, 407–408。Terrill, *Madame Mao*, p.227

4 清華大学当局は文革後、大学名の英語表記を「Qinghua Daxue」から元の「Tsinghua University」に戻すことを決めた。

5 *Origins*, 3: 252–256, 443–447

6 のちに張春橋は調査員を派遣して柯慶施が謀殺されたのかどうか調べさせた。実のところ柯慶施は宴会での不摂生が祟って死んだのだった。『陳丕顕回憶録――在「一月風暴」的中心』（上海、上海人民出版社、2005）pp.28, 187–191

7 アメリカの進歩労働党（PLP）創立者、ジェイク・ローゼンからマクファーカーへの2005年6月のeメール。文革が進展するにつれ、PLP指導部は張春橋が文革で左派弾圧の主役を演じたことを遺憾に思うようになった。「私たちは1970年に北京で周恩来と長い会談を行なったのち、文革の目的が失われ、中国が不可避的に資本主義復活の道を歩んでいると結論するに至った。こういう中国の指導者と関係を保っていては、アメリカの革命運動にいかなる進展もあり得ないと結論したわけだ。好むと好まざるとにかかわらず、私たちには張春橋が上海コミューン（本書第9章参照）の弾圧に始まり、左派の弾圧に加担し、新しい党や軍を組織するために動かなかったことで悪役を演じたように思えた。私たちは彼と彼らを批判し、中国指導部と決別した（中国共産党は当時存在していなかった）。彼らにはニクソンのような人物こそふさわしい」

8 張春橋は姚文元の論文を、発行直前に上海の長老学者多数に見せ、彼らの困惑を見て満足した。論文が挑発的な証拠だったからだ：上海「文革」史料整理編纂小組『上海「文化大革命」史話』全3巻（上海、1992）第1巻、p.18（活字原稿）。（以下『上海「文化大革命」史話』）

9 陳丕顕は文革終息後、党の前組織部部長から、柯慶施が少なくとも3回、陳を上海から放逐しようと試みたことを聞かされたという（『陳丕顕回憶録』p.191）。

10 同上pp.27–34。陳丕顕の回想録には罪悪感が漂っている。さらにこの本には他の党幹部と撮った写真が異様に多く、とくに文革を生き延びた彭真との写真が目立つ。ふつうなら陳を恨んでいるはずの人々が彼を許したと言いたいのだろうか？　文革の生き残りが陳をどう見ていたか物語るのはこれらの写真だけである。文革後、党幹部の伝記や自伝がいっせいに出た時期があったが、陳丕顕がこの本を出したのは、そういう人々がみな死んで、ずっとたってからのことだった。

11 Taubman, *Khrushchev*, p.402

12 フルシチョフはこのほか合同通信施設の設営と、ソ連の傍受用航空機を中国内の基地に配備することを提案した。*Origins*, 2: pp.94–96

13 呉冷西『憶毛主席——我親身経歴的若干重大歴史事件片断』（北京、新華出版社、1995）p.75

14 *Origins*, 2: 96–100

15 Ibid., pp.225–226, 255–264

16 このときのテキストは Hudson, Lowenthal, and MacFarquhar, *The Sino-Soviet Dispute*, pp.78–112 参照

17 Ibid., pp.174–205; *Origins*, 2: 264–292

18 *The Polemic on the General Line* は、この九つの論争を主な内容としている。

19 とくに記さないかぎり、以下の論旨は *Origins*, vol.3. の議論と証拠にもとづく。

20 Taubman, *Khrushchev*, p.620

21 *Origins*, 3: 365

22 周恩来が組織した上海の労働者蜂起は蒋介石の国民党軍のために上海を奪取するのが目的だったが、蜂起の成功ののち蒋介石が共産党を弾圧し、周恩来は命からがら脱出した。アンドレ・マルローの小説『人間の条件』はこの顛末を描いたもの。

23 「周総理的講話」: 西安冶金建築学院革命委員会宣伝部編『林彪文選』全 2 巻（西安、冶金建築学院、1967）（以下『林彪文選』）第 2 巻 p.264 所収

24 *The Private Life of Chairman Mao* (New York: Random House, 1994) の出版キャンペーン中、1994 年 10 月 7 日にハーバード大学で行なわれた李志綏医師の講演で出た質問に対する答えの中で述べられたこと。「大躍進」時代の周恩来の卑屈さについては、*Origins*, 2: 57–59, 232–233 参照

25 この判断は *Origins*, 1: 7 に引用されたスチュアート・シュラムの意見。

26 Benjamin I. Schwartz, *Chinese Communism and the Rise of Mao* (Cambridge, Mass.: Harvard University Press, 1951) 参照

27 劉少奇のかつての上司で、1930 年代に毛沢東と中国共産党指導者の地位を争った張国燾の発言。*Origins*, 2: 5

28 Ibid., 3: 419–427

29 皮肉なことに、中国のこの分析はユーゴスラヴィアの名高い反体制理論家で、ソ連を支配する「新しい階級」について述べたミロヴァン・ジラスの分析に酷似している: Milovan Djilas, *The New Class: An Analysis of the Communist System* (New York: Praeger, 1957) 参照。この本は 1957 年にはすでに（政府内で）中国語に翻訳され、1963 年に（世界知識出版社から）再版されているから、中国でも当然知られていたはずである。

30 *Origins*, 3: 363–364 中の引用。

31 Ibid., p.428 に引用。

## ●1 章

1 1949 年の共産革命前後の上海については Marie-Claire Bergère, "'The Other China':

## 〔原注〕

文献は初出以降、略記する。詳細は参考文献を参照のこと。

### ●序章

題辞

プラトン『国家』: Plato, *The Republic*, trans. Benjamin Jowett, book Ⅵ (Mineola, N.Y.: Dover, 2000)。邦訳は田中美知太郎編集、世界の名著七、プラトンⅡ（中央公論社、1978）pp.221, 223

毛沢東：Stuart Schram, *The Political Thought of Mao Tsetung* (New York: Praeger, 1963), p.352

1 とくに『エコノミスト』誌特派員の *Consider Japan* (London: G. Duckworth, 1963)

2 *Resolution on CPC History (1949–1981)* (Beijing: Foreign Languages Press, 1981), p.32

3 Roderick MacFarquhar, *The Origins of the Cultural Revolution*, 3 vols. (New York: Columbia University Press, 1974, 1983, 1997) 参照（以下 *Origins*）

4 *The Polemic on the General Line of the International Communist Movement* (Peking: Foreign Languages Press, 1965), p.59

5 ① William Taubman, *Khrushchev: The Man and His Era* (New York: Norton, 2003), pp.270–289。秘密報告はまもなくCIAに伝わり、そこから『ニューヨーク・タイムズ』に伝わって1956年6月4日の記事になった。モスクワの中国代表団はその内容を口頭で伝えられただけで、全文を知ったのは新華社の『ニューヨーク・タイムズ』翻訳記事を通じてだった。②呉冷西『十年論戦1956–1966――中蘇関係回憶録』全2巻（北京、中央文献出版社、1999）上巻pp.3–4。このなかで呉冷西は『ニューヨーク・タイムズ』の記事を3月10日付けと誤記している。3月18日に毛沢東と上層指導部の会議が開かれており、これに呉も出席した。このとき欧米通信社の伝えるフルシチョフ演説の抜粋が討論された。呉はこれと混同したに違いない。③中共中央文献研究室編『周恩来年譜（1949–1976）』全3巻（北京、中央文献出版社、1997）（以下『周恩来年譜』）第1巻p.560

6 *Origins*, 1: 43–48

7 Ibid., pp.42–43。「革命の条件が整う」という一節は周恩来が1963–64年のアフリカ外遊のとき使い、ホスト諸国に顰蹙を買った。Ibid., 3: 359–360

8 *The Polemic on the General Line*, pp.70–74。逄先知、金冲及『毛沢東伝（1949–1976）』全2巻（北京、中央文献出版社、2003）上巻pp.723–761。関連書として、G. F. Hudson, Richard Lowenthal, and Roderick MacFarquhar, eds., *The Sino-Soviet Dispute* (New York: Praeger, 1961), pp.39–56 参照

9 『建国以来毛沢東文稿』全13巻（北京、中央文献出版社、1987–1998）第6巻pp.635–636。英訳はMichael Schoenhals, "Mao Zedong: Speeches at the 1957 Moscow Conference," *Journal of Communist Studies*, 2, no.2 (1986), pp.109–126

10 *Origins*, 2: 92

〔著者〕ロデリック・マクファーカー　現在、ハーバード大学教授、中国現代史専攻。一九三〇年生まれ、ジャーナリスト、英国下院議員（労働党）を経る。著書 The Origins of the Cultural Revolution（全3巻）ほか多数。

マイケル・シェーンハルス　現在、ルンド大学教授（スウェーデン）、中国現代史専攻。一九五三年生まれ、ブリティッシュ・コロンビア大学客員教授等を経る。著書 Talk about a Revolution ほか。

〔訳者〕朝倉和子（あさくら・かずこ）　ピアニスト、翻訳家（SWET会員）。訳書にブラッドレー・マーティン『北朝鮮：「偉大な愛」の幻』（青灯社、二〇〇七。二〇〇七年アジア・太平洋賞特別賞受賞）。チャールズ・ローゼン『ピアノ・ノート』（みすず書房、二〇〇九）。片柳和子として、ティモシー・モー『香港の起源2』（みすず書房、二〇〇一）、リン・パン『華人の歴史』（みすず書房、一九九五）など。

毛沢東 最後の革命〔上〕

2010年11月25日　第1刷発行

著者　ロデリック・マクファーカー
　　　マイケル・シェーンハルス
訳者　朝倉和子
発行者　辻一三
発行所　株式会社青灯社
東京都新宿区新宿 1－4－13
郵便番号 160－0022
電話 03－5368－6923（編集）
　　 03－5368－6550（販売）
URL http://www.seitosha-p.co.jp
振替　00120－8－260856
印刷・製本　株式会社シナノ

Printed in Japan
ISBN978－4－86228－045－9 C1031

小社ロゴは、田中恭吉「ろうそく」（和歌山県立近代美術館所蔵）をもとに、菊地信義氏が作成